聖嚴法師年譜

1

林其賢 編著

北投，中華佛學研究所

1947 年春，聖嚴法師成為上
海靜安寺佛學院插班生。圖
為 1948 年法師十七歲時與守
成法師（右）合影於上海。

1948 年 7 月，聖嚴法師完成
修業，取得靜安寺佛學院畢
業證書。

1948 年 7 月，上海靜安寺佛學院第一屆畢業生合影，第一排右二為聖嚴法師年輕時期。

1949 年 5 月，聖嚴法師隨軍隊來臺，旋即加入通信連。圖為 1950 年聖嚴法師於陸軍通訊隊受訓實習時與第六電台同學合影，前排右二為聖嚴法師。

▌著軍裝的聖嚴法師。

▌1960 年 1 月，聖嚴法
師再次披剃，東初老人
命名：慧空聖嚴。圖為
回復僧裝後的聖嚴法師
首次留影。

▌1961 年 9 月，聖嚴法師（前排正中）於基隆海會寺稟受大戒，與戒師及同戒合影。（圖片提供：海會寺）

▌1961 年，聖嚴法師前往美濃朝元寺閉關，1963 年 9 月下旬，關房修建完成，取名「瓔珞」，為莊嚴之意涵。

1963 年，聖嚴法師拍
攝於朝元寺關房前，
「瓔珞關房」匾額為
當時陸軍總司令劉安
祺將軍親題。

1968 年 2 月 20 日，
聖嚴法師第二次出
關，由白聖長老說
法，悟一法師啟開關
房之鎖。揭開封條
後，法師雙手合十，
在眾唱〈迴向偈〉後
步出關房，向白聖長
老及大眾頂禮道謝。

1969 年 3 月，初抵日本的聖嚴法師，與淨海法師（中）、慧定法師（右）攝於立正大學。兩位法師較聖嚴法師略早赴日，法師初抵時，是由這兩位法師協助安頓生活。

聖嚴法師在日本求學時居住的小閣樓，沒有床鋪卻有佛龕，課業雖重，法師仍維持每日早晚定課。

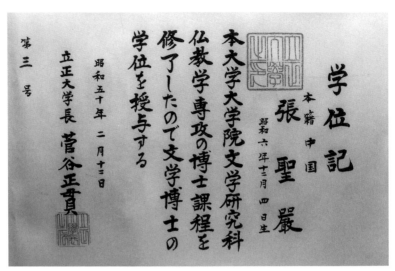

立正大學頒發予聖嚴法師的博士學位證書。

1975 年 3 月 17 日，聖嚴法師從立正大學校長菅谷正貫博士（右）手中領取博士文憑。

1975 年 7 月，聖嚴法師應邀回國出席海外學人國家建設研究會時，會見總統嚴家淦先生（左二）。

1976 年 9 月 7 日，東初老人（右二）應沈家楨居士世界宗教研究院聘請，抵美研究訪問一個月。與李恆鉞居士（左一）、聖嚴法師、仁俊法師（左三）、敏智法師（右三）、通如法師（右一）等人攝於紐約大覺寺。

1977 年 5 月 12 日起，聖嚴法師於菩提精舍主持第一次禪七，由日常法師（後排左三）擔任監香。圓滿當天，沈家楨居士（後排右三）與夫人（後排左二）前來慰問，與禪眾合影。

1977 年 12 月 21 日，舉行東初老人茶毘大典，起靈前由戒德（中）、蓮航（左）、大詮（右）三位長老主法上供。

1978 年 11 月 4 日至 18 日，聖嚴法師於中華佛教文化館舉行在臺灣的首次禪七。圖為禪七最後一天，法師指導禪眾進行心得分享。

1978 年 12 月 5 日，聖嚴法師拜見靈源長老，得其法脈傳承，繫屬虛雲老和尚下第三代，臨濟義玄下第五十七代傳人。蒙賜法派字號「知剛惟柔」及法脈傳承譜《星燈集》。

▌1979 年 7 月，聖嚴法師於中華佛教文化館前廣場，指導大專青年修行方法。

▌1979 年，譯經院停辦後，聖嚴法師於農禪寺成立「三學研修院」。圖為法師與弟子們在三學研修院合影。

▌ 1979 年，聖嚴法師於哥倫比亞大學演講結束後，與在西方第一位剃度弟子果忍（保羅・甘迺迪，前排左一）和學生合影。

▌ 1980 年 5 月，禪七圓滿後，大眾在美國紐約禪中心外合影。

1981 年 9 月 19 日，於中國文化大學藝術館舉行中華學術院佛研所七十年度開學典禮，由中國文化大學校長潘維和（右一）主持，南亭長老（左二）、煮雲法師（左一）等多位法師、居士、教授觀禮。

1984 年 11 月 12 日，聖嚴法師接受美國禪師菲力浦‧凱普樓邀請，前往紐約州上州凱氏主持之禪中心，進行兩天兩夜訪問。

《七十年譜》聖嚴法師序

　　讀完這部長達四十六萬字的《七十年譜》，深受感動。發現它的作者，既有耐心，也極細心，蒐羅到了這麼豐富的資料。許多東西，連我自己也有意無意地早就遺忘了的，卻都在這部《年譜》中現了原形。

　　在這部《年譜》中，使我相當驚訝地看到，我從十九歲起，五十年來，寫了那麼多長長短短的文章，原來是寫給讀者們看的，現在則令我自己做了一生的回顧，覺得有些難堪，也有些慰藉。難堪的是，說了那麼多話，有好多連自己也未能做到，慰藉的是所說的許多話，在當時被視為狂妄，到今天已成了事實。

　　我的閱讀、研究、思考、寫作，動機不在於知識的滿足和販賣，而在於不得已的責任感。經過五十年的人事風霜，有許多觀點，在當年算是奇想，到如今已是常識；有許多想法，在當年算是做大夢，如今不僅我自己已有能力實踐，好多個佛教團體也都在推動了。例如佛教的教育、文化、弘講、禪修等的國際化及現代化、普及化與人間化，均已逐步實現。尚有改良的傳戒法及僧伽制度、僧伽教育等問題，猶待繼續努力。

　　從這《年譜》中領略到一項道理：光做理想的大聲疾呼，要盼大眾來響應實踐，是比較困難而緩慢的，如能以自己的行動來實踐理想，就比較容易引起他人的共鳴了。例如我這一

生，親自深入三藏，體驗三學，親自勤讀群書、勤於寫作，親自去留學，親自進入大學教書，親自辦佛學研究所，親自籌建大學，親自從事弘講禪修等的普及化與人間化，雖然走得很吃力，但終於也影響了這個世代的佛教徒們，教育素質的提昇、弘化風氣的落實、佛教形象的重塑，扭轉了社會大眾對於佛教的看法。

本書作者林其賢果拓居士，是研究李卓吾的專家。他掌握資料，取捨抉擇，手法俐落，眼光敏銳。他不僅讀遍我的每一篇文章及每一本書，還必須一眼就挑出哪幾句話是關鍵性的要點重心，將之一一在《年譜》中呈現出來。他也必須找齊我那個時代的各種佛教文獻期刊，經過排比對照，往往會糾正我在前後文中的時間錯誤，一一予以釐清。

這部《年譜》，是以純客觀的態度，完全依據原始資料，以編年次第，逐條逐項地向讀者們把我赤裸裸地作了忠實的介紹。作者沒有給我歌功頌德，也沒有對我批判撻伐，他盡量是用我自己來表達我自己。所以一般報刊的記者及學者們為我作的報導和評論，在這部《年譜》中是看不到的。因此可說，這部《年譜》中的譜主，是未經他人來雕鑿、化粧過的我這個人。

從這部《年譜》中，可以看到與我相關的許多人物，有的屬於一時間的接觸過往，有的屬於階段性的相助相勉，有的則是影響我終身的大善知識。他們，都是我生命中的恩人，由於此書的問世，我要藉此機會向他們表達至高的敬意和至誠的謝意。

最後，當然要感謝本書的作者以及他的夫人郭惠芯居士，在為我編集了《人間擺渡》及《紅塵道場》兩冊語錄行世之後，

又完成了這部鉅著。同時也感謝法鼓文化的同仁們，費了很多
心血，出版此書。

聖嚴

一九九九年八月十九日
序於臺北北投中華佛學研究所

《七十年譜》自序

一

立意編撰這本書已經是很久很久以前的事了。

十多年前，自屏東遠赴宜蘭求受菩薩戒。教授和尚講戒時曾及定共戒、道共戒等名義，因覺三學之內在關聯頗有可探討處。受戒歸來，即擬循此以學。時覺生老法師美菲去來，旅臺期間常遊化南屏駐錫舍下，知余修學意向，即將篋中珍藏弘一大師早年為其親書之〈隨分自誓菩薩戒本〉賜覽，並囑研讀《在家備覽》等諸戒本。各種戒本，固為根源要典，後人論註，亦是歷代修學結晶；「舊學商量加邃密，新知培養轉深沉」——古學與今論互參，此為現代學術研究之要求，也是向來讀書的習性，因於研讀戒本同時，參尋歷來各家論著。著手後發現，條理最明切、討論最廣泛的，是聖嚴法師的《戒律學綱要》。這不由得我心生驚奇。

法師名著《正信的佛教》早經拜讀；余中學求學天主教會學校，後又參加《聖經》函授學校，因此接觸佛學時頗多疑問，法師的《比較宗教學》提供了大部分的解答方向。不止此也，當時學界對學佛者之側重善信、缺略定慧，頗持異見，然余於專務研究而乏其內在體證之取向亦深有所警。一則學術層級有限、一則內在體驗不足，俱非所響。法師初始回國，其所身示

之內在宗教體驗與現代學術研究綰合如此恰切，主持禪七後，漸開風氣，示人以修持之階次與步驟如此其詳明，又正填補善信之後的從入門路，……

法師如何而能有此廣大涵蓋面？時拙著《李卓吾事蹟繫年》新才付梓，餘習未忘，因擬編撰法師年譜，尋繹其學思發展。其時，法鼓山尚未開始，而法師年未六十，打算進行的，也只不過是本小冊子，用供自己學習的參考罷了。

殊不料，法師爆發力如此驚人，短短時間，法鼓山地也有了、組織也有了，想了解法師的人漸漸多起來。知道我有這本小書，輾轉相詢索閱的友朋也漸多。日積月累，敲進電腦裡的資料更是不少。於是改弦易轍，重新寫過。幾年來整理成編，初稿逾八十萬字，經再三刪削、節略壓縮，並將譜文改寫成文言文以減少字數，成為目前的四十餘萬字。

二

昔賢論出家殊勝因緣，有童貞入道與半路出家之辨；法師兩度披剃，既是童貞入道，亦復半路出家，此法師生命史之一奇。早年棄學，學歷有限，竟又留學日本榮取博士之最高學位，此又一奇。以山中僧而走向國際取得博士已奇，以現代學者回歸傳統指導修行以禪師名，又是一奇。法師貌格清癯，應無與於事功，或宜以學者名、以禪者名，其初亦不自許為開山祖師類型，然而竟於六十歲之盛年創建法鼓山，締構如此龐大業績，此又更一奇。彙此數奇，於是生命活動之表現型態迭有轉折，饒富異景。

雖然，其始終一貫的重心為：佛教生命之開展與延續。

借用儒家「明體、達用」以及佛家「自行、化他」的概念來理解，大致法師留日以及之前的階段為自行、為明體，主要的生命活動在於理念之探討；此一階段雖亦有弘化度人之實，然生命主軸著重自修，生活內容置重於戒學之釐析、定學之深入、法義之探究。留日結束後赴美弘化，則開始致用、化他，生命重心展現為概念之具體實踐。

法師兩度披剃，如此經驗十分特殊。沙彌時，禮拜觀音而得濟度的宗教體驗，使儀式化了的宗教行為活化復生而根著於心，終於能在十年塵世生涯後再度披剃。此一曲折還家的歷程，也使得對身分認同根本所在的戒律，有鮮活的感受。戒律著重於宗教生活，然如缺乏內在體驗，終將流於形式、表面，定學之禪修則為內化的關鍵，將宗教生活內化為生命中不可或缺之元素。

童貞入道的經驗，於是有身分認同的思索，以及對僧伽教育的重視。半路出家的社會歷練，於是不只著眼於僧伽教育，而能與現代社會態勢以及學術脈動相聯結，將佛教的現代化與世界學術發展結合。而這雙重身分的綰合點，又強化其對禪修之高度重視。南下靜修閉關山中時，著力戒學與禪修，並基於多年對佛法美好而卻落沒之實際感受，進而思索興復之道，於是有留學進修之舉。

爾後隨順世緣而教禪、把握機會而辦學、凝聚眾緣而創建法鼓山，殆皆盡分而隨緣之化他示現已也。

大抵言之，法師有思想家的內涵，故思想觀念為其生命特色；而其龐大的法業開展，有事業家的規模，故又不能以單純

之學者視之。因此，法師思想、著述與活動同為記述之重點。思想是內在的，需要透過著述與活動向內尋繹；同時也藉其思想發展去觀察法師對社會群體活動的影響。

本書之作，前三卷因以記言為主，以其為自行明體階段，主要表現為概念之辨析與陳述，故文字開示摘錄亦多。後兩卷則以記事為主，以其為達用化他時期，主要表現為活動之開展，文字開示之錄記因亦稍簡。

三

多年前已有撰作年譜的經驗，本書進行過程，亦常參讀近代各家譜錄，用以體會其撰作取向。印順導師《太虛大師年譜》的撰述最所心折，然其夾敘夾議的功力、衡斷評判的史筆，實非所敢仿傚。再者，研究近代佛教發展者漸多，法師著述弘富、禪證深邃而法化廣表，然而以其為研究主題者卻尚不多見，此或是基礎研究尚未具足之故，因此，雅願以本書作為諸家研析論評之基礎。余故不採評傳寫法，而採胡適《章實齋年譜》大量引用譜主原著之取向，希望在評論前，先將史實客觀地了解並呈現。

完全客觀自然十分不易，在史料去取刪節時便已不免有個人主觀的裁量，所能努力的是盡量將客觀化提昇至自覺的層次。如此則呈現之成果，始可有較為貼近史實之陳述。有此基礎，而後對法師學行活動之各種評判，或是或否、或同意或異議，所謂「一家者言」，始不致於因錯置時空而成無的放矢。

本書進行時，先將譜主三千多筆的書籍、論文、活動等譜系條列，參稽綜合，再依其時地行事對照各年大事以成。由此

始能完整了知其思想發展之歷程與生發之因緣條件。採取如此方法，再把法師作品一一提要排比，這便清楚看出其發展趨向與思想重心。至於原文意旨是否錯解、刪節去取是否恰當，自有可議；吾固信，此四十萬言之卷帙雖已厚重，仍難窺見法師全貌，多只是一愚所見的法師的一個面向。作為法師生平之索引可也，欲窺全貌，仍請通讀法師全著。如果因此發軔，而有各種不同面向的法師譜傳出現，更所期盼。

四

撰寫本書多年，從事其間，頗類於泅泳法師之生命法海，與沙彌常進照面、與軍官張採薇相會、與聖嚴法師奮進之生命風采相接。期間，先得參與中華佛學研究所的出版計畫，負責法師語錄的編輯，完成《人間擺渡》、《紅塵道場》二書；翌年，又得與法鼓文化公司合作，參與法師《禪修菁華系列》的選輯及引得編製，成書精裝七冊。兩番于役，更對法師著作再二再三地複習保溫。近年來，各項工作紛至沓來、日夜輪轉；每當事如蝟集而有身如轉燭之嘆時，法師教法，頓得提撕而有從容省轉之功。公餘間隙，幸得完成此書，最是感謝法師，而應感謝的，固不僅止於一書之得完成。

內人惠芯於資料蒐集及譜文潤寫，著力甚多。全書凡六易其稿，其間甘苦，親與備嘗。亦幸而因此為研究進修時的撰寫論文打下基礎功。

摯友溫天河兄編製法師早年著作年表，據以完成法師之〈著作繫年〉方便不少。出版前並承於百忙中抽空校對全稿，非常

感謝他。多年前，同為蒐集法師早年著作而初識於中央圖書館，緣會亦奇巧也。

撰稿期間，多次北上訪查文書資料，屢承中華佛教文化館以及農禪寺諸法師關心協助，中華佛學研究所李所長志夫、副所長惠敏法師以及諸同仁全力支持，乃至遠在異國的東初禪寺諸法師亦受我電子郵件的干擾，謹此深致謝忱。

法鼓文化公司總經理張元隆、總編輯果毅法師以及同仁諸君，以專業出版人之學能而獻身佛教文化事業，提昇其出版水準，令人感佩。此書之出版編排，得其費心盡力，始能以此善本呈現，感謝他們。

書稿初成時，臺灣不幸遭逢百年大震，罹難者眾，惶惑不安者更眾。謹祝禱一切眾生，咸得身心安寧、離苦得樂。

一九九九年十一月果拓林其賢
序於屏南寄寓

目　次

【第一冊】

《七十年譜》聖嚴法師序 1

《七十年譜》自序 5

出版說明 16

凡例 17

譜前：名號、眷屬 21

第一卷 1930-1961　沙彌・小兵・軍官・比丘

一九三〇年　誕生 36

一九三一年　水患遷家 39

一九三五年　六歲初步 40

一九三七年　駭見洪汛 41

一九三八年　私塾受教 42

一九三九年　勞作維生，困中求學 44

一九四〇年　對讀書發生興趣 46

一九四一年　轉入小學 47

一九四二年　輟學 49

一九四三年　狼山出家 50

一九四四年　法味初嘗 54

一九四五年　小沙彌的寺務生活 58

一九四六年　大聖寺的經懺生活 59

一九四七年　靜安佛學院 62

一九四八年　佛學院畢業 67

一九四九年　烽火易服，隨軍抵臺 72

一九五〇年　服役通訊部隊，初履金山 84

一九五一年　軍中作家 89

一九五二年　喜遇三青年法師 92

一九五三年　創作的熱情 94

一九五四年　初任軍官 96

一九五五年　新文藝青年 99

一九五六年　宗教論戰 102

一九五七年　醒世將軍 107

一九五八年　靈老棒喝 113

一九五九年　主編《人生》 124

一九六〇年　再度披剃 131

一九六一年　受具足戒 147

第二卷 1962-1975　從青澀比丘到博士法師

一九六二年　山中閱藏，定境略會 168

一九六三年　《聖嚴文集》、《正信的佛教》 183

一九六四年　掩關瓔珞 202

一九六五年　《戒律學綱要》 205

一九六六年　出關就醫、教學 217

一九六七年　二度掩關 222

一九六八年　出關擔任講座 231

一九六九年　日本留學僧 240

一九七〇年　善緣護持 258

一九七一年　攻讀博士 266

一九七二年　智旭大師研究 277

一九七三年　痛失良師 286

一九七四年　明師指點、繼續研究 299

一九七五年　博士比丘、國建會 302

第三卷 1976-1988　禪師・住持・所長

一九七六年　美國教禪、住持，傳承曹洞宗 336

一九七七年　首度指導禪七、驚聞東初老人坐化 349

一九七八年　住持文化館、剃度美國青年、

　　　　　　佛研所所長、傳承臨濟宗 365

一九七九年　成立美國禪中心 384

一九八〇年　成立東初出版社 395

一九八一年　佛研所招生 409

一九八二年　新加坡講學 425

一九八三年　第一本英文著作 444

一九八四年　訪凱普樓禪師、華岡佛研所停止招生 466

一九八五年　創辦「中華佛學研究所」 489

一九八六年　文化館改建 514

一九八七年　摩根灣牧牛、《學佛群疑》 538

一九八八年　初返大陸、弘化香江 567

【第二冊】

第四卷 1989-1999　創建法鼓山

一九八九年　創建法鼓山、首度英國指導禪七 618

一九九〇年　籌辦佛學國際會議 671

一九九一年　國際行腳、紐約初傳菩薩戒 727

一九九二年　成立法鼓山基金會 788

一九九三年　臺灣初傳菩薩戒、社會運動領袖獎、

　　　　　　《法鼓全集》出版 866

一九九四年　推動禮儀環保 930

一九九五年　安心、安身、安家、安業 978

一九九六年　法鼓山奠基 1030

一九九七年　東歐弘化、梵蒂岡和平會議、

　　　　　　日本母校演講 1080

一九九八年　漢藏對談、俄羅斯指導禪修、北京弘講 1133

一九九九年　揭櫫心五四運動 1199

【第三冊】

第五卷 2000-2004　國際弘化・以世界為江湖

二〇〇〇年　世界和平高峰會 1278

二〇〇一年　創辦僧伽大學，連結世界宗教 1404

二〇〇二年　五百菩薩走江湖，千年佛像聚身首 1534

二〇〇三年　跨越中東，禪在俄羅斯 1663

二〇〇四年　中華禪法鼓宗，法鼓人文講座 1775

【第四冊】

第六卷 2005-2009　示疾・開山立宗

二〇〇五年　十二位法子法鼓宗承繼，

　　　　　　十六年心血法鼓山落成 1910

二〇〇六年　預見身後，方丈職交付後起 2070

二〇〇七年　創法鼓佛教學院，倡心六倫與自然葬 2224

二〇〇八年　以身說法，跨界對話 2327

二〇〇九年　圓寂植存 2465

譜後

二〇〇九～二〇一五年 2497

附錄

附錄一：聖嚴法師大事記 2512

附錄二：聖嚴法師國際弘化一覽表 2520

附錄三：聖嚴法師重要著述 2554

附錄四：聖嚴法師外文著作及相關外譯著作一覽表 2566

附錄五：聖嚴法師創辦住持機構一覽 2575

跋

跋 2577

出版說明

　　這本書是《聖嚴法師七十年譜》的續完之作。併同前已出版的部分，合為一書，改為今題。

　　《聖嚴法師七十年譜》由林其賢執筆，於二〇〇〇年出版。該書傳述到一九九九年，法師七十歲。二〇〇四年，法師公布預立遺囑，交代由「林其賢教授夫婦，將我的《年譜》，補至我捨壽為止，用供作為史料，並助後賢進德參考。」二〇〇九年，法師捨報，法鼓山僧團公布之法師遺囑有關年譜部分亦同前件無異，於是開始二〇〇〇年以後之編纂工作，同時亦校補增修二〇〇〇年以前之記述。

　　全書四冊，逾百萬言。第一冊記述至一九八八年法師五十九歲，前後約六十年。第二冊記述至一九九九年法師七十歲，前後約十年。第三、第四冊記述最後十年。本書前兩冊係為《聖嚴法師七十年譜》之增補、校訂，而全書引據統一為《法鼓全集》本，對讀者尋索出處當更方便。

　　為尊重法師，卷首保留法師於一九九九年手撰之〈序〉，以及當年曾經法師過目之作者〈自序〉。至後來十年編纂感言，作者另有〈跋〉附載於卷尾。若能將法師序言、作者序跋以及本書凡例先行瀏覽，當於閱讀本書及認識譜主有所助益。

凡 例

一、本書原為《聖嚴法師七十年譜》，今將聖嚴法師七十歲以
　　後事蹟續補，合為：《聖嚴法師年譜》，完整呈現法師一
　　生行事與德學。

二、本書為編年體：以月繫年，以日繫月，以事繫日。事蹟
　　時間未詳，無法繫日者繫於月之末，無法繫月者繫於年之
　　末，無法繫年者則繫於某一時期之末。事蹟跨越數日者，
　　先總述該事，再別述各日行事。

三、行事敘寫採綱目體，年月日之紀事為綱，日紀後之引文為
　　目。綱目之間或為詳略，或為互補。若同一文件發生於兩
　　時間，則採互文互見，不重出。如：「六月十日，於農禪
　　寺為《五百菩薩走江湖》撰〈序〉。書於今年十月出版。
　　（參見該條項下）」撰寫為序文發生時之事，出版則為序
　　文產生社會影響時之事，故於兩處分別記述；但關係之序
　　文為同一文件，只記載於一處。

四、事蹟記錄譜主生平、學問歷程以及志業發展，其重要著述、
　　有意識之行動、與時人時風時事之接觸，諸如：性情、志
　　願、行為、思想、境遇、家教、師傳、友箴、思想發展、
　　時人議論等皆所記述，而譜主志意所在之：佛教教育、人
　　間佛教、禪學、戒學、佛法之現代化……尤為傳述重點。

五、早期傳述重在譜主思想觀念，為使讀者完整了解譜主思想，且若干論文搜尋較為困難，因不憚煩多加引述，以見其思想發展之歷程與學思原貌。近年之傳述則觀念理論選錄略簡，因近年行事以事勝，故於相同行事仍重複見出，以見其弘化之實。

六、譜文中，稱譜主為「師」、「法師」，凡稱「法師」而未名者，概指譜主。

七、引文因多引述譜主自著，其間文字節略甚多，然為免太多刪節符號破壞版面，引文間之刪節號大抵省略。

八、譜主自著多係引自一百零二冊之《法鼓全集》（二〇〇五年七月二版，含《續編》三十二冊）。凡出處註明為《法鼓全集》者，即屬上述版本，不另註明。少數篇章見於一九九三年出版四十一冊之《法鼓全集》而未收入二〇〇五年版者，隨文註明版次以作區別。

九、《法鼓》指《法鼓》雜誌；《人生》指一九八二年復刊之《人生》月刊；「《人生》（舊）」則指復刊前東初法師發行至一九六一年之階段者。

十、「法鼓山」所指多義，有時指譜主所帶領之團體，有時指精神境界；而於確指金山所在地時，二〇〇五年落成開山前以「法鼓山上」稱，之後以「法鼓山園區」稱。而譜主所創辦之機構、事業體單位名稱，因名稱過長，平常行文或稱舉時多以簡稱代替，詳如下：

1. 「中華佛學研究所」簡稱「中華佛研所」。

2. 「中華佛教文化館」簡稱「文化館」。

3.「法鼓山佛教基金會」簡稱「佛基會」。

4.「法鼓山社會福利慈善事業基金會」簡稱「慈基會」。

5.「法鼓山人文社會獎助學術基金會」簡稱「獎基會」。

6.「法鼓山聖嚴教育基金會」簡稱「聖基會」。

7.「法鼓山僧伽大學」簡稱「僧大」。

8.「漢藏佛教文化交流研究班」簡稱「漢藏班」。

9.「法鼓山文教基金會」簡稱「文基會」。

10.「法鼓山人文社會基金會」簡稱「人基會」。

11.「出家體驗暨僧才養成班」簡稱「僧才養成班」。

12. 法鼓人文社會學院於籌備期間雖僅為「籌備處」，但公文外常簡稱為「法鼓大學」。

譜前：名號・眷屬

壹、名號

一、俗名、學名

保康、志德、採薇

　　法師俗家姓張，乳名「保康」，殆因生時瘦弱，父母取名如此，期能康健。

　　「志德」則為學名，九歲入學時所取。

　　「採薇」為二十歲時投軍所更名。師自取此名，微旨有二：一則取義於三代時商朝遺賢伯夷、叔齊二人立志不食周粟，採薇於首陽山以充飢；再則取義於《詩經・小雅》〈采薇〉篇，詩人為抵禦外侮而從軍報國之典故。法師自述云：

　　「三千一百年前的周朝初年，商朝後裔孤竹君的兩個兒子，因為國家亡給了周朝，他們寧願在首陽山下採野莞豆充飢，終於餓死，也不肯接受周人送給他們的食物。另有一個故事，那是發生在西周的中葉時代，有一位詩人，為了抵禦北方入侵的獫狁（即是秦漢時代的匈奴），所以從了軍，報了國，當他退役還鄉之後，便寫了一首〈采薇〉詩，後來被孔子收在《詩經》裡面。由於這兩個故事的啟發，我便用了這個名字。……在此

滾滾的大時代的大洪流中,如果不先立一大志,不先有個精神的嚮往,作為安心立命的落腳點,那就只有隨波逐流地沒頂而去。」(〈軍中十年〉,《歸程》,法鼓全集6輯1冊,法鼓文化,頁148)取名如此用以自勵,然亦用表心跡:捨去僧服、披上戎裝,實是有所為而然。

二、筆名

醒世將軍、張本、常不輕、如如、無住沙門、瓔珞關主

師於一九五四年起文藝作品發表漸多,一九五六年起轉以佛教論述為主。文章刊載於各佛教刊物時,或即以本名「採薇」署名,或以狼山出家之法名「常進」署名,而多另取筆名。最常用者為「醒世將軍」、「張本」。

「醒世將軍」取名甚諦,一則蘊含當時之軍人身分,同時亦表顯自覺覺他之菩薩心懷。師云:「最先是因性如法師接編《人生》月刊,他知道我會寫文章,所以硬是逼著要稿,他對我一向也是不錯的,礙於情面,我就寫了,並且我也從此有了一個『醒世將軍』的筆名,這不是因了軍人的身分而取,乃是為攝化眾生與喚醒世人而取。」(〈回頭的路〉,《歸程》,法鼓全集6輯1冊,法鼓文化,頁199)

「張本」則有「原本姓張」以及「開張的根本」雙關,用誌弘化起點之義。

一九五九年起,法師接任《人生》編輯工作,稿源不足時亦常需自任作者,於是化名撰稿,曾使用「常不輕」、「如如」

等筆名。

　　一九六二年起，南下高雄美濃朝元寺住山。掩關前之住處取名為「無住樓」，故此期間發表之文章多署名「無住沙門」；掩關後，因關房名為瓔珞，故發表文章多署名「瓔珞關主」。瓔珞，為「莊嚴」義，因佛法以持戒功德為無上莊嚴，而師自二度出家以來，偏重於律部之研讀，復念戒律為學佛基礎，是以關房取名瓔珞。

三、法名

證覺常進

　　一九四三年，師十四歲，出家於江蘇狼山廣教寺法聚庵，曾師祖貫通老人依臨濟宗剃度子孫派為取法名「證覺常進」。

　　案：全名見《學僧天地》創刊號（上海靜安佛教學院，1948 年 1 月 1 日，頁 27）之「本刊職員名錄」。該刊收入黃夏年編：《民國佛教期刊文獻集成》（北京：中國書店，2006）。

慧空聖嚴

　　一九六〇年，師三十一歲，再度出家，求度於臺北北投中華佛教文化館東初長老，東老人命名：「慧空聖嚴」，取「以聖教莊嚴佛法，以聖法嚴飾身心，用聖德嚴淨毘尼」之義，用來勉勵：嚴以律己、發揚聖業。（〈師恩難報〉，《悼念・遊化》，法鼓全集 3 輯 7 冊，法鼓文化，頁 15）

　　東初長老於臨濟宗普陀山系之寺院出家，且為曹洞宗創始人洞山良价下第五十代傳人，一人傳承曹洞與臨濟兩支法門。其中臨濟為剃度之法脈，曹洞則為傳法之法脈。東老人為取法名「慧空聖嚴」，係承自東老人出家剃度之臨濟宗五台峨嵋普陀前寺一系。

　　五台峨嵋普陀前寺一系，從臨濟義玄下四十世發巧通聖下起，演派字訣為：

　　「心源廣續、本覺昌隆，能仁聖果、常演寬宏；

　　　惟傳法印、證悟會融，堅持戒定、永紀祖宗。」

　　法師名諱之「聖」字為第十一字輩，其下第十二字輩，為「果」字。

　　案：法師於一九七六年接受東老焦山法派之交付，傳承曹洞宗法脈，但東老謂「人不在焦山，雖可得其法而不可承其位」，因此並未另給焦山派十方傳法之曹洞宗名號。（參見：《禪門修證指要》，法鼓全集4輯1冊，法鼓文化，頁251。）

知剛惟柔

　　一九七八年，法師得法於基隆十方大覺禪寺靈源長老，受賜法名「知剛惟柔」及譜卷《星燈集》，傳承臨濟宗法派。

　　靈源長老傳承於虛雲老和尚，敘為徒孫，傳承臨濟宗鼓山湧泉寺一系。虛雲「演」徹禪師傳佛慧「寬」印禪師，再傳靈源「宏」妙禪師，再傳知剛「惟」柔禪師（即聖嚴法師）。「演」、「寬」、「宏」、「惟」，為前臨濟宗演派十六字訣之第十四

至十七字輩。

案：東初老人之命名「慧空聖嚴」與靈源長老之命名，
皆來自臨濟宗普陀前寺演派字，「聖」為臨濟宗演派
三十二字訣之第十一字，「惟」為第十七字輩。

貳、眷屬

一、俗眷

法師先祖世居長江出口之三角洲崇明島，高曾祖父時遷居
南通狼山前。法師出生時，家族近親大都居住南通、海門一帶，
語言則仍保持崇明島口音。一九三〇年之後，除海門縣遠房親
戚外，大都移居江南常熟縣。

父：張公選才，為殷實佃農，生於光緒己丑年（一八八九）
農曆九月十一日，歿於一九六九年農曆六月二十三日（國曆八
月五日）。

母：張門陳氏，生於光緒戊子年（一八八八）農曆十一
月初九日，歿於一九四八年農曆十一月初十日（國曆十二月十
日）。（〈三七、小海鎮的大姊家〉，《法源血源》，法鼓全集 6
輯 2 冊，法鼓文化，頁 132-133）

祖父張公希凡，祖母蔣氏。

兄三人，張志遠、張志明、張志道；姊二人，師排行最末。

二、法眷

近代叢林有「一法、二戒、三剃度」之說，義謂師弟間有傳法、傳戒以及剃度三種不同關係。傳法，原指修持方面於解脫、悟入處指點得法之謂，近世則衍為寺院經營管理權之繼承。

臺灣佛教並無類似大陸寺院繼承問題，臺灣寺院亦多無十方叢林選賢繼承之型態，加上寺院人眾稀少，剃度之師弟關係便自然是管理權之繼承關係，因此剃度與傳法便易混為一事；實則其間仍有不同。今敘述法眷先分述師長、徒眾，略依此三分別說明。

（一）師長

剃度和尚

蓮塘上人

一九四三年，師十四歲，出家於江蘇狼山廣教寺法聚庵，剃度師為蓮塘上人，師祖為朗慧上人，曾師祖為貫通老人，太師祖筍香老人。蓮塘上人於一九八七年十一月捨壽於狼山。

東初仁曙上人

一九六〇年，師三十一歲，再度出家，求度於東初老人。

東初老人（一九〇七～一九七七）江蘇泰縣人，俗姓范。年十三（一九二〇），依本籍姜堰鎮觀音庵靜禪老和尚披剃，法名仁曙，法號東初，以號行。年二十二（一九二九），於寶華山受具足戒，先後就讀鎮江竹林佛學院、安徽九華山佛學院、廈門閩南佛學院，親近太虛大師；繼而參禪於常州天寧寺。就

讀閩南佛學院時，同學先後有印順、竺摩、戒德、默如、慈航、雨曇、覺民等法師。

一九三五年，於鎮江焦山定慧寺，受智光和尚付法，傳承曹洞宗，法名：「東初鐙朗」；一九四六年，繼席該寺方丈。

案：焦山定慧寺為曹洞宗十方傳法派，演派名號為：「肇自迦文　鐙傳法界　寂光朗照　千萬億載　心誠相印　定即是戒　用寶斯言　佛能永在」。另參見：釋果興、林其賢，〈探索聖嚴法師傳法予居士的「演派名號」〉，第五屆聖嚴思想國際學術研討會論文（臺北：聖嚴教育基金會），二〇一四年六月二十九、三十日。

一九四九年春，隻身來臺，暫住於臺北市善導寺。以中國佛教會常務理事身分，在該寺設立駐臺辦事處，自任主任職。時謠啄四起，出家僧眾受累而被繫者，有慈航、律航等數十人，均由此駐臺辦事處擔保獲釋。

東初長老最寶重佛教之文化教育，任焦山定慧寺方丈期間，與法兄雪煩協助智光長老共創焦山佛學院，並出任院長。學僧中人才輩出，日後弘法於臺港及美國者，有煮雲、星雲、悟一、雲霞、蓮航、達道、知定、泉慧等法師。同時，發行《中流》月刊。

一九四九年五月初抵臺灣，即創辦《人生》月刊，發揚人生佛教宗旨。後又創辦《佛教文化》季刊。其中又以一九五五年，聯合各界籌備影印《大正藏經》，最為一生盛事。生平著述甚富，有《中國佛教近代史》、《中日佛教交通史》、《中印佛教交通史》等十餘種。

法師再度出家，選擇中華佛教文化館東初長老為剃度和尚，

實亦性分相近使然。

得戒和尚

道源長老

一九六一年，法師三十二歲，求受大戒於基隆海會寺，戒和尚為道源長老。

道源長老（一九○○～一九八八），河南商水縣人，俗姓王。二十歲時，依周口鎮普靜堂隆品上人披剃，法名能信，字道源。二十四歲，於湖北歸元寺受具足戒，並留寺參學。後就讀法界學院、竹林佛學院等，親近慈舟法師。

三十歲，於洪山寶通寺閉關潛修，同時閉關者有白聖法師。三年後出關，先後應邀至河南佛學院、法界學院、宏慈佛學院、廣化佛學院等任教，凡所講學皆以持戒念佛為主旨。華北弘法期間，凡六度擔任教授阿闍黎，於戒期中詳細講解戒律。一九四三年，出任張家口雲泉寺住持，並獲選為察哈爾省佛教分會理事長。

一九四八年，應同參白聖法師召請，至上海靜安寺佛學院協助院務，任教導主任。聖嚴法師當時即就讀於該學院。

一九四九年抵臺後，曾任中國佛教會理事長，一九五二年，創建八堵海會寺，後又創辦能仁佛學院。而講學不輟，歷任屏東、新竹、中壢等地教席，在臺弘法近四十年，所講經論有《法華經》、《楞嚴經》、《大涅槃經》、《圓覺經》等多種，尤精擅戒律與淨土，主持佛七多次，並多次擔任戒壇三師。聖嚴法師一九六一年於海會寺求受大戒期間，因承道源長老講說戒

法並得其提示，於是有日後潛修專心律學之因緣。法師云：

「戒期中，道源長老自任得戒和尚，親自講授《比丘戒本》。我邊聽邊記，獲益良多，疑點亦不少，由於長老數度提示：『欲求進一步的了解，請於戒期之後，檢閱六十卷的《四分律》。』這也是我在往後住山的數年之中，專心於律藏的因素之一。」（〈敬悼道源和尚〉，《悼念・遊化》，法鼓全集 3 輯 7 冊，法鼓文化，頁 90）

一九六七年，法師閉關三年期滿，經道源長老推薦，由新竹居士林禮請講經。法師特選講《梵網經菩薩戒本》以報道源長老法乳之恩。

傳法和尚

法師傳承之法脈有二：曹洞宗法脈係承自臺北中華佛教文化館東初老人，臨濟宗法脈承自基隆十方大覺禪寺靈源宏妙老和尚。

曹洞宗——東初鐙朗上人

東初上人於一九三五年至焦山時受智光長老之付法，傳承曹洞宗之焦山法系。一九七六年九月，東初老人至美國訪問，法師得其曹洞宗法脈傳承，為洞山良价下第五十一代傳人。因與近世叢林傳承寺院繼承權有別，故直下便是，無另賜法派字號等儀式。

質實言之，此次得法為先有實，後有名。蓋法師昔於高雄山中閉關時，所得力之禪法為「疑似默照禪」，於曹洞宗法門領略為深；十餘年後得法於東老人，亦實至而名歸。

臨濟宗──靈源宏妙和尚

靈源和尚，字宏妙（一九○二～一九八八），浙江省臨海縣人，俗姓傅。

十二歲因患天花而致麻面，後念觀音聖號，並讀《楞嚴經》徵心無處而大發疑情，遂手抄《楞嚴》，麻皮盡脫，諸病不藥而癒。二十五歲，潛至天台山出家，然為其父追回。三十一歲（一九三二），赴閩省福州之石鼓山湧泉寺，依止虛雲長老披剃出家，敘為徒孫。翌年，受具足戒於該寺。後親近應慈、慈舟等長老，研學《梵網經》、《華嚴經》、《楞嚴經》、《楞伽經》、《法華經》、《華嚴五教儀》、四分大律等教典。

四十六歲（一九四七），奉虛雲長老之召至廣州南華寺，翌年即任該寺住持，復住江西雲門寺。一九五三年秋來臺。次年於基隆市擇得山坡地，興建十方大覺禪寺。

和尚夙具智慧，佛學文學兼優，且善書畫。著作有《山居雜語》、《梵網經集義句解》、《淨業綱要》、《心經集註》、《靈源夢話集》，以及《佛菩薩聖像畫集》等。

聖嚴法師一九五八年於高雄佛教堂曾與靈老共處一室，受靈老頓喝而受用不少。受大戒時，靈老亦為尊證師。一九七八年十二月，繼二十年前之法緣，得靈老付法，受賜法名「知剛惟柔」及譜卷《星燈集》，繫屬虛雲老和尚下第三代，臨濟義玄下第五十七代傳人。

（二）徒眾

剃徒

名號	戶籍姓氏	剃度時間	國　籍	備　註
果如	羅	1963 年	中華民國	男眾（東初老人代收）
果忍	Kennedy	1978 年	美　國	男眾（已還俗）
果厚	林	1980 年	中華民國	男眾
果梵	高	1980 年	中華民國	女眾
果祥	陳	1980 年	中華民國	女眾
果庥	李	1980 年	中華民國	女眾
果閑	Zinn	1981 年	美　國	女眾（已還俗）

（以下從略。計至 2008 年 8 月，共剃度男眾 74 位、女眾 212 位。）

法徒

僧侶法子十三人：

名　號	戶籍姓氏	傳法時間	國　籍
果繼正程	周	1986 年 8 月 2 日	馬來西亞
果如正湛	羅	2005 年 9 月 2 日	中華民國
果敏正惠	郭	2005 年 9 月 2 日	中華民國
果暉正遠	洪	2005 年 9 月 2 日	中華民國
果元正利	張	2005 年 9 月 2 日	加　拿　大
果醒正覺	蔡	2005 年 9 月 2 日	中華民國
果品正德	謝	2005 年 9 月 2 日	中華民國
果東正皎	余	2005 年 9 月 2 日	中華民國
果峻正彥	賴	2005 年 9 月 2 日	新　加　坡
果鏡正明	呂	2005 年 9 月 2 日	中華民國
果廣正宏	陳	2005 年 9 月 2 日	中華民國
果肇正初	蔡	2005 年 9 月 2 日	中華民國
果毅正然	吳	2005 年 9 月 2 日	中華民國

西方居士法子五人：

名　號	姓　名	傳法時間	國籍	職業
傳燈淨諦	John H. Crook（約翰·克魯克）	1993 年 6 月 4 日	英國	教授
傳法淨宏	Simon Child（賽門·查爾德）	2000 年 12 月 1 日	英國	醫師
傳宗淨禪	Max Kalin（麥克斯·卡林）	2000 年 12 月 1 日	瑞士	醫師
傳心淨慧	Žarko Andričević（查可·安德列塞維克）	2001 年 6 月 2 日	克羅埃西亞	武術教師
傳慧淨劍	Gilbert Gutierrez（吉伯·古帝亞茲）	2002 年 12 月 5 日	美國	律師

案：果繼正程，即繼程法師，一九八五年傳法時，法名
為「傳顯見密」；二〇〇五年製發傳法證書改名為「果
繼正程」。約翰·克魯克，一九九三年傳法時，法名為
「傳燈見諦」，二〇〇五年製發傳法證書改名為「傳燈
淨諦」。參見：釋果興、林其賢，〈探索聖嚴法師傳法
予居士的「演派名號」〉，第五屆聖嚴思想國際學術研
討會論文（臺北：聖嚴教育基金會），二〇一四年六月
二十九、三十日。

第 一 卷

1930 ～ 1961

沙彌・小兵・軍官・比丘

國內外重要大事

- 1931 年，九一八事變，日軍侵華戰爭開始。
- 1937 年，盧溝橋事變，對日抗戰開始。
- 1942 年，弘一大師圓寂。
- 1945 年，日本無條件投降，抗戰勝利。
- 1945 至 1950 年，國共內戰。
- 1946 年，臺灣省佛教會成立。
- 1947 年，太虛大師圓寂。
- 1949 年
  - 國民政府遷往臺灣。
  - 大陸來臺法師多位，無故被羈押多日。
  - 中國佛教會駐臺辦事處成立，東初老人任主任，並創辦《人生》月刊。
- 1953 年，靈源長老應南懷瑾居士之請來臺，弘揚禪宗。
- 1954 年，慈航法師圓寂。
- 1955 年，中華佛教文化館組織「影印大藏經環島宣傳團」。
- 1956 年，中華佛教文化館落成，東初老人任館長。
- 1958 年
  - 金門八二三砲戰爆發。
  - 斌宗法師圓寂。
- 1960 年，臺中蓮社李炳南居士創辦大專佛學講座。

法師大事

- 1930 年，出生於江蘇。
- 1943 年，十四歲，於江蘇南通廣教寺出家。
- 1947 年，十八歲，進入上海靜安寺佛學院就讀。
- 1949 年，二十歲，從軍入伍，由上海登艇來臺。
- 1959 年，三十歲，年底退伍。旋即披剃於東初老人座下，法名：「慧空聖嚴」。
- 1961 年，三十二歲，南下高雄美濃朝元寺，先禁足，後閉關。

民國十九年／西元一九三〇年

聖嚴法師一歲

十二月初四，師誕生。（〈童年和少年〉，《聖嚴法師學思歷程》，法鼓全集 3 輯 8 冊，法鼓文化，頁 9）

案：此係農曆年日，換算國曆，應為民國二十年一月二十二日。

出生地為江蘇省南通縣狼山前小娘港。（〈童年和少年〉，《聖嚴法師學思歷程》，法鼓全集 3 輯 8 冊，法鼓文化，頁 9）

父張選才，時年四十一歲；母陳氏，年四十二歲。（〈我的童年〉，《歸程》，法鼓全集 6 輯 1 冊，法鼓文化，頁 12、17）

祖先原居崇明島，因避水患遷至南通。（〈我的童年〉，《歸程》，法鼓全集 6 輯 1 冊，法鼓文化，頁 12）

師生而瘦弱，取名「保康」，期能康健。

據我母親說，我生下時，非常瘦小，比一隻小貓大不了多少，好多人見了，都說那是一隻老鼠，不會養得「家」的。因此，父母給我取了一個乳名，叫作「保康」。

（〈我的童年〉，《歸程》，法鼓全集 6 輯 1 冊，法鼓文化，頁 17）

兄三人，姊二人，師排行最末。（〈我的童年〉，《歸程》，法鼓全集 6 輯 1 冊，法鼓文化，頁 17）

家境窮苦，父母兄長耐勞而肯幹。

　　因為我的家族先後遭了兩次水難，經過兩度遷移，祖上就很貧賤，父母都是文盲，兄姊之中，只有二哥讀過私塾，所以我也攀不上書香門第的淵源。我家一共大小八口人，僅僅耕種著七畝的租田及三畝三七分的分田。到了農閒季節，父兄出外做苦力，母親料理家務，並且紡紗織布。父親是一個道地的老實人；母親很能幹、很精明、很仁慈，除了不能推車挑擔，幾乎樣樣都會，她在鄉間，可以算得是全才的女人了。（〈我的童年〉，《歸程》，法鼓全集 6 輯 1 冊，法鼓文化，頁 17-18）

案：茲將當世法將是年之年歲，附載於後，以資察照。

虛雲和尚，九十一歲，生於道光二十年（一八四〇）。

印光大師，七十歲，生於咸豐十一年（一八六一）。

歐陽漸居士，五十九歲，生於同治十年（一八七一）。

圓瑛法師，五十三歲，生於光緒四年（一八七八）。

弘一大師，五十一歲，生於光緒六年（一八八〇）。

太虛大師，四十二歲，生於光緒十五年（一八八九）。

智光法師，四十二歲，生於光緒十五年（一八八九）。

李炳南居士，四十二歲，生於光緒十六年（一八九〇）。
廣欽和尚，三十九歲，生於光緒十八年（一八九二）。
慈航法師，三十六歲，生於光緒二十一年（一八九五）。
南亭法師，三十二歲，生於光緒二十五年（一八九九）。
道源法師，三十一歲，生於光緒二十六年（一九〇〇）。
靈源法師，二十九歲，生於光緒二十八年（一九〇二）。
白聖法師，二十七歲，生於光緒三十年（一九〇四）。
印順法師，二十五歲，生於光緒三十二年（一九〇六）。
東初法師，二十三歲，生於光緒三十四年（一九〇八）。
南懷瑾居士，十三歲，生於民國七年（一九一八）。
煮雲法師，十二歲，生於民國八年（一九一九）。
星雲法師，四歲，生於民國十六年（一九二七）。

民國二十年／西元一九三一年

聖嚴法師二歲

是年，長江泛濫；大水淹沒住地，舉家遷於長江對岸常熟縣。

在襁褓中，也就是民國二十年（一九三一），發生了長江大水災，就把我的出生地一捲而光，不僅地上物下了長江，連土地也因為那一段的長江兩岸，南邊漲，北邊塌。在一有記憶的年代，就知道我出生的老家所在地，早已進入長江，離開江邊有數里之遙了。（〈童年和少年〉，《聖嚴法師學思歷程》，法鼓全集3輯8冊，法鼓文化，頁9）

父母在江南租地，搭建草屋，做佃農散工以維家計。

我家到了江南，父母帶著我們六個子女，在被長江的水患洗光之後，到江南租到了七畝地，搭建了三間草屋，一邊做佃農，同時也做散工，來維持一家的溫飽。（〈童年和少年〉，《聖嚴法師學思歷程》，法鼓全集3輯8冊，法鼓文化，頁10）

民國二十四年／西元一九三五年

聖嚴法師六歲

師生而病弱，語言、動作發展遲緩，至是年才能走出門外和童伴遊玩。

　　兒童時代，我是一個體弱而又智弱的低能兒，身體經常有病，據說是因為當我出生之時，母親業已四十二歲，一個鄉下的貧婦，早已沒有奶水，加上當時的食物，不僅粗糙而且稀少，所以營養不良。幼年時，成長奇慢，到了六歲才會走路和學會講話。（〈童年和少年〉，《聖嚴法師學思歷程》，法鼓全集 3 輯 8 冊，法鼓文化，頁 12）

民國二十六年／西元一九三七年

聖嚴法師八歲

是年，長江水患，隨父親前往災區慰問親戚，見聞生命與
國土之危脆，深覺怵目驚心。

　　災後的第二天，風歇了，雨止了，父親拿了一些可吃
的東西，帶我去災區慰問我的二姨。那次的災區訪問，
使我怵目驚心，以後一連好幾夜，都還在夢中驚醒。水，
進來以後，許多人家的房子，僅僅留下了屋頂在游移漂
浮。男人、女人、小孩的屍體，也是漂浮物的一類，已
經開始在膨脹腐臭。至於死貓、死狗、死豬、死羊、死
雞、死鴨等浮屍，那是更不用說了。所以在熾熱的太陽
蒸發下，一股一股的腥臭惡氣，向我們撲襲而來。生命
危脆如此，使我驚懼不已。（〈我的童年〉，《歸程》，
法鼓全集 6 輯 1 冊，法鼓文化，頁 15-16）

民國二十七年／西元一九三八年

聖嚴法師九歲

是年春，日軍來侵。虎狼兇暴，勝過洪水猛獸。城鎮中遠
房親戚避走至鄉間，住家適可提供作為婦女避難所。
（〈江南的家〉，《歸程》，法鼓全集 6 輯 1 冊，法鼓文化，
頁 37、39）

因時局窮苦，普遍未受教育，兄長亦然。至今年因兄姊已
年長可幫助家計，師因得入塾從袁先生讀書，為全家
第一位上學讀書者。

　　在我的記憶中，我們張家這一族內，沒有出過一個讀
書人。時代的環境不許可他們讀書，他們也無書可讀。
我的上邊有三個哥哥、兩個姊姊，只有二哥，憑他自修，
能夠粗通文墨，其他四人則都是文盲。因為，當時沒有
國民小學，只有私立小學和私塾，父母要把孩子送去讀
書，必須賠上雙重的損失：第一，學校需要學雜費乃至
服裝費；第二，孩子去讀書，就沒有時間去做工，也就
是勞動力的損失。對於像我家這樣窮的一個家庭，實在
無法負擔得起。（〈童年和少年〉，《聖嚴法師學思歷程》，
法鼓全集 3 輯 8 冊，法鼓文化，頁 11-12）

學名為「志德」。因年歲稍長，故教讀小學二年級國

文，以及《百家姓》和《神童詩》。（〈我的童年〉，《歸
程》，法鼓全集 6 輯 1 冊，法鼓文化，頁 19）

民國二十八年／西元一九三九年

聖嚴法師十歲

是年，私塾換毛老先生任教。一年內，學《千字文》、《千家詩》、《大學》、《中庸》。（〈我的童年〉，《歸程》，法鼓全集 6 輯 1 冊，法鼓文化，頁 19）

教師因事忙，且不懂教授方法與兒童心理，師因視上學為苦事，因而時常逃學。母親知道後，嚴加訓誡教導。

　　我很討厭學堂。我也常常逃學，早上把書包一背，就跟拾狗屎或刈豬草的野孩子們，找一個好玩的所在去玩了，那位老先生，他也從不查究，我是多麼地開心。可是，有一次被我母親在路上撞到了，氣得她老淚縱橫，雙手發抖。她說：「你爹用了血汗錢送你去讀書求上進，你竟是個下流胚；我家沒有一個讀書人，望你上天，你偏入地！」（〈我的童年〉，《歸程》，法鼓全集 6 輯 1 冊，法鼓文化，頁 19-20）

家境貧窮，甚至沒錢買書；曾為買習字簿而偷二姊錢，遭母親痛打。家人為此而難過落淚。

　　我家在日本軍閥來到之後，的確太窮，記得有一次為了先生要我買一冊書，全家上下，湊了半天，也湊不出一冊書錢，我失望地哭了，全家的人，也因此流淚。又

有一次為買一本習字簿，知道父母沒有錢，我就偷了二姊藏了好幾年的壓歲錢，結果被二姊發現，我被母親毒打了一頓，打完之後，母親、二姊與我，三人又抱在一起，哭了一場。（〈我的童年〉，《歸程》，法鼓全集 6 輯 1 冊，法鼓文化，頁 20）

民國二十九年／西元一九四〇年

聖嚴法師十一歲

是年，換陸老先生任教。嚴管、勤教；上半年，讀完一部
《論語》、半部《孟子》。此半年從未逃學，進步亦多。
（〈我的童年〉，《歸程》，法鼓全集 6 輯 1 冊，法鼓文化，
頁 20-21）

下半年，再換盛先生任教。教學認真、懂教學法，除國語，
也教算術、勞作、珠算、作文與自然。學會許多新鮮
事物。對讀書真正發生興趣。（〈我的童年〉，《歸程》，
法鼓全集 6 輯 1 冊，法鼓文化，頁 21）

民國三十年／西元一九四一年

聖嚴法師十二歲

嚮往新式教育,要求父母送至鎮上就讀正式小學。排入三年級課程。因來自鄉下,又是新生,常受欺負。(〈我的童年〉,《歸程》,法鼓全集 6 輯 1 冊,法鼓文化,頁 22)

下半年,升四年級。(〈我的童年〉,《歸程》,法鼓全集 6 輯 1 冊,法鼓文化,頁 23)

家境困窘時,連過年敬神用香燭也無法購買。然父母從未向外人喊窮。母親甚至在斷炊之際,分出口糧接濟鄰居。(〈我的童年〉,《歸程》,法鼓全集 6 輯 1 冊,法鼓文化,頁 26-27)

處窮時,父親勉兄弟:勿羨人、勿輕己。母親則期勉不論順境、逆境,堅行正道。

父親常常勉勵我們兄弟:「一群鴨子在河裡游,各有一條路,大鴨游出大路,小鴨游出小路,不游就沒有路。但看我們自己的力量如何,不要嫉妒他人,也勿輕視自己。」(〈哀哀父母〉,《歸程》,法鼓全集 6 輯 1 冊,法鼓文化,頁 93)

　　有一次，幾位鄰婦和我母親聊天，忽然有人拿我做評論的對象，有一位鄰婦把我預言得不能再好，另一位卻不以為然，她們最後的結語是在好壞兩可之間：「好則住在樓上樓，不好則在樓下為人搬磚頭。」我的母親這時也說話了：「樓上樓當然好，搬磚頭也不錯，只要他不做賊骨頭，我就放心了。」（〈哀哀父母〉，《歸程》，法鼓全集 6 輯 1 冊，法鼓文化，頁 93）

民國三十一年／西元一九四二年

聖嚴法師十三歲

是年，原應接讀四年級第二學期，因年景不好，家境困難
而輟學。父母允諾家境好轉時再送續讀。（〈我的童
年〉，《歸程》，法鼓全集 6 輯 1 冊，法鼓文化，頁 23）

是年春，尚未農忙時，大哥、二哥赴上海工廠做工；父親
與三哥去長江新生地築堤，師跟往做小工，錘實堤岸。
每日早出晚歸，來往路程四十里。（〈我的童年〉，《歸
程》，法鼓全集 6 輯 1 冊，法鼓文化，頁 23-24）

農忙時，學會除草、踏水、割稻、拾棉花、種豆等。然見
他人上學，總覺難過。（〈我的童年〉，《歸程》，法鼓
全集 6 輯 1 冊，法鼓文化，頁 24）

民國三十二年／西元一九四三年

聖嚴法師十四歲

因去年收成較豐，故於今年春復學，接讀四年級第二學期。
（〈我的童年〉，《歸程》，法鼓全集 6 輯 1 冊，法鼓文化，
頁 24-25）

自知家貧，隨時可能輟學，故甚能用功，成績優異。
學期終了，初小畢業，得獲獎勵。獎品之一為入高小
後之所有課本。然終因家貧而未續讀高小。（〈我的童
年〉，《歸程》，法鼓全集 6 輯 1 冊，法鼓文化，頁 25）

此數年，生活在日軍、游擊隊、汪逆和平軍以及當地盜匪
輪流搜括下，生產所得在繳納租稅後，尚不足全家半
年所需。平常吃不到麵，除非生病；初小畢業時，買
不起參加運動會之白色洋布學生裝；生計困窘若此，
於是成就出家因緣。（〈我的童年〉，《歸程》，法鼓全
集 6 輯 1 冊，法鼓文化，頁 25-26、頁 37-42）

秋天，因家貧難以維生，更無力教讀，母親起念送往寺院
栽培；適得鄰居戴漢清引介，投狼山廣教寺出家。
　　父母因為家境關係，我的學業，也是時輟時續，小學
我僅讀到四年級，便決定不讓我再讀下去了。那年夏天，

有一位鄰居叫戴漢清，到我家來玩，閒談間問起我將來
要做什麼事，我沒有回答，我的母親卻說話了：「我家
很窮，子女也不算少，所以我想把他送掉。我也捨不得
送掉。這孩子身體很單，讀書倒很用功，只是他投錯了
人家，我家培養他不起。看樣子，他只有去做和尚了。」
想不到母親的最後一句話，竟然觸動了那位姓戴的靈機，
他要我父母先將我的生辰八字開好，給他送去狼山，秋
天來了，那位姓戴的鄰居，從江北回來，果然給我帶來
了好消息，要我把衣物收拾起來，馬上跟他過江去狼山
做和尚。這事本已說好了的，但在沒有心理準備的父母
聽來，又覺得非常突然了，尤其是母親，甚至要反悔，
一邊擦著眼淚，一邊又說：「只怪你的爹娘窮，還有什
麼話說！」（〈美麗的夢〉，《歸程》，法鼓全集 6 輯 1 冊，
法鼓文化，頁 44-46）
案：師離俗年日，《法源血源》（頁 12）作民國三十三
年（一九四四），今據《歸程》（頁 46）繫於今年。

狼山廣教寺為當地首剎，香火為全省之冠。

狼山大聖的名聲，在蘇北的地區，乃是老幼咸知，婦
孺皆敬的；他是無病不治的醫王，也是無難不濟的聖者，
更是有求必應的大菩薩。因此，狼山的香火，在蘇北占
第一，即在江蘇一省，也可占到第一。（〈狼山的狼〉，《歸
程》，法鼓全集 6 輯 1 冊，法鼓文化，頁 59）

剃度師為廣教寺法聚庵蓮塘上人，師祖為朗慧上人，曾師祖為貫通老人，太祖筍香老人。

狼山的歷史，始於唐高宗的時代，龍朔和總章年間（六六一～六六九），有一位來自西域泗國的僧伽大師，到達狼山開基。然後經知幻禪師及當地的居士們建了大雄寶殿等，名為「廣教禪林」。（〈童年和少年〉，《聖嚴法師學思歷程》，法鼓全集3輯8冊，法鼓文化，頁14-15）

狼山的七個房頭，雖然同屬臨濟宗廣教寺的派下，各房的經濟則各自獨立。我出家的這個房頭，叫作法聚庵。（〈狼山的狼〉，《歸程》，法鼓全集6輯1冊，法鼓文化，頁77）

案：師、祖法名見〈狼山的狼〉（《歸程》，法鼓全集3輯8冊，法鼓文化，頁65、66）；貫通老人於《歸程》稱「曾師祖」，於《法源血源》（法鼓全集6輯2冊，法鼓文化，頁126）則稱貫通老人為「師祖」。然名稱雖異，輩分則同。

師祖為取法名：「常進」。（〈俗家姪兒的來信〉，《法源血源》，法鼓全集6輯2冊，法鼓文化，頁13）

案：法名依臨濟宗剃度子孫派取為「證覺常進」。見《學僧天地》創刊號（上海：靜安佛教學院，1948年1月1日，頁27）之「本刊職員名錄」。該刊收入黃夏年編：《民國佛教期刊文獻集成》。

狼山原即香火鼎盛，時又正值法聚庵在山頂當年，更加忙
　碌。

　　狼山的僧制，歷代都有變化，由全山統一的十方禪院，
　演變為七個房頭，分頭而共治的子孫寺院。當我上山
　之際，就是處於房頭的時代，而七個房頭只有一個大雄
　寶殿及位於山頂的大聖殿，為七家逐年輪流共管。民國
　三十二年（一九四三），正好輪到我們第四房的法聚庵
　在山頂當年。狼山給我的第一印象，是山好高、人好多、
　香火好盛，和尚們也就很忙。因為那是一個香火道場，
　特別是正在山頂當年的時段，為了照顧各個殿堂的香火，
　所以顯得格外地忙碌。（〈童年和少年〉，《聖嚴法師學
　思歷程》，法鼓全集 3 輯 8 冊，法鼓文化，頁 15、16）

冬天，母親來山探視，宿一夜，放心而歸。母親下山時，
　陪侍前往鄰近小海鎮探視大姊，並教外甥女念佛將跳
　蚤放生。（〈哀哀父母〉，《歸程》，法鼓全集 6 輯 1 冊，
　法鼓文化，頁 80；〈小海鎮的大姊家〉，《法源血源》，法
　鼓全集 6 輯 2 冊，法鼓文化，頁 130）

民國三十三年／西元一九四四年

聖嚴法師十五歲

寺中生活以雜役為主，並須背誦重要大乘經典。於焉學得出家人應具備之各項生活能力，並養成「凡事自己做」、「工作無貴賤」等觀念。

　　大部分像我們這樣的年輕出家人，對禪修實在並沒有什麼概念。受到的訓練只是些對出家人的嚴格要求，日常生活如洗衣、出坡、炊事以及課誦。我們也要讀誦重要經典如：《阿彌陀經》、《妙法蓮華經》、《金剛經》。（譯自 Autobiography, *Getting the Buddha Mind, Part One*，法鼓全集 9 輯 3 冊之 1，法鼓文化，頁 1-3）

　　在狼山之時，雖有兩位老師教讀，但我必須要做一個小沙彌須做的事，除了早晚課誦、撞鐘擊鼓，還要清潔環境、打掃庭院、整理廚廁，乃至於種菜燒飯和為老僧們洗衣服、倒夜壺。所以，在那段時間裡，我學會了做為一個和尚所應具備的十八般武藝。雖然損失了讀書的時間，卻在實際生活方面，學會了「凡事自己做」、「工作無貴賤」的能力和觀念。（〈童年和少年〉，《聖嚴法師學思歷程》，法鼓全集 3 輯 8 冊，法鼓文化，頁 17、18）

於背誦經典感覺非常吃力，師父因教禮拜觀音以消業障。每日早晚各禮五百拜。三個月後，於禮拜時覺通

體清涼，從此頭腦清明、記憶明澈。對觀音菩薩深生信心，更引生向法之心。此為佛法之初次體驗。

平常雜役對我來說倒不成問題，最吃力的是要背誦經典。這麼多的東西得精熟，而我又不很靈光。我的師父告訴我：「你業障很重，應發大願心去懺悔。去拜觀音菩薩去！」但是，每天自己的時間非常少，所以只好在晚上禮拜觀音五百拜，第二天趁大家起床前，再拜五百拜。就這樣天天禮拜觀音，拜了約三個月，有一天忽然感覺到通體清涼舒適，似乎整個世界都不同了。頭腦變得明澈清楚，記憶力增強，學習能力增進，背誦再不是難題了。從此深信觀音菩薩的慈悲加被。更重要的是，在心底引生了某種承擔佛法的責任感。（譯自 Autobiography, *Getting the Buddha Mind*。同前）

出家之後，師父講給我聽的第一個故事，便是向觀世音菩薩求智慧得智慧的事例：宋朝的永明延壽禪師，因修法華懺法二十一天，夢見觀世音菩薩以甘露灌其口，便得無礙辯才。所以我的師父教我每天早晚，至少要拜二百拜的觀音菩薩。我拜了半年多，邊拜邊作觀想，因此，我對厚厚的一本《禪門日誦》，在數月之間就背熟了，當時連我自己也有點意外地吃驚。（〈觀世音菩薩〉，《佛教入門》，法鼓全集 5 輯 1 冊，法鼓文化，頁 216）

是年春，二姊過世。（〈哀哀父母〉，《歸程》，法鼓全集 6 輯 1 冊，法鼓文化，頁 83）

夏天，返江南俗家探視，停宿三天。親子間情懷依依。（〈哀
　　哀父母〉，《歸程》，法鼓全集 6 輯 1 冊，法鼓文化，頁 80-
　　83）

因得師長教示，並有老師教讀《禪門日誦》及四書五經，
　　對佛教有初步之認識與反省，覺佛經除誦念超度亡
　　者，應亦有導迷化俗之用。立意讀懂佛典、傳播佛理。
　　　我對於佛教的認識和反省，是在出家以後大約半年的
　　時間，除了由世代的長輩，那是師父、師公、師祖、曾
　　師祖適時適地，耳提面命，督導功課，同時還為我請了
　　兩位老師，一位教《禪門日誦》，另一位教四書五經。
　　前者，當然是出家的法師，後者，也是一位曾在狼山出
　　家，後來考取秀才而還俗的居士。他們兩位都很認真、
　　和藹，不僅教我唱誦和背誦，也解釋所有功課的內容。
　　這使我知道了佛經不僅僅是拿來誦給亡靈作為超度之
　　用，其實，應該是用來講給我們人類大眾聽，而照著去
　　做的。孔孟之道可以治世，佛教的義理及其方法可以化
　　世，若能互為表裡，一定可以實現世界大同或人間淨土
　　的局面。只可惜，當時的佛教界人才奇缺，為死人超度
　　的經懺僧還不算少，能夠講經說法、導迷化俗的人，則
　　有如鳳毛麟角。狼山的僧侶，總算多半是讀過幾年書，
　　甚至於有正在擔任小學老師的。可是，還沒有一位能夠
　　講經說法，並且受到遠近歡迎和尊敬的大德法師。我自
　　己並沒有想到能夠成為那樣的人物，但是，已有一種不

能自我控制的願望，就是要盡我自己所能，讀懂、讀通
佛經，用來告訴他人。（〈童年和少年〉，《聖嚴法師學
思歷程》，法鼓全集 3 輯 8 冊，法鼓文化，頁 17）

十月，隨侍朗慧師祖初赴上海，抵狼山下院：大聖寺。

我們的法聚庵，在上海有一座下院；抗戰期間才由一
班在上海經商的南通人，發起籌建，聘請我的曾師祖貫
通老人擔任住持。（〈狼山的狼〉、〈上海與我〉，《歸程》，
法鼓全集 6 輯 1 冊，法鼓文化，頁 79、98）

民國三十四年／西元一九四五年

聖嚴法師十六歲

夏，因南通狼山缺人照顧，故由上海返南通。（〈上海與我〉，
《歸程》，法鼓全集 6 輯 1 冊，法鼓文化，頁 98）

秋，再回俗家探親。（〈哀哀父母〉，《歸程》，法鼓全集 6
輯 1 冊，法鼓文化，頁 85）

是年，對日抗戰勝利。新四軍與國軍相繼駐紮狼山，士氣
低落，軍紀敗壞，毀寺擾眾，出家人因多離山外出。
（〈狼山的狼〉，《歸程》，法鼓全集 6 輯 1 冊，法鼓文化，
頁 78-79）

民國三十五年／西元一九四六年

聖嚴法師十七歲

春，再度抵上海，仍住滬西大聖寺。此後未回南通。

我在狼山，一直住到民國三十三年（一九四四）十月
間，去了一趟上海，又回到了狼山，直到民國三十五年
（一九四六）春天，我又第二度地到了上海，從此就再
沒回到過南通了。

離開之時，狼山已被國軍連番地駐防，弄得只見軍隊
不見香客，只見兵器不見法物，連門窗、桌椅，都變成
了軍眷的床鋪和伙房的柴火。山上的僧侶，除了幾個已
是六、七十歲的老僧，不願向外地流浪之外，年輕的和
尚都已離開了狼山。（〈童年和少年〉，《聖嚴法師學思歷
程》，法鼓全集 3 輯 8 冊，法鼓文化，頁 16）

**大聖寺常住八、九人，以趕經懺為主。因人手不足，故亦
派師任事。由於未經學習，無人教導，曾出糗事。**

上海的大聖寺，那是一個純粹的經懺道場，每天夜以
繼日地，除了為施主家裡增福延壽及超薦亡靈而誦經、
拜懺、放焰口，再也沒有時間讓我讀書。（〈童年和少
年〉，《聖嚴法師學思歷程》，法鼓全集 3 輯 8 冊，法鼓文化，
頁 18）

我也不知道從哪裡來的精力，天天跟著「師父們」趕

進趕出，往往是日以繼夜，夜以繼日，白天翻了三個堂，
晚上又要放焰口，我是經常被人驚醒：「小和尚要跌下
來啦！」

　既然趕了經懺，我也用心學習經懺，可是，一般的佛
事，跟跟就能跟會，花式的吹打演唱，那是要另拜師父
專門學習的，有一次出堂做「鬧場」的花式佛事，臨時
缺一個人，硬把我拉進去湊數，可是，跟著兩個隊形一
變，我就被他們拋在一旁了，第二次入隊，又照樣被拋
了出來，真叫我出盡了洋相。（〈上海與我〉，《歸程》，
法鼓全集 6 輯 1 冊，法鼓文化，頁 106-108）

**師年幼而病弱，然從不訴說亦未埋怨經懺生活苦楚，
反而更賣力。**

　我的身體自幼病弱，十五、六歲的發育期間，正好趕
上了經懺生涯。但我好勝心強，從來未向俗家提起這種
生活的苦楚，並且有一個自討苦吃的怪癖，人家愈是不
給我體惜，我就愈加做得賣力。（〈上海與我〉，《歸程》，
法鼓全集 6 輯 1 冊，法鼓文化，頁 107）

**五月六日，太虛大師由京抵上海，駐錫靜安寺。上海佛教
界假靜安寺歡迎。**（《太虛大師年譜》，印順法師，臺北：
正聞出版社，1991 年 12 月，第 13 版）

秋，靜安寺佛學院成立。師原擬從學，而師祖不允。（〈學

僧天地〉，《歸程》，法鼓全集 6 輯 1 冊，法鼓文化，頁
121）

出家兩年，未曾改裝；是年，始由父親負擔，得著僧服。

　　民國三十五年春天，我在上海的下院，已經正式趕經
懺了，穿著俗服，披上水紅色的麻布七衣，雜在師父們
之中，天天出堂做佛事。我的曾師祖──下院的當家念
著要我改裝，但又捨不得為我花錢剪布。終於，我的父
親冒著斷糧挨餓的勇氣，賣掉了幾擔麥子，請鄉下的土
裁縫，做了幾件僧裝的棉衣，親自送到上海。就這樣，
我就算是改裝了。反正俗家沒有錢，所以，一切的儀式
也都免了。（〈哀哀父母〉，《歸程》，法鼓全集 6 輯 1 冊，
法鼓文化，頁 83-84）

民國三十六年／西元一九四七年

聖嚴法師十八歲

春，因多次積極爭取，復得機緣成熟，於是結束小廟生活，插班入靜安寺佛學院就學。

　　半年過去了，第一學期沒有趕上；到了夏天，我便積極地爭取，終於讓我達成了目的。這有兩個原因，第一，狼山的鄰庵有一位育枚法師在靜安寺佛學院當了教務主任，他也從旁再三鼓勵；第二，小廟上又從南通帶來了一個小和尚，使我有了替身。（〈學僧天地〉，《歸程》，法鼓全集6輯1冊，法鼓文化，頁122）

　　佛教雖然是那麼地好，由於佛教沒有人才去普遍地弘揚，所以知道它的人很少，而誤解它的人很多，不知道要用佛教來救世救人的人更多。就基於這樣的一個動機，我再三地要求我的師公上人，讓我出去讀幾年書。因此我在民國三十六年（一九四七）的春季，便結束了大聖寺的小廟生活，開始成了同樣是在上海的靜安寺佛學院的一名插班的學僧。（〈童年和少年〉，《聖嚴法師學思歷程》，法鼓全集3輯8冊，法鼓文化，頁18-19）

　　三十六年春季，我做了靜安寺佛學院的插班生。插班生是要通過考試的，直到臨去報到的前夕，才由我的師公朗慧代做了一篇短文，題目是「我的志願」，要我把它背熟了，好在臨場運用。但到靜安寺教務處，出的題

目卻是「我對佛教的將來」。真是要命,我對佛教毫無認識,過去的不認識,現在的也不認識,哪能看到佛教的將來呢?但我呆想了一會,還是把我師公代寫的那篇短文,默寫了一遍,戰戰兢兢地繳了卷。(〈學僧天地〉,《歸程》,法鼓全集 6 輯 1 冊,法鼓文化,頁 113、122-123)

靜安寺為上海唯一古寺,建自三國孫吳。現任住持為持松法師,監院為白聖法師。去年秋成立佛學院,密迦、德悟、妙然三法師為開發元勳。禮聘師資多屬太虛大師輩之第二代,陣容堅實。

上海靜安寺佛學院,創辦於民國三十五年(一九四六)的秋天,當時該寺正鬧著子孫派與十方派的糾紛,結果十方派占了優勢。因此力圖革新,整頓教育,以徵得社會的輿論同情。這個學院的師資陣容,應該是屬於太虛大師一輩的第二代。(〈童年和少年〉,《聖嚴法師學思歷程》,法鼓全集 3 輯 8 冊,法鼓文化,頁 21)

我們的老師,比如南亭法師、道源法師、仁俊法師、育枚法師、妙然法師、圓明法師、本光法師、度環法師、秀奇法師、林子青居士,以及幾位大學的教授和畢業生。至於來訓話的、客串的名法師,那就更多了,比如太虛大師、法舫法師、能海法師、雪松法師、葦舫法師、天慧法師、呂秋逸居士等等。監學兼維那——守成法師。(〈學僧天地〉,《歸程》,法鼓全集 6 輯 1 冊,法鼓文化,

頁 129-130）

課程有：圓明法師《八識規矩頌》、南亭法師《大乘起信論》、道源法師《梵網經菩薩戒本》、白聖法師「精神講話」、育枚法師《古文觀止》、許老師「算術」等。
（〈學僧天地〉，《歸程》，法鼓全集 6 輯 1 冊，法鼓文化，頁 124-125；〈紀念南亭長老〉，《悼念‧遊化》，法鼓全集 3 輯 7 冊，法鼓文化，頁 61；〈敬悼道源和尚〉，《悼念‧遊化》，法鼓全集 3 輯 7 冊，法鼓文化，頁 89）

學僧除學業外，每天有兩支香行持，一律拜大悲懺。
（〈學僧天地〉，《歸程》，法鼓全集 6 輯 1 冊，法鼓文化，頁 132）

同學程度參差不齊，年歲亦不等，師之年紀與程度可謂最弱。
當時（案：指入學時）我的實足年齡尚不滿十七歲，是全班同學中最小的一個，直到三十七年（一九四八）夏季畢業，我還是全班最小的一個。（〈學僧天地〉，《歸程》，法鼓全集 6 輯 1 冊，法鼓文化，頁 124）
當時，幾乎每一家佛學院的學生程度都是參差不齊，年紀大的可是三十多歲，像我，則只有十七歲；有的曾經當過小學教員，有的像我，只有小學四年級。（〈童年和少年〉，《聖嚴法師學思歷程》，法鼓全集 3 輯 8 冊，

法鼓文化，頁 21）

**就學最初兩三個月，因程度及語言困難，幾乎天天想
退學；幸有板書，加上要好心強，努力適應下來。**
（〈學僧天地〉，《歸程》，法鼓全集 6 輯 1 冊，法鼓文化，
頁 124-125）

　課程大概是中學到大學的程度，英文和數學是高小到
初中，國文是高中，佛學是大學。對於這些課，除了國
文、英文和數學之外，我都不容易聽懂。當我在狼山的
時候，是從經典和課誦中理解佛法，比較容易懂。現在，
從經過大師們消化、組織、發揮之後，思辨性、理論性
的論典，以及有許多梵文音譯的特定佛學名詞的論著，
就很難在很短的時間之中理解吸收了。所以，在最初的
兩、三個月，我幾乎天天打算退學。（〈童年和少年〉，
《聖嚴法師學思歷程》，法鼓全集 3 輯 8 冊，法鼓文化，頁
21-22）

三月十七日，太虛大師捨報於上海玉佛寺。（〈學僧天地〉，
　《歸程》，法鼓全集 6 輯 1 冊，法鼓文化，頁 137）

**四月八日，於玉佛寺舉行太虛大師荼毘典禮。參加恭送荼
　毘行列者達里餘。靜安佛學院亦集體參加，由玉佛寺
　送至海潮寺。**（〈學僧天地〉，《歸程》，法鼓全集 6 輯 1
　冊，法鼓文化，頁 137）

冬，期末考試，四十多位同學中，名列第六。（〈學僧天
地〉，《歸程》，法鼓全集 6 輯 1 冊，法鼓文化，頁 125）

今年，佛學院曾安排至圓明講堂聽圓瑛法師講《楞嚴經》，
亦曾去城南沉香閣聽南亭長老講〈普賢行願品〉。經
座後，長老見師年紀最小，特別喜愛，備加慰問。

白聖法師接任之後，雖然經常在與流氓鬥法鬥智，但
對我們學僧的生活也很關切。學僧提出要求，如果是合
理的，他也沒有不接受的。比如我們要洗澡，去浴堂洗
澡的錢，皆由常住負擔；我們要做春季旅行，包兩輛大
客車，做竟日之遊；我們要聽某某法師講大座，便由常
住叫專車接送。我們集體遊覽過上海市的好多名勝，我
們曾去沉香閣聽南亭法師講《法華經》，也曾去圓明講
堂聽圓瑛法師的《楞嚴經》，南亭法師之對我留下深刻
的印象，就因為去聽了一次經，他見我年紀最小，故在
下座之後，特地問了我幾句話。（〈學僧天地〉，《歸程》，
法鼓全集 6 輯 1 冊，法鼓文化，頁 136；另參見：〈紀念南亭
長老〉，《悼念・遊化》，法鼓全集 3 輯 7 冊，法鼓文化，
頁 61）

民國三十七年／西元一九四八年

聖嚴法師十九歲

一月，靜安佛學院學僧籌備半年之《學僧天地》月刊創刊。刊物發行，得慈航法師、白聖法師鼓勵與支持。前後發行六期，師共發表三篇短文。（〈學僧天地〉，《歸程》，法鼓全集6輯1冊，法鼓文化，頁134）

二月一日，筆錄葦舫法師講授之「佛教今後三大問題」，刊載於靜安佛教學院學僧刊物《學僧天地》。（〈佛教今後三大問題〉，葦舫法師講，常進記，《學僧天地》，第一卷，第二期，上海：靜安佛教學院，1948年5月1日，頁16-17；收見：黃夏年主編，《民國佛教期刊文獻集成》，北京：全國圖書館文獻縮印複製中心，2006；下同）

是年春，初見東初老人，驚鴻一瞥，覺其風儀可敬。（〈師恩難報〉，《悼念・遊化》，法鼓全集3輯7冊，法鼓文化，頁13-14）

春，上海龍華寺傳戒，擬前往求戒，經請示，師父以年齡不滿二十，不合律法，故未允許。（〈由我受了沙彌戒說到戒律問題〉，《律制生活》，法鼓全集5輯5冊，法鼓文化，頁41）

五月一日，發表〈海燈法師的國術〉於《學僧天地》。（〈海
　燈法師的國術〉，常進，《學僧天地》，第一卷，第五期，上海：
　靜安佛教學院，1948 年 5 月 1 日，頁 15-16）

夏，佛學院畢業，佛學基礎從此奠定。畢業時課業為第一
　名，因年齡最幼且在經懺上不能作焰口金剛上師，故
　行持分數稍遜，畢業證為第三號。

　　靜安寺佛學院的學僧，也必須兼做經懺佛事，來維持
　我們的生活費及教育費。而我今日的這一點佛學基礎，
　主要是跟靜安寺佛學院有著很大的關聯。（〈童年和少
　年〉，《聖嚴法師學思歷程》，法鼓全集 3 輯 8 冊，法鼓文化，
　頁 22-23）

　　我在靜安寺一連住了五學期，成績都在五、六名之
　前，民國三十七年（一九四八）夏季，靜安學院以其試
　辦兩年屆滿，在畢業的時候，我的功課是第一名，但以
　年長同學的面子關係，在經懺上我又不能戴毘盧帽的緣
　故，所以行持分數稍差而將我的畢業證上填了第三號。
　（〈學僧天地〉，《歸程》，法鼓全集 6 輯 1 冊，法鼓文化，
　頁 126）

佛學院期間，曾有打禪七經驗。但因無人指導，未能深切
　悟入。（譯自 Autobiography, *Getting the Buddha Mind, Part
　One*，法鼓全集 9 輯 3 冊之 1，法鼓文化，頁 1-3）

七月，首屆學僧畢業後，院方續辦研究班，師通過甄試獲
得錄取。（〈學僧天地〉，《歸程》，法鼓全集 6 輯 1 冊，
法鼓文化，頁 137）

秋，道源法師來院教授，講授《梵網經菩薩戒本》，並代
理教務主任職務。法師教學時，稱待學僧十分尊重。
　　長老甚少與同學個別接觸，唯於課堂點名時，一律稱
呼我們「某某法師」，他說：老的是老法師，小的是小
法師，有說法之師、學法之師、現在法師、未來法師，
既然在佛學院裡「學教」，當然就是法師。（〈悼念道源
法師〉，《悼念・遊化》，法鼓全集 3 輯 7 冊，法鼓文化，
頁 89）

是年秋，因母病危，三哥來滬接師返鄉。在家伴住半個月，
病情穩定，然後返院。（〈哀哀父母〉，《歸程》，法鼓
全集 6 輯 1 冊，法鼓文化，頁 85）

十一月一日，筆錄葦舫法師講授之「錫蘭的佛教」，刊載
於《學僧天地》。（〈錫蘭的佛教〉，法舫法師講，常進
記，《學僧天地》，第一卷，第六期，上海：靜安佛教學院，
1948 年 11 月 1 日，頁 5-6）

十二月十日，母親病逝。享年六十一。兄長遵照遺命，顧
慮學業及路途荒亂，不欲師奔喪回鄉，故於後事料理

後始獲通知。(〈哀哀父母〉,《歸程》,法鼓全集6輯1冊,
法鼓文化,頁90)

案:據〈小海鎮的大姊家〉(《法源血源》,法鼓全集6
輯2冊,法鼓文化,頁132-133),母親歿日為農曆十一月
初十,經換算為國曆十二月十日。

冬,學院寒假,擬返鄉探親。抵無錫後,水陸俱無車船通
行,兵荒馬亂,變故多、危險大,不得已折返上海。
(〈哀哀父母〉,《歸程》,法鼓全集6輯1冊,法鼓文化,
頁91)

是年下半年,生活景況劇變。多數人為即將來臨之戰禍而
準備。別處學僧多有轉來靜安寺,學僧亦有轉為工僧
之準備。

好幾個佛學院關了門,好幾處的學僧也到了靜安寺。
比如乘如(自立)、惟慈(日照)、妙峯、魯愚(幻生)
等同學都是後來從武陵佛學院去的,了中則去得更遲。
學僧除了象徵性的上幾堂課,有佛事的做佛事,沒有佛
事的,為了應變,便學習手工藝,把原先的教務處,改
成了工作場,常住買了十幾架手搖織襪機,請了一個織
襪匠,專教學僧織襪子。(〈學僧天地〉,《歸程》,法
鼓全集6輯1冊,法鼓文化,頁138)

靜安佛學院師長如白聖法師、道源法師、守成法師皆

離開上海。學僧亦日漸減少。（〈學僧天地〉,《歸程》,
法鼓全集 6 輯 1 冊, 法鼓文化, 頁 139-140)

靜安寺被某團管區司令部借住, 經常駐有新兵。（〈學
僧天地〉,《歸程》, 法鼓全集 6 輯 1 冊, 法鼓文化, 頁
141)

年底, 共軍從華北南渡長江, 江陰要塞失守, 南京淪陷。

民國三十八年／西元一九四九年

聖嚴法師二十歲

農曆新年過後，俗家親人多已逃抵上海，僅留父親留守老
家。（〈哀哀父母〉，《歸程》，法鼓全集6輯1冊，法鼓文化，
頁91）

守成法師抵臺後來信，囑設法赴臺，並願代辦入境手續，
無奈因船票價昂而罷。（〈學僧天地〉，《歸程》，法鼓
全集6輯1冊，法鼓文化，頁141）

是年春，東初老人於大陸易手前夕，乘中興輪自上海赴臺。
由黨國元老李子寬居士擔保，暫駐於臺北善導寺。後
經曾景來居士介紹，移駐北投法藏寺。（〈東初老人簡
譜〉，釋果徹，《中華佛學研究》，2期，中華佛學研究所，
1998年3月初版，頁6）

當時時局緊張，情勢惡劣，出家人大都隱居而不敢露
面，幸得青年楊白衣居士，不顧一切，熱誠護衛東老
人，環遊臺灣避難數日。（〈憶東老〉，楊白衣，《東初
和尚永懷集》，東初老人全集7，東初出版社，1987年12月
初版，頁205）

入夏，時局緊急，上海市民開始動員訓練。靜安佛學院學
　僧都有接受軍事教育資格。（〈學僧天地〉，《歸程》，
　法鼓全集 6 輯 1 冊，法鼓文化，頁 142）

天寧寺某同學來信鼓勵從軍，衛教護國，並謂孫立人將軍
　在臺灣訓練新軍，歡迎僧青年加入。於是靜安佛學院
　同學：關振、田楓、王文伯、何正中等人捨下僧服從
　戎。（〈學僧天地〉，《歸程》，法鼓全集 6 輯 1 冊，法鼓文化，
　頁 140-143）

　　民國三十七年（一九四八）下半年以後，有眼光的人，
　都知道國民黨軍隊的大勢已去，故也做著應變的準備。
　學僧，一天天地少了，有一家佛學院的同學，老早就給
　我們寫了一封很長的信，要我們大家踴躍從軍，說是衛
　教報國的最後關頭到了，並說孫立人將軍在臺灣訓練新
　軍，孫將軍也歡迎我們僧青年去加入新軍的陣營。我們
　把那封信貼在布告欄裡，大家圍著看，大家也都在猶豫。
　此時靜安寺內也駐有聯勤總部的一個補給單位，而且都
　是些軍官，靜安寺的大門口，掛著好多臺灣新軍的生活
　照片，同時也在招收青年志願軍。（〈學僧天地〉，《歸
　程》，法鼓全集 6 輯 1 冊，法鼓文化，頁 139-141）

五月中旬，師決定從軍。將重要書籍寄大哥處，並請代向
　父親告假，託兄長孝養父親。衣物則分送同學。（〈哀
　哀父母〉、〈學僧天地〉，《歸程》，法鼓全集 6 輯 1 冊，

法鼓文化，頁 92、143）

從軍前自勉：此去乃為衛國護教；雖從軍，而如蓮花之不染，並擬於一至三年戰爭結束後即返僧籍。

　　軍人給我的印象，從小就是不好的，所謂「兵荒馬亂」，但我自己，竟又自動自發地當了兵。這是這一大動亂的大時代，使我做了當兵的決定，為了苦難的國家，為了垂危的佛教，為了個人的安全，我必須採取這一當兵的措施。雖然說，當兵的分子複雜。佛教有一非常寶貴的訓示：菩薩的精神，如汙泥中生長的蓮花，蓮花離了汙泥不能生長，生長以後的蓮花，卻又不為汙泥所染。人之好壞，全在個人的意志，所以我在當兵之前的數小時，便立下一個志願：此去是為國家民族留一分氣節，是為衰微的佛教爭一分光榮。

　　但我的目的，絕不希望做個終身以守的職業軍人，以我當時的推想，一年之內或者最多三年，國民黨軍隊必可勝利，所以我還帶了部分佛書及僧裝，準備隨時重返僧籍。（〈軍中十年〉，《歸程》，法鼓全集 6 輯 1 冊，法鼓文化，頁 147-148）

五月十六日下午，與共赴國難報名從軍之同學，向留守靜安寺之秀奇法師、本光法師、林子青居士告假，獲得師長之勉勵。

　　本光法師曾在金陵大學教過書，他對我很有好感，因

為聽他的課，在同學之中，我的筆記是做得最完整的一個，所以頗有依依之情，但他終於說了兩句話：「以你求學的精神，去做你要做的事，你會成功的。你既要走，其他的話我就不必說了。」

林子青居士，就是曾來臺南傳戒當教授阿闍梨的慧雲法師，他可能是我們學院老師之中學問最好的一位了。他的國文、外文、佛學、文學，都有很高的造詣，他的人品好、風度好、學問好，他給我的印象非常深刻。當我向他告假的時候，他是一臉的苦笑；仰起頭想了一想，才對我說：「在大時代的洪爐裡，願你鍛得更加堅強。」（〈學僧天地〉，《歸程》，法鼓全集 6 輯 1 冊，法鼓文化，頁 143-145）

再向佛學院同學告假，離開靜安寺，揮別兩年又半「學僧天地」，亦告別少年學習之黃金時代。出家迄今計五年又九個月。

那時候，我的年齡是正好二十歲，以現在西方人的算法還不足十八歲。從十四歲出家到二十歲從軍，短短五年半的時間，對我來講，好像已有半個世紀。從一個一無所知的鄉下蒙童，而蛻變為少年沙門，再轉型成為青年的士兵。經歷了許多，學習了許多，成長了更多。這個時段，對我來講，既是憂患的歲月，也是我生命史中第一個黃金的時段。（〈童年和少年〉，《聖嚴法師學思歷程》，法鼓全集 3 輯 8 冊，法鼓文化，頁 24-25）

離寺後，與同學了中法師一起至大通路二〇七師青年軍通信連招兵站報到。在此報名一則因青年軍號召力大，再則是通信兵不與敵人接觸，適合出家人。（〈軍中十年〉，《歸程》，法鼓全集 6 輯 1 冊，法鼓文化，頁149-150）

我是在一九四九年的五月十五日，向二〇七師青年軍的招兵站報名，第二天就跟了中法師，帶著一捲簡單的行李，和幾套僧服，同坐一輛三輪車，離開佛學院，向該師的通信連報到。古人有「投筆從戎」的壯志，我們是「脫下僧裝換軍裝」。但是，還抱著強烈的願望和信心，認為國軍到了臺灣，重新整頓之後，將來一定會回到大陸，讓佛法重光，所以我還把僧服帶著。我的身體一向瘦弱多病，看來弱不禁風，所以在學院留守未走的同學多半勸我：「不要莽闖！以你的健康和體能情況，說不定到了軍中，不用三個月就會拖累而死，到那時，還說什麼弘揚佛法、護國衛教都沒有用了。」（〈童年和少年〉，《聖嚴法師學思歷程》，法鼓全集3輯8冊，法鼓文化，頁 24）

報到時，捨去出家法名「釋常進」，恢復俗家張姓，並另取俗名「採薇」；乃效法伯夷、叔齊「採薇」首陽山，以及《詩經・小雅》〈采薇〉篇旨義而來。用以自勵。

三千一百年前的周朝初年，商朝後裔孤竹君的兩個兒

子，因為國家亡給了周朝，他們寧願在首陽山下採野莞豆充飢，終於餓死，也不肯接受周人送給他們的食物。另有一個故事，那是發生在西周的中葉時代，有一位詩人，為了抵禦北方入侵的玁狁（即是秦漢時代的匈奴），所以從了軍、報了國，當他退役還鄉之後，便寫了一首〈采薇〉詩，後來被孔子收在《詩經》裡面。由於這兩個故事的啟發，我便用了這個名字。在此滾滾的大時代的大洪流中，如果不先立一大志，不先有個精神的嚮往，作為安心立命的落腳點，那就只有隨波逐流地沒頂而去。（〈軍中十年〉，《歸程》，法鼓全集 6 輯 1 冊，法鼓文化，頁 148）

從此進入軍隊生活，生命又經歷一次大轉折。然雖入軍籍，出家心志不變；此後亦皆隨時聲明。

從寺院生活進入軍隊生活，是我生命史中的第二次大轉變。軍中，除了跟叢林寺院同樣是過團體的生活，所有的想法、說法、作法，都跟寺院不同。一時間，很難適應。特別是飲食問題，我已將近六年未碰葷腥，進入軍中第一餐，是在上海的招兵站。樓上樓下擠滿了人。由於沒有充分的衛生設備，所以戶外以及屋頂平台到處都是一堆一堆的大便，我們的飯廳，也就是在這樣的場所。菜色雖然差，還有幾片薄薄的肥肉，漂在菜湯的面上，幾乎使我頭暈目眩，好不容易才把一碗白飯囫圇地吞下了肚。（〈軍中的歲月〉，《聖嚴法師學思歷程》，法

鼓全集 3 輯 8 冊，法鼓文化，頁 27-28）

五月十九日，由上海登艇赴臺灣受訓。

、五月二十二日，抵高雄港。下船後，乘火車北上。

五月二十三日，抵新竹。營房位新竹東方清水鄉，某廢棄
玻璃廠廠房。從此生活軍隊化，不許個人自由。收去
私人衣物，一律制式服裝。營房設備極差。

五月二十四日，開始克難生活：飲食一日兩餐、訓練三光
運動。開始基本教練，階級分配為上等兵。

　　五月十九日，我們終於在上海外灘的碼頭上了船，經
過了兩天的航程，抵達臺灣的高雄上岸，然後乘坐無頂
敞篷的載貨列車，經過一夜的時間，到達了新竹，住進
一家已經廢置了的日據時代的玻璃廠。在上海時所聽說
的軍營營房如花園，軍營如學校，事實上到了臺灣，我
們所經驗到的生活環境，門禁非常森嚴，吃的是一日兩
餐，每餐是糙米飯和醬油湯，喝的是渾濁的井水，睡的
是磚砌地鋪稻草，連蓋的也是稻草，三個人共用一條棉
紗氈，每天頂著烈日，光頭、赤膊、赤腳、穿著短褲，
在操場和野外接受入伍生的訓練。就在這個階段，我們
有幾位同學，由於無法適應，忍無可忍，也因為被長官
調出通信連，撥進砲兵連，使他們非常地失望和痛苦，

就在夜深人靜、大家熟睡中，溜出了營房，脫離了軍隊。我們就是為了避免放槍開砲、親手殺人，才選擇了通信連的。他們走了之後，我的心裡也盤算著究竟是離開的好？還是既來之則安之，觀察一段時間再說？（〈軍中的歲月〉，《聖嚴法師學思歷程》，法鼓全集3輯8冊，法鼓文化，頁28-29；〈軍中十年〉，《歸程》，法鼓全集6輯1冊，法鼓文化，頁152-162）

五月，東初老人秉承太虛大師「建設人間佛教」志業，假北投法藏寺為發行所，創辦《人生》雜誌，確立以「淨化現代人心，建設人生佛教」為旨趣。此前，臺灣佛教雜誌僅有《臺灣佛教》、《海潮音》發行。

　　（我）鼓勵他辦一份雜誌宣傳佛教，他答應了，並問名於我，我說，太虛大師晚年力倡人生佛教，希使佛教普及人間，大師不幸寄志以終，你是他的學生，應承其遺志，以弘揚佛法，基此，就定名為《人生》吧！東老欣然同意了，於是立即開始籌備，張少齊及孫張清揚二位居士答應支援他的經費，我師祖南老人也應允，按期寫稿，東老要我負責社務，當然我不便推辭，外省佛徒在臺的第一份佛刊於焉誕生了。（〈敬悼東初老法師〉，成一，《東初和尚永懷集》，東初老人全集7，東初出版社，1987年12月初版，頁49）

六月二日，端午節，軍長蒞臨犒賞，有酒有魚肉，痛苦不

堪。軍長同時宣布將培養知識青年，於北投成立學生大隊訓練幹部，高中生均可報考。因從新竹赴北投，擬報考學生大隊。住舊北投火車站前國校。（〈軍中十年〉，《歸程》，法鼓全集 6 輯 1 冊，法鼓文化，頁 163-164）

六月三日，赴學生大隊（今復興崗）考試。試題為幾何、三角、代數，因從未學習數學，故繳白卷而歸。後移駐新莊。（〈軍中十年〉，《歸程》，法鼓全集 6 輯 1 冊，法鼓文化，頁 164-166）

七月下旬，自新莊行軍至北投跑馬場，因天熱汗多，抵北投時猛喝冷水而閉尿，求助軍醫，遭誤診，險生不測；幸某老兵解困。（〈軍中十年〉，《歸程》，法鼓全集 6 輯 1 冊，法鼓文化，頁 166）

八月中旬，從北投回新莊。（〈軍中十年〉，《歸程》，法鼓全集 6 輯 1 冊，法鼓文化，頁 166）

九月上旬，自新莊移至淡水（今高爾夫球場）。（〈軍中十年〉，《歸程》，法鼓全集 6 輯 1 冊，法鼓文化，頁 167）

十月中旬，又到北投參加考試。半年來對初中課程多所準備，於是獲得錄取，接受步兵班長教育。

步兵班長教育之各種課程與生活要求嚴格而緊張，師全力以赴。曾經小腿受傷，也曾頭顱嵌入肩胛骨中，但仍認真學習以達課程要求。

從早上起床直至晚上就寢，難得有一個小時以上的空閒。就寢以後，也不得偷著出去，有一晚我因為肚子餓得受不了，便約了鄰號的一個同學去福利社買糕餅吃，回來時，發現區隊長正在等著我們，結果是每人做了五十個臥倒起立，才睡覺！早晨，起床至集合，僅僅六分鐘，包括整內務、著裝、大小便、洗臉、漱口，一切行動，都是跑步。

有一天早晨，天還黑得很，我的目力又不行，跑步去廁所，攀上了一根電桿的控椿，小腿的皮肉去了一大塊，血把褲管連綁帶都染紅了，仍然忍痛不在乎。有一次我為跳木馬，木馬尾上堆了十多塊磚頭，從尾後已看不見馬頭，但是仍要雙腳貼緊，並腿跳過去。我用力一縱，越過了馬尾的磚塊，但也越過了馬頭的搭手處，兩手落空，腦袋深深地栽進馬前的砂坑，我的下半個頭顱，也緊緊地縮進了肩胛骨中，區隊長把我從砂坑裡救出來，並由好幾個同學幫忙，才把我的下半個頭顱從肩胛骨中拉了出來。這是很驚險的，也是很好笑的，但在當時的我，除了希望不落人後，不被譏笑，別無其他的意念。（〈軍中十年〉，《歸程》，法鼓全集 6 輯 1 冊，法鼓文化，頁 167-168）

十二月中旬，軍部學生大隊通信隊第二期招考，專門訓練
無線電報務員，於是再度報考。因半年來之準備以及
應考方法得宜，倖獲錄取。靜安佛學院同學王文伯亦
同期錄取。

> 我又參加了考試。然而，我的英、數、理、化太差，
> 沒有考取，幸好過了兩天，通信隊的人數不夠，再度招
> 考，我對第一次的試題，已能記住，已經請教了幾位程
> 度比我高的同學，所以再度參加考試，試題雖已換過，
> 但仍大同小異。因此，被我考取了。（〈軍中十年〉，《歸
> 程》，法鼓全集 6 輯 1 冊，法鼓文化，頁 168-169）

> 在這數月期間，進步哪有那樣地神速？其實，說穿了
> 很簡單，我連續參加了三次考試，把每次的試題記住不
> 少，再跟其他落選的同學互相研討，彼此幫助，同時也
> 請教了那些已考取的同學，如何掌握考試的範圍與原則，
> 我就是這樣非常取巧地考上了。（〈軍中的歲月〉，《聖
> 嚴法師學思歷程》，法鼓全集 3 輯 8 冊，法鼓文化，頁 32）

通信隊隊址在臺北市郊大直營房。教學設備甚為簡陋，
一塊黑板所在即是教室；學生所有即圖板、小板凳、
鉛筆、筆記簿、抄報用白紙。（〈軍中十年〉，《歸程》，
法鼓全集 6 輯 1 冊，法鼓文化，頁 173-174）

是年，東初老人於臺北成立中國佛教會駐臺辦事處，老人
即以常務理事兼任主任職，多方與政府交涉，保護逃

難來臺僧尼安全。南亭法師任祕書，白聖法師任幹事。

民國三十七年底，（東老人）將中國佛教會招牌遷帶來臺，時老人任中國佛教會常務理事。其時，佛門多事，僧尼遭冤，老人遂多方與政府交涉，保護逃難來臺僧尼的安全，即於臺北成立中國佛教會駐臺辦事處，老人以常務理事兼任主任職。因此，使在風雨中飄盪的中國佛教會和逃亡流浪的大陸僧尼得以有維護他們的團體，出家僧眾遭冤而被捕者，如慈航法師等數十人，均由此駐臺辦事處擔保獲釋。（〈東初老人對佛教的貢獻〉，星雲，《東初和尚永懷集》，東初老人全集 7，東初出版社，1987年 12 月初版，頁 67）

民國三十九年／西元一九五〇年

聖嚴法師二十一歲

一月一日,新年,在大直營房過年。此為第一次在軍中過
年,亦來臺後第一個新年,頗覺新鮮,與寺院情調完
全不同。(〈軍中十年〉,《歸程》,法鼓全集6輯1冊,
法鼓文化,頁174)

二月,隊部從大直營房移至士林鎮泰北中學男生部。上課
已有教室、桌、椅。每天有一半以上時間在教室,練
習抄電報、上政治課及電學課。(〈軍中十年〉,《歸程》,
法鼓全集6輯1冊,法鼓文化,頁175-176)

各種科目中,抄報成績不差;但因未受過一般學校正
規教育,缺少數學、物理學基礎,因此電學課之學習
甚為辛苦。唯憑信心和毅力克服學習困難。今日如此,
前之投考學生大隊、考通信隊亦復如此。

我沒有受過社會學校的正規教育,物理學的知識簡直
沒有,教官講電學,把我們當作高中程度,一開始就是
演算電流、電壓、電阻的換算公式,弄得我莫測高深。
但我有一股堅強的信心和笨拙的傻勁,以為任何學校或
訓練機構,只是門牆太高,不易走得進去,一旦進去之
後,我就有辦法克服所有學業上的困難。課堂上不懂,

下課後我便懂了；第一次不懂，第二次我便懂了；我會加倍地用功，我會請教同學。（〈軍中十年〉，《歸程》，法鼓全集 6 輯 1 冊，法鼓文化，頁 176）

時因發生搜捕出家人事件，慈航法師、律航法師等數十人，都曾被逮捕拘禁，佛教界頗為不寧。靜安佛學院同學了中、能果二位法師到泰北中學訪看師與王文伯，勉在軍中好好學習。

那個階段，從大陸到臺灣的出家人，景況也非常地艱難。本省的寺院都拒絕收留，外省來的法師則自顧不暇。一九五○年，臺灣省曾經發生到處濫捕大陸和尚的風潮，連同頗享盛名的慈航法師，以及他的中將出家徒弟律航法師等數十人，都曾被逮捕監禁在看守所。所以，他們倒羨慕我們還在軍中的僧侶，平安無事。（〈軍中的歲月〉，《聖嚴法師學思歷程》，法鼓全集 3 輯 8 冊，法鼓文化，頁 29；〈軍中十年〉，《歸程》，法鼓全集 6 輯 1 冊，法鼓文化，頁 178）

案：慈航、律航、星雲、煮雲、了中等數十多位法師無故被拘留風潮，為民國三十八年六、七月事。（參見：〈六年來的佛教風風雨雨〉，心然，《人生》（舊）第六卷合訂本，11、12 期，法鼓文化，2007 年 12 月初版，頁 340；釋妙然，《民國佛教大事年紀》；于凌波，《中國近代佛門人物誌（三）》，臺北：慧炬出版社，1994 年 7 月初版，頁 156-159）

五月，通信隊住進北投跑馬場（今復興崗）。（〈軍中十年〉，
《歸程》，法鼓全集 6 輯 1 冊，法鼓文化，頁 179）

六月，學成報務技術，畢業分發至金山鄉（案：現為新北
市金山區）**某部，擔任上士報務員。此為師與金山結
緣之始。**

一九五〇年的六月，我被從軍部的通信隊，以上士報
務員的階級，分發到三三九師的一〇一六團團部所在地，
臺北金山鄉的海邊，而在金山、石門、小基隆沿海一帶
住了兩年多。（〈軍中的歲月〉，《聖嚴法師學思歷程》，
法鼓全集 3 輯 8 冊，法鼓文化，頁 34）

**部隊在臺灣北部調動頻繁，然愛重之書籍均隨身搬運，
不忍丟捨。**

後來我們的部隊調動了好幾個地方，從新竹到北投，
從北投到新莊，從新莊到淡水。雖然都是在臺灣北部，
可是調來調去都是徒步行軍。我和另一位靜安寺的同學，
負擔卻比其他人的重些與多些。我的僧服雖然已經結了
離營同學的緣，從上海隨身攜帶的幾十本心愛的書籍，
則始終捨不得丟。在一個地方住定之後，我們兩人是個
圖書館，大家都來借書看，一旦要拔營移動時，全數都
會還了回來，所以，我們的行李背包特別大，也特別重。
我的那位同學在移動兩次後，非常生氣，把書丟得乾乾
淨淨，因為大家既然都不想分擔攜帶，也就不要分享這

一份讀書的利益了。而我則一直把它們帶到臺北縣的金
山鄉為止,那是一九五〇年六月的事,我已經當了上士
報務員,移防的時候,有權利可以交託部隊卡車運送了。
(〈軍中的歲月〉,《聖嚴法師學思歷程》,法鼓全集 3 輯 8
冊,法鼓文化,頁 30-31)

**八月二十八日(農曆七月十五),輪午夜十二時至二時衛
兵,聞怪異聲響,有奇特經驗。**(〈軍中十年〉,《歸程》,
法鼓全集 6 輯 1 冊,法鼓文化,頁 182-183)

**駐防金山鄉期間,因出家人之特殊身分,受到或排斥
或愛護兩種完全相反之待遇。**
　　因為我的體格既不夠投考軍官學校,也無意要在退伍
之後做公務人員,所以閱讀的書籍似乎漫無目的。甚至
於在金山鄉駐防的那一個階段,我們連上的一位官員,
特別注意我的思想,並且認為我有問題。在那個年代,
軍中如火如荼地,不知是誰發起了「刺青效忠運動」。
那官員問我:「要刺什麼字?」我的回答是:「報國衛
民,忠誠不二,心最要緊,何須刺字!」結果他說:「我
看你是什麼人派來的吧!你說你是和尚,恐怕是一種身
分的掩護。」在那時代,這是一頂非常可怕的帽子。
　　我們無線電排的排長,他是一位西南聯大電機系畢業
的行伍軍官,我們經常接觸談天,他沒有把我當成部下
而是把我當成年輕的弟弟來看,尤其知道我是位和尚,

特別地愛護。所以這一場幾乎要我老命的風波，就算不
了了之。（〈軍中的歲月〉，《聖嚴法師學思歷程》，法鼓
全集 3 輯 8 冊，法鼓文化，頁 36-37）

是年，初次拜見智光長老於北投居士林。（〈敬悼智光老
人──痛失庇蔭〉，《悼念‧遊化》，法鼓全集 3 輯 7 冊，法
鼓文化，頁 41）

**是年冬，與佛學院師長南亭法師取得聯絡，南亭法師時駐
錫臺北善導寺。南亭法師寄來佛書及零用錢，並勉為
國為教，努力學習。**（〈軍中十年〉，《歸程》，法鼓全
集 6 輯 1 冊，法鼓文化，頁 189-190）

民國四十年 ／ 西元一九五一年

聖嚴法師二十二歲

一月十五日，（農曆十二月八日），東初老人於北投法藏寺掩般若關閱藏，意欲深探法義、研擬僧制。

　　掩關之動機與目的，老人云：「我這次掩關自修，既不專念佛，也不專參禪，我想從如來親宣的廣大經藏海中，探求得佛教真實義理的崇高的圓融的最高原則，以作為將來行世攝化的準繩。同時，現代的僧制太不適合潮流了，我想根據佛陀的遺教，參合古今大德們的訓示，研擬出一個能夠配合三民主義新中國的僧制大綱，以為將來改革僧制的張本。」（〈東初老人簡譜〉，釋果徹，《中華佛學研究》，2期，中華佛學研究所，1998年3月初版，頁8）

是年春，改配屬小基隆步兵營，位淡水、金山之間。（〈軍中十年〉，《歸程》，法鼓全集6輯1冊，法鼓文化，頁185）

　　因眼睛近視日深，赴臺北就醫。南亭法師為介紹眼科醫生。此後，時常關心，常送零用錢及煉乳。師得此鼓勵，對佛教之信心，日漸懇切。（〈軍中十年〉，《歸程》，法鼓全集6輯1冊，法鼓文化，頁190）

獲妙然法師通知，邀集上海靜安寺師生至北投居士林聚會。師生出席共十餘人。久別重逢，無限歡悅。而見同學僧伽本色，感觸很深，不知何時得重回僧籍。爾後，常請假外出，希望多接近僧眾。

那次，我們軍中的五人：關振、田楓（性慈）、王文伯（願殊）、何正中（明月）和我，以及自立、惟慈、妙峰、了中、幻生、能果等同學，都到了，上海的師長中，有妙然法師、守成法師及圓明法師。那天，我的感觸很多：特別是見了自立與妙峰等同學，他們還是上海時的老樣子，所不同的，他們跟隨著慈航法師，學得更多，懂得更多，也更像是年輕的法師了。至於我們軍中的五個，哪還像是出過家的人呢！我們，幾乎已跟佛教脫節了！何時能夠再度穿上僧裝？（〈軍中十年〉，《歸程》，法鼓全集 6 輯 1 冊，法鼓文化，頁 186-187）

妙然法師時任北投居士林住持，作東午餐，並贈送每位二十元紅包，約當中士月薪。（〈悼念妙然法師〉，《悼念・遊化》，法鼓全集 3 輯 7 冊，法鼓文化，頁 127-128）
案：〈悼念妙然法師〉記此事年日為一九五二年春，應據《歸程》繫於一九五一年。

秋末，妙然法師知師尚無棉被，慈悲贈送一條棉花絮，並另給四十元，重新彈過並買被套，用以過冬。（〈軍中十年〉，《歸程》，法鼓全集 6 輯 1 冊，法鼓文化，頁 187-

189）

是年，利用時間，讀不少書，並開始練習寫作。第一篇投稿即獲錄用，並得稿費三十多元，超過月薪。從此寫作更勤，成為軍中作家。

　　在駐防金山海邊一帶的時候，閱讀文學作品，同時也學著寫作短篇小說、散文和新詩，常常向我們第六軍軍部的一份小報叫作《雄獅》的副刊投稿，從特約記者而成為特約撰稿員，連續做了兩年多，並且向社會的文藝刊物像《當代青年》等投稿。每一個月所得的稿費，往往要超過一個上士的薪餉，所以常常被同事和長官找去做「大頭」。（〈軍中的歲月〉，《聖嚴法師學思歷程》，法鼓全集 3 輯 8 冊，法鼓文化，頁 38）

民國四十一年／西元一九五二年

聖嚴法師二十三歲

仍住小基隆。

一月二十七日，農曆新年，與靜安寺同學，赴新北投居士
　林訪妙然法師，妙然法師帶往鄰近法藏寺，向正閉關
　之東初老人拜年，此係師第二次遇逢老人。拜關時，
　喜遇三青年法師：星雲法師、廣慈法師、煮雲法師。
　此為與諸法師結識之始。（〈師恩難報〉、〈敬悼煮雲法
　師〉，《悼念‧遊化》，法鼓全集 3 輯 7 冊，法鼓文化，頁
　14、68）
　案：〈悼念妙然法師〉記此事為一九五六年，應據《悼念‧
　遊化》所收二文，繫於一九五二年。

二月二十五日，〈我們在軍中的一群〉刊於《人生》，向
　師友報導兩年多來，幾位學僧捨戒從軍目前情況。首
　先聲明，返俗從軍，並非「捨不得家庭、妻子、財產
　和名利」，實為不得已應變而從軍。然可向師友告慰
　者：

　　我們在軍中兩年半來的表現，並沒有完全使你們失望，
　我們雖然沒煮雲法師那樣顯著的成就，但已能向每一位
　戰士同志的心坎上播下了對佛教不可磨滅的種子；我們

的品德，也是大家所公認為不錯的。我們雖然不能整日
的辦著生死大事，但是觀音聖號及普門品也是每日必誦
的日常功課；我們雖然不能聚眾說法，但在閒談之間也
在宣揚，並且像關振同學等還時常繕撰淺近通俗的文章
向軍中創辦的各家小報投稿。（〈我們在軍中的一群〉，
常進，《人生》（舊）第四卷合訂本，2 期，法鼓文化，2007
年 12 月初版，頁 18。）

十月，調至軍部通信兵營。第六軍司令部位於臺北東郊圓
　　山忠烈祠，地近臺北，頗宜自修，故擬以軍人身分，
　　就讀臺北附近高中夜間部。唯未實現。（〈軍中十年〉，
　　《歸程》，法鼓全集 6 輯 1 冊，法鼓文化，頁 191）

民國四十二年／西元一九五三年

聖嚴法師二十四歲

六月，調桃園楊梅，改任文書上士。因字體不佳，公事較
少。外派公差，亦僅一日便被請回。（〈軍中十年〉，
《歸程》，法鼓全集 6 輯 1 冊，法鼓文化，頁 191-192）

十二月，赴宜蘭參加陸軍通信兵學校入學考，與佛學院同
學王文伯同獲錄取。（〈軍中十年〉，《歸程》，法鼓全
集 6 輯 1 冊，法鼓文化，頁 193-194）
案：通信兵學校同學中有戴瑞明，日後曾任新聞局長、
駐教廷大使。（參見：〈羅馬訪古〉，《人生》，189 期，
1999 年 5 月 1 日，頁 67）

是年，對文藝寫作興趣極高，加入李辰冬教授主辦之「中
國文藝函授學校」小說班。用心研讀、寫作，並著重
文藝理論研究。曾兩度應徵小說獎選拔，然未獲入
選。同時間，新詩創作亦多。
　　我在一九五三年，報名參加了李辰冬博士主辦的中國
文藝函授學校，選的是小說班。當時的老師有謝冰瑩、
沈櫻、趙友培等六、七位當代有名的文藝作家。因此，
我拚命寫小說，短篇、中篇、長篇我都寫。當然我的人
生經歷和學識的修養以及對於現實的觀察，都不夠深入，

對於小說的寫作技巧也沒有練成。當時我也寫了很多的新詩，在不定期的新詩刊物以及幾家文藝刊物，用了很多不同的筆名，發表了幾十首新詩。到現在，卻一首也不見了。（〈軍中的歲月〉，《聖嚴法師學思歷程》，法鼓全集 3 輯 8 冊，法鼓文化，頁 38-39）

今年起，配戴眼鏡，所費計一百元，係白聖長老布施。
（〈軍中十年〉，《歸程》，法鼓全集 6 輯 1 冊，法鼓文化，頁 193）

民國四十三年／西元一九五四年

聖嚴法師二十五歲

在宜蘭陸軍通信兵學校就讀。一切訓練力求以學校教育之
規制為準,有系統、有步驟,故受訓期間體重增加。
(〈軍中十年〉,《歸程》,法鼓全集 6 輯 1 冊,法鼓文化,
頁 195)

一月十日(農曆十二月六日),東初老人出關;由智光老
法師說法開關,與會者計有南亭、太滄、印順、白聖、
道安法師等僧俗三百餘人。(〈東初老人簡譜〉,釋果徹,
《中華佛學研究》,2 期,中華佛學研究所,1998 年 3 月初版,
頁 13)

四月,東初老人有感於臺灣佛教文化事業百廢待興;出關
後,向陽明山管理局承租北投光明路山坡地幾百坪,
幾經開墾、整理,闢為道場建築基地。稍後,啟建平
房形式道場,定名為「中華佛教文化館」。(〈城北
有水繞青山〉,《人生》,32 期,1986 年 4 月 15 日,版 3)

通校受訓期間,與王文伯同往雷音寺造訪星雲法師兩
次。星雲法師係於去年應邀到宜蘭弘法。(〈軍中十
年〉,《歸程》,法鼓全集 6 輯 1 冊,法鼓文化,頁 195)

五月，通信兵學校畢業，以准尉階級回宜蘭原部。從軍五年，今始得由士兵晉升為軍官行列。(〈軍中十年〉，《歸程》，法鼓全集 6 輯 1 冊，法鼓文化，頁 195)

案：三十九年六月，通信隊結業分發時，係以上士階級任見習。原任官程序係三個月見習期滿升准尉，再六個月升少尉，不出五年，可升到上尉。然因軍中人事凍結，法令修改，上士不得升准尉。因而至今才得任軍官。

六月，隨部隊編調，從宜蘭員山遷移至高雄鳳山，駐紮五塊厝。此為五年前由上海搭船抵高雄後，第一次重履高雄。五年間，於一般通識及現代學識充實不少。(〈軍中十年〉，《歸程》，法鼓全集 6 輯 1 冊，法鼓文化，頁 196)

　　在這五年之中，我也讀了不少的書，主要是一些中國舊文學，及西洋翻譯文學的作品，也看了不少當時能夠借到的哲學、政治、法律以及自然科學和社會科學等概論性的書籍。有的是從舊書攤上買的，有的是從各縣市的圖書館借的，有的是從用卡車載著到各鄉鎮乃至於海邊讓人借閱的巡迴圖書館借的。這使得我充實了不少一般國民的通識和現代知識分子的常識。(〈軍中的歲月〉，《聖嚴法師學思歷程》，法鼓全集 3 輯 8 冊，法鼓文化，頁 35)

鳳山有佛教蓮社，為煮雲法師所主持。師因地便常往借書，

並請教佛學問題。煮雲法師常環島布教，時已聞名全
臺。煮雲法師鼓勵師為《菩提樹》雜誌撰稿，並邀往
出席該雜誌在高雄舉辦之作者座談會。（〈軍中十年〉，
《歸程》，法鼓全集 6 輯 1 冊，法鼓文化，頁 198-199；〈敬
悼煮雲法師〉，《悼念‧遊化》，法鼓全集 3 輯 7 冊，法鼓文化，
頁 68）

民國四十四年／西元一九五五年

聖嚴法師二十六歲

春，隨一電台配屬至高雄要塞，駐紮處為今壽山公園。因得便常至市立圖書館借書。研讀範圍以文、史、哲、宗教為主，並練習小說創作。借以奠定文學基礎，再專志於宗教哲學。

這一階段，我已經沒有佛經可讀。我所到過的臺灣本省寺院，除了幾本破舊的課誦本及懺本，根本不見有其他的佛經和佛書，當然更談不上有《大藏經》了。後來，到了鳳山佛教蓮社，讓我見到一本《楞嚴經》，而能借我一個星期，我已經如獲至寶。原典的佛經不多，要看佛書的人也少，所以流通和發行的數量極少。正好讓我有了這麼幾年的空檔，讀到了一些佛教以外的書籍。（〈軍中的歲月〉，《聖嚴法師學思歷程》，法鼓全集 3 輯 8 冊，法鼓文化，頁 35-36）

我有幾位同學，也很用功，多數是為軍事教育的深造用功，用功的重點，很多是在英文，另有一些則是為高普考而用功，用功的重點是在社會科學。他們見我用功的方向，不倫不類：看佛經、看文學、看哲學，又看宗教，所以好心的勸我，教我認定一個目標。其實我是有目標的，我既不想以軍人為終身的職業，也不想到行政機關去討一碗飯吃，我是藉此機會打一打文學的基礎，然後

再專志於宗教哲學中去，因為我的宗旨，很希望在可能
的情形下仍做一個出家人。憑良心說，我之能夠塗鴉寫
文學，主要是在軍中磨鍊出來的。（〈軍中十年〉，《歸
程》，法鼓全集 6 輯 1 冊，法鼓文化，頁 198）

**八月一日，東初老人主持之中華佛教文化館成立「印藏委
員會」，開始接受請藏預約，依日本《大正新脩大藏
經正編》影印，預計印行五百部。**

民國四十四年秋，東初老人得孫張清揚居士之助，發
起影印《大藏經》，聘請緇素大德成立「印藏委員會」，
通過辦事章程，並託外交部部長葉公超先生由日本空運
一部《大正新脩大藏經》作為底本。為荒蕪的佛教文化，
為乾涸的佛教法海注入了新的生命。當時，參加贊助發
起的，如嚴家淦、陳誠、于右任、張其昀、葉公超、俞
大維、張群、錢思亮、俞鴻鈞、王雲五等國內政要賢達
約四百餘人發起支持。（〈東初老人對佛教的貢獻〉，星雲，
《東初和尚永懷集》，東初老人全集 7，臺北：東初出版社，
1987 年 12 月初版，頁 69-70）

案：原預計印行五百部，最後印行計達八百部。

**稍後，「印藏委員會」由南亭長老、星雲、煮雲、廣慈
等法師，率領宣傳弘法團作全島布教。蒞臨鳳山之同
時，高雄佛教堂亦自香港禮請曾任南京棲霞山方丈之
月基法師來臺舉行晉山典禮，師身遇如此法筵，感動**

落淚，深信臺灣佛教在諸位法師努力下，現出萬丈曙
光。（〈敬悼煮雲法師〉，《悼念・遊化》，法鼓全集 3 輯 7 冊，
法鼓文化，頁 69）

法會期間，曾隨弘法團諸位法師訪鳳山中山路一信徒
家。主人供養昂貴蘋果，煮雲法師讓請享用，令師難
忘。（〈敬悼煮雲法師〉，《悼念・遊化》，法鼓全集 3 輯 7 冊，
法鼓文化，頁 69-70）

是年，曾至臺中訪問聖印法師。聖印法師時任臺中寶覺寺
監院，兼任臺中佛教書院教務。聖印法師知師雖為軍
人身分，而實係童年出家，因待之以道友情誼。（〈悼
念聖印法師〉，《悼念・遊化》，法鼓全集 3 輯 7 冊，法鼓文化，
頁 113）

一九五五年至一九五六年，有新詩、小說等多篇文藝作品
發表，俱以「採薇」為名。計有：
〈阿秀〉、〈蘆葦〉，《文藝列車》，3 卷 3 期，1955 年；
〈欲望〉，《文藝列車》，3 卷 4 期，1955 年；
〈精神上的俘虜〉，《文藝列車》，3 卷 6 期，1956 年；
〈最後的一課〉，《文藝列車》，4 卷 1 期，1956 年。

民國四十五年／西元一九五六年

聖嚴法師二十七歲

駐紮高雄。

二月八日，發表〈《釋迦牟尼佛傳》讀後〉於《菩提樹》
　　雜誌（第 39 期）。該書為星雲法師去年出版之作品。
　　師譽其新文藝體裁，為合乎時代需要之作品。

春、夏，短篇小說〈母親〉、〈父親〉刊於《文壇》雜誌。
　　（〈軍中的歲月〉，《聖嚴法師學思歷程》，法鼓全集 3 輯 8
　　冊，法鼓文化，頁 39）

　　友人勸放棄新文藝創作改寫理論文章，於是試寫哲學
　　宗教文章。適台長贈送《新舊約聖經》，於是熟讀。
　　研讀後撰成〈信仰什麼？〉，刊於《人生》雜誌。同時，
　　撰有〈《舊約》這部書〉。

　　　到一九五六年的春天，因為我佛學院的一位同學，見
　　我發瘋似地寫新詩、寫小說、寫散文，而卻得不到獎，
　　所以勸我改寫理論性的文章。他當時對於國際時事及三
　　民主義的政治思想非常熱衷，所以勸我來分析國際時事，
　　或者專寫政論的文章。這使我靈機一動：我也可以試著
　　寫哲學和宗教的文章了。正好我的直接上司，一位無線

電台的台長，是虔誠的基督徒，雖然知道我是和尚，還是送了我一部《新舊約聖經》。我花了兩個月的時間，很仔細地把它讀完，而且也做了不少的筆記。（〈軍中的歲月〉，《聖嚴法師學思歷程》，法鼓全集3輯8冊，法鼓文化，頁39）

案：〈信仰什麼？〉刊於《人生》（〔舊〕第八卷合訂本，8期，法鼓文化，2007年12月初版，頁15-16）；〈《舊約》這部書〉今收《評介‧勵行》（法鼓全集3輯6冊，法鼓文化，頁208-220）。該文書末註記完稿時間為民國四十四年（一九五五）三月。當時初隨部隊移防，且依思想發展，應尚未及此；唯未能察見其原刊處所以確證。今依部隊中台長贈送《新舊約聖經》之時代，暫繫於今年。

四月二日，「中華佛教文化館」舉行落成典禮，東初老人自任館長；邀請章嘉大師、智光長老等啟鑰並開光，孫張清揚居士揭幕。（〈中華佛教文化館殿宇落成、佛像開光典禮誌盛〉，《人生》（舊）第八卷合訂本，4期，法鼓文化，2007年12月初版，頁19）

八月下旬，以十數日撰成《評〈駁佛教與基督教的比較〉》五萬言，係呼應煮雲法師所作，對誤解、毀謗佛法之基督徒做澄清與辯駁。書成後，煮雲法師歡喜讚歎，並代理印行。

民國四十四年（一九五五）十二月間，他（煮雲法師）
又出了一本《佛教與基督教的比較》的演講錄，轟動一
時。至民國四十五年（一九五六）六月，基督教有個叫
作吳恩溥的牧師，出了一冊《駁佛教與基督教的比較》，
當我看了煮雲法師及吳恩溥牧師的兩書之後，覺得自己
也可以寫一冊《評駁佛教與基督教的比較》。於是，僅
以十來天的時間，寫成了五萬餘字，交由煮雲法師出版。
（〈軍中十年〉，《歸程》，法鼓全集 6 輯 1 冊，法鼓文化，
頁 199）

**此書於十一月十五日，由高雄慶芳書局出版。為師宗
教討論之第一種作品，亦為寫作成冊之第一本著作，
可視為撰作之新里程碑，不只在質量上與前不同，方
向亦已從文藝創作轉為思想論述。佛教文壇從此新添
一支健筆。**

　　此書的寫作，代表著我在著作過程中的初階段，在此
之前，我寫了一段時期的文藝作品，此後即開始為佛教
的刊物撰稿，討論佛教及宗教的問題。此書是我有關宗
教討論的第一種，也是我寫作成冊的第一本書。（〈《評
駁佛教與基督教的比較》再版自序〉，《書序》，法鼓全集 3
輯 5 冊，法鼓文化，頁 135）

　　自此我與煮公，聲氣相通，志同道合；漸漸地，佛教
界的刊物，也開始向我索稿了。（〈敬悼煮雲法師〉，《悼
念‧遊化》，法鼓全集 3 輯 7 冊，法鼓文化，頁 70-71）

秋，於鳳山蓮社經煮雲法師介紹，初識青松法師（張曼濤
居士）。青松法師時年二十三歲，正執教於臺南開元
寺佛學院，已有長篇小說《曉露》行世，師頗讚其才
華。日後，師與之筆戰，討論宗教與文學、探討中國
佛教出路，並相互勉勵先後東渡求學，為師一生難得
之諍友。（〈悼念張曼濤先生〉，《悼念・遊化》，法鼓全
集 3 輯 7 冊，法鼓文化，頁 145-147）

九月二十五日，考取國防部某機關，奉調臺北新店。（〈軍
中十年〉，《歸程》，法鼓全集 6 輯 1 冊，法鼓文化，頁
199）

時臺灣佛書漸多，且有演培法師贈送印順法師所有著
作，及他自己著作，從此讀書開始另一階段，專力於
佛學、哲學等思想性論著。
　　一九五六年八月，我的工作單位改到了臺北，那是因
為考取了國防部的一個情報偵搜單位，從事於無線電通
信情報的偵搜工作。這種工作必須是二十四小時，所以
採用三班制。最難熬的是大夜班，對於我來講，每逢大
夜班，第二天白天也是睡不著，正好用來看書、打坐、
念佛。這時候，可以到手的佛書已漸漸地多了，有的是
從香港輸入，有的是在臺灣翻版，還有，當時的印順法
師正在擔任臺北善導寺的住持，他的學生演培法師，在
新竹福嚴精舍任教，我於假日去善導寺，偶爾會見到他

們,而演培法師知道我喜歡看書,就蒐集了印順法師所有的著作,以及他自己的著作和譯著,贈送給我,這使我既有時間,又有書本可讀了。(〈軍中的歲月〉,《聖嚴法師學思歷程》,法鼓全集 3 輯 8 冊,法鼓文化,頁 42-43)

時妙然法師掩關於居士林,師前往扣關請益。妙然法師示讀《胡適文存》。

我告訴他,我喜讀梁啟超的《飲冰室文集》及《佛學研究十八篇》,他很高興,便從書架上搬出來一套精裝的《胡適文存》,對我說:「梁啟超的文章值得讀,胡適之的文章也應該讀。胡氏雖不信佛教,他的思考方法及論事的角度,往往會有啟發的效果。」這套很貴重的藏書讓我借讀了幾個月,對我的思路條理及認事態度,的確有很大幫助。(〈悼念妙然法師〉,《悼念・遊化》,法鼓全集 3 輯 7 冊,法鼓文化,頁 130)

我在當年秋季被調到國防部,駐到新店之後,就開始閱讀了一套《胡適文存》,以及羅素的《西洋哲學史》中譯本,並且讀了香港王道先生主編的《人生》雜誌,這些都是富於思想性和觀念性的作品。(〈軍中的歲月〉,《聖嚴法師學思歷程》,法鼓全集 3 輯 8 冊,法鼓文化,頁 40)

民國四十六年／西元一九五七年

聖嚴法師二十八歲

任職臺北新店國防部某單位,從事無線電情報偵搜工作。

今年起,調整寫作路線,由文藝創作,轉為理論性文章。
　　為《人生》、《佛教青年》、《海潮音》、《今日佛教》
　　等多家佛教刊物撰稿,探討人生、宗教、文學方面問
　　題,大多以「醒世將軍」、「張本」為筆名。
　　　　最先是因性如法師接編《人生》月刊,他知道我會寫
　　文章,所以硬是逼著要稿,他對我一向也是不錯的,礙
　　於情面,我就寫了,並且我也從此有了一個「醒世將軍」
　　的筆名,這不是因了軍人的身分而取,乃是為了攝化眾
　　生與喚醒世人而取。(〈軍中十年〉,《歸程》,法鼓全集
　　6 輯 1 冊,法鼓文化,頁 199-200)

　　讀書、寫作,均覺思路愈見寬廣、增進。自覺於學問
　　之門中見一線曙光、於思想之海中嘗一滴法味。寫作
　　主題主要在發顯世尊佛陀積極化世、不離人間之本懷,
　　期以挽救佛教慧命。(〈軍中十年〉,《歸程》,法鼓全
　　集 6 輯 1 冊,法鼓文化,頁 200-201)
　　　　近世以來,從佛教徒本身的表現看也好,從學者們對
　　於佛教的認識和價值的評斷來看也好,可以用幾個名詞

來說明：迷信、消極、不生產、分利分子。其實，釋迦牟尼佛所創的佛教，並不是這個樣子，出家僧團中的僧人，每天都有他們該做而須做的事；那叫作精進的修行，而且也不脫離人群。例如，釋迦牟尼佛制定比丘必須向人間托缽，藉此機會將佛法的理念和精神以及佛教徒的生活軌範、五戒、十善，傳擴到人間去，所以稱他們為遊化人間的「人間比丘」。

這也就是為什麼近代的楊文會仁山居士，要提倡刻印佛經、流通佛書，並且成立學院，培育僧俗的弘法人才了。他的學生太虛，起而提倡「人生佛教」；太虛的學生印順，繼而主張「人間佛教」；我的師父東初老人，則辦《人生》月刊；而我自己在臺灣創立「法鼓山」，目的是在「建設人間淨土」。這都是為了挽救佛教慧命於倒懸的措施，也是回歸佛陀釋迦牟尼本懷的運動。一九五七年到一九六〇年之間，我針對著這些問題，寫了十多篇文章，就是為了釐清這些問題。（〈軍中的歲月〉，《聖嚴法師學思歷程》，法鼓全集 3 輯 8 冊，法鼓文化，頁 45-46）

六月，〈人從何處來？又往哪裡去？〉刊於《人生》，首次提出學佛者「在人間努力，使人間成為淨土、成為佛國」呼籲。

佛教不但不鼓勵人家自殺，相反地，卻鼓勵人生的勇猛精進，面對現實，從正視現實而到透視現實，能夠透

視現實，才是痛苦的真正解脫，也就是美化人生的最高
境界。

學佛者的人生，應該是恬靜的，也該是積極的，更該
是富有創造性或建設性的。佛教主張與世無爭而求達到
人類和平的目的；佛教主張斷除煩惱啟發智慧，而求增
進人類知識的深度與廣度；佛教主張「依法不依人」以
及禪宗的「教外別傳」，乃在鼓勵人生有所建樹。

我們能把地球淨化以後，地球也未嘗不能稱為極樂世
界，筆者以為，為了免除「十萬億佛土」的長途跋涉，
我們應該因地制宜，在人間努力，使人間成為淨土，成
為佛國。佛說「心淨國土淨」，能使人人做到「心淨」，
此土豈不就是淨土？如果專求往生西方去享樂，而不顧
人間罪惡的消除，實在與基督教的上生天國說同樣的屬
於厭世與逃世，佛教徒怎會如此地自私？（〈人生何處
來？又往哪裡去？〉，《人生》（舊）第九卷合訂本，7 期，
法鼓文化，2007 年 12 月初版，頁 15-16）

八月，〈佛教青年與青年佛教〉刊於《佛教青年》。（4 卷
3 期）

〈理想的社會與美化的人生〉刊於《人生》。比較基
督天國、西哲烏托邦、禮運大同篇，以及佛教極樂淨
土間之差別。

離開這個世界是學佛的目的，建設這個世界才是學佛

的手段。中山先生將建設一詞，分為心理建設、物質建設、社會建設和政治建設四類，並以心理建設為四大建設之首，那麼佛教的建設也是著重於心理建設方面的，並且是屬於純粹的和平建設。國家建設的目的，不外乎家給戶足，國富兵強，擴大至世界，則為大同理想的實現。

　　佛教的教化，是在使得人人各安本分，不但「諸惡莫作」而且「眾善奉行」。（〈理想的社會與美化的人生（上）〉，《人生》（舊）第九卷合訂本，8 期，法鼓文化，2007 年 12 月初版，頁 9-10）

十月二日，撰〈站起來吧，中國佛教！〉，直指中國佛教當前危機，根源於佛教教育失敗、佛教組織無能。呼籲長者愛護青年、教育青年，呼籲青年自立自強。（〈站起來吧，中國佛教！〉，醒世將軍，《菩提樹》，60 期，1957 年 11 月 8 日，頁 4-5）

　　刊後，香港文珠法師撰〈站起來吧，僧青年們！〉呼應謂，原以某人前作未免言之過甚或有意揶揄；然經再三思惟自我檢討，反覺作者操詞沉痛中肯，精警確實。認為「佛教之所以不能站起來，其主要的因素是在於僧青年無法站起來。」（〈站起來吧，僧青年們！〉，文珠，《菩提樹》，63 期，1958 年 2 月 8 日，頁 8-10）

十月八日，撰〈從東西方文化談佛教文化〉。從當前新舊
文化交替、人心浮動、社會失衡之現象，指出「東方
世界需要西方的科學知識，西方世界則需要東方的宗
教信仰」，今日佛教有挽救時代危機之重大責任。(〈從
東西方文化談佛教文化〉，《教育‧文化‧文學》，法鼓全
集 3 輯 3 冊，法鼓文化，頁 11-18)

十月十日，有感佛教遭受誤會太多，因撰〈美麗的未來境
界〉。根據佛法原則，指出佛教對地球遠景，實是人
間淨土可期。

　　人們不了解佛法，總認為佛法是消極和厭世的，(其
實)佛法本身，乃是積極救世的宗教，尤其還是鼓勵人
生美化，啟發社會創造的宗教。所以佛法絕不厭惡現實
的人生社會，並且還將現實的世界，給予無限的希望。
佛經上說，釋迦牟尼以後，第二個在地球上成佛的，還
有兜率內院的彌勒菩薩，佛經上說，當彌勒菩薩下生人
間的時候，我們的世界，早已有了永久的和平，並且人
口眾多，財富無量，沒有煩惱也沒有困難。那時候的人
類之中，絕大部分都已信仰佛法，那是一個人間淨土的
實現。所以我們可以肯定地下一個結論：地球是會有一
天要毀滅的，但在地球毀滅之前的若干億萬年，大同世
界或人間淨土，卻早已實現了。

　　信仰佛教，等於得到了生命旅程中的方位指示。有了
這種信仰，我們便不會在人生的歸途中兜圈子走冤枉路

了；有了信仰，我們便會勇敢地去克服任何困難，不受任何困難所困擾，更不會因了困擾而感到煩惱。（〈美麗的未來境界〉，《神通與人通》，法鼓全集 3 輯 2 冊，法鼓文化，頁 141-150）

今秋，拜會臺南莫正熹居士，並於莫府結識雷通明居士。兩居士護持佛教甚力。莫有女佩嫻、雷有女久南，後亦俱有聲名。（參見：〈人生書簡〉，《人生》（舊）第十二卷合訂本，6 期，法鼓文化，2007 年 12 月初版，頁 25-26）

十二月，〈論青年佛教的重建〉刊於《佛教青年》。（4 卷 4 期）

有見於基督徒歪曲事實，詆毀佛教為偶像崇拜，於是撰〈非偶像論〉以辨正，指出佛教為非偶像論者，佛像只是一種表徵，究竟則是要破除偶像。不只破除有形偶像，各種無形偶像崇拜，如崇拜權力、崇拜金錢、錯誤思想，均要祛除。（《中國佛教》，2 卷 5 期，頁 7-8）

十二月十日，發表〈我的渡舟——南亭法師〉。（〈我的渡舟——南亭法師〉，常進，《今日佛教》，1 卷 9 期，1957 年 12 月 10 日）

民國四十七年／西元一九五八年

聖嚴法師二十九歲

仍任職臺北新店國防部某單位。於碧潭學會游泳。（〈軍中
十年〉，《歸程》，法鼓全集 6 輯 1 冊，法鼓文化，頁 201）

**元旦，讀畢周祥光博士《印度通史》，深覺本書對中國佛
教有重大啟示，於是撰成〈《印度通史》讀後〉，提
請以佛教在印度之興衰為鑑。**

佛教在印度的誕生，是因為當時「以祭師為主之婆羅
門教已失卻民眾之信心，同時因為婆羅門僧侶之腐敗墮
落，紊亂達於極點。」歷史的演變，倒是互為因果的哩！
等到佛教頹廢而失卻信仰的主宰之時，婆羅門教的內部，
竟又產生了兩位大師的改革，從事印度傳統宗教的復興
運動。

今後的中國佛教，會不會遭遇到印度佛教同樣的厄運，
不必請教別人，但看我們的現狀，是不是有著對於戒日
王以後的印度佛教所陳述的毛病，即可以想知了。（《海
潮音》，39 卷元月號，1958 年 1 月，頁 18-19）

又撰有〈論佛教人生的創造與建設〉，指出時代雖然
艱鉅，佛教不但要面對，更要領導時代、化民導俗。
方法即在於健全自己，並以所處世界，作為創造淨土

之中心,進而影響他人。

　　《維摩經》上說「菩薩隨所化眾生而取佛土」。我們既然生在這個世界,就該以這所在的世界,作為創造淨土的中心。先從我們本身著手,然後再由我們去影響他人,他人再影響他人,到最後,豈不就是佛國淨土的顯現嗎?(〈論佛教人生的創造與建設〉,《人生》(舊)第十卷合訂本,1 期,法鼓文化,2007 年 12 月初版,頁 11)

三月,繼去年〈站起來吧,中國佛教!〉一文之後,續撰〈敬為中國佛教的現狀請命〉,探討中國佛教當前問題,呼籲團結統一,健全佛教教育;建議召開會議、健全教會組織;結合心力,辦一兩座學校,從事出家人全程教育,以及在家眾之基礎教育。並應將佛教教育與社會結合,才能「廣化無邊眾生」。

　　佛教本身沒有教育,即使有教育,也是單線直上的專門教育,所以我們的知識學問,只能見其高深而無從全其博大,同時我們只在佛學的範圍中含英咀華,並沒有將其他的學問,來作比較研究,因此,內典的自我,限制了外學的滲入,我們雖能「深入經藏、智慧如海」,奈何我們不懂人家,人家對我們更是莫測高深,所以往往有人要對佛法叫「難」了。而且正因為我們的知識是單線直上的,即或對於教內的義理有所抉擇捨取,那也只是自家門內的事,故對思想張不開來,也接不出去。這樣好嗎?好是好的,但只好了一半:對我們本身來說,

當然不壞，只要依教奉行，便可了脫生死；但對他人尤其是教外而言，則無異是關閉了方便之門，而將他人拒諸於佛法之外了。這一毛病的根源出在哪裡？無非是佛教的教育問題。

　　從事態上看，佛教教育可分兩方面：出家人的全程（由人到佛）教育，在家眾的基礎教育。所謂全程教育，看起來似乎是單線直上的教育，比如說往生西方，就是「從是西方過十萬億佛土」的一條路線一樣。事實上並不如此，要成佛必須度眾生，要度眾生必須要有無量的方便法門，不只懂得佛理，還得通曉世故：舍利弗因其博學多才，所以辯才無礙；釋道安則「其人理懷簡衷，多所博涉，內外群書，略皆遍覩，陰陽算數，亦皆能通，佛經妙義，故所游刃。」（見《高僧傳》）所以能成為中國佛教史上的一位大功臣。（《菩提樹》，64 期，1958 年 3 月 8 日，頁 4-7）

由佛教文化館發起影印《大正大藏經》之《正藏》五十五冊，歷時二年四個月，於本月出版齊全，共計印行八百部。「印藏委員會」決定繼續《大正大藏經》《續藏》四十五冊之印行工作；再度組織「環島訪問團」宣化，由煮雲法師任團長，成一法師為隊長，廣慈法師任總幹事，星雲法師為顧問。（〈東初老人簡譜〉，釋果徹，《中華佛學研究》，2 期，中華佛學研究所，1998 年 3 月初版，頁 19）

四月一日，撰〈文學與佛教文學〉，對照昔日佛教文學盛
況，深深慨嘆今日佛教文壇淒涼。「因為沒有培養人
才」，因為「從事於佛教文化的出版家，不能放開手
眼來做」，而目前中國佛教界文藝作家也多尚未成熟。
特指出：不僅加強技巧，更需在意境和意象接近佛法，
方能成為佛教文學，由此提出佛教文學之本質與要素。

　　佛教文學，應該具有四個基本要素：「對得意者的警
惕」、「給落伍者的鼓勵」、「安慰苦難中的心靈」、「啟
發愚昧下的人群」。

　　佛教的文學該是「悲心主義的文學」。悲心不是悲觀，
悲心是同情心的擴大，悲觀則為由於失望而趨向消沉；
悲心主義的佛教文學，應在歡笑中帶有悲壯的熱淚，在
流淚時不失希望的安慰。（〈文學與佛教文學〉，《教育‧
文化‧文學》，法鼓全集 3 輯 3 冊，法鼓文化，頁 268-269）

該文發表後，引起熱烈討論，無念居士（程觀心居士）
有〈讀後感〉認為作者「犀利的筆鋒下，不乏坦白直
陳痛快淋漓的真話，惋惜的是，有些地方不免一概抹
煞，失於偏頗」。建議作者開風氣之先，作嚴正公允
評論，則於作品指導改進、與讀者欣賞領受皆有助益。
（〈「文學與佛教文學」讀後感〉，無念，《人生》（舊）
第十卷合訂本，5 期，法鼓文化，2007 年 12 月初版，頁 14-
15）

青松法師（張曼濤居士）亦著文批評。（〈也談佛教文學——給醒世將軍〉，《覺世》，41 期）

師於是有〈再談文學與佛教文學〉、〈我和我對文學的態度——三談文學與佛教文學〉之回應。論辯持續至年底，並因此與青松法師由論辯而結交，成為諍友。（〈悼念張曼濤先生〉，《悼念‧遊化》，法鼓全集 3 輯 7 冊，法鼓文化，頁 146-147；〈軍中十年〉，《歸程》，法鼓全集 6 輯 1 冊，法鼓文化，頁 198；〈軍中的歲月〉，《聖嚴法師學思歷程》，法鼓全集 3 輯 8 冊，法鼓文化，頁 41）

四月，另撰有〈從人生的痛苦到人性的昇華——苦的人生觀〉。

　　佛陀是以他所得經驗的超越化——大覺智慧，教人向他學習，努力向他看齊，那就是從生生世世的忍痛犧牲中鍛鍊出來。佛法「在苦的觀念的強調之下」，不但沒有「否定了人類生存的真實趣味，和歷史演化的究竟價值。」相反地，倒是更加肯定了人類生存的真實趣味。

　　所謂「慈航」，只是一艘空船，它雖有航過苦海的可能，但如我們不去撐船、拉篷，然後對正目標掌舵，這艘船是起不了作用的。換言之，佛法只是一艘船，航船的水手，還是我們每一個學佛者的自己。（〈從人生的痛苦到人性的昇華——苦的人生觀〉，《人生》（舊）第十卷合訂本，4 期，法鼓文化，2007 年 12 月初版，頁 6）

是年春，赴高雄佛教堂拜訪月基法師。適靈源老法師從基隆來，同榻而臥兩晚。因得請教修持上種種障礙困境。老法師開示「放下」二字，令師深感受用。（〈參禪法要〉，《禪門修證指要》，法鼓全集 4 輯 1 冊，法鼓文化，頁 249）

晚間，這一僧一俗（他仍著軍服）被派在一間通鋪上同單而眠，頭上掛一頂大蚊帳。可是，這位和布袋和尚一樣身材的老和尚並沒有睡覺，他挺著大肚子打坐。看到他打坐，尚是軍人身分的聖嚴法師（張採薇居士）也只有忍睡陪坐。

坐了不久，年輕人就忍不住，說自己多苦惱、多不安，有許許多多問題纏著。靈源老和尚說：「你可以問，你可以問……」、「喔喔，還有嗎？你還有嗎？……」、「還有嗎？還有嗎？」一連串「還有嗎？」就是不告訴答案。突然間他伸出手掌，拍地一聲打在床沿木板上，幾乎床都要震了起來。「你哪來那麼多問題！擺下來睡吧，我要睡了！」

就這樣被他一記震撼，聖嚴法師一籮筐的問題，竟然煙消雲散，被打掉了。

從此以後，他的心便穩定下來。（〈6. 朝元禁足，風景奇異〉，陳慧劍，《聖嚴法師》，法鼓山佛教基金會，2006年 12 月三版一刷，頁 37-38）

我修行是經過一段漫長的摸索階段；後來我遇到了一位老和尚，他開示我二、三句話，使我受益匪淺，對我

的心理轉變關係也很大！主要講的是什麼呢？就是「放下，放下來！學密、學禪、學淨土、學什麼？想成佛，又想上西方，又想開悟，這些東西都要放下。」（〈放下與擔起〉，《拈花微笑》，法鼓全集 4 輯 5 冊，法鼓文化，頁 90-91）

五月十日，為辨正一般人對佛法「自私、遁世」之誤會，撰〈人心的安頓和自性的超脫〉。（《神通與人通》，法鼓全集 3 輯 2 冊，法鼓文化，頁 60-79）

又有〈佛教的超越性〉，根據三法印原則，說明「空」義之適應性、容忍性、一貫性，及其所形成之佛法具普遍性與永久性。（《中國佛教》，2 卷 9 期）

五月二十六日，佛誕節，赴臺北新公園參加慶祝大會。由性如法師引見，拜見東初老人，東老人對師印象極佳。

我去赴在臺北新公園舉行的慶祝大會，上海時代的老同學性如法師，把我拉到最前面的貴賓席，介紹給了東老人。原來性如法師正在為東老人編輯《人生》月刊，我是《人生》主要的撰稿人之一，我用「醒世將軍」的筆名，寫了好幾篇長文，所以這次見面，東老人對我的印象極深，他再三地希望我能去他的文化館住住。（〈師恩難報〉，《悼念‧遊化》，法鼓全集 3 輯 7 冊，法鼓文化，頁 14）

案：此為師第三次遇見東老人，但為第一次交談，故師
於《歸程》中，把此列作第一次正式見面。

八月，撰〈從人與人間到解脫之路〉，提出解脫須立足於
人間。說明人性之可貴，貴在能設身處地為他人著想，
擴大則為國家民族、再擴大則為全人類、更擴大則為
所有有情眾生。凡此皆須從人之本位著手。

我人學佛，固求超出三界眾生的生死輪迴，但要超出
三界，必定還有一番艱苦跋涉的旅程，這一旅程的起點，
卻在我們的人與人間。離了人與人間，我們的工夫、我
們的願心，便無從著力，也無法生根了。（〈從人與人間
到解脫之路〉，《神通與人通》，法鼓全集 3 輯 2 冊，法鼓文化，
頁 104-105）

十月，因基督教某刊物登載〈佛教也有上帝嗎？〉一文，
混同佛性、真如於上帝、真理，因撰〈論佛教與基督
教的同異〉，從宗教發展歷史及宗教境界層次，指出：
基督教之上帝，不能跟佛教之佛性相提並論。（《神通
與人通》，法鼓全集 3 輯 2 冊，法鼓文化，頁 195-214）

十一月，《今日佛教》雜誌社舉辦座談，探討佛教教育問
題。蔡念生居士提出「欲使一般人接受佛教教育，必
先由出家人接受一般教育。」師則主張：辦佛教大學、
將佛教思想引入知識界。而此兩項皆先須解決財源問

題。於是提出：由教育而勸募，由勸募而再發展教育；
兩者應互相增上、循環發展。（〈一個問題兩點意見〉，
《今日佛教》，2 卷 7 期，頁 32）

自去年十月撰〈站起來吧，中國佛教！〉，今年三月續撰
〈敬為中國佛教的現狀請命〉，及至此文，對於學術
研究、教育、勸募三者以及其間關聯之注意，已有具
體而微之完整概念成型。然其具體推展則須待三十年
後創立法鼓山而後始得實踐。

目下佛教教育的最大課題（也是最先決的課題），不
是別的，而是如何教育佛教徒樂意為佛教的教育事業而
拿出錢來？如何教育出更多肯出錢的佛教徒來，並如何
利用各個佛教徒的社會關係，而向同情佛教的非佛教徒
勸募我們所要的經費！誠然，由教育而勸募，由勸募而
再發展教育，乃是循環性的。下面我要說出二點意見，
而且我的意見，依舊連帶著上面所說錢的問題。

一、學校教育。說起佛教的正規教育，在中國，一向
不曾有過一種教育制度的實行。雖已有了好多佛學院的
成立，但那仍未脫離私塾式的型態，充其量，也只能算
是現代化的萌芽或雛形，離開制度化和現代化，尚需百
尺竿頭，更進一步的努力。創辦佛教的學校教育，我只
想說出一個實際問題：我們迫切需要有一個乃至數個像
樣的佛教大學，以及愈多愈好的佛教教會中學。不過對
於創辦佛教的教會學校時，我們必須要有一個寬大而正

確的觀念，就是說，我們辦教育，固在希望多為人類的心田之中，播下一些菩提種子，以期培養出更多的正信佛子。但是宗教信仰是勉強不來的，凡來讀書的學生，不必定要他來信仰，即使他不信仰，佛教能為我們的社會培養一個有用之才，也是出錢辦學者的一分功德。

二、一般文化教育。我們要使佛教普及化和通俗化，所以主張利用文藝小說以及圖書乃至影片來作為弘化的媒介或工具；我們要使佛教的義理，引發學術界的興趣，而將佛教思想打進知識分子群中去，所以要用研究學術性的方法，寫出種種啟發性的論文。（《今日佛教》，2卷7期）

十二月，撰有〈走在缺陷處處的人生道上〉，說明人生處處缺陷不圓滿，東西方各家思想、宗教即在求充實和彌補。因評析多神、一神、無神之宗教以及各家哲學思想皆有所不足，因其皆由有缺陷之人生所開發，必得放棄現有身心境界，方能邁入圓融無礙。（《神通與人通》，法鼓全集3輯2冊，法鼓文化，頁5-29）

營區附近有竹林精舍，住持為證蓮老和尚。師因藏書過多，服務單位無處收納，暫且寄存於此，假日常往曬書。老和尚每以愛惜身體勉師，勿因文章勞形。實則，身體衰弱非因讀書寫作，純以工作負擔，日夜顛倒，以致神經衰弱，積勞而成疾。

　　那個機關的工作，性質特殊，每天八小時，三人一組，日夜輪流，工作之時，從上班到下班，均在聚精會神在手腦並用中度過，有時候連喝一口水的空閒都不易抽出來。早晨下班時，一身的疲倦，又有一頭的興奮，身體休息了，頭腦仍在工作，頭重腳輕，眼睛要睡覺，大腦在幻想──其實那就是神經衰弱所引起的神經過敏症了。（〈軍中十年〉，《歸程》，法鼓全集6輯1冊，法鼓文化，頁202）

民國四十八年／西元一九五九年

聖嚴法師三十歲

仍任職臺北新店國防部某單位。

一月，撰〈談神通與人通〉，強調單憑神通無濟於事，需從人性人格之修正做起。（《神通與人通》，法鼓全集 3 輯 2 冊，法鼓文化，頁 113-125）

程觀心居士散文集《新晴》出版，此為佛教文壇第一本純文藝作品問世。因撰〈《新晴》評介〉，讚歎藝術感化力量，遠大於說教式「傳道」。（《評介・勵行》，法鼓全集 3 輯 6 冊，法鼓文化，頁 196-207）

二月，撰〈說無我〉，辨明「無我」乃是不執成見，非否定自我價值。（《中國佛教》，3 卷 6 期，頁 20-21）

三月，針對去年十二月胡適先生指摘佛教之演講，以筆名「張本」撰〈關於胡適思想的宗教信仰〉，評論胡適先生之宗教觀。從本質上論定，胡適為無宗教且反宗教之神滅論者，故攻擊靈魂存在之思想。此文後經樂觀長老收入《闢胡說集》。（原文載於《今日佛教》，2 卷 11 期；今收入《評介・勵行》，法鼓全集 3 輯 6 冊，法鼓

文化，頁 78-95）

四月，參加《今日佛教》雜誌社座談會，係討論〈佛陀的
　生滅年月〉，師主張宜響應第三屆世佛友誼會決定，
　以每年五月月圓日為佛誕節，以統一步調，團結一致。
　（〈佛陀的生滅年月〉，《學佛知津》，法鼓全集 5 輯 4 冊，
　法鼓文化，頁 151-157）

　香港道風山「基督教中國宗教研究社」出版《景風》
　雜誌，混淆佛教和基督教觀點，故於撰寫〈論佛教與
　基督教的同異〉之後，有〈再論佛教與基督教的同
　異〉，呼籲宗教之間，彼此諒解，互相尊重，莫強人
　以同己。（《神通與人通》，法鼓全集 3 輯 2 冊，法鼓文化，
　頁 215-231）

四月二十七日，因病半休。（〈軍中十年〉，《歸程》，法鼓
　全集 6 輯 1 冊，法鼓文化，頁 203）

五月，撰〈談報恩〉，主張「友誼的轉嫁」。（〈談報恩〉，《人
　生》（舊）第十一卷合訂本，5 期，法鼓文化，2007 年 12 月
　初版，頁 10-12）

五月二十七日，半休至今一整月，即起遵照醫師指示，請
　准休養，停止工作。此後即未再上班，全力為退役事

奔波奮鬥。

自一九五八年春天開始，我的背部便感到疼痛，一病年餘，中西醫藥罔效，各種科學方法的檢查，例如：照Ｘ光片即達十六張之多，仍未查出病源。到一九五九年六月，身體衰弱不堪，身高一百七十二公分，體重只有四十八公斤半，所以請准病假休養，同時也著手辦理退役的手續。（〈由我受了沙彌戒說到戒律問題〉，《律制生活》，法鼓全集 5 輯 5 冊，法鼓文化，頁 47）

案：去年四月十日得病，因患慢性風濕症，醫院查無病原，致多拖延。（見〈軍中十年〉，《歸程》，法鼓全集 6 輯 1 冊，法鼓文化，頁 203-204）

七月，病假中赴北投文化館小住，得有較長時間親近東老人。東老人取近日出版尚未發行之《大藏經目錄附印藏記略》示讀。因知文化館所主事影印《大藏經》工作之經過及價值。（〈我讀影印《大藏經》的最後一本書〉，《評介・勵行》，法鼓全集 3 輯 6 冊，法鼓文化，頁 179-187）

本期《人生》刊出東初老人口述，由師筆錄〈達賴喇嘛與慈航法師〉，呼籲以達賴喇嘛捨己為人之精神，及慈航法師律己修身工夫，來健全人格，影響人心。（〈達賴喇嘛與慈航法師〉，《人生》（舊）第十一卷合訂本，7 期，法鼓文化，2007 年 12 月初版，頁 2-3）

九月，有感於世界無休止之罪行，以及臺灣中南部水災，
發表〈擴大愛與痛的範圍〉，呼籲大眾及時行善，推
己及人，以免除戰爭與災難威脅。（〈擴大愛與痛的範
圍〉，《人生》（舊）第十一卷合訂本，9 期，法鼓文化，
2007 年 12 月初版，頁 8-10）

年底，奉准退役，自翌年（一九六○）一月一日生效。總
計軍旅生活十年又半。

案：當時臺灣軍事人力不足，軍人想要退役十分困難，
特別是通訊兵種負責情報偵搜有忠誠度之顧慮。法師雖
確實有病而只允許長期病假而不能退伍。其時，東初老
人有信徒為當時國家安全局局長鄭介民將軍之夫人，法
師服役單位正是鄭將軍所監督。經鄭夫人引見後，於是
表示：「我很少要求他的幫忙，為了你，我會再跟他開
口一次。我從來沒有這樣做過。因為我是佛教徒，我覺
得你當和尚會比當軍官的貢獻更大。雖然我怕他，但我
會再去跟他說情。」經多次努力，鄭將軍於是去函法師
直屬上司，要求「在法律範圍內協助」，終得順利退伍。
總計申請退伍過程歷時一年又半。（參見：〈第九章　自
由了！〉，《雪中足跡》，臺北：三采文化，2013 年 11 月 25 日，
頁 128-134）

十二月十一日，協助退役最力之鄭介民將軍，因心臟病突
發逝世。時，退役手續已完成，悲欣交集哭之慟，於

其靈前為誦《地藏經》數日。（〈軍中十年〉，《歸程》，
法鼓全集 6 輯 1 冊，法鼓文化，頁 204；另參見：〈第九章
自由了！〉，《雪中足跡》，臺北：三采文化，2013 年 11 月
25 日，頁 134）

**達成退役願望，即擬如法如律重行出家拜師受戒。因
辦理退役過程，東初老人最為助成其事，故於恩義考
量下，請求東老人成就出家。同時文化館佛教藏書豐
富，亦所心嚮。**

　　我在辦理退役的過程中，最先請求的是白聖法師，其
次相助的是南亭法師，最後助成的是東初法師。東老人
為了助成我的出家，盡了最大的努力，他自民國四十八
年（一九五九）的六月下旬直到同年的十二月中旬，一
直在為我的事情費神，也一直在為我的事情操心，他給
我安慰和祝福，當我每遭挫折之時，他必給我鼓勵。我
到北投去拜見他的時候，往往也會送我百呀八十元的零
用錢。對於一個與他毫無淵源關係的我來說，這實在是
一件難能可貴而銘感不已的事。（〈回頭的路〉，《歸程》，
法鼓全集 6 輯 1 冊，法鼓文化，頁 209）

　　我從軍中退伍，打算重回僧團之後，能好好休養身心。
一方面藉以懺悔軍中十年來的恣意和放逸，同時抖落一
身軍旅生涯的風塵，也希望鑽進東初老人所蒐集的佛教
藏書堆中，飽餐一頓。當時的臺灣，大部而整套的佛教
文獻，只有中央圖書館藏有一部《磧砂藏》。也只有中

華佛教文化館,是做著文化及出版的工作,例如將日本在大正時代編成的一部《大藏經》正續兩編共一百大冊,於一九五九年,在臺灣影印完成了五百套,並將日本另一部計由五十九種禪宗著作編輯而成的《禪學大成》完成影印。而東初老人本身是一位佛教史學的專家。所以在當時的臺灣能見到如中華佛教文化館那樣多藏書的佛教道場,相當不易。(〈出家與回家〉,《聖嚴法師學思歷程》,法鼓全集 3 輯 8 冊,法鼓文化,頁 52-53)

東初老人原無意收徒,經長時期察看,決心收師為徒。
(〈回頭的路〉,《歸程》,法鼓全集 6 輯 1 冊,法鼓文化,頁 209-210;〈師恩難報〉,《悼念‧遊化》,法鼓全集 3 輯 7 冊,法鼓文化,頁 15)

十二月二十九日(農曆十一月三十日),改裝前夕;為便日後師徒相處,向東老人提出個人態度及願望,東老人以「三分師徒,七分道友」,囑師自由自主。師有感於此,於日後(明年七月)撰作〈師弟之道〉。

　　我向東老人提出了四點屬於我自己的態度及願望:

　　(一)我的身體,一向不好。

　　(二)我將盡心盡力為文化館服務。

　　(三)我將來希望到其他地方住住,願師父允許。

　　(四)我將來希望多讀一些佛經,多用點修持工夫。

　　東老人聽了之後,只說:「三分師徒,七分道友。你

已不是小孩子了，一切均由自己作主。」不過，又在他
的語意之中，説到我想去其他地方住住一事，雖然未説
不贊成，但總有些不樂意。（〈回頭的路〉，《歸程》，
法鼓全集 6 輯 1 冊，法鼓文化，頁 213）

十二月三十日（農曆十二月一日）起改裝，以出家相出現，
參加文化館臘月初一起之佛七。同時接任《人生》月
刊主編。（〈回頭的路〉，《歸程》，法鼓全集 6 輯 1 冊，
法鼓文化，頁 210-211）

民國四十九年 ／ 西元一九六〇年

聖嚴法師三十一歲

**一月一日，退役令正式生效。自民國三十八年五月十五日
入伍，計服役十年又半。軍中十年，辛苦但充實。**

　　從一九四九年五月入伍，到一九六〇年元月正式退伍，
這一段的軍旅生涯，超過了我少年時代出家做和尚的年
數。但是，我總覺得，自己還是個和尚。因此，一旦奉
准退伍，自然而然地又回到了佛教的僧團，所以，對我
而言，這不是再度出家，而是回家。在軍中十年多的時
日之中，並沒有浪費生命，對國家付出了我的奉獻，對
自己也做了相當多的充實，那是一段成長得非常辛苦而
又值得回味和珍惜的歷程。（〈出家與回家〉，《聖嚴法
師學思歷程》，法鼓全集 3 輯 8 冊，法鼓文化，頁 50-51）

**一月六日，為農曆臘八（十二月八日）佛成道日，佛七圓
滿；佛前上供時，正式剃度。東老人命名：慧空聖嚴。
取「以聖教莊嚴佛法，以聖法嚴飾身心，用聖法嚴淨
毘尼」之義，期勉嚴以律己，發揚聖業。**

　　這一次的出家，是依止鐙朗東初老人（一九〇七～
一九七七）為剃度師，他給我的法派字號是「慧空聖
嚴」。他是太虛大師的學生，也曾經擔任江蘇省鎮江的
名剎，屬於曹洞宗系的焦山定慧寺方丈。他是曹洞宗的

創始人洞山良价下第五十代傳人，同時他也在臨濟宗下
常州天寧寺參學，也在臨濟宗普陀山系的寺院出家，所
以一人傳承曹洞與臨濟兩支法門。因我跟東初老人出家，
在法系上也同時繼承曹洞與臨濟兩流。（〈出家與回家〉，
《聖嚴法師學思歷程》，法鼓全集 3 輯 8 冊，法鼓文化，頁
51）

東老人傳示祖師語云：「當好自己個人的家，便能當
一個寺院的家，能當好一個寺院的家，就可當天下眾
人的家了。」（〈師恩難報〉，《悼念‧遊化》，法鼓全集
3 輯 7 冊，法鼓文化，頁 16）

剃度時，因惜福故，不擬驚動諸山，來賓僅蓮航法師
一人。觀禮者另有上海時代靜安佛學院同學：了中、
性如二法師，以及由法藏寺來打佛七幾位尼師。然仍
收到多位師長道侶賀禮，感動同時，堅定用功信念。
　這次出家，雖沒有舉行出家剃度的儀式，但在事前事
後，仍收到了幾位師長道侶的賀禮。他們是東老人、南
老人、悟一、妙然、成一、蓮航、守成、隆根、性如、
清霖、清月、慧敏等法師，以及孫清揚、張少齊、喻春
寶等居士。我剛把頭髮剃光，又憑什麼接受這些布施呢？
這使我久久不能自釋，也使我更加堅定了將要多讀經多
用功的願望。（〈回頭的路〉，《歸程》，法鼓全集 6 輯 1 冊，
法鼓文化，頁 214）

從此重歸僧籍，捨去「張採薇」，改名「釋聖嚴」，
並將戶籍俗名改為現用法名。（〈回頭的路〉，《歸程》，
法鼓全集 6 輯 1 冊，法鼓文化，頁 214）

改裝後，稟告東老人云：立志做個像樣僧人。東老人
以「對自己有交代」勉勵。（〈回頭的路〉，《歸程》，
法鼓全集 6 輯 1 冊，法鼓文化，頁 206）

一月至二月，以筆名「如如」以及聖嚴本名，與言曦先生
就「耶誕」、「聖誕」之立名，來往討論。認為「聖」
字可各家通用，非為基督教之專稱。（〈「耶誕」正名〉、
〈和「聖誕辨」〉，《人生》（舊）第十二卷合訂本，1、2 期，
法鼓文化，2007 年 12 月初版，頁 19、22）

一月十日，發表〈紀念虛雲老並論胡適的觀點〉，回應胡
適認為虛雲和尚身世與年齡為虛構謊言之批評。法師
感佩胡適求精實之治學精神，呼籲推崇虛老應推廣其
悲心，建立利濟社會之事業。（〈社論〉，《人生》（舊）
第十二卷合訂本，1 期，法鼓文化，2007 年 12 月初版，頁 2。
參見：〈編後語〉，《人生》（舊）第十二卷合訂本，8 期，頁 18）

近半年來，因病因編務因再度出家之複雜感觸，較少撰作
文章。近因文化館循往例舉辦冬令救濟，於是抱病隨
喜，撰成〈談慈濟精神〉。（〈談慈濟精神〉，《人生》

（舊）第十二卷合訂本，2 期，法鼓文化，2007 年 12 月初版，
頁 3-5）

案：中華佛教文化館，自民國四十五年起，每年舉辦「冬
令救濟」。東初老人云：「深覺佛教以慈悲為本，未能
表顯於行動，故決意發動，邀集佛教四眾弟子打佛七，
順便募集冬賑米」。發放地區，除北投一地，並推及淡
水、三重、宜蘭的貧民、桃園的無依軍眷、新莊的麻瘋
病院、臺北市空軍育幼院等處。發放之前，皆由東老人
親自率領貧民念佛、繞佛、開示佛法，普授皈依。（〈東
初老人簡譜〉，釋果徹，《中華佛學研究》，2 期，中華佛學
研究所，1998 年 3 月初版，頁 18）

主持《人生》月刊之編務、發行與撰稿，工作十分繁重；
又因身體健康不佳，智光長老囑咐進補調理，為請中
醫開藥方、配藥膏，並負擔全部費用。（〈敬悼智光老
人──痛失庇蔭〉，《悼念・遊化》，法鼓全集 3 輯 7 冊，法
鼓文化，頁 41）

　　我為《人生》向各處邀稿、徵稿、求稿，佛教內外的
幾家刊物也向我逼債，這使我除了為《人生》編校和撰
稿，也得應酬外邊向我索稿的壓力。這一份刊物，它的
編輯部、發行部和財務部的辦公室，都在我的斗室裡。
工作人員除了我還是我，常常為了版面的調整、新聞的
穿插，乃至於一、兩個字的更正，必須親自從老北投火
車站到萬華的一個矮小局促的印刷廠，跟排字工人打交

道。每次出版，總要往印刷廠跑上五、六次。（〈出家與回家〉，《聖嚴法師學思歷程》，法鼓全集3輯8冊，法鼓文化，頁54-55）

　　當我投到東初老人座下之時，正好當時的《人生》主編提出了請辭的要求，我也就順理成章地，由該刊作者的身分，一變而成了它的主編。直到我往臺灣南部山中禁足為止，前後為它服務了兩年。在這段時日之中，我的身體健康，始終沒有好過，經常氣虛無力、頭昏、氣悶、手軟、腳冷、食欲不振、腸胃失控。很多人說，釋迦牟尼佛在菩提樹下成道之前，就遇到種種的魔障，我這一點小毛小病算不了什麼！好在有一位前輩的長老，介紹了一位漢醫給我診斷之後，開了兩付藥膏，繼續服用了半年，身體才算從奄奄一息之中漸漸好轉過來。（〈出家與回家〉，《聖嚴法師學思歷程》，法鼓全集3輯8冊，法鼓文化，頁53）

自從接任《人生》編務，為增加稿源，開闢「人生書簡」專欄，刊登編者與作者之來往書信，加強與作者聯繫。（〈人生書簡〉，《人生》（舊）第十二卷合訂本，1期，法鼓文化，2007年12月初版，頁26）

是年春，每天佛殿用功約五小時。除早晚課誦外，禮一支香大悲懺，上下午各看一卷經。計看完一部八十卷《華嚴經》、一部四十卷《大涅槃經》，使病弱之身心得

以安住在信、解、行中。（〈回頭的路〉,《歸程》,法
鼓全集 6 輯 1 冊,法鼓文化,頁 218;〈出家與回家〉,《聖
嚴法師學思歷程》,法鼓全集 3 輯 8 冊,法鼓文化,頁 55）

四月,撰〈從佛門的課誦體驗佛教的精神〉,肯定佛門課
誦之價值,如能細心肯認,便會去實踐課誦中更為深
廣之精神。（〈從佛門的課誦體驗佛教的精神〉,《人生》
（舊）第十二卷合訂本,4 期,法鼓文化,2007 年 12 月初版,
頁 3-5）

五月,撰有〈佛教到底是什麼?〉。前因《今日佛教》第
三十四期,刊出吳怡先生〈佛教的精神與價值〉後,
教界前輩張少齊老居士,在十二卷第三期《人生》,
提出相反意見;教界師友恐傷和氣,頗為關切。師則
樂見真誠坦率之討論並參與討論,故有此作,討論
「宗教信仰之為理性或感性、佛教為宗教哲學或科
學、佛教精神價值是否即是善」。

　　從吳怡先生及張老居士的作品中,我們知道,問題的
焦點,共有三個:

　　第一、佛教的信仰是情感的還是理智的?宗教的信仰,
無不出於情感的引發,但是信仰佛教的目的,又在擺脫
此一情感的束縛。佛教固然是智慧的宗教,信仰佛教卻
是由於情感的純化。

　　第二、佛教是不是宗教?佛教是否包括了哲學、科學

乃至其他一切學問？佛教雖也含有宗教的功能和宗教的
成分，但卻並不就是宗教。佛學中雖有哲學的成分，也
有哲學特性，更有哲學的功能，但是佛教的宗旨，並不
僅限於哲學的範圍。科學的求證是一樣一樣地試驗，只
是向外界探索，內界始終不明；佛教的求證是向內觀，
向外照，內觀外照，通體透明，便是所證最上的實境。
佛教有科學的精神，但不等於科學，科學的範圍更有限，
佛教卻是無限。

　　第三、佛教的精神與價值，是不是僅在一個「善」字？
佛教對於人類社會的價值的確是在一個「善」字。可見
佛教的目的，雖亦為善的範圍，卻不能貪取執著於善的
意念，所謂解脫，惡的固要解脫，善的也要解脫。因此，
明心見性是究竟，眾善奉行是方便。（〈佛教到底是什
麼？〉，《人生》（舊）第十二卷合訂本，5 期，法鼓文化，
2007 年 12 月初版，頁 9-12；另參見該期頁 26：〈人生書簡〉
諸函。）

入夏後，身體轉虛弱，常胸悶頭暈，不能看經、不能寫作。
　　（〈回頭的路〉，《歸程》，法鼓全集 6 輯 1 冊，法鼓文化，
　　頁 218-219）

**七月四日（農曆六月十一日）晚，於新店竹林精舍，禮請
　　隆泉老法師主持做懺摩，為受持出家戒做準備。**
　　我以小和尚的身分，隨軍來臺，來臺之後，雖處軍旅

之中，卻未有過「還俗」的意念。所以一旦離開軍中，仍然回到原來的崗位。最初有些師友向我建議：你是出過家的，你也有你的剃度師，這次回來，自可不必疊床架屋，再找一頂師父的帽子戴在頭上，仍不失為法師。但我考慮再三，我雖有過師父──現在也不否認那位師父，然我沒有受戒，即使受了戒，處身軍中十年，也該視同捨戒還俗。小時出家無知，現在再度回來，不能繼續糊塗了，故我決定，一切重新開始。（〈由我受了沙彌戒說到戒律問題〉《律制生活》，法鼓全集 5 輯 5 冊，法鼓文化，頁 47）

七月五日上午，赴華嚴蓮社，禮請智光長老，授沙彌十戒，成為如法出家人。

出家以後，妙然法師教我看看沙彌律儀，以便做一個像樣的出家人。這一指示，對我非常受益。於是，我又知道我雖出家改裝，未受沙彌戒，尚是一個光頭白衣。

我雖兩度出家，可是第一次改裝，皈依的儀式都沒有做，第二次披剃，也僅說了三皈。到此為止，才算是個合法的出家人。（〈回頭的路〉，《歸程》，法鼓全集 6 輯 1 冊，法鼓文化，頁 219-220）

求受沙彌戒以前，先讀蕅益大師《沙彌十戒威儀錄要註解》、蓮池大師《沙彌律儀要略》、弘贊大師《沙彌律儀要略增註》以及《梵網經菩薩戒本彙解》等書，

更增加學律之信念。(〈我到山中六個月〉,《慈明》,1
卷 11 期,頁 42-46;12 期,頁 43-46)

七月十五日,因感出家受戒事,大不易,故撰有〈由我受
了沙彌戒說到戒律問題〉,由個人身受,印證受戒之
必要、懺摩之必要。並盼望精通律學之大德,對中國
佛教戒律問題有所整頓與改進。

東老人非常慈悲,開示我說:「受戒要待因緣具足,
為求權宜之計,我想你先去受一個沙彌戒罷。若去請求
臺北華嚴蓮社智老和尚,或許可以慈悲的。」說戒的前
一晚上,先做懺摩,示請新店竹林精舍隆泉老法師慈悲
成就。

農曆六月十一日,天氣非常燠熱,晚飯之後,懺摩儀
式照樣進行,隆泉老法師,黃鞋、黃袍、紅祖衣、展大
具,並請佛聲法師及慶規老和尚站班引禮,持誦唱念。
隆泉老法師,一字一句,念得非常清楚,音調極為殷重,
好像每一音節,都能激動我的脈搏,啊!這樣的情境,
有生以來,要算是第一次經歷了,以往參加許多佛事,
從未有過如此微妙和痛切的感覺。後來我想,出家人為
何一定要懺摩、要受戒,理由即在於此了。

十二日一早,懷著清涼輕快的心情,到了臺北市華嚴
蓮社,早餐後,由成一法師布置戒壇,並也由他引禮站
班。上智下光老和尚隆重禮佛登座畢,我即長跪合掌,
靜聽開示,繼而隨聲迎請諸佛菩薩,護法聖眾,降壇護

戒。一迎請我即一禮拜，迎請禮拜之時，我又噙淚欲滴
了。受戒歸來，搭衣持具拜禮恩師之後，我第三次流淚
了，因為我想，我今年已三十，已是兩度出家，到此為
止，才真是個合法的出家人，出家容易，要成為一個出
家人，又何其難呢？（〈由我受了沙彌戒說到戒律問題〉《律
制生活》，法鼓全集 5 輯 5 冊，法鼓文化，頁 49-51）

由「緬華佛教僧伽會」發起，樂觀法師編輯之《闢胡
說集》一書，於七月底出版。該書係蒐集各報刊登載
反駁胡適之各項論文資料。師所撰寫〈關於胡適思想
的宗教信仰〉批判胡適思想非常透徹，樂觀法師因編
入集中，並於「引言」多作介紹。

師於本期《人生》之〈編後話〉亦有所呼應，對當今
中國學術最高機構主持人，曲解東方文化，誤解佛教
文化，深表遺憾！（〈編後話〉、〈人生書簡〉，《人生》
（舊）第十二卷合訂本，8 期，法鼓文化，2007 年 12 月初版，
頁 18、25-26）

《中央日報》自七月二十一、二十二、二十三日，連
續三天刊出胡適先生在中美學術合作會議中演說〈中
國之傳統與未來〉之後，佛教界、文化界，輿論譁然。
松山寺佛學研究部，特就此二問題，致函各處，聯絡
中國文化之各界學人，於七月三十一日下午假臺北善

導寺開會討論。師因有〈解剖胡適先生的思想與人格〉
之作。（今收《評介‧勵行》，法鼓全集 3 輯 6 冊，法鼓文化，
頁 96-100）

八月，歷時五年，耗資新臺幣四百萬元，影印《大藏經》
正、續兩編共一千三百部之鉅製大業，於本月全部圓
滿。東初老人特撰〈印藏感言〉，許為難得盛事。（〈印
藏感言〉，《人生》（舊）第十二卷合訂本，11、12 期，法
鼓文化，2007 年 12 月初版，頁 2）

九月一日，作〈論經懺佛事及其利弊得失〉。浩霖法師特
將《水陸儀軌會本》送至北投供作參考。師肯定經懺
佛事禮儀之作用，認為其能激發教徒之宗教情感，然
在施行上則應加修正，最低限度亦應於佛事中，向齋
主說明佛法及佛事大意。

　　如想確認佛教具有宗教的功能，如果還希望佛教徒們
保留若干宗教家的氣質，那麼對於經懺佛事的問題，談
修正則可，若言廢除則斷斷以為不可。

　　經懺佛事，並非壞事，相反的，如果不是經懺佛事，
我人的信佛學佛，也就無從生根著力。主要在乎經懺佛
事，不得視為營生的工具，而是要將經懺佛事當作我人
通向成佛之道的橋樑，我人應在經懺之中體認成佛之道
的種種方法，以期學佛所學，行佛所行，達於證佛所證
的無上佛境。

建議：各道場盡可能皆以弘法為要務，盡可能都以信施（不是賣買）來維持。不得已而非做「經懺」不可者，則佛事是齋主與僧眾雙方的修持，凡做佛事，僧眾固該如理如法，虔敬以赴，齋主合家，也該跟隨僧眾，參加禮誦，以其超薦先亡的機會，共浴佛教的甘露法味。最低限度也得於佛事之中，增加一個節目——向齋主說明佛法及佛事的大意。唯有如此，庶幾不將僧眾，當作計時賞酬的工人同等看待，庶幾不失佛事之為佛事的莊嚴。（〈論經懺佛事及其利弊得失〉，《律制生活》，法鼓全集5輯5冊，法鼓文化，頁194-214）

近來，因有數名青年法師立志出國深造，並有詹勵吾居士等建議組織外文翻譯出版機構，向歐美傳弘佛法，於是有與詹勵吾、周宣德居士等：〈關於中國大乘佛法外文翻譯出版問題的討論〉。（〈關於中國大乘佛法外文翻譯出版問題的討論〉，《人生》（舊）第十二卷合訂本，9期，法鼓文化，2007年12月初版，頁16-18）

同時撰有〈留學譯經與中國的佛教教育〉，呼籲教內大德提倡佛學研究、重視佛教教育，有計畫有系統地培植佛教人才。

我們今天的佛教，要把自己的佛教文化傳播到歐美去，我們也歡迎外國的學者來中國留學佛教文化，而讓他們帶回各自的祖國去，我們不唯要把中國的佛典譯介出去，

還要將外國或漢文以外尚未見存於漢文內容的佛典，介紹到中國來。期使整個的佛教文化，來做一次大會師，而得一個大統一的局面。

近世部分佛教文化之傳入歐美，多為南傳佛教的各國學者及日本佛教學者的功勞，甚至還有部分是傳自西藏高原的喇嘛。中國的佛典最豐富，中國的佛教最高深，近代中國的佛教徒，卻最無能！為什麼會如此的呢？一言以蔽之：近代的中國政府不提倡佛學的研究；近代的中國佛教界，未能自成一個教育的系統而來造就人才。美國諸多大學之中，多有東方哲學院系，東方哲學普遍多以佛學為主，其他國家如日本、泰國、緬甸等，也都有其佛教大學的設立，唯獨中國，最冷漠！再說，在現下中國的佛教環境之中，不但沒有理想的教育機構，甚至還無法找到一所真以培養人才為目的，而可使人安心讀書的地方，遑論接受外國留學生前來我國研究佛學。但願教界有願有德有悲有志的大德，登高一呼：重視佛教教育，培植有為的青年，俾使我們擔起時代所賦予佛教的使命。（〈留學譯經與中國的佛教教育〉，《教育・文化・文學》，法鼓全集 3 輯 3 冊，法鼓文化，頁 21-22）

十月三十日起，因催收《大藏經》訂戶未結款項，與印藏委員會財務組長張若虛居士環島一周。催款主要目的地為南部與東部，然因臺中蔡念生居士夫人新喪，因此特地先經臺中，前往致弔致慰。念生居士為影印藏

經之功臣。（〈環島一週記遊〉，《人生》（舊）第十二
卷合訂本，11、12 期，法鼓文化，2007 年 12 月初版，頁 26-
34）

十月三十一日上午，赴北臺中寶覺寺弔慰蔡居士。行禮後，
　　至《菩提樹》雜誌社訪朱斐居士。而後前往參觀聞名
　　已久，由李炳南老居士主持之慈光圖書館。最後轉到
　　南臺中佛教會館，參拜在此閉關之南亭老法師。（同
　　上）

午後，抵達高雄鳳山，夜宿月基法師棲霞精舍。晚上
　　至鳳山佛教蓮社，探訪煮雲法師。（同上）

十一月一日，於高雄逐戶拜訪欠款之藏經訂戶。（同上）

十一月二日，因不熟悉班車訂票作業，不意而有一日休假。
　　於是得空自行注射維他命針劑調理身體。法師三折肱
　　而成良醫，已學得自行注射針劑。（同上）

十一月三日，抵達臺東，拜訪各處後，宿海山寺。（同上）

十一月四日，到達花蓮，訪花崗山東淨寺曾普信居士。晚
　　飯後，陪同至美崙佛教蓮社，拜訪嚴持法師。（同上）

十一月五日，為欣賞橫貫公路沿途風光，搭乘金馬號，經
橫貫公路到臺中。仍宿臺中慎齋堂。（同上）

十一月六日，返抵臺北。出門時，原以體質太弱，不易全
程支持。今則重新恢復信心。（同上）

印順法師於八月出版《成佛之道》，師研讀後，深感此書
契合時代潮流、通透先聖先賢脈絡，且能貫徹未來思
潮，允為傳世之作，稱仰其特長為強調「人間佛教」，
略云：

　　本書的最大特色之一，是承接太虛大師「人間佛教」
的餘緒，加以繼續發揚，也就是「人的佛教」的強調。
　　本書主張，佛法雖分人天、大小、世出世間等的種種
層次或階段，但那不是個別隔絕的，而是漸次升拔與相
互連貫的。無論我們修學什麼善法，只要是善的，無不
通向於究竟大乘法的門徑。
　　成佛的要道，是在修善的漸進，所以本書一貫的中心，
乃為戒定慧與信願行，主張行解並重，悲智雙運，以五
戒十善作基礎，最高定慧為究竟。佛法的究竟雖然「無
法可說」，但要達到無法可說的境界，必須聞法學法，
依法而行。（〈《成佛之道》讀後〉，《評介．勵行》，法
鼓全集 3 輯 6 冊，法鼓文化，頁 168-170）

為紀念印藏大業圓滿達成，東老人特於文化館啟建「印藏

紀念堂」，表彰贊助緇素之功德，並用以庋藏《藏經》，
供人閱覽，兼為培植佛教人才之研究處所。（〈東初老
人簡譜〉，釋果徹，《中華佛學研究》，2 期，中華佛學研究
所，1998 年 3 月初版，頁 21）

入冬後，甚是畏寒。身心俱疲弱。智光長老囑覓醫調理，
並負擔全額醫藥費用。去年、今年，兩度在新北投過
冬，俱蒙老人愛顧。（〈敬悼智光老人──痛失庇蔭〉，《悼
念・遊化》，法鼓全集 3 輯 7 冊，法鼓文化，頁 41）

民國五十年／西元一九六一年

聖嚴法師三十二歲

新年前後，獲悉道源長老將於今秋在基隆海會寺傳戒，於
　是向東老人懇求，擬前往求戒，並望於受戒後，至南
　部山中靜修。然南下事未獲許可。因每日定時定數禮
　拜觀世音菩薩，懺悔業障並祈求加被如願受戒、如願
　入山靜修。（〈我到山中六個月〉，《慈明》，1卷11期，
　頁43）

　　師父的文化館，乃是用功的理想處所，但是，其他的
　人可在那裡安心用功，我這個徒弟，卻有不同。雖然，
　文化館終年只有兩次法會，然而，有一個門戶，就有生
　活，有生活，就有必須的應酬，如果師父他老人家在裡
　裡外外的忙，縱然不叫我做什麼，我非禽獸，豈能安心？
　我自知障重，到了三十歲時，才算真的跨進了佛門。
　三十歲前，在學業及德業，幾乎是繳的白卷，尤其是佛
　學及修持，我必須趕緊彌補。要不然，心願厭離，卻是
　脫不了生死的黑業，心願度眾，奈何又肩不起弘化的重
　擔。因此，我準備要離開北投了。（〈回頭的路〉，《歸程》，
　法鼓全集6輯1冊，法鼓文化，頁220）

　　經請示南亭長老，南老以東老人現正急須用人，且才
　出家未久，恐乏護關信施，未盡贊同。智光長老則十

分贊成,並自動提出資助。(〈敬悼智光老人──痛失庇
蔭〉,《悼念‧遊化》,法鼓全集 3 輯 7 冊,法鼓文化,頁
44)

二月,發表〈《十大弟子傳》讀後感〉,欽佩作者星雲法
師事務忙碌,仍能抽空著作不懈。盛讚其筆觸特別,
能深入淺出,有廣大攝受力。(《評介‧勵行》,法鼓全
集 3 輯 6 冊,法鼓文化,頁 171-178)

五月,美籍僧伽,釋西諦法師,來臺求受中國大乘佛教具
足比丘菩薩戒,此為美籍僧伽第一人。師由此預見佛
教向西方推進,為勢所必然,然更呼籲應檢討反省我
國佛教教育,以及人才培植諸問題。

　　美籍僧伽,釋西諦法師,自四月一日來到臺灣,轉眼
之間,已是四十天了,在此四十天中,他已受了中國大
乘佛教的具足比丘菩薩戒,接受了中國的法名,也作了
一次環島的弘法與訪問,並舉行了幾次公開的演講。釋
西諦法師的來華訪問,乃是美籍僧伽的第一人,際此歐
美風潮瀰漫人心的世紀裡,能有他的來華訪問參學,毋
可諱言,對他本身固有其重要性,然猶不及對於中國人
的影響力之大而且鉅。以目前的趨勢而言,佛教之向西
方推進,乃屬勢所必然。講到這裡,我們中國佛教徒,
應該感到驕傲,但也尤其值得我們深加檢討。我們沒有
完備的教育機構,也不以培植人才為前提,時至今日,

但願我們反省檢討，急起直追罷。（〈歐美社會需要佛教
——送釋西諦法師〉，《人生》（舊）第十三卷合訂本，5 期，
法鼓文化，2007 年 12 月初版，頁 2）

**五月二十五日，至松山機場送青松法師東渡求學。送機後，
面對中國當代佛教，思潮澎湃，感慨萬千！慨嘆我國
佛教現狀缺乏培養人才之計畫與機構。青松法師東渡
志在向歐美邁步，師則更願我國也能開辦佛教大學，
從自家大學通向歐美。**

目前的佛教現狀：看來好熱鬧，實則是個肥皂的泡泡，
教制、教育、慈善，毫無系統、也少實際的力量可言。
佛教需要人才，人才必須從教育和培養中產生，但是面
臨新時代後，數十年來的佛教教育，始終沒有一套完善
的計畫。以目前來說，別想求學深造，即使供人安心讀
經的所在，也不多見，這實在是中國當代佛教的最大苦
悶。因此，一些稍有抱負的青年僧人，經不住此一苦悶
的煎熬，便希望出國去求深造，但是最近三、四十年以
來，中國僧人東渡日本，先後不下百數，不論學教、學
密，當其去國之時，不無一番抱負，俟其既去之後，則
亦未必有成，對於中國佛教，固未見有整頓中興的作為，
對於他們本身，竟也未有一人能夠博學經世，而得受重
於當時，影響及後世，其中原因何在？實足我人慨嘆檢
討。

青松法師，是當今僧青年中的俊傑之士，故其見地亦

有過人之處，當其臨行之前，曾謂於我：此去志作橋樑
的過渡，非求日本佛教的反哺，我們的出路，應該是向
歐美邁步。故我願他此去，是效鳩摩羅什之西來，鑑真、
隱元之東渡。但我更願中國也能開辦佛教大學，讓我們
的青年，從自己的大學中，通向歐美去，也讓歐美人士
來研究中國的佛教，並且帶回歐美去。否則，中國的佛
教，勢將永遠苦悶。（〈中國當代佛教的苦悶──送青松法
師東渡有感〉，《教育‧文化‧文學》，法鼓全集 3 輯 3 冊，
法鼓文化，頁 45-47）

**六月十五日，獲知旅居加拿大詹勵吾居士捐產興辦佛教教
育及文化事業消息，於是接續前所論列我國佛教教育
問題，再撰〈引論今後中國佛教的教育與文化〉，建
議詹居士捐款之最佳用途為佛教大學之開辦基金，並
提出佛教大學規制、弘法人才之培養及考核分等辦法。**

晚近以來中國佛教的一蹶不振，雖有數十萬寺廟，數
百萬的僧人，竟沒能夠產生比例相等的高僧。一言以蔽
之：中國雖有崇高偉大的佛教，卻沒有規制完備的佛教
教育。

今天我們所談的是佛教的教育，是希望以我們佛教的
力量創辦我們佛教的教育機構，建立我們佛教的教育體
系，以佛教的教育來培植佛教人才；是教我們的青年接
受佛教的宗教教育。

為了方便接引，不妨分作兩類，一是純出家的佛教教

育，一是在家人的佛教教育。出家人的教育，重在生活的實踐與宗教意志的磨鍊；在家人的教育，則以世學為主，佛學為副。在我理想中的佛教大學的學生，當其入學之先，可以不論身分，任由各自報考，一旦入學之後，凡願就讀出家部分的青年，即須削髮改裝授予沙彌十戒。俟其學程之中乃至畢業之後，如覺出家生活與其志趣不合，亦當任由退學，捨戒還俗；如果頗能安於出家生活的行持操履，大學畢業，即予傳授比丘菩薩戒，而以出家為其終身的職志。

再進一層，佛教的弘化人才，亦應分成等次。佛制出家，不分貴賤，不別智慧，我們自當如法遵守；但對出家而任宣教弘範之師者，如於佛教教育上了規制體系之後，必須經過各種等次的考試，應該分為宣教師、法師、三藏法師的三種等級。未經考試及格的僧人只許說開示，不得講經論。此一辦法，當其初行之時，不無有其困難，行之三、五十年，情形必將改觀，這是挽救中國佛教的唯一辦法。（〈引論今後中國佛教的教育與文化　有感於詹勵吾居士的發心捐產〉，《教育‧文化‧文學》，法鼓全集 3 輯 3 冊，法鼓文化，頁 49-52）

續前論題，又有〈教育、宗教、佛教的宗教教育〉、〈再論今後中國佛教的教育與文化〉，比較十九世紀以來英、日佛教研究情形，呼籲教友注重教育、創辦佛教大學。（今收《教育‧文化‧文學》，法鼓全集 3 輯 3 冊，

法鼓文化，頁 23-65）

青松法師赴日後來信敘述日本佛學研究現狀，實在值得稱歎！寄望國內僧侶能在教育與學術方面努力發展。（〈東渡後的感觸〉，青松，《人生》（舊）第十三卷合訂本，7 期，法鼓文化，2007 年 12 月初版，頁 23）

七月，對離開佛教文化館與否，有明確抉擇：不可忘恩，然亦不可纏縛於俗情。

出家是為生死大事，是為擺脫世緣，一心向道；人之出家，須有人為其剃度。所謂度，亦同於渡，以師為船舫、為橋樑，假師接引之力，通過生死關口。人之前進，亦如火箭昇空，節節前進，也要節節揚棄。固不可忘情於所受過的恩惠，也不可纏縛於俗情的膠著之中，不然的話，如人過橋，因為戀戀不捨橋上的風光，以及使他通過河流的恩德，便永遠徘徊橋上，不唯耽誤了自己的前途，同時也增加了橋樑的負荷。（〈略論出家與投師〉，《律制生活》，法鼓全集 5 輯 5 冊，法鼓文化，頁 9-12）

對自己修學路向亦有清楚認識，決定：除了學佛，誰也不學。因根機稟賦不同，人只能使自己學成聖賢。以聖賢行誼為借鏡，但不學任何大師，盡其所能，修學釋迦牟尼佛遺教，走自己的路。

有人要我學虛雲老和尚，我想虛雲老和尚是怎麼樣

的？他已圓寂了，我怎麼學？也有說我應該學印光大師；
印老早生蓮邦，已無法親近，又從何學起？又有人勸我
應該學弘一律師；我也想學，但如何學，也不知道。也
有人要我學太虛大師。當時實在感到很苦，這四位大師
的名字，把我壓得喘不過氣來，怎麼辦？我到底要走哪
條路？想來想去，忽有所悟，印光大師究竟學的是誰？
印光大師不就是印光大師嗎？太虛大師究竟學誰的呢？
太虛大師不就是太虛大師嗎？原來他們誰也沒學啊。由
於這個覺悟，我決定哪一個也不學，只學釋迦牟尼佛，
學不好、沒關係，我還是聖嚴，不至於落個四不像。（〈放
下與擔起〉，《拈花微笑》，法鼓全集4輯5冊，法鼓文化，
頁89-90；另參見：〈站在路口看街景〉，《聖嚴法師學思歷
程》，法鼓全集3輯8冊，法鼓文化，頁161頁）

　　但我本人，除了學佛，誰也不想學，太虛大師便說過：
「不能仿效的，仿效我的人，決定要畫虎不成反類犬。」
人各有其高低與輕重不等的根機或資秉，人只能使自己
學成聖賢，絕不可能學成相同於他人的聖賢，除非是成
了佛，即使是佛與佛的福德智慧，是平等的，但也不是
一樣的。不過，古聖先賢的行誼，均足供後人的效法和
參考。所以我在修習之中，仍以古聖先賢的行誼，作為
借鏡。（〈太虛大師評傳〉，《評介‧勵行》，法鼓全集3
輯6冊，法鼓文化，頁26）

七月二十三日，函覆詹勵吾居士，因已決意入山，婉拒詹

居士邀請擔任煜齋公佛教文化獎學基金會名譽顧問之
提議，但仍建議以此基金會作為創辦佛教大學或僧伽
高等學院之助緣，以培養僧才，續佛慧命。（〈人生書
簡〉，《人生》（舊）第十三卷合訂本，8 期，法鼓文化，
2007 年 12 月初版，頁 25）

七月二十八日，青松法師來函，呼應師前所發表有關佛教
　　教育與文化之論文。讚其透顯出新風氣與新生命。然
　　認為我國佛教根本問題在宗教制度，宗教制度未能建
　　立，宗教教育即無法落實。（〈佛教的新生命何在？〉，
　　青松，《人生》（舊）第十三卷合訂本，8 期，法鼓文化，
　　2007 年 12 月初版，頁 2-3、9）

　　法師於八月九日函覆贊同，「我們需要完整統一的教
　　制，但要全面整體從根本以至事相上的納入某種一定
　　的制度下，似乎是不必要也辦不到的。因為適應性與
　　容忍性正是佛教的獨特偉大之處。」（〈讀後感〉，同上）

八月，淨海法師來函。先是法師去函，請留學泰國之淨海
　　法師就南傳戒法向國內報導介紹。淨海法師來函謂泰
　　僧受（比丘）戒，僅一小時左右，著重於受戒後學律
　　儀和不犯。師因此對南傳佛教深致敬意，並且盼望中
　　國佛教界能有律寺或僧伽學院，使比丘有學律五夏之
　　機會，又可使所有比丘，真正體會到比丘生活之和樂

神聖與清淨莊嚴。(〈論戒〉,《人生》(舊)第十三卷合訂本,9期,法鼓文化,2007年12月初版,頁26)

青松法師來函,對師所批評之日本佛教問題有同意、有異議,而對師擬辭去編務、再去用功,則深表贊同。

當我在大作中得悉,座下果真毅然而然辭去《人生》編務,再努力去讀書,這是我最大的稱賀與祝福。我對我們這輩同代的青年,均寄有莫大的期望,只是幾年來,看著有些可敬的同道朋友,隨著前人泥濘道途漸漸陷落下去了,使我不禁深為悲痛,我為這般同道惋惜,亦為我們今後的佛教憂!兄今既有此弘願與毅力,這是多麼使我稱敬呢!

我對易卜生的個人主義,並不怎樣同情,但對他有兩句話卻十分服膺,他說:「你要想救人,你必須先把你自己救出。」我嘗聽到有人對我們這輩人的批評說不是狂妄,就是空疏。我覺得狂妄並不足為恥,只是「空疏」二字,卻足令我們羞愧。如今,我仍抄此則話與兄,以作座下辭去編務從事面壁十年之賀。(〈再論佛教的新生問題〉,青松,《人生》(舊)第十三卷合訂本,9期,法鼓文化,2007年12月初版,頁25)

即將赴戒場求戒,故於求戒前先探討求戒、學戒、戒臘等問題。追索戒律不興原因,認為應面對現實,將律制略作適應性修訂,予以適時適切疏導化解。

中國佛教的環境，一向未將律制問題，列為解脫求證的第一要道，所以「律師」的比例，總是少數的少數，即使偶有力弘毘尼的高僧出世，也未能將佛時的僧團生活，重現於世，何況求其僧團制度的相傳不替？因此，我很擔心，當我求戒之後，律制的學習與遵行，究當如何解決？我們目前的環境，結界、誦戒、出罪、舉罪、羯磨、懺悔，都有問題。故我頗願有大心菩薩，高德碩彥，能夠創建一座律寺，並將律制略作適應性的修訂，那就太好了。否則，我們這一代，勢將看不到律制的尊嚴了。

宋元明清以來，即使有幾位提倡律制尊嚴的大德，大聲疾呼，也未能夠挽回此一頹然之勢，其中原因，固在舊環境的勢力太大太深，也因提倡中興律制者的未能發掘並解決此中及其當面對的問題，因為徒喊維護律制，而不面對現實，予以適時適切的疏導化解，「復古」的觀念，總是不太受人歡迎的。（〈維護律制的尊嚴〉，《海潮音》，42卷9期，頁19）

臨去戒場報到前，再度向東老人懇求，獲准於戒期圓滿後南下靜修，唯須將本年度月刊編完，以對讀者交待。因於本月《人生》雜誌刊出啟事，辭去編校職務，告別讀者。（〈我到山中六個月〉，《慈明》，1卷11期，頁43；〈聖嚴懇辭本刊編校啟事〉，《人生》（舊）第十三卷合訂本，9期，法鼓文化，2007年12月初版，頁28）

八月二十日，東初長老於北投文化館為常康德、劉蕙芳主
持佛化婚禮，說三皈五戒、開示祝福、為新人佩掛護
身佛像，並為佛前祈禱。此為文化館首度舉辦佛化婚
禮。（同上）

九月十二日至十月十二日（農八月三日至九月三日），至
基隆海會寺求受大戒。得戒和尚為道源長老，羯摩和
尚為慧三長老，教授和尚兼開堂師父為白聖長老。續
明法師、靈源法師、懺雲法師等為尊證。（〈回頭的路〉，
《歸程》，法鼓全集6輯1冊，法鼓文化，頁221-223）

原先有建議受改良戒，還回佛陀時代原始面目，但經
數度研究，特別是東老人指示：改良戒雖好，但開頭
首創，責任太大。故於改良戒一案緩議。（〈由我受了
沙彌戒說到戒律問題〉，《律制生活》，法鼓全集5輯5冊，
法鼓文化，頁48）

受戒期間，經戒場書記真華法師向戒和尚建議，由師
負責「戒壇日記」，得戒和尚道源長老亦當面同意。
經辭不獲。（〈回頭的路〉，《歸程》，法鼓全集6輯1冊，
法鼓文化，頁221）

另並經開堂師父白聖長老內定，任「沙彌首」。雖以
無錢打齋婉辭，未獲允許。

　　我又被開堂師父內定做了「沙彌首」,這當然是他(白聖)老人家對我的愛顧,但我知道「沙彌首」是出鋒頭的,也是最辛苦的。但到最後,還是沒有辭掉。後來開堂師父向大家說了個受戒不要當班頭的故事,來安慰各班班頭,並使戒兄們體諒班頭的苦衷。

　　我這個窮戒子,既然當了沙彌首,卻又無錢打上堂齋。他老慈悲地安慰我說:「要你發心為戒兄們服務,哪還要你出錢打齋。我與戒和尚也都知道你沒有這筆打齋的錢,如果一定要你打,我們出錢為你打。」這太使我感動了。終於由七、八個班頭合起來打了一堂上堂齋。(〈回頭的路〉,《歸程》,法鼓全集 6 輯 1 冊,法鼓文化,頁 222-223)

由於此雙重身分與職務,鍛鍊待人、處事能力,同時提高學習要求。將戒場規則、活動次第、戒師開示,如《毘尼日用切要》、《四分律比丘戒本》、《梵網經菩薩戒本》內容,均完整記錄,完成將近十三萬字《戒壇日記》。同時發現,佛教戒律,不僅在義理方面需要下大工夫釐清,為因應今日社會,亦需大幅度審視。經此認知,於是有日後專攻律藏之動機。(〈出家與回家〉,《聖嚴法師學思歷程》,法鼓全集 3 輯 8 冊,法鼓文化,頁 56-58)

十月五日(農曆八月二十六日)二十時四十分,得比丘戒。

（〈回頭的路〉，《歸程》，法鼓全集 6 輯 1 冊，法鼓文化，
頁 223）

**十月十二日，戒期圓滿。又留戒場七天協助在家菩薩戒傳
戒事宜，十九日始告假出戒場。告假時，戒和尚道源
長老頒贈法照，並賜金犒勞。**（〈回頭的路〉，《歸程》，
法鼓全集 6 輯 1 冊，法鼓文化，頁 222-223）
案：《牧牛與尋劍》（聖嚴法師，東初出版社，1990 年 2
月二版），頁二六八至二六九間附有道源長老所贈之法
照，落款所題年日即此時：九月十日為農曆。

**受戒後，返回北投文化館。數日間，因擬別師南下而
心意煩亂，赴新店竹林精舍誦戒定心。**
　回到北投住了幾天，覺得心裡很亂，因為我要向師父
告假南下了。為了定一定心，我去新店竹林精舍誦了一
個星期的《四分律比丘戒本》，為南下後閱律藏作準備。
只是內心還是很痛苦，種種矛盾使我不安。因為師父只
有我一個徒弟，我決心要走，使他非常傷心。他度我出
家的目的，就是盼有一個親人在他身邊，而且他有一大
套的遠景，希望我協助他實現，那麼，我的走，便是負
恩無義！奈何我又不能不走。（〈回頭的路〉，《歸程》，
法鼓全集 6 輯 1 冊，法鼓文化，頁 224）
案：數日來，頗為此事掙扎困惱，〈略論出家與投師〉、
請示智老、南老，（見今年各項）皆為此事反覆思量。

多日尋思，覺於自修、侍師不能兩全。因以「念念懷
恩又無以報恩」老實承擔。（〈回頭的路〉，《歸程》，
法鼓全集 6 輯 1 冊，法鼓文化，頁 224-225）

十一月上旬，由新店返北投文化館。（〈回頭的路〉，《歸程》，
法鼓全集 6 輯 1 冊，法鼓文化，頁 225）

十一月十一日，法師搭衣於佛前及祖堂告假，再向東老人
告假，老人愉快作簡短開示，並賜鈔票。慈悲寬容。
然因未能承事左右，自覺慚愧，故未領受。（〈我到山
中六個月〉，《慈明》，1 卷 11 期，頁 43；〈回頭的路〉，《歸
程》，法鼓全集 6 輯 1 冊，法鼓文化，頁 225）

**依東初長老剃度後共住兩年，期間所受教導除文字編
務與常住事務，最受東老鉗鎚之功。**

　　從此（剃度之後），我的訓練也就展開了。在剃度儀
式之前，東初老人從來沒有責罵過我。當他接受我再度
出家時，責罵我就是合宜的，而且往後的責罵還會更多。
　　我搬進文化館三個房間中最小的一間。幾天後，當我
安頓好，東初老人要我搬進大的房間。我高興地把我所
有的東西都搬進大房間去。第二天他對我說：「你的業
障很重。我恐怕你沒有足夠的福德待在大房間裡。我想
你還是搬回小房間比較好。」稍後他告訴我，把小房間
空下來做客房比較好。所以，我應該搬去大房間。那時

我生氣了，說「為什麼你一直要我搬過來、搬過去？」我抗議著：「我已經搬了五次，我不再搬了！」這位身形如山，曾是大陸最著名的方丈咆哮著說：「這是我的命令，我要你搬，你就得搬！」

東初老人依舊要我搬來搬去，我愚蠢的腦袋最後終於明白了，這就是他訓練我的一部分，所以我不再抗議了，就是照搬。當我變得只是遵行，不躊躇、不抗議和不厭惡時，東初老人就讓我住定不動了。

東初老人繼續不停地以種種的方式考驗我，那都是日後我才明白的。當我被派去買米和油時，他給我的錢只夠買東西，不夠坐車。當我被派去遠地辦事，像是去臺中時，東初老人只給我一半的車資。

我終於明白，當他派遣我出去而不給我足夠的錢，是他訓練我的一種方法，就像是在養蜜蜂而不是養鳥。

透過東初老人的訓練，我對自己了解了很多。我有一個特性，會抗拒我認為是不公平的事情，會對我認為是不合理的事情而起煩惱。經過了東初老人的訓練，我祛除了這個習性，這讓我在面對人生時，少了些自我中心。（參見：〈第十章　棒下出孝子〉，《雪中足跡》，臺北：三采文化，2013 年 11 月 25 日，頁 143-161）

十一月十二日，由善導寺出發，南下高雄美濃朝元寺。悟一、成一、性如、了中等法師親至臺北火車站送行。浩霖法師為法師掛褡朝元寺之主要介紹人，故陪同一

起南下。抵高雄，借宿棲霞精舍。月基法師招待慇切。
案：十七年後，法師於離開美國佛教會後、創建東初禪
寺前，曾有棲無定所、奔馳街頭之困境，亦承浩霖法師
接待，於其東禪寺借住四十餘日。詳見一九七九年二月。

十一月十三日，由高雄赴美濃，於下午五時抵達朝元寺。寺院陳舊，然有置身世外之感。

該寺名為「大雄山朝元寺」，位於高雄縣美濃鎮廣林
里一座俗稱「尖山」的山上。住持為本省籍能淨老和尚，
是朝元寺的開山，已是七十五歲高齡。兩位徒孫，善慧
二師，曾是星雲法師的學生，更是慈航法師的學生。雖
是女眾，但有丈夫氣魄。（〈我到山中六個月〉，《慈明》，
1 卷 11 期，頁 42）

進住前，先已婉謝當家師善定、慧定二法師歡迎之準備，此外，並向常住提出五點要求，以免徒增道場負擔。

第一、一切飲食我要隨眾。

第二、我的衣服被帳，皆由自己洗滌。

第三、個人的環境與整潔，我要自己處理。

第四、不要把我當法師看，我不是法師，應把我當作
寺內的一員住眾看。

第五、我學著過中不食，能否持久，自己知道，不要
勸我晚飯。（同上）

《人生》月刊，原由法師負責編校，今因南下離任，
故於今年十、十一、十二月合刊出刊後，暫告停刊。

（〈回頭的路〉，《歸程》，法鼓全集 6 輯 1 冊，法鼓文化，
頁 225）

案：《人生》停刊二十年後，於一九八二年八月由法師
主事推動復刊。

第 二 卷

1962 ～ 1975

從青澀比丘到博士法師

國內外重要大事

- 1963 年
  - 美國總統甘迺迪遇刺。
  - 慧嶽法師榮獲日本文學碩士學位。為僧青年留日獲碩士第一人。
- 1965 年,星雲法師於高雄壽山寺創辦「壽山佛學院」。
- 1966 至 1976 年,文化大革命。
- 1966 年,陳慧劍居士撰《弘一大師傳》獲教育部獎。
- 1971 年,中華民國退出聯合國。
- 1972 年,中、日斷交。
- 1973 年
  - 行政院院長蔣經國宣布「十大建設計畫」。
  - 印順法師榮獲日本大正大學文學博士,為中國第一位博士比丘。
- 1975 年
  - 越戰結束。
  - 蔣中正總統逝世。
  - 東初老人創建農禪寺落成。

法師大事

- 1962 年，三十三歲，閉關於高雄美濃朝元寺。
- 1968 年，三十九歲，出關，任善導寺講座。
- 1969 年，四十歲，赴日本留學，就讀東京立正大學。
- 1975 年，四十六歲，獲立正大學文學博士學位。年底，
  應「美國佛教會」沈家楨居士邀請，赴美弘化講學。

民國五十一年／西元一九六二年

聖嚴法師三十三歲

去冬起，經浩霖法師介紹，星雲、悟一、煮雲三位法師協助，於高雄美濃朝元寺禁足。（〈我到山中六個月〉，《慈明》，1 卷 11 期，頁 42）

山中功課之訂定，諸位長老皆有指示。行門用功內容以拜懺為主。早上拜淨土懺，下午拜大悲懺，晚上拜《法華經》。（〈放下與擔起〉，《拈花微笑》，法鼓全集 4 輯 5 冊，法鼓文化，頁 89）

　　一字一拜禮《法華經》的修行方法，直到現代還有人使用。我本人從軍中退役再度出家後，進入山中靜修，智光老和尚即傳授我逐字禮拜《法華經》的法門：每拜一字即口宣經題：「南無妙法蓮華經」，同時另念一句「南無法華會上佛菩薩」。（〈中國佛教以《法華經》為基礎的修行方法〉，《學術論考》，法鼓全集 3 輯 1 冊，法鼓文化，頁 205）

解門則因受戒期間得蒙戒和尚道源長老提示，東老人亦囑留意戒學，故除全力背誦《四分律比丘戒本》、《梵網經菩薩戒本》，專心於律藏研讀。朝元寺藏有文化館新印行之《大正藏》，內含律部諸書，並

承會性法師提示及戒兄淨空法師協助，覓得弘一大師
《三十三種律學》合刊等律學要籍，用為學律之指導。
（〈弘一大師《三十三種律學》合刊讀後〉，《評介・勵行》，
法鼓全集 3 輯 6 冊，法鼓文化，頁 145；〈我到山中六個月〉，
《慈明》，1 卷 12 期，頁 43-44）

　（受戒時）道源長老，不只一次地對大眾說：「戒律
深奧難懂，所以律宗弘揚不易，希望諸位新戒菩薩發大
弘願，親自去看律藏，加以研究發揚。」我在受完戒之
後，便去全力地背誦《四分律比丘戒本》以及《梵網經
菩薩戒本》。這也成了我不久之後去專攻律藏的動機，
希望自己先懂，再讓人家去懂，先自己去用，再讓人家
來用。（〈出家與回家〉，《聖嚴法師學思歷程》，法鼓全
集 3 輯 8 冊，法鼓文化，頁 57-58）

　由於在戒場的感受，所以發願先看律藏，「朝元寺」
正好也向中華佛教文化館請購了一部影印的《大藏經》，
它的第二十二、二十三、二十四，三大冊都是屬於律部，
又由我的幾位戒兄陸續地寄給我好幾種難於求得的單行
本律學的著作，全為《大藏經》律部未收者。（〈戒律與
阿含〉，《聖嚴法師學思歷程》，法鼓全集 3 輯 8 冊，法鼓文化，
頁 60）

年初，臺北藏書運來。搬動書箱時，因專注於搬書之動作，
　　於動作中不覺有我，故於佛法定境略會一味。

　不久，臺北的書運到，有幾十箱，自己便動手將書從

樓下一箱箱往自己的小樓上搬，這些書，包括「佛學、
文學、史學」等等重要典籍，以一個生而弱質的他而言，
每箱二十多公斤重的書，幾乎是不堪負荷的，但是寺中
沒有人可供協助，只有自己費盡所有力氣來搬。他一箱
箱地彷彿螞蟻搬家，忽然間，彷彿「失落」了什麼，自
問：「誰在搬書？」誰在搬呢？沒有誰在搬啊！好像搬
書的人消失了一般，自己也不見了；可是一箱箱的書都
上了樓，也擺得好好的。這才如夢初醒地驚異起來。其
實，已經幾個小時過去了。（〈6. 朝元禁足，風景奇異〉，
陳慧劍，《聖嚴法師》，法鼓山佛教基金會，2006 年 12 月三
版一刷，頁 34-35）

案：初抵達時，尚無閉關獨自生活空間，住於寺院客房
閣樓（〈第十一章　野生地瓜葉〉，《雪中足跡》，臺北：
三采文化，2013 年 11 月 25 日，頁 169）。獨立關房於翌年
（一九六三）九月始建成。

二月八日，農曆新年。第一次在臺灣寺院過年，十分愉快。
　　朝元寺上下住眾，對師很是恭敬。（〈我到山中六個月〉，
　　《慈明》，1 卷 12 期，頁 46）

二月十七日，農曆正月初十，臺北成一法師與高雄月基法
　　師，連袂至朝元寺探訪，並帶來罐頭食品以及水果等
　　等。（同上）

二月二十七日，又有臺北悟一法師與星雲法師至朝元寺。

十日內連續兩批遠客，帶來精神友誼，也帶來物質禮品。（同上）

研習戒律，漸次發表心得。本月份撰有〈論捨戒與還俗〉，籲請實行太虛大師號召：「尊重僧界還俗人」。因其還俗，仍是佛教徒，可以作外護。捨戒還俗並不可恥，破戒戀棧才最可惡。（〈論捨戒與還俗〉，《律制生活》，法鼓全集 5 輯 5 冊，法鼓文化，頁 61-68）

〈受戒學戒與持戒〉發表於星洲《無盡燈》雜誌（12期）。

受而不學，那是懈怠愚癡；如果學而不持，那是說食數寶。佛陀制戒，是要佛子去遵行踐履的，不是僅讓佛弟子們增長見聞、充實話柄。

佛滅度後，佛子以戒為師，戒為佛制，尊重戒律，即是尊重佛陀；凡為佛子，自皆尊重戒律。我們唯有以戒為師，才能自己持戒，並也能夠協助他人持戒與保護他人持戒。（今收入《戒律學綱要》第一篇第一章，法鼓全集 1 輯 3 冊，法鼓文化，頁 32、35）

三月，撰〈弘一大師《三十三種律學》合刊讀後〉。推崇此作為最佳律學指導，祈請時賢印行律學典籍，並呼籲新戒比丘遵行佛制：五夏學律。（《評介‧勵行》，

法鼓全集 3 輯 6 冊，法鼓文化，頁 144-153）

四月，撰〈受戒燃香是必要的嗎？〉，說明燃香燒身有警
策行者意義，故絕不反對；但應出於各自心願，而非
規定。不反對燃香，但希望傳戒道場，對於燃香一節，
能夠加以考慮改良。（〈受戒燃香是必要的嗎？〉，《律
制生活》，法鼓全集 5 輯 5 冊，法鼓文化，頁 53-60）

又有〈佛教的飲食規制〉說明食時非時食、五辛葷
酒、……等飲食規制。（〈佛教的飲食規制〉，《律制生
活》，法鼓全集 5 輯 5 冊，法鼓文化，頁 153-193）

又有〈論僧衣〉。（〈論僧衣〉，《律制生活》，法鼓全
集 5 輯 5 冊，法鼓文化，頁 121-141）

五月，續前文，再撰〈僧裝的統一與改革〉，贊成改革僧裝，
但不可流俗，更不可盲無計畫地改革。

我個人，贊成改革僧裝，但卻堅決反對盲無計畫的改
革。筆者以為，不談改革僧裝則已，要談改革僧裝，便
得有一審慎和莊重的計畫，既要適合時代的要求，也要
顧及佛制的原則是披著而不是穿著，是有縫福田衣，而
不是領、袖俱全的俗裝衣。最主要的，既能適應世界性
的氣候環境，又能恰當地做到三衣實用。（〈僧裝的統一
與改良〉，《律制生活》，法鼓全集 5 輯 5 冊，法鼓文化，

頁 149-152）

五月十三日，入山已六個月，因撰寫入山以來生活情形報
　告諸師友，一則報告用功方向為戒律學及其存心與態
　度，再亦感謝會性、淨空、星雲等法師及程觀心居士
　等之護持及供養，並預告擬以三年時間住山修學。

　我雖自知不是一個能將戒律精神表達出來而能持律謹
嚴的人，但我相信，正因不能嚴持戒律，故也更應研究
戒律，能夠存有一「雖不能至，心嚮往之」的虔敬之心。

　我很知道，要想在中國佛教的環境中持律，固然無法
持好，如要學律，也將遭受困難。故我自立範圍：我不
以學律而要求生活於全體持律的環境中；我希望自己盡
量的持律，但也絕不希望因了我的關係而增加他人的困
惱。我不是一個能將戒律持好的人，故我雖盼他人與我
合作，也盼他人持律，但我決不以律的尺度去看他人。

　為了學戒，戒律的書本，除了《大正藏》中的三大冊
之外，凡是現在流通的律書，我已購得了，或已借得了，
這要謝謝師友們的協助，特別是會性法師的提示以及淨
空戒兄的代為蒐求，最足感激。每次託人購書，人皆不
願言明書價而予贈送，使我頗感困惱！此以星雲法師為
代表。不多幾天又接到程觀心居士的一封掛號信，這是
我到南部以後，接到她的第二封掛號信，每次皆有新臺
幣二百元。第一次說是為我送行，第二次就是為我拜年。
我出家以後很少受「供養」，偶爾受到如此而來的錢，

就覺得吞了生金似地不能釋然於懷。所以我把程觀心居士的錢，買了幾部律書，並且寫信告訴了她，才算安下心來。

我來此間的預定計畫是三年，中間但願沒有任何的魔障來困惱我。有人問我三年以後作何打算？我除了準備做個「活死人」，沒有任何的打算。（〈我到山中六個月〉，《慈明》，1卷12期，頁53）

六月，撰〈俗人能論僧事嗎？〉，說明俗人議論僧事，為佛制所嚴禁。此非佛陀制戒包庇僧人，實是未屆其位、不識其境緣故。（〈俗人能論僧事嗎？〉，《律制生活》，法鼓全集5輯5冊，法鼓文化，頁102-105）

〈戒律的傳承與弘揚〉發表於星洲《無盡燈》雜誌（14期）。介紹戒律在印度以及中國之弘傳，並探討弘揚戒律困難所在，提出解決方法在於培養學律風氣。（今收入《戒律學綱要》，法鼓全集1輯3冊，法鼓文化，頁36-57）

此篇與二月發表之〈受戒學戒與持戒〉刊載後，甚受佳評；南洋竺摩長老獎勵有加，寄來十元美金鼓勵，並允日後出版律學專著時，資助印費。此二文，即日後撰成《戒律學綱要》之緒論。（〈序〉，竺摩長老，《戒律學綱要》，法鼓全集1輯3冊，法鼓文化，頁3-8）

當我在南洋《無盡燈》發表了本書的緒論之後，便接到他老轉來的十元美金，並說將為那篇文章單印流通；接著又得到更進一步的慨諾，他說當我寫成戒律學的專著之時，若無出版的能力，他願資助印費。這是多麼可貴的鼓勵！於是，我就一直研究下來，也一直寫了下來。（〈自序〉，《戒律學綱要》，法鼓全集 1 輯 3 冊，法鼓文化，頁 9；〈戒律與阿含〉，《聖嚴法師學思歷程》，法鼓全集 3 輯 8 冊，法鼓文化，頁 63）

六月二十二日，撰〈《優婆塞戒經》讀後——如何成為理想的在家菩薩〉，判本經屬五乘共法，而通於大乘不共法。此經由三皈五戒為基礎，反覆闡明十善業道與十惡業道之因果關係，終則接通六度般若波羅蜜，完成菩薩道。故稱此經為「在家菩薩的成佛之道」。

諸佛在人間成佛，都是現的出家相，也唯有出家的比丘，才有即身成佛的可能，但是，要想成佛，必須先以行菩薩道為基礎，菩薩雖有出家與在家之分，論其對於六度四攝的實踐精神，出家菩薩，實在趕不上在家菩薩。佛法住世的重心，雖在出家比丘，佛法化世的力量，卻要仰賴在家菩薩的護持而產生，出家菩薩只是佛教住世的軸心，佛教的輪廓，必須由在家菩薩來擔任，所以從佛世到現代，佛教徒中，總是以在家人占多數。

正因如此，要想健全佛教的分子，活潑佛教的機能，單單要求出家人如何如何，那是不夠的。

　　在律藏之中，有五百多卷大律，是要求出家人如何生活的；要求在家人如何作法的，卻僅此《優婆塞戒經》的一部七卷。佛教是人間的宗教，人間則以在家人為主，如果放棄在家人，佛教將無法表現其特有的救世精神，所以佛陀由於善生長者的請法，說出了本經。

　　從本經的次第來看，雖以受優婆塞（夷）戒為重心，但是求菩薩戒的先決條件，乃在發菩提心，發大乘菩薩心，如果不先發心，即使受戒，仍不得戒，雖稱菩薩，而是假名菩薩。希望發心求受在家菩薩戒的人，最好先看《優婆塞戒經》，或者先請法師宣講一次，庶期受戒得戒，並於受戒之後，知道如何來保養各自的菩薩之道。

　　《瓔珞經》中說，有戒可犯是菩薩，無戒可犯是外道；所以有戒而犯者，勝過無戒而不犯；受了菩薩戒，發了菩提心的人，即使犯了戒，犯戒的罪業雖重，定要遭報，但其必將由於他曾受過菩薩戒，而可決定得度，成為真實的菩薩，乃至證得無上的佛果。要是不發心，不求菩薩戒，甚至不求受五戒與三皈者，既不下種，也就不會有所收穫。同時，菩薩雖然犯了重戒失戒，失戒之後，仍可重受。如能道心堅固，不犯重戒，犯了輕戒，立即懺除，那麼菩薩戒的無作戒體，將可一受永受，直至成佛。可見求受菩薩戒與我們求成佛道的關係，是多麼重要和密切了。如要在家人全部出家，那是不合要求的，希望在家人都成為菩薩，確是必要的。（今收《評介・勵行》，法鼓全集 3 輯 6 冊，法鼓文化，頁 154-164）

案：此篇文後註記時間為五十年，應係五十一年。

數月來，修學用功以拜懺為主。然因無人指導、不懂方法，雖拚命用功，而自覺成效未甚彰顯。約半年，身心才產生反應。

　　說起我自己修持的經驗，實在很苦，我把門關起來自個兒打七，那時既沒有人指導，又不懂得方法，只是拚命的拜懺。最初拜的是淨土懺、大悲懺，然後又加上拜《法華經》，於是早上拜淨土懺，下午拜大悲懺，晚上拜《法華經》。整天都是念咒誦經拜經，結果得到什麼？僅得到身心的平靜。我最初修行，大概是半年以上，身心上才產生反應，因為沒有人指導的緣故！（〈放下與擔起〉，《拈花微笑》，法鼓全集 4 輯 5 冊，法鼓文化，頁 89）

八月二十五日，撰〈論安居〉。述安居有大乘、小乘。結夏安居為後者，《圓覺經》所論及中國祖師依經以編懺法，即為前者。（今收《律制生活》，法鼓全集 5 輯 5 冊，法鼓文化，頁 106-114）

九月，撰〈佛教的男女觀〉，說明宗教精神以出世為目的，欲達此目的，應由禁欲始。但多數人不能了解禁欲勝義，甚至有人對此抨擊，實因否定人類精神靈性能克服原始物性能力。因略介佛教禁欲法門。

　　欲界眾生的煩惱無明，是以淫欲為其主因。但是我要指出，這個問題雖然嚴重，願意指出並分析它的嚴重性者，卻又很少。由我們出家人來公開討論，不無有傷大雅，故也諱莫如深。我既公開討論，已自打破了傳統的慣例；我既要正視這一嚴重的問題，目的是希望維護佛制的根本精神。

　　宗教的精神應以出世為目的，若要達到出世的目的，應由禁欲開始。本來，男女兩性，應該是平等的，佛教主張，眾生平等，豈能說男女就不能平等，而要把破壞道心的責任，全部推到女人身上去？在佛經中，凡是說到男女的生活問題，總是希望男人提高警覺，不要落入了女人的魔網。佛陀偏於男人而訶斥女色，不是輕視女人，乃為保護男人的道心，也為保護女人的安全。（今收《律制生活》，法鼓全集 5 輯 5 冊，法鼓文化，頁 216-229）

九月十三日，中秋節，星雲、煮雲二法師相偕來山共度。

　　煮公和星公，每過一段日子，就帶著信徒來看我一趟。一九六二年的中秋夜，星、煮二公還是在我山中度過的，為山居生活帶來了暖暖的友誼。（〈敬悼煮雲法師〉，《悼念・遊化》，法鼓全集 3 輯 7 冊，法鼓文化，頁 71）

十月二十二日，撰成〈今日中國佛教會的大責重任〉。感慨我國律法不揚，除太虛大師，少有研議教團統一及

其組織方法。為佛教發展計，擬請內政部與教會配合，協助中國佛教，依照各項既經政府備案之佛教法令規章，強制執行，佛教教產統歸各級教會，寺院住持推選產生，呈請各級教會委任。並對實行原則提出建議：

第一、已經出家受戒的各寺院住持，得繼續委任之。有的俗人已經原擔任寺院住持者，勸令披剃出家，現比丘比丘尼相，念其以往的經營之勞，首屆住持，仍然由其擔當。

第二、由中國佛教會，查核各寺院財產，分屬各級教會，教產為教會所有，不得屬於住持，亦不得收歸政府所有，教產的處理，由教會主持，政府只可監護，而不得出於干涉或鉗制。

第三、由中國佛教會，分批召集住持人員，予以適當而必需的律儀教育以為基本的佛學教育。及格者，得任命為住持。

第四、通令各寺院，絕對要男女分處，不得混雜一起，可將現有的各寺院，分區實行；男眾住一寺院，女眾住一寺院，或將同一寺院分建為男女兩部，但須距離至不即不離處。

第五，建立完善的教育制度、考試制度、考核制度與監察制度。（《覺世》，200 期，1962 年 12 月 1 日，版 2）

十一月一日，發表〈掃除老年佛教的晦氣〉：老少分限，不在年齡，唯有心老之人，才是人間之「賊」。（《覺

世》，197 期，1962 年 11 月 1 日，版 2）

近日來，因原擬用作生活費之退役金被借未還，生活頓告無著。於是函請程觀心居士協助。

　　退役之後，尚有萬把元的退役金，照我預計，在三、四年內的零用，當還不成問題。但真料想不到，我的那筆退役金，被上海時的老同學某師代他的信徒借去之後，竟然沒有消息了，寫了好多信，也是不中用，到了去年（案：即指今年）陽曆年底，我連買郵票的錢都沒有了。於是，我給程觀心居士寫了一封信，請她代我想個辦法，同時我也想起了智公老人對我的愛護，所以請她代向智公老人請示協助。（〈敬悼智光老人——痛失庇蔭〉，《悼念・遊化》，法鼓全集 3 輯 7 冊，法鼓文化，頁 44-45）

十一月十二日，程觀心居士來信，提及智光老人病況，以及老人愛護法師之措置。

　　他老人家（智公老人）自動手術後，身體似乎一直沒有復原。我談起您（指法師）的近況，他器重您極了，認為在臺灣您是獨一無二修道做學問有大志氣的青年僧，他說供養這樣的法師，培植這樣的人才，才是有價值、有智慧、有功德。隨即他老人家教我把您的來信給成一法師看，請他向大眾開示時，提出這回事。（〈敬悼智光老人——痛失庇蔭〉，《悼念・遊化》，法鼓全集 3 輯 7 冊，法鼓文化，頁 46）

十一月十三日，智光老人親來手書，謂當盡力設法協助，於是困解。

　　過了不到半個月，我就一連接到好幾封掛號信，由智公老人的力量與關係而來者，有三封，一時之間，我頓然發了一個小財，故也使我感激得流下淚來。（〈敬悼智光老人——痛失庇蔭〉，《悼念・遊化》，法鼓全集3輯7冊，法鼓文化，頁45）

　　後，又有智光長老皈依弟子張居士因智老之推介，專程南下探望，並供養關房營建經費。（〈6. 朝元禁足，風景奇異〉，陳慧劍，《聖嚴法師》，法鼓山佛教基金會，2006年12月三版一刷，頁35）

十二月四日，繼上月〈今日中國佛教會的大責重任〉，續作〈擁護教會與健全佛教——再論今日中國佛教會的大責重任〉，呼籲教徒擁護教會，教會興盛，教徒才能得到教會有力幫助。

　　我們為了我們的佛教有力量，就得無條件地擁護佛教會，好像華僑希望祖國強盛起來，所以要無條件地擁護祖國。教會沒有教徒的擁護，什麼也是談不上的，教徒要想得到教會的有力幫助，必須首先擁護教會。貢獻出自己可能貢獻的力量，智慧也好，經濟也好，最要緊的還是不斷地為佛教會介紹新的會員，自己入會，也要勸告自己的師友同道入會，若是出家人，那就更須入會，

並且要勸令各自的皈依弟子入會──皈依證書改由中國
佛教會統一核發，凡是皈依了三寶的人，應由其皈依師
向其所屬各級教會列冊申報，再由中國佛教會連同會員
證頒發皈依證書，這樣一來，一則可將全部的教徒納入
教會的組織，再則對於皈依者的皈依三寶，也可有一種
更為神聖莊嚴的感觸。（《覺世》，202 期，1962 年 12 月
21 日，版 2）

**年底，白聖長老南下至朝元寺探訪。談及上海靜安寺及佛
學院辦學故事。**（〈我在上海靜安寺──為白公阿闍梨六
秩壽慶作〉，《中國佛教》，8 卷 1 期，1963 年 9 月，頁 32-
39）

民國五十二年／西元一九六三年

聖嚴法師三十四歲

一月，農曆年底，請悟一法師代辦年禮向智光長老辭年，
　　亦表問疾請安之意。（〈敬悼智光老人——痛失庇蔭〉，《悼
　　念・遊化》，法鼓全集 3 輯 7 冊，法鼓文化，頁 46）

二月五日，農曆正月十二，獲智光長老函，囑日後不可送
　　禮，並垂示出版著作以大眾化為佳，因此時不懂佛法
　　者多，應以普及為要務。（〈敬悼智光老人——痛失庇蔭〉，
　　《悼念・遊化》，法鼓全集 3 輯 7 冊，法鼓文化，頁 47）

二月六日，赴竹東淨蓮寺參加守成法師出關儀式。守成法
　　師兩度掩關，六年圓滿；儀式由道安法師主持，參加
　　典禮者另有悟明、悟一、成一、妙然、如淨、幻生……
　　等多位法師。

二月二十四日，因智光長老病危，北上探視；並奉東初老
　　人指示請求智長老慈允為編年譜。唯智公堅拒。（〈敬
　　悼智光老人——痛失庇蔭〉，《悼念・遊化》，法鼓全集 3 輯
　　7 冊，法鼓文化，頁 48）

　　北上一週，因智長老病情好轉，告假南下。臨行，智

長老叮嚀法師保重身體，努力向道。（〈敬悼智光老
人——痛失庇蔭〉，《悼念・遊化》，法鼓全集 3 輯 7 冊，法
鼓文化，頁 49）

二月，撰有〈神通的境界與功用〉，根據經律中資料，從
神通定義、神通類別，做綜合介紹，強調不重神通的
佛法正見。（原題〈談神通〉載於《香港佛教》，35 期；
今收於〈神通的境界與功用〉，《學佛知津》，法鼓全集 5
輯 4 冊，法鼓文化，頁 112-139）

三月十四日，智光長老圓寂。師聞訊後，再度北上。（〈敬
悼智光老人——痛失庇蔭〉，《悼念・遊化》，法鼓全集 3 輯
7 冊，法鼓文化，頁 40）

四月二十八日，法師撰〈敬悼智光老人——痛失庇蔭〉追
念智長老，並敘述身受之愛顧，以見長老誘掖後進之
德。（今收《悼念・遊化》，法鼓全集 3 輯 7 冊，法鼓文化，
頁 40-49）

今春，淨海法師擬推薦法師留學泰國，並由泰國提供獎學
金。因對泰國無大興趣和信心，也由於東老人勸告，
故未成行。（〈近代留學僧與學僧獎學金〉，《海潮音》，
44 卷 10 期，1963 年 9 月 25 日，頁 21-22）

今年春，決心掩關自修，因朝元寺無適當房間關作關房，
　　擬離朝元寺另尋處所。善、慧二師堅請留下。（〈從我
　　掩關說起〉，《覺世》，231 期，1963 年 10 月 11 日，版 3）

五月，《聖嚴文集》由星雲法師主持之佛教文化服務處發
　　行。內包括：《佛教人生與宗教》、《佛教制度與生
　　活》、《佛教文化與文學》三冊。序云：

　　　　這三本書中，已可代表我的修學過程，並也表達了我
　　對佛教與人生的嚮往。同時，書的內容雖分三類，書的
　　中心卻是一貫的：《佛教人生與宗教》是討論我人的安
　　心立命之道；《佛教制度與生活》是討論教會教制與佛
　　子生活的何去何從；《佛教文化與文學》，是討論佛教
　　教義的傳承與發揚。人要生活得有意義，必須有其安心
　　立命之道，有了安心立命之道，必然進而有其安心立命
　　的生活方式，在其生活實踐而致得到實益之後，又必起
　　而弘揚他的安心立命之道。（〈《聖嚴文集》自序〉，《書
　　序》，法鼓全集 3 輯 5 冊，法鼓文化，頁 136-137）

六月十五日，越南廣德法師當眾自焚，期感動天主教政府
　　放棄計畫性宗教迫害。師於是作〈看越南的宗教迫
　　害〉。（《海潮音》，44 卷 6 期，1963 年 6 月 28 日，頁 3）

七月十七日，撰成〈太虛大師評傳〉，係研讀印順法師所
　　編《太虛大師年譜》之讀後感想。敬佩編者取捨抉擇，

有史家風骨;對太虛大師更生崇敬:雖然其事業並未成功,然確為卓越成熟而成功之宗教家。

太虛大師的一生,是完滿成功的;但也可以說,他是完全失敗的。因他站在時代的尖端來提拔這一時代中的國家、佛教、群眾與青年,但是大家的智能太低、思想太舊、眼光太淺,所以接不上他。他要整頓佛教,組織教會,他要興辦教育,作育僧才,(大家)卻又不接受他、不了解他、不滿意他,乃至叛離他與反對他。

這有一個最大的原因,那就是如他自己所說,他對他的事業「往往出於隨緣應付的態度,輕易散漫,不能堅牢強毅,抱持固執」,「大抵皆出於偶然倖致,未經過熟謀深慮」。但這也不能怪他,因為他的悲心太重,而這個時代的病痛太多了,也太深了!無奈,他的精力有限而時代的病痛多而且重!奔走呼籲,足跡幾遍全世界,為的只是救人、救世、救佛教,育僧、護僧與建僧。他的理想,雖未能夠實現其少分,近代的佛教,卻因他的出世而帶來了許多的安全與新生的希望。他在佛教會的組織上雖然失敗了,佛教會的創立,卻是由他而來;他在呼籲建僧的努力上雖然失敗了,中國寺廟之未被政府全部提去,僧尼之未被勒令滅絕,卻又多分得力於他的維護;他在僧教育的建樹上雖然失敗了,近代僧教育之尚能維持著私塾式的一線命脈,卻又要溯源於他對僧教育的倡導。今日的知識僧人,多半也與他的僧教育的努力有關,他所提倡的「慈氏宗」及「人間佛教」的理想,

雖未實現，今日之有「人生」或「人間佛教」的觀念者，
受他的影響很大。（〈太虛大師評傳〉，《評介・勵行》，
法鼓全集 3 輯 6 冊，法鼓文化，頁 47-51）

**七月三十一日，發表〈出家人的兵役問題〉，探討政府法
令與宗教戒律間問題。依戒律，服役即應視同還俗；
此實有違宗教信仰。然豁免兵役亦有未妥，建議循民
主程序修法，並自我約制出家資格。**

從佛教的戒律上說，出家人不得無故往軍中去，有事
而往軍中者，也不得超過二夜以上，至第三夜的天明時，
仍未離去者，便犯波逸提──燒墮地獄罪。鑑於這一理
由，我們雖該服從政府的法令，但卻仍要反對出家人去
服兵役的法令；在民主國家的社會裡，人民沒有不服從
法令的自由，但卻有其反對法令的自由。因為國家的法
令，也是基於人民的要求而立的，政府，僅是代表人民
的執行者。我們佛教徒，既也是組成全體國民的許多單
元之一，為了維護佛教制度的尊嚴，當也應該提出我們
的理由，以供立法機構的參考改進。

我們絕不奢望政府，以特別法令來無限制地豁免所有
出家人的兵役，那會造成假藉出家而來逃避兵役的漏洞，
但是，為了尊重宗教的信仰，也應尊重宗教的戒律。因
此，我有三點建議：

一、請中國佛教會議定出家受戒的章程，限制役齡青
年的出家人數及其資格。

二、將此章程呈報政府備案，並提請立法院完成立法程序。役齡青年出家，均由中國佛教會審查資格，再由內政部頒發度牒，同時免除兵役。

三、大家不要苟安，應該盡其最大的努力，向政府爭取最大的同情。政府是我們自己的，相信政府的領袖們，也會重視我們的意見。（《海潮音》，44卷7期，1963年7月31日，頁2）

發表〈比丘可以度尼嗎？〉探討比丘度尼，及所衍生僧尼同居一寺問題。依律而論，均不符律制。

比丘度尼，在臺灣很風行，其原因，不外兩點：第一、臺灣少年男子出家者少，少女出家者多，在唯恐後繼無人的情形下，只好剃度女子出家；第二、對男子的教養與管理，比較困難而費力，對女子則雖不教育管理，她們至少要比男子更馴和。從比丘剃度女子的本質說，前者是悲心重於私心，後者則私心重於悲心！唯其不合律制要求，所以也均不足鼓勵。因為比丘度尼，並非限於度尼，所以形成僧尼同居一寺的惡性風氣。僧尼同居一寺，未必會破根本大戒，但從律制上說，是違制的；從觀瞻上說，也是招嫌的主因。

如在沒有比丘尼的時地，比丘僧團──不是一個比丘，可以方便度尼，如果有了比丘尼，比丘僧便不得度比丘尼。

今日的臺灣，並非沒有比丘尼，比丘們自可不必與比

丘尼們爭著度女人。如説尼眾希望親近大德比丘，大德
比丘可往尼寺做她們的教誡師，她們聽經聽課，乃至到
比丘寺中聽法，無一不可，但是尼眾應依尼眾出家，應
依尼眾而住。所以我也要勸告準備出家而尚未出家的佛
教姊妹們，如果妳要出家，切不要跟比丘出家，因為那
是不合律制的。（〈比丘可以度尼嗎？〉，《律制生活》，
法鼓全集 5 輯 5 冊，法鼓文化，頁 96-99）
案：此文原題「比丘勿度尼」，今改題。亦可見出法師
觀念之變化。

**八月一日，因有隱名人士寄來耶教謗佛之宣傳品，於是發
表〈對佛耶之諍之我見〉回應，期望宗教之間停止互
謗。**

　　我雖不以為耶佛二教可以從根本理論上相接相通，但
卻以為耶佛二教是能夠並行不悖的，不管最後的境界如
何，在建立一個「五乘共法」的人間社會的安樂富足，
總是耶佛二教所共同承認的理想，至於天堂與佛土的嚮
往，那是隨人根器而異的信仰問題。我真不希望耶佛二
教之間，進行永無休止的諍執，身為一個宗教的教士或
教徒，弘揚他所信仰的宗教，乃是天經地義的事，如以
誹謗另一個宗教而期抬高自己所信的宗教，實在不是一
個宗教家的宗教精神的應有態度。（《中國佛教》，7 卷
12 期，1963 年 8 月，頁 13）

九月，白聖長老六十壽辰，師撰〈我在上海靜安寺〉述少年就學上海靜安寺及白聖長老故事為壽。（《中國佛教》，8 卷 1 期，1963 年 9 月，頁 32-39）

九月二十五日，作〈近代留學僧與學僧獎學金〉探討留學僧問題。有關問題，前年、去年已有〈留學譯經與中國的佛教教育〉、〈中國當代的佛教苦悶〉，今因泰國提供中國佛教留學獎金，於是再度呼籲，贊成僧尼留學，鼓勵多設獎學金。同時建議：應有審查與考試，始不辜負，更兼有弘揚中國佛教之作用。

　　民國四十八年之後，僧人出國留學的風潮，幾乎是令人感到極其興奮的，並且將目標，幾乎是一致指向日本。日本這國家的佛教，有一種畸形發展的特殊現象，對於僧侶的戒律生活，看得非常隨便，佛教成了家庭化。

　　一個中國僧人，若無自持自主的把握，再加上生活的驅使與環境的誘逼，在日本住久了，很難不受日本佛教的影響，故在國內的人，對於留日的學僧，無形中均會存一戒懼擔憂之心。

　　既有留學僧出國留學，我們的中國佛教會，就該議定一套留學僧的辦法出來，使之成為制度化與合理化。僧尼出國留學，自費有自費的辦法，從現在開始，泰國宗教廳給了中國兩名留學僧的獎學金名額之後，獎學金留學，自亦應有獎學金留學的辦法。我不希望批評中佛會，但我覺得中佛會的設計工作做得太少。照理，一個僧人

出國留學，不唯代表中國人，尤其是代表了中國的佛教，留學應有留學的條件與資格，即使自費，也不能不經審查考試，便予一律放行。因為凡是在歷史上有成就的留學僧，他們在出國之前，對於漢傳及佛學的努力，均已有了相當的基礎，故到外國之後，一則學習新的學問，一則又可將中國的東西向外國介紹。唯有如此，才能說得上是出國留學，也唯有如此，始能做得上文化的交流，始能引起國際佛教對於中國佛教的重視。

　　希望中國佛教的領袖們，能夠拿出辦法來。為了培植真正的國際人才，應該組織專門委員會，公開考試，憑學力及其出家的資格錄取。並由考取的僧尼，提出有力的保證，不得無故半途退學，學成之後，庶不辜負了泰國贈送的獎學金。若能如此，我們不唯鼓勵僧尼留學，並也應該由國內的教會及教界等設一些僧尼留學的獎學金，能使更多優秀的僧尼出國留學。（《海潮音》，44 卷 10 期，1963 年 9 月 25 日，頁 21-22）

九月下旬，朝元寺中關房修建完成。關房係由師友與朝元　　寺籌建提供，師擬掩關專心修學。關房取名：瓔珞，　　為「莊嚴」義。因佛法以持戒功德為無上莊嚴，而師　　自二度出家以來，偏重於律書之研讀，復念戒律亦為　　學佛基礎，是以關房取名瓔珞。陸軍總司令劉安祺將　　軍親題「瓔珞關房」匾額相贈。竺摩長老所書對聯「入　　聖法門經作路，莊嚴心地戒為師」則懸於關房佛桌上

方。

　　出家修行，佛制只有安居，並無掩關一說，據禪門的要求：具備了尋師的「隻眼」之後，始能出外「參方」，參學而至「開眼」悟（見）道之後，才得於「水邊林下」，「長養聖胎」。可見，若要具足閉關的資格，須待見道——得著了入佛知見的一線門徑之後，才可「閉關學道」。至於我的掩關，並不是因我已經「開」了「道眼」，若照律制而言，我還不能離開依止，豈能獨自掩關？所以，我乃純出於環境的需要而掩關；在臺灣，沒有一個專供修持學習的道場，掩關則可自我範圍一個修學的道場，所以我才決定掩關。（〈從我掩關說起〉，《覺世》，231 期，1963 年 10 月 11 日，版 3）

　　總統府戰略顧問陸軍上將劉安祺於元月十三日上午在農禪寺皈依佛門成為三寶弟子。儀式由聖嚴師父主持，場面十分莊嚴、溫馨。三十年前，師父在美濃山中閉關修行，身為陸軍總司令的劉將軍親題「瓔珞關房」匾額贈與聖嚴師父。（〈陸軍上將劉安祺農禪寺皈依〉，《法鼓》，50 期，1994 年 2 月 15 日，版 1）

九月二十九日，香港鹿野苑明常長老、臺北南亭長老及妙然、浩霖二法師、張少齊居士、高雄月基長老及星雲、煮雲二位法師遠來送關。

　　本來不準備驚動任何人的，所以沒有將閉關日通知任何人，並也選擇了南部山中的雨季；但在星雲法師善意

而熱忱的安排下，為我請到了從香港回國觀光的明常長
老來到關前說法，南亭老法師為我關房上鎖，月基、妙
然、煮雲、浩霖四位長者為我送關，壽山寺的六位女居
士觀禮，這是出乎我的意外，但卻是生平最大的光榮。
（〈從我掩關說起〉，《覺世》，231 期，1963 年 10 月 11 日，
版 3；〈美濃之行──送聖嚴法師入關〉，南亭，《覺世》，
232-234 期，1963 年 10 月 21 日～ 11 月 11 日）

**幾位長老法師安頓於即將使用之關房就緒，師兄與星
雲、煮雲二法師擬於另房統鋪上作竟夜長談。然因疲
乏，不久但聞如雷鼾聲。翌晨醒後，三人笑談此事，
具見情誼。**

　他們兩位，在看經、修持、寫作、做學問等各方面，
都比我早，也比我好，我便樂得和他們兩位，在一個小
房間的廣單（統鋪）上，作竟夜長談。結果，由於日間
已經很累，談不多久，我睡在他們兩人中間，便連連聽
到東山春雷驚蟄，西塘蛙擂法鼓。翌晨起身，他們兩位
大概都知道我一夜沒有睡好，星公先說：「夜裡不知是
誰打鼾，吵得我一夜未睡。」煮公笑笑：「我也一樣，
整夜被人吵著。」從表面看，都在彼此推託，可是在我
聽來，他們是多麼慈悲，對於一個法門的幼弟，如此體
貼、如此親切，把我的感受，順口說成了他們自己的，
隆情厚誼，已在言外。（〈敬悼煮雲法師〉，《悼念·遊化》，
法鼓全集 3 輯 7 冊，法鼓文化，頁 72）

九月三十日，午供後，舉行封關典禮。請明常長老說法，偈曰：

善哉善哉善佛子，深心發願出欲池。三藏精研圓滿日，六根門頭清淨時。如來德相本具足，佛果菩提當下是。惟冀仁者勤修學，努力耕耘莫稽遲。雖然如是，即今因關慶讚一句，又作麼生？任憑善財入法界，不讓龍女跨玄門。（《覺世》，231 期，1963 年 10 月 11 日，版 1）
案：入關前，與送關諸位法師、居士合影留念。然說明作「五十一年」，應係「五十二年」。（合照見《歸程》，法鼓全集 6 輯 1 冊，法鼓文化，頁 288）
又案：入關日期，據當時《覺世》（231 期，1963 年 10 月 11 日，版 1）報導〈聖嚴法師朝元寺掩關〉，應係三十日。

明常長老說法畢，由南亭長老和星雲法師關門，加封上鎖，師禮謝來人，典禮即告完成。

三十日的早晨，聖嚴法師封關的封條，就請由張少齊居士亭子當中圓桌上寫的，少齊居士的字，頗有功力。星雲、浩霖兩位，爭著以照相機，攝取鏡頭。時間是上午十一點半了，佛殿上供而後，聖嚴法師陪我們用午齋，齋後稍息，即舉行封關典禮。典禮簡單而隆重，即聖嚴法師，搭衣關房內向外立，明常老搭大紅祖衣向內立，大眾唱歡喜地菩薩三稱畢，明常老說法；說畢由筆者和星雲法師關門，加封上鎖，關師傳禮謝來人，我們也向

他以及寺主道喜，典禮完成，我們也就告辭上路。此次同行者，除明常老和尚為主客而外，有月基、星雲、妙然、煮雲、浩霖諸法師，張少齊居士。此行為時雖短，意義卻很重大，因為我們內心裡，誰不以未來的龍象期待聖嚴；至於聖嚴對未來的佛教，究有若何的影響，且待他有了事實的表現，由當時的人再去評價罷！（〈美濃之行——送聖嚴法師入關〉，南亭，《覺世》，234 期，1963 年 11 月 11 日，版 3）

關房中功課為解行並進；行則拜懺、打坐；解則閱藏，仍前，以律學為主。（〈戒律與阿含〉，《聖嚴法師學思歷程》，法鼓全集 3 輯 8 冊，法鼓文化，頁 60）

研究戒律同時，因印順法師《佛法概論》啟示，決定從佛家思想源頭入手，研讀佛教根本典籍阿含部。並將所研讀名詞依性質分類編錄做成筆記卡片。

我看《阿含經》的動機，有兩點：

一、戒律中常常把「正法律」三個字連用，又說「毘尼住世，正法住世」，也就是說佛法和戒律是不能夠分家的，而《阿含經》明法，《毘尼》明律，非常明顯。

二、我看了印順法師的《佛法概論》就是把《阿含經》的內容用他自己的組織法，分門別類，很有層次性地介紹出來。他所謂的佛法，在《阿含經》之中已經全部都有了，以後大乘佛教的思想發展也都是根據《阿含經》

而來。（〈戒律與阿含〉，《聖嚴法師學思歷程》，法鼓全
集3輯8冊，法鼓文化，頁65-66；〈6.朝元禁足，風景奇異〉，
陳慧劍，《聖嚴法師》，法鼓山佛教基金會，2006年12月三
版一刷，頁36）

閱讀經藏律部、阿含部共約一年又半，而後閱讀中國禪宗文獻及歷史傳記。合計共二千一百萬字。

　　我首先閱讀律藏，總共有四百五十萬字。之後，閱讀
《阿含經》，共三百萬字。這些都是古文，沒有分段和
句讀，因此十分難讀。我花了一年半的時間才讀完這
七百五十萬字，不過這也是因為在這段期間，我花了很
多時間在打坐的關係。

　　閱讀完經典，我就閱讀中國禪宗的廣博文獻。禪宗與
佛教八大宗派的文獻共有七百五十萬字。閱讀完禪宗文
獻後，我又閱讀佛教歷史和傳記，共六冊六百萬字。
（〈第十一章　野生地瓜葉〉，《雪中足跡》，臺北：三采文化，
2013年11月25日初版，頁174-175）

稍後讀經拜懺時間改為讀經、寫作，打坐則從未中斷。所修法門為自創「疑似曹洞默照禪」之「無念法」。

　　他打坐的方法非常奇特，既不修觀也不參禪，更不念
佛；也就是說上述佛家修定大法，對他而言竟然都不契
機，他的「打坐」是諸法之外的「純打坐」，不加任何
「禪觀」，他也自知，這是個人的創作。（〈6.朝元禁足，

風景奇異〉，陳慧劍，《聖嚴法師》，法鼓山佛教基金會，
2006 年 12 月三版一刷，頁 36-37）

　　他修的是「心中無繫念」的「無念法」。心中無念，
何其困難？但是聖嚴法師在這一特殊的方法上，找到了
「心不在內、不在外、不在中間」的「本來無一物」的
一絲不掛禪。他沒有師承，未經啟迪，用這「離念、無
念」、「非觀非禪不思議法」，開闢了另一片修行空間，
若干年後，他為美濃修行閉關方法，訂名為「疑似曹洞
默照禪」。（〈7. 六載閉關，天地宏開〉，陳慧劍，《聖
嚴法師》，法鼓山佛教基金會，2006 年 12 月三版一刷，頁
41）

發表〈中國僧伽與僧律〉於《海潮音》，直指當代中國出家人有持戒之個人，無如律之僧伽團體，也無比丘、比丘尼；然仍贊同繼續傳戒以維出家人象徵。

　　所謂僧伽，乃是僧人團體的意思，僧伽的建立，端在
於羯磨法中產生，沒有羯磨法的僧人雖多，亦不能稱為
僧伽。因此，持戒是個人的事，持律是僧團的事，能夠
持律的人，必然能夠持戒；但在一個持戒的人，卻未必
能夠持律。事實上，脫離了僧伽的出家人，即使持戒謹
嚴，也未必能夠做到如律清淨。出家人不住僧團，那是
必然不能清淨的，所以在僧伽中的凡夫，容易做到戒律
清淨，不在僧伽中的大善知識，也難保持清淨戒體。在
我們中國，尤其到了南宋以後，因律統中斷，羯磨法不

行，即使有授戒羯磨的流行，那已不合律統，不如律制了。法性的道統，固可無師自證，屬於法相的律統，則必須師師相傳。因此，老實而坦白地說一句：現代的中國，沒有如律的僧伽，也沒有如律受戒的比丘與比丘尼！當然，沒有僧伽，沒有比丘比丘尼，並不等於沒有出家人，但能終身守持八戒，便是清淨的出家人。

中國律統之始，是引自外國，律制的完成，也是梵僧，尤其與錫蘭的血緣最濃；今世的中國，為了重興律制，最好的辦法，是再由外國引入，因為現在的中國，只有律書而沒有律統與律制了，不過，依照中國佛教的史實看來，即使重將律統引來中國以後，發展的前途，似仍不可能有多大的樂觀！這就是中國佛教的特質。相反地，中國佛教若無此一病態的特質，似乎也不能在中國的文化和社會中作長久的努力發展與奮鬥圖存了，故而，在此無可奈何的現階段中，我也不反對中國傳戒，如能遵律制而行，雖不能真的得戒，亦能保持僧尼形相的象徵，以維中國佛教的生命。（《海潮音》，44卷9期，1963年9月，頁3-5）

南亭長老閱前文後來信指正，法師立即奉答說明並自承粗疏。（〈紀念南亭長老〉，《悼念・遊化》，法鼓全集3輯7冊，法鼓文化，頁65）

案：南亭長老之教示，對法師調整自己批判者之角色，應有關鍵作用。南老謂「批評是沒有用的，只有自己站

起來才有用。」法師亦自述閉關時,「實際改變最大的
是我對人的態度。我開始時會評論批判,不只是普遍性
地對人類,更是針對佛教在中國腐敗的情形作批判。在
閉關結束前,我停止了批判。我了解到要求別人改變是
沒有用的。改變自己才是唯一靠得住的。」(〈第十一章
　野生地瓜葉〉,《雪中足跡》,臺北:三采文化,2013 年
11 月 25 日,頁 181-182)

十月,《歸程》開始於《慈明》雜誌連載,此係法師生平
之自述。

十一月四日,撰〈寬恕越南的吳氏家族〉。(《覺世》,234 期,
1963 年 11 月 11 日,版 4)

發表〈從佛教的緒統說到振興中國佛教的律統〉,以
振興律制為振興中國佛教之入手處。振興律制,出家
人責任為整頓僧伽制度;在家人責任則在樹立敬僧禮
僧恭敬供養出家人的風範。期願經過三年學戒生活才
發給戒牒。
　佛寶屬於道統,見性、見諦、開悟、證果,都是屬於
道統的範圍;法寶屬於法統,學經,學論、學天台、學
賢首、學般若、學法相,都是屬於法統領域;僧寶屬律統,
三皈五戒為基礎,比丘比丘尼戒乃至菩薩比丘戒為極致,
都是屬於律統的傳承。

佛教的作用雖以法統為主，佛教的目的則以道統為主，佛教的型態卻以律統為主。

佛法的作用是在教化社會大眾，佛陀入滅以後，這一化眾的任務，便落在僧寶的肩上，化眾之後的安眾與調眾的責任，仍由僧寶來擔當。所以佛教的住世，是由僧寶來作表徵，僧寶的安眾與調眾，則靠制教的律統為依準，唯有根據律統而行，才能調理大眾而統一大眾。故在事實上，律統之在佛教中，有著更殊勝的地位。

無可否認，律統在中國是落於偏輕的一面，律統之在中國，始終未能普遍地建立起來，中國的佛教徒，也始終未能以佛陀的律制來統理統一起來，這與中國的政治思想，頗有關係。中國歷代政治，多以人治為主，直至晚近以來，才慢慢孕育起了法治精神的型範；佛教本以律治為主，佛教傳入中國之後，竟又退而變成以人治為主了。

出家人是專職弘揚佛法的幹部，是表徵及表現佛法住世的代表，所以出家人應該算是佛教的核心軸心或中心分子。為了佛法的永久住世，不能沒有制度；為了愛護佛教，七眾弟子便沒有不遵守佛制的理由。下座比丘禮敬上座比丘，不唯是尊重上座比丘的資歷，更是為了尊重佛陀所制的制度（敬法），所以，有道有學的上座戒長比丘，固應該接受禮敬，無道無學的上座戒比丘，也應該接受禮敬；在家弟子恭敬供養出家弟子，不唯是尊重出家人的身分，更是為了尊重佛陀所制的制度（敬

法），所以，對於有道有學的出家人，固應該恭敬供養，對於無道無學的出家人，也應該恭敬供養。

今天，如要振興佛教，必須要從振興佛制的律統入手。願努力於弘戒傳戒的大德們，盡速成立一所律學院，受戒的時間不必太長，發給戒牒，則需至少經過律學院三年的學戒生活才行。（《海潮音》，44卷11期，1963年11月，頁4-6）

十二月，發表〈耶教・政治・武力〉。數月來，《中國佛教》雜誌作者與基督徒續有所謂筆戰。師與基督徒討論已多，原不願再有諍論，唯因接到某牧師寄來之《基督教研究》季刊，殆以批評佛教為事，故作此文回應。（《中國佛教》，8卷4期，1963年12月，頁17-18）

民國五十三年／西元一九六四年

聖嚴法師三十五歲

是年,仍掩關於高雄美濃朝元寺。

撰〈從知與行的觀點批判宗教與哲學的價值〉。(《獅子吼》,
　2 卷 1、2 期)
　　案:文末註記為民五十三年元月於朝元寺無住樓。然
　　五十二年九月三十掩關後,即多以瓔珞關主為名,或註
　　記為瓔珞關房。疑日期註記有誤。

三月二十二日,印順法師由煮雲、星雲法師等陪同,蒞臨
　美濃朝元寺,於瓔珞關房晤會法師,並解答法師所提
　教義問難。(《印順導師學譜》,鄭壽彭,臺北:天華出版
　社,1981)

四月起,〈莊嚴無上的菩提之道——菩薩戒綱要講話〉於
　《海潮音》雜誌連載。(《海潮音》,45 卷 8 期,1964
　年 8 月,頁 12-14)

七月起,應《菩提樹》雜誌朱斐居士邀稿,因根據研讀阿
　含之心得,以通俗文字介紹正確佛教、真正佛教。此
　即《正信的佛教》諸篇章。

《什麼是佛教》、《佛教實用法》由星雲法師主持之
佛教文化服務處發行出版。

八月，〈我們的政府和教會〉發表。（《覺世》，260 期，
1964 年 8 月 1 日，版 2）

由於戒律之研習，進而由教制轉而留意教史，並擴大
範圍於世界佛教史之注意。經請教印順法師，並與留
日青松法師、留泰淨海法師往來討論數月，初步擬訂
撰著《世界佛教通史》之原則與分工。
　　中國部分，由聖嚴法師擔任；印度、日韓、蒙藏、歐
美部分，由青松法師擔任；東南亞部分，由淨海法師擔
任。並呼籲同好鼓勵、贊助，或是共同合作一起研究。
（〈撰著世界佛教通史的討論〉，淨海、青松、聖嚴，《覺世》，
261、262 期，1964 年 8 月 11、21 日，版 2）
案：此即日後《世界佛教通史》之最初雛型。唯回應極
少。另參見一九六七年十二月〈蓮池大師的淨土思想〉，
以及一九六九年八月《世界佛教通史》條。

九月，順應近日舉辦之「宗教文物聯合展覽」，撰文略說
佛法常識，以消解一般社會對佛教之誤會。（〈從宗教
文物展覽談佛教〉，《海潮音》，45 卷 9 期，1964 年 9 月 30
日，頁 4-5）
案：「宗教文物聯合展覽」由中國佛教會籌辦，假臺灣

省立博物館舉行。後因籌備不及延至十一月十二日開幕。

十月,即起,〈怎樣修持解脫道〉連載於《香港佛教》。(《香港佛教》,51 期,1964 年 8 月,頁 5-8)。

十一月〈怎樣做一個居士〉刊於《無盡燈》。(《無盡燈》,27 期,1964 年 11 月,頁 6-9)

民國五十四年／西元一九六五年

聖嚴法師三十六歲

二月，農曆新年諸山長老團拜，有數位長老論及改革佛教
　　制服顏色問題；因由中國佛教會召開佛教諸山會議，
　　推舉「七人小組」研議。東初老人亦被指定為一員。
　　然老人認為當今佛教問題不在於此。

　　統一僧服顏色問題，由中國佛教會召開佛教諸山會議；
老人亦被指定為「七人小組」之一員。然，老人所採取
的態度始終是不反對也不贊成，老人重視的不是這些形
式上的改革而是新觀念、新思想的養成。老人很感嘆的
說：「五十年來，佛教的大德們，如太虛、仁山、智光、
圓瑛、常惺、靄亭、法航長老，他們都盡了改革佛教的
責任。佛教不能改革的原因，應歸罪於一般自私、無知、
頑固、自尊自大的同道們，鄭板橋有句話說：『秀才是
孔子的罪人』，我要借用這句名言：『和尚該為佛教的
罪人』，阻礙佛教進步改革的是和尚而不是政府！」

　　吾以為僧伽能否受國人尊重，並不在服裝顏色黃與黑，
乃在僧伽道德與學問，甚至佛教於國民間化導力量如何
為轉移。（〈東初老人簡譜〉，釋果徹，《中華佛學研究》，
2 期，中華佛學研究所，1998 年 3 月初版，頁 26）

同月，中佛會「僧服統一研究小組」發表〈中國僧侶

服飾統一顏色商榷書〉。

與留學泰國僧侶淨海法師討論〈越南的政教糾紛〉。
（《覺世》，280 期，1965 年 2 月 21 日，版 1）

三月，針對〈中國僧侶服飾統一顏色商榷書〉，撰有短文：
〈我對統一僧尼服色的看法〉。（《覺世》，282 期，
1965 年 3 月 11 日，版 2）

撰〈與念生長者論在家菩薩戒〉。（《覺世》，281 期，
1965 年 3 月 1 日，版 3）

撰〈怎樣辦好佛教的教會學校——為智光職校催生〉。
（《覺世》，283 期，1965 年 3 月 21 日，版 2）

本月，《戒律學綱要》亦由佛教文化服務處結集出版。
此書始撰於一九六二年，緒論部分曾刊載於南洋之《無
盡燈》雙月刊，當時竺摩法師即亟加稱揚，故今亦序
以嘉勉，並論本書旨趣在弘一大師與太虛大師之間。
　竺摩法師〈序〉云：「自來在佛門中提倡戒律的人，
以上座碩德為多，今作者聖嚴法師，年輕志高，學富力
強，從研究戒律而弘揚戒律，欲以戒律精神振興佛教，
這不能不使人敬佩！他曾說過，寫作本書是受了蕅益大
師與弘一大師的影響很多，但沒有全部走他們的路線，

看他的志趣，似走在弘一律師與太虛大師之間，而更接近後者的意趣。在生活上著重戒律的根本精神，不拘滯於條文的呆板死守，在思想上接通佛陀的根本教義，活用於時代的文化領域。我還認為本書的好處是引經據典，把七眾弟子的戒法，做簡明而有系統的敘述，使讀者得到不少的便利和切合實用。」（〈序〉，《戒律學綱要》，法鼓全集 1 輯 3 冊，法鼓文化，頁 5-7）

法師則自序學戒動機在於：「戒律是佛子生活中唯一的防腐劑」，並說明本書性質兼具通俗、研究，並且實用；對各種戒律淵源、性質、意義、作用，以及受戒目的、求戒方法、受戒以後作為均有所解說，而基本取向則在復活戒律。

我能夠再度出家，是在重重的困難之下達成的，正因為深深地感到，這一出家因緣的難能可貴，所以立志要做一個最低限度的清淨佛子；至於清淨的工夫，除了學戒持戒，就沒有更好的方法，因為戒律是佛子生活中唯一的防腐劑。這是我學習戒律的動機。

我要試用淺顯的文字，將戒律的內容，配上若干時代的觀念，以比較通俗的姿態，來跟大家見面。我是試著做復活戒律的工作，而不是食古不化的說教。

從大體上說，本書受有蕅益及弘一兩位大師的影響很多，但並沒有全走他們的路線，乃至也沒有完全站在南山宗的立場。因為，從戒律學的本質上看，它是屬於整

個佛教的,它該是全體佛子共同遵守的軌範,而不僅是某一宗派的專利品。(〈自序〉,《戒律學綱要》,法鼓全集 1 輯 3 冊,法鼓文化,頁 9-11)

從一九六一年到六四年,在高雄山中把當時我能夠蒐集到的有關戒律的著作全部讀過,若干重要的律書,則讀了兩遍到三遍,邊讀也邊寫筆記,並且分類地逐篇整理,最初我並沒有計畫要寫成一本怎樣有系統的律學著作,只是有了想寫的動機。

我是試著做復活戒律的工作,而不是食古不化地說教。當然,我的目的,雖求通俗,但在盡可能不使讀者厭煩的情形下,仍將戒律上各種主要問題,做了應做的介紹和疏導。以往凡是研究戒律的人,都會堅持他們宗派門戶的立場,而我寫這本書,只是在介紹佛的戒律,我不敢說對戒律學含英咀華,但是我總盡力地保持沒有立場的立場,來把釋迦牟尼佛所制的戒律精神和目標凸顯出來,介紹給現代社會的人,讓他們懂得,而且願意接受著去用。(〈戒律與阿含〉,《聖嚴法師學思歷程》,法鼓全集 3 輯 8 冊。法鼓文化,頁 63-64)

四月,自「僧服統一研究小組」發表〈中國僧侶服飾統一顏色商榷書〉後,論議四起,法師於是根據原始經律,撰〈正法律中的僧尼衣制及其上下座次〉,主張僧服顏色統一是有必要,但標明階級則不合佛教。師亦論及:中國佛教復興,須從思想觀念、生活方式、教會

組織，徹底改造，不能僅靠服色及階級。

其實，如果我的預料不錯，這一僧服統一的風波，對於整個的中國佛教，不會有多大的影響，改者自改，不改者必將仍舊。我寫本文的目的，只是就制度論制度而已。若要論到中國佛教的復興，那也不是僅靠服色統一及階級製造所能濟事的，那必須要從根本的思想觀念上、生活方式上、教會組織上，徹底改造，才有復興的希望。（〈正法律中的僧尼衣制及其上下座次〉，《學術論考》，法鼓全集 3 輯 1 冊，法鼓文化，頁 245-246）

又撰〈今後佛教的女眾問題〉，探討「重男輕女」及「八敬法」問題。舉大乘經證，佛陀極力保障女權。對「八敬法」則主張保留而不必強調，以免障礙女眾才能之發揚；此經請教印順法師，印老看法亦同。師甚望將來中國比丘尼眾，能夠組成尼眾僧團。深信尼眾潛力，在未來必有重大發揮。

重男輕女的問題

佛陀當世，乃是主張男女平等的。不論在阿含部也好，律部也好，記載佛世女眾的活動，可謂不一而足。她們除了由於生理方面的缺陷，在戒律上給她們基於保護而制的規定，不同於比丘之外，說法、行化、度眾、修證，根本和男眾一樣。當然，由於印度的原有風俗觀念，也使女眾在心理上感到有些不如男眾的地方。但是，佛陀

極力保障女權的平等,乃是無可懷疑的。

八敬法的問題

因為我對未來的中國佛教抱有很大的願心,所以對於女眾的力量也特別關切,並寄予殷重的期望。但是一想到八敬法,就使我感到困惑。我將我對八敬法的困惑感觸,寫信請教印老,非常欣喜地,他老人家的看法竟與我的想法相近,而且他的看法比我明朗深切得多,他的回信中說:

「座下為今後建僧計,提及八敬法,印以為不必過分重視。從好處說,八敬法為對女眾之嚴加管教,從壞處說,反使真心為道之女眾,自慚形穢而雌伏。佛世多有善說法要,神通之女眾,佛後殆不聞於印度,得非此耶?此等事,印固欲深論,為日後計,當重視平等性。」(一九六五年三月二十二日覆聖嚴的信)

可見,八敬法的成立或出現,似乎是在佛滅之後的事了。當然,我的意思並不是主張廢除八敬法,它雖使我困惑並覺得它的來歷有些問題,但我只能存疑而不敢確信它是出於後來上座長老們的編造。如今的我們,既然無法要求比丘尼們全部實踐它,那又何必再去強調它呢?所以我現在主張保留它而不必強調它,否則,對於今後女眾才能的展望,將是一大障礙。不過,我的意思更不是否定了男女的界限,打破了男女的位次,因為男女的次第,乃是人間的習慣法,也是倫理法,何況尼眾

請上座比丘做半月一教誡的規定,乃是絕對可靠的佛制,女眾在許多方面,也確必須接受男眾的扶助。比丘尼應禮敬比丘,正像沙彌應禮敬比丘尼一樣,也像在家眾應禮敬出家眾一樣。(〈今後佛教的女眾問題〉,《學佛知津》,法鼓全集 5 輯 4 冊,法鼓文化,頁 181-182、184-187)

是年春,東初老人來函促法師出關,赴日留學,俾立足於時代潮流尖端,以備他日弘化之用。東初老人並允諾,將全力支持留學費用。

余經多時觀察,深覺今後佛教出路有三:

一、佛教必須學術化。

二、今後弘法專憑一宗或一論理論,甚至僅限佛教思想觀念似不夠應用,尤以擔當興教救生大任,更需廣博,就如日本已往著名學者,若高楠順次郎、井上哲等,絕非中國一宗一派祖師所可及的。

三、今日時代思想進步,實屬可怕,今之佛教不興,實吾人思想太落伍,不夠進步。余希望爾能赴日研究三、五年,藉此補習日文、英文;以佛教為主,融貫時代思想,以備他日弘化之用,此余經多時考慮結果。若爾有此願心赴日,其所需經費可由余負責也。(〈東老人函〉,《人生》,53 期,1988 年 1 月 15 日,版 3)

然法師雖欣賞日本學者之治學方法與資料整理,卻不能同意其將佛教義理與信仰用來和西洋哲學宗教比附

討論；故爾並未動念赴日。（〈留學日本一週年〉，《留日見聞》，法鼓全集 3 輯 4 冊，法鼓文化，頁 18-19）

稍後，留學日本之張曼濤居士因讀法師去年有關佛教發展文章，來函謂：日本佛教界確實培養許多世界性佛學人才；建議赴日一行，觀摩日本佛教所辦大學，俾於日後能自創設。因託代辦入學許可申請手續。

他（案：指張曼濤居士）來信說：「兄座真想振興中國佛教，最好能來日本看看，不必是為學位，但來看看人家已在做些什麼，也能有助於中國佛教的展望。」當時我已知道，不論從學術的研究、教育的普及、教團的組織、人才的數量等任何角度來看，中國佛教起碼已落後日本三十年到五十年。本來覺得自己已經三十四歲，學力不足，身體也不健康，經費尤其是問題，實在鼓不起出國留學的勇氣。但接到他的第二封信中說：「不用顧慮太多，留學生的辦法很多，到了國外一切問題自然解決。」於是，我就請他代辦留學的入學申請手續。（〈悼念張曼濤先生〉，《悼念‧遊化》，法鼓全集 3 輯 7 冊，法鼓文化，頁 147）

然因手續問題、經費問題，留學手續又告中止。

不巧的是，婉謝了東初老人的愛意，我又為著東渡之後的費用擔心，即使曼濤先生鼓勵著我，要我不用怕，像他就是並無經費卻能留學，且已在日本結婚成家的人。

這在於我是不敢希望的事。出家衣服，脫下極易，再想
穿上，那就難了，我已經過行伍十年，好不容易達成恢
復僧相的目的，如再脫下僧服，於心實在不願。結果，
留學手續又告中止。（〈留學日本一週年〉，《留日見聞》，
法鼓全集 3 輯 4 冊，法鼓文化，頁 20）

**但有張曼濤、楊白衣居士不斷供應日文佛學著作及研
究資訊，因此開始自修日文，研讀日文著述，俾藉以
了解世界之佛教。**

入山幾年之後，斷斷續續有一位日本京都佛教大學出
身的楊白衣居士，從臺北牯嶺街的舊書攤蒐集了一批一
批日文的佛教舊書，送到我山間的「關房」。那段期間，
我也從日文的文法書開始，以自修的方式讀通了日文。
（〈留學生涯〉，《聖嚴法師學思歷程》，法鼓全集 3 輯 8 冊，
法鼓文化，頁 84；另參見：〈第十一章　野生地瓜葉〉，《雪
中足跡》，臺北：三采文化，2013 年 11 月 25 日，頁 181）

**五月，《正信的佛教》結集出版，由星雲法師佛教文化服
務處出版。該書係根據根本教義闡釋一些看來淺顯而
實際重要佛法根本問題。自序云：**

佛教在世界性的各大宗教和思想之中，顯得非常特殊。
凡是宗教，無不信奉神的創造及神的主宰，佛教卻是徹
底的無神論者；唯物思想是無神論的，佛教卻又堅決反
對唯物論的謬誤。佛教似宗教而又非宗教，類哲學而又

非哲學，通科學而又非科學。這是佛教的最大特色。

　　然而，佛教自印度傳入中國，雖已有了一千九百年的歷史，中國的整個文化，也都接受了佛教文化的薰陶，佛教的根本精神，卻因為民間固有的習俗加上神道怪誕的傳說而湮沒。因此，促使我根據個人的研究所得，配合時代思想的要求，並參考了太虛大師及印順法師的一部分見解，想到了七十個看來淺顯而實際重要的問題，期能幫助讀者，略窺佛教的真貌。本書的主要對象，雖是尚未信佛的知識分子，但它也是今日一般佛弟子們應當明白的佛教常識。（〈自序〉，《正信的佛教》，法鼓全集 5 輯 2 冊，法鼓文化，頁 3-4）

　　當我閱讀《阿含經》之際，做了不少的卡片，我是把同類的名詞、同類性質的觀念把它集中編錄。那一堆筆記常常跟著我到處流浪，思索某一些佛法的問題之時，除了查字典、查原典，而我的筆記也是最好用的一種原始資料。在一九六三及六四年之間，臺中《菩提樹》雜誌的朱斐居士，常常向我要稿。為了把正確的佛法和真正的佛教介紹給社會人士，所以用一個問題、一個問題的答問方式，寫出簡短的散文，來向大眾澄清佛教不是迷信而是正信，我的根據主要就是《阿含經》。後來到一九六五年元月，也同樣交給佛教文化服務處出版發行，書名即為《正信的佛教》。這一本書現在已成為佛教界的暢銷讀物，它的發行數量，超過一百萬冊以上，它的發行地區，遍及臺灣不說，還到香港、東南亞以及歐美

等地，凡是有華人佛教徒所在之地，幾乎就可以看到這
一本書，連同中國大陸，也在一九八〇年以來不斷地用
簡體字印刷流通。（〈戒律與阿含〉，《聖嚴法師學思歷程》，
法鼓全集 3 輯 8 冊，法鼓文化，頁 66-68）

**九月五日，為真華法師自傳《參學瑣談》作序，讚其坦率
表達近代中國佛教黑暗面，更讚其於黑暗面中充滿信
心，虔敬嚮往光明。**

讀了本書的讀者，必定會有一種感觸：近代中國大陸
的佛教，已經不大像是佛教；真華法師的身世，竟是如
此的坎坷。因此，我們可從他的真摯的筆觸中，透視到
近代中國佛教的命運，也從他的血淚的自敘之中，體認
到這一代青年僧人的苦悶！這是時代的病，並不單是佛
教的病，這場病，害得很深很深。我們現在是應該趕速
地醫病，不應該說為什麼要承認自己害了病！本書在光
明及莊嚴方面的表達，信心及虔敬方面的啟發，遠比醜
惡面的暴露，更加用力。非常人有非常事，吃了苦中苦
方為人上人。真華法師的這本著作，至少是告訴了我們，
作為一個佛教徒，一個出家的青年人，必須繼續不斷地
向上、精進，特別是印光大師所標示的「敬」和「誠」
兩個字。（〈序真華法師著《參學瑣談》〉，《書序》，法
鼓全集 3 輯 5 冊，法鼓文化，頁 15-16）

十月三日，中國文化學院創辦人張其昀曉峰先生，擬於學

院旁與佛教同人合作興辦佛教叢林及創辦佛教研究中心。東初老人獲知後，會同道安長老赴慧日講堂訪印順法師，商談倡辦「佛教大學」事。印順、道安兩長老對此均表贊同，並願從中協助。後經印順法師建議推介至華僧大會，經決議後，事竟未果。（〈東初老人簡譜〉，釋果徹，《中華佛學研究》，2 期，中華佛學研究所，1998 年 3 月初版，頁 28）

案：此為張曉峰先生與佛教教育結緣之始。後於一九七八年禮聘法師任佛研所所長。

十一月，臺北善導寺召開「中華民國佛教海內外僧伽代表大會」，法師唯恐一般人對佛教術語不了解，因而撰有〈和尚與僧伽〉刊於《中央日報》副刊，解釋詞義並略述佛法宗旨。（〈和尚與僧伽〉，《學術論考》，法鼓全集 3 輯 1 冊，法鼓文化，頁 227-229）

是年，香港荃灣鹿野苑明常長老等辦佛學院擬禮聘法師，擔任院長，法師以學歷不足、德行尚淺婉卻。（〈香港四日遊〉，《悼念・遊化》，法鼓全集 3 輯 7 冊，法鼓文化，頁 272）

民國五十五年／西元一九六六年

聖嚴法師三十七歲

因有部分基督徒對佛教多所抨擊，甚至到佛寺中散發傳單；佛教界已有煮雲法師、印順法師撰文回應。師於七年前已有《評駁佛教與基督教的比較》，今亦分別以〈基督教與佛教之間〉、〈基督教的神之研究〉、〈偉大的基督教〉三主題，分別於《覺世》、《海潮音》、《香港佛教》三家雜誌發表。後結集為《基督教之研究》，於翌年三月出版。（〈宗教與歷史〉，《聖嚴法師學思歷程》，法鼓全集 3 輯 8 冊，法鼓文化，頁 73）

二月，撰〈天主教的月神杜而未〉，批評杜氏之曲解佛法。（〈牧師及神父的「佛教學」〉，《基督教之研究》，法鼓全集 1 輯 5 冊，法鼓文化，頁 69-79）

三月，〈韓國佛教史略〉開始連載於《慈明》雜誌。（《慈明》，5 卷 7 期，1966 年 3 月，頁 6-8）

四月二十六日，續明法師於朝禮天竺時，逝於印度加爾各答。續明法師一向重視佛教之教育與文化工作，竟以四十餘歲之英年早逝。法師聞訊後，深為悼惜，撰〈龍象之逝〉追念。

雖然續公與我之間，無甚淵源關係，可是，他給我的印象很深。

什麼印象呢？最先我覺得他是一條青龍，虎虎而有威風，其次以為他不過是條老龍，不能趕及時代思潮；最後我卻覺得他是一頭不折不扣的白象，這種白象的精神，正是我所欽慕風儀的善知識。

我們必須明白，中國晚近的佛教之衰，是衰在僧尼的無知識，是衰在大家只重廟產而不重文化，所以我對每一位曾對佛教的教育及文化出過力的僧俗佛子的去世，均懷有無限的傷感和悼惜。

我們現在的佛教，便因缺少這一類的人而衰弱，何以他們就去世得如此之早呢？所以使我悲悼不已！（今收於〈續明法師——法門龍象之逝〉，《悼念 II》，法鼓全集 3 輯 11 冊，法鼓文化，頁 65-69）

四月二十七日，撰〈由佛教的傳播事業說起〉。此係因《香港佛教》連續刊出「稿荒緊急啟事」，法師於是對中國佛教目前處境頗有所感；深覺佛教教團需有組織，期望先由區域，或聯合幾處道場，統一行政，以教團組織及事業來推動法務。

傳播事業，是新名詞，它的意思是宣傳，利用科學的方法及科學的工具來做宣傳的事業，就是傳播事業。說得通俗的，就是廣告工作。試想想看，號稱有一百萬佛教徒的香港，連一本月刊的文章也無法維持，其十分之

七的稿源，要仰賴外地的供給，那麼請問：我們一百萬香港的佛教徒，究竟在做什麼？我們又在信仰的什麼？法師、居士，倒底在忙些什麼？頭腦在想些什麼？

基督教除了大眾傳播工具之外，在他們教會辦的學校裡有各式的宗教課餘活動，特別尚有主日學校，在星期天，專門訓練少年兒童的宗教生活。他們有統一的教材，統一的宣傳資料，有專門機構的專門人員，統一負責製造供應。

我們已無法指望虛有其名的教會來給我們做些什麼，也無法指望統一了臺港兩地的全體佛教行政，再來給我們做些什麼。我們卻很可以由一個區域的，或幾個道場的住持們，聯合起來，統一行政，然後就用統一的力量，做統一的事業，分工合作，事半功倍。過去的中國佛教，是靠高僧來維持大局，今後的時代佛教，高僧僅能作為精神的支柱，卻不能維持整個的佛教。所以，我們盼望有高僧的應現，也盼望有完美的教團的組織及事業。中國佛教沒有組織，危亡已在不遠了！（《香港佛教》，73期，1966 年 6 月 1 日，頁 6-7）

六月〈印度佛教史稿〉開始連載於《菩提樹》雜誌。（《菩提樹》，163 期，1966 年 6 月 8 日，頁 8-11）

〈越南佛教史略〉開始連載於《慈航》雜誌。（《慈航》，14 期，1966 年 6 月）

八月七日，因眼疾，出關就醫。（〈7. 六載閉關，天地宏開〉，
陳慧劍，《聖嚴法師》，法鼓山佛教基金會，2006 年 12 月三
版一刷，頁 39）

案：所患眼疾據聞為飛蚊症。

出關後，煮雲法師即禮請法師於其所主持之鳳山蓮社
講《四十二章經》，此為法師第一次講經。開講前煮
雲法師並向信徒大力推薦，道情隆重。（〈敬悼煮雲法
師〉，《悼念‧遊化》，法鼓全集 3 輯 7 冊，法鼓文化，頁
73）

星雲法師主持之高雄壽山佛學院，禮請法師擔任講席，
一、二年級共有三門課，即「印度佛教史」、「中國
佛教史」及「比較宗教學」。（《覺世》，337 期；另參見：
〈7. 六載閉關，天地宏開〉，陳慧劍，《聖嚴法師》，法鼓
山佛教基金會，2006 年 12 月三版一刷，頁 39-40）

高雄興隆寺天乙法師聞知法師出關，亦來邀請前往興
隆寺為全體僧眾講授「印度佛教史」，歷時十餘日。
（據悟因法師函告）

九月，發表〈近世的錫蘭佛教〉於《佛教文化》。（《佛教
文化》，1 卷 5 期，1966 年 9 月，頁 8-9）

今年，於出關後曾應文化學院佛學社團慧智社邀請，
赴陽明山該校演講。由佛教文化研究所所長曉雲法師
主持。後來擔任中華佛研所所長多年之李志夫，當時
為文化學院哲學系二年級學生，亦前往聆聽，為二人
相識之始。

　我是在民國五十五年與聖嚴法師認識的，那時，我正
在就讀文化學院（文化大學前身）哲學系二年級，法師
應佛學社團慧智社之邀請到學校來演講，由於我曾看過
法師早期的著述，並曾在善導寺聽過他的演講，留下深
刻的印象，所以那天特別前去聆聽，我還記得當天主持
人為佛教文化研究所所長曉雲法師。（〈印證三十年前的
承諾〉，李志夫，《法鼓》，112 期，1999 年 4 月 15 日，版 6）

民國五十六年／西元一九六七年

聖嚴法師三十八歲

是年春，赴新竹福嚴精舍，參加續明法師骨灰奉安禮。適
逢道源長老與會，經道源長老推荐，由新竹居士林禮
請法師講經。法師特選講《梵網經菩薩戒本》以報道
源長老法乳之恩。因昔於上海靜安寺佛學院初聽長老
開講即為此經。（〈敬悼道源和尚〉，《悼念・遊化》，
法鼓全集 3 輯 7 冊，法鼓文化，頁 90）

記得我第一次講經時只有十三個人聽，都是福嚴精舍
的學生。那次是在新竹居士林講《梵網經菩薩戒本》，
本來是居士請我去講經的，但很奇怪，第一天、第二天
過了，漸漸地那些居士就不來了。因為當時我借住在福
嚴佛學院，他們看我講經沒有人聽，挺可憐的，所以他
們的教務長就向學生們說：「有位年輕的法師在講經，
你們要去聽呀！今天你去聽人家講經，將來人家才會來
聽你的。」他們是為了護持我這個法師，所以才來聽經，
否則就只剩下三個居士在聽我講。後來我因為深感自己
沒有人緣，法緣不殊勝，所以就去閉關了。（〈出家人的
身心健康〉，《法鼓家風》，法鼓全集 8 輯 11 冊，法鼓文化，
頁 191）

案：此次新竹講筵，講題或為「佛教信仰與戒律」。（參
見：〈聖嚴師父與我的因緣〉，會靖法師，《傳燈續慧——中

華佛學研究所卅週年特刊》，法鼓山中華佛學研究所，2014
年4月，頁184）

二月二十四日至二十六日，應臺北慧日講堂印海法師邀請，
舉行三場「宗教的比較」演講，第一日講「原始的宗
教」，第二日講「宗教的進化」，第三日講「現行各
大宗教的比較」。（〈佛教新聞〉，《獅子吼》，1967年
3月15日，頁29）

應臺北善導寺、十普寺、華嚴蓮社、松山寺等各大道
場之邀請，撰寫〈為什麼要做佛事？〉，用以啟導前
往寺院做佛事之齋主具備正信正見。對佛事定義、作
用，亡靈死亡等問題，以及誦經、禮懺、放焰口等均
作詳細解說。（今收於〈為什麼要做佛事？〉，《學佛知津》，
法鼓全集5輯4冊，法鼓文化，頁98-111）

三月，發表〈一部珍貴的佛教史書──為《新續高僧傳四
集》的影印流通而作〉。（《覺世》，354期，1967年3月）

四月十七，應李賽居士等邀請，講〈佛教的倫理觀〉於臺
北市甲辰學佛粥會。（〈佛教的倫理觀〉，《學佛知津》，
法鼓全集5輯4冊，法鼓文化，頁34-49）

四月二十三日至二十五日，應道安法師邀請，講〈原始佛

教）於臺北善導寺「**佛教文化講座**」。（〈原始佛教〉，
《學佛知津》，法鼓全集 5 輯 4 冊，法鼓文化，頁 7-33）

**《基督教之研究》結集出版。此書各篇原登載各佛教
雜誌，係因某些基督徒攻擊佛教，引起法師對基督教
研究興趣，精讀五十多種有關中西著作，用歷史學角
度，考察基督教。**

　　由於基督教徒的攻佛破佛，叫陣挑戰，才使我對基督
教發生了研究的興趣，結果，使我寫成了本書。我為寫
作本書，特別精讀了五十多種有關的中西著作。我的態
度，是以西方學者的見解介紹西方人信仰的宗教，是用
基督教正統的素材說明基督教內容的真貌；同時也對佛
教與基督教之間的若干重要問題，做了客觀和理性的疏
導。我不想宣傳基督教，也無意攻擊基督教，只是平心
靜氣地加以分析研究，用歷史的角度，考察基督教。
（〈自序〉，《基督教之研究》，法鼓全集 1 輯 5 冊，法鼓文化，
頁 3）

書出版後，佛教與基督教間之諍論漸息。

　　當我這一本書出版之後，有兩個極端的反應：1. 佛教
界感覺到鬆了一口氣，畢竟我們還有人懂得基督教，而
不再害怕基督徒走進寺院送聖經發傳單了。2. 神父和牧
師從此鳴金收兵，而卻引起了其他的基督徒把我視為眼
中的釘、心上的刺。（〈宗教與歷史〉，《聖嚴法師學思歷

程》，法鼓全集 3 輯 8 冊，法鼓文化，頁 75）

案：此係法師繼十一年前《評駁佛教與基督教的比較》
後，同一系列作品。

**六月，高雄壽山佛學院及新竹居士林課程告一段落。法師
自覺學力未充，年事尚輕，於是再回美濃朝元寺，二
度掩關自修。**（〈敬悼道源和尚〉，《悼念・遊化》，法鼓
全集 3 輯 7 冊，法鼓文化，頁 90-91）

**二度掩關前，曾應邀至屏東東山寺主持一期佛七，並
對該寺佛學院同學有兩場開示。**

案：法師曾自述「我也曾在東山寺主持過一期佛七，也
為該寺佛學院同學講過兩次話。」（〈五三、六場大型
演講〉，《東西南北》，法鼓全集 6 輯 6 冊，法鼓文化，頁
217）又說：「我的修持基礎，是從念佛開始。最早參加
的團體共修，便是少年時代在狼山打佛七；最早主持共
修，便是一九六〇年代應邀在臺灣屏東的東山寺擔任主
七和尚。」（〈《佛七手冊》序言〉，《書序》，法鼓全集
3 輯 5 冊，法鼓文化，頁 293）唯未能確定年月時間。可考
者，東山寺佛學院由住持圓融法師創立於一九六三年，
禮請道源長老任院長，圓融法師自任副院長。法師至屏
東該佛學院主持佛七，當與前述至新竹居士林講經同為
道源長老推薦。因姑繫此。

六月十日，二度掩關於美濃朝元寺。請朝元寺能淨老和尚
　　封關，儀式簡單而隆重。（〈7. 六載閉關，天地宏開〉，
　　陳慧劍，《聖嚴法師》，法鼓山佛教基金會，2006 年 12 月三
　　版一刷，頁 40）

　　發表〈戰後的日本佛教〉於《佛教文化》（7 期，頁 2-3），
　　此係《日韓佛教史略》第一篇末節初稿。（見：《日韓
　　佛教史略》，法鼓全集 2 輯 5 冊，法鼓文化，頁 159-165）

　　即起於《獅子吼》月刊（6 卷 10 期，1967 年 10 月 15 日）
　　連載〈佛教〉，此係《比較宗教學》書中之〈佛教〉
　　篇章。（〈第十章佛教〉，《比較宗教學》，法鼓全集 1 輯 4 冊，
　　法鼓文化，頁 365-426）

七月，任「中國佛教會影印卍續藏經委員會」督印組組長，
　　該會主任委員為中佛會理事長白聖法師。（〈香港影
　　印續藏經會遷臺減價出版啟事〉，《獅子吼》，6 卷 10 期，
　　1967 年 10 月 15 日，頁 11）

八月，〈比較宗教學〉開始於《香港佛教》連載。（《香港
　　佛教》，87 期，1967 年 8 月，頁 5-9）

九月，第六屆中國佛教會全國代表大會，通過修正「傳戒
　　規則」計十四條，並於七月經內政部核准。師以此項

修正極富歷史意義，於是撰成〈為新的傳戒規則慶生〉，說明應本戒律之基本精神作應時應機之修正，並籲請將於今冬傳戒之大德，於新舊戒法過渡期能謹慎其事。（《覺世》，372、373 期，1967 年 9 月）

發表〈今日的臺灣佛教及其面臨的問題〉，探討問題根源在於人才缺乏，人才缺乏由於沒有完善教育制度，其餘如留學、教會、傳戒等均為此根本問題之衍生。

我們佛教，從來沒有訓練過專業人才，一個人要想把這樣事業做好，結果是樣樣事業做不好。人才是需要多方面的，可惜中國的佛教從來未曾有計畫地培養人才，因為缺乏人才，有了幾位憑自修而成的人才，便不得不來將他們要求成為通才和全才，事事均須人做，人卻只有這麼幾個，於是就來了一個「五馬分屍」，樣樣得做，樣樣做不好。

在臺灣的佛學院，為什麼辦不長久？為什麼造就不出較多的人才？原因實在很多。

一、辦學的宗旨問題：為造就人才而辦學，這在所有的學院都是相同。為誰造就人才？就有點問題了。

二、教材的問題：「一處畢業，處處畢業。」這是對二十年前大陸時代所辦佛教教育的譏評，但是這頂帽子，仍可合乎今日臺灣佛教教育的頭寸。臺灣的佛教，正像大陸時代一樣地一盤散沙，誰也不管誰，誰也不受誰來管，有能力的就獨自發展個人事業。沒有統一的教育計

畫，沒有完善的教育系統，沒有可用的教材課本。

要研究佛學，在目前來說，似乎已捨日本莫屬。所以，我對日本的佛教，既有不以為然之處，也抱有很多的敬意。原則上，留學日本，我極贊成，但是附有條件，即是應由全國佛教徒組成一個留學生獎助選拔委員會。考選優秀的僧俗青年，資助他們全部的費用，送去日本，乃至歐美留學深造，唯有選送已有了學問基礎的青年去深造，才可望他們對佛教有宏大的貢獻。

遷移臺灣之後的中國佛教會，比起撤退之先的大陸時代，可謂毫無進步，它的狀態是，會員不信任教會，教會無權處置會員，教會是一個對政府行文的空架子，會員利用教會而不服從教會，因為教會無權，也就變成了無能。

說起傳戒，那些熱心於此的大德們，可謂有功有過而過甚於功。最初，確是為了成就戒法，弘揚律制，用續僧統，到後來，卻是全部變質，有的大德自己尚不知戒律為何物，竟也熱中於傳戒，為的是能藉傳戒大法會的因緣，來莊嚴道場，翻修殿堂或增建寶塔。為了爭取更多的戒子，可以放棄律制的規定，戒師及傳戒的寺院，到處去拉、去請、去勸。發心受戒實在是大好事，可惜當這些速成的僧寶一出戒堂大門，就為神聖的佛教大顯其寶了！（《無盡燈》，37 期，1967 年 9 月，頁 18-24）

〈今日的臺灣佛教及其面臨的問題〉於南洋《無盡燈》

雜誌刊出之後,引起僧俗師友關切,亦有部分誤會產生。因再啟事澄清。

　自本刊第三十七期登出拙文〈今日的臺灣佛教及其面臨的問題〉之後,引起臺灣部分僧俗師友的關切,非常感激。拙文僅就少數資料,提出個人的看法,且對所論之事,未能逐一親歷,所以也未足代表臺灣佛教的全部實況,若有報導未當,本人深表歉意。文中盂蘭盆供僧遺漏,也非指菩提樹朱斐居士。因有誤會,特此謹啟。
（〈聖嚴小啟〉,《無盡燈》,38 期,1967 年 12 月,頁 4）

　〈蕅益大師的淨土思想〉發表於《慈航》月刊。（《慈航》,19 期,1967 年 9 月,頁 10-15）

秋,李明憲依止東初老人出家,法名「聖開」,繼聖嚴法師之後,為老人在臺灣第二位披剃之徒。（〈東初老人簡譜〉,釋果徹,《中華佛學研究》,2 期,中華佛學研究所,1998 年 3 月初版,頁 30）

十一月,發表〈介紹法相大辭典〉。（《菩提樹》,180 期,1967 年 11 月,頁 29）

十二月,發表〈蓮池大師的淨土思想〉。師研學重心由戒律之研習進而為教史,於是試以新學之日文及所了解日本近代治學方法及研究成果,並參考日人望月信亨

作品而有此作。

在中國佛教史上，也有一個不期然而然的傾向，即是大凡重視戒律問題的人，多半也是重視歷史考察的人。我夠不上談戒律的資格，卻是真正在戒律問題上花過幾年工夫的人，在告一段落之後，便很自然地，將注意力集中到了教史上面。當我接觸了龐大的教史資料之後，益發覺得研究佛法的困難；尤其當我略知日文，稍窺日本近代的治學方法及其研究成果之後，更加覺得我是不夠資格來談「研究佛法」四個字了。

約同了淨海法師，編撰一部世界佛教史綱。也許我們兩人的名聲太小，小得微不足道，所得的支持，故也極少。不過，我們仍在極度艱困的情形下，蒐購了必要的參考書籍，來寫我們的佛教史綱。參考日人望月信亨的《支那淨土教理史》，將蓮池大師的淨土思想，略微向燈刊的讀者，作一點介紹。（《無盡燈》，38 期，1967 年 12 月，頁 2-4）

是年，留學泰國之淨海法師接受法師建議，決定轉學日本。
淨海法師轉亦勸請法師前往日本一行，不必掛心經費，
只要真心，自有善緣護法。（〈留學日本一週年〉，《留日見聞》，法鼓全集 3 輯 4 冊，法鼓文化，頁 20-21）

案：明年春，法師出關北上，結束兩度閉關修學生活。

民國五十七年／西元一九六八年

聖嚴法師三十九歲

一月，《歸程》、《瓔珞》、《聖者的故事》由臺南開元
寺佛經流通處出版。《歸程》為法師迄三十二歲之自
傳；述少年貧困出家，以及從軍十年、再度出家，故
名「歸程」，復我初服之意。〈自序〉云：

> 我自幼瘦弱多病，經歷十來年的困頓折磨，仍能以未
> 老的身心，回到僧團，其間談不上任何成就，只能藉以
> 說明眾生的業力，強大無比，該受的果報，總是無法逃
> 避，所以我也勇於面對現實，承受下來。但是佛法所說
> 的造業與受報，絕非宿命論或定命論。所以，今生的努
> 力向善，不但可以達成臨終生天或往生淨土的目的，更
> 可以改善現世的環境，乃至即身親證解脫。因此，我對
> 於自己的處境和前途，從來不會感到悲觀和失望，迎接
> 挫折，奮力向上，是我不變的原則。為了這點毅力和信
> 念的獲得，我要感恩崇高無上的佛法僧三寶，也要感恩
> 平凡中顯出偉大襟懷的父母雙親。這是我寫作本書的目
> 的。（〈自序〉，《歸程》，法鼓全集6輯1冊，法鼓文化，
> 頁3）

《聖者的故事》〈自序〉云：
> 由於《慈航》季刊及《香港佛教》向我索稿，便從律

藏及四《阿含經》中找資料。這些故事,都很感人。但是,
要把散見於好多種經律中的不同的記載,集合起來,寫
成一個個生動的故事,也很吃力。同時我的其他功課又
多,所以,寫了十篇之後,就不再寫了。(〈《聖者的故事》
自序〉,《書序》,法鼓全集 3 輯 5 冊,法鼓文化,頁 149)

即起,〈日本佛教史〉於《海潮音》連載。(《海潮音》,
49 卷 1 期,1968 年 1 月,頁 3-7)

是年春,臺北首剎善導寺新任住持悟一法師三度南下,力
邀法師出關北上擔任講座。法師力辭不獲,出關北上。
(〈留學日本一週年〉,《留日見聞》,法鼓全集 3 輯 4 冊,
法鼓文化,頁 21)
案:出關年月,〈留學日本一週年〉,《留日見聞》(法
鼓全集 3 輯 4 冊,法鼓文化,頁 21),作五十七年春;〈敬
悼白聖長老〉,《人生》(70 期,1989 年 6 月 15 日,版 1、
2),作五十六年;應係前者。

二月二十日,由悟一法師恭請中國佛教會理事長白聖長老
南下高雄美濃朝元寺為法師主持啟關典禮。是日參加
典禮者,有煮雲、淨心、浩霖、朱子占及鳳山蓮社蓮
友等共百餘人。
二十日晨搭乘由高雄縣佛教支會理事長淨心法師親自
駕駛的自備汽車,與白聖長老同車前往。典禮在上午十

時正開始，四眾佛子由白聖長老領導集合關房前，首先
三稱南無般若海會佛菩薩後，即請白公長老説法，繼由
悟一法師啟開關房之鎖，揭開封條時，聖嚴法師雙手合
掌，在眾唱「願消三障諸煩惱」偈後，步出關房，向白
老及大眾頂禮道謝。出關禮成。關師即隨白老至大殿禮
佛上供，亦請白老主法，關師隨後拈香。供畢，關師再
禮謝白公長老及朝元寺住持能淨長老、諸山法師，並恭
請白聖長老及悟一和尚先後作簡短開示。是日參加典禮
者，有煮雲、淨心、浩霖、朱子占、及鳳山蓮社蓮友等
共百餘人。（《菩提樹》，184 期，1968 年 3 月 8 日，頁
52）

出關後，先在鳳山蓮社講演佛法三天，而後北上善導
寺任該寺主講法師，並協助「臺北市佛教文化講座」
之策畫及主持。（〈悼念妙然法師〉，《悼念・遊化》，
法鼓全集 3 輯 7 冊，法鼓文化，頁 131）

二月二十五日起一連三天，每晚在臺北善導寺彌陀殿講
　「佛教的行為主義」（《菩提樹》，184 期，頁 52）。開
　講首日，南亭長老親蒞鼓勵，法師感動不已。（〈紀
　念南亭長老〉，《悼念・遊化》，法鼓全集 3 輯 7 冊，法鼓
　文化，頁 62）

三月十七日，農曆二月十九日，觀世音菩薩聖誕，講「佛

教救世的精神——觀世音菩薩之事蹟」於善導寺佛教
文化講座。（今收〈觀世音菩薩〉，《佛教入門》，法鼓全
集5輯1冊，法鼓文化，頁215-238）
案：此演講記錄即日後法鼓佛學小叢書之《觀世音菩
薩》。

發表〈彌陀經典的翻譯及初期中國的淨土信仰（譯自
望月氏之作）〉。（《無盡燈》，39期，1968年3月，頁7-8）

發表〈廬山慧遠的結社念佛及其思想〉。（《慈航》，
21期，1968年3月，頁15-19）

四月九日，應邀至輔仁大學大千學社講演「解脫道之層
次」。（網址：http://www.haihui.org.tw/buddha/opera/opera4.
html）

六月，《比較宗教學》由臺北中華書局出版。係由研究基
督教，進而蒐集世界各種宗教有關資料，並且主張各
宗教之信從者，均應有比較宗教學常識，期以彼此了
解、互相尊重、互相學習。
　　比較宗教學這門學問，不但在我國感到年輕，即在西
洋也不古老。近世以來，關於宗教問題的書籍，已經愈
來愈多。但在我們國內，要想求得一冊比較可取的入門
書，也不容易。所以我在研究佛學之餘，特別留心比

較宗教學的問題，並且計畫編寫一部這樣的書。到了
一九六六年秋天，我的書還沒有著手編寫，高雄的壽山
佛學院竟為我開了「比較宗教學」的課。此後經過半年
多的時間，便使我完成了本書的初稿。

　　由於這門學問在我們這裡非常年輕，所以本書的問世，
只希望擔負啟蒙的任務。我是站在人類學、社會學、歷
史和哲學的觀點上，由人類的原始信仰，至世界性的各
大宗教，予以客觀的討論和通俗的介紹。（〈自序〉，《比
較宗教學》，法鼓全集 1 輯 4 冊，法鼓文化，頁 3-4；另參見：
〈留學生涯〉，《聖嚴法師學思歷程》，法鼓全集 3 輯 8 冊，
法鼓文化，頁 86）

六月十九日，慈航中學創辦九週年。該校係為紀念慈航長
　　老所創辦，亦為臺灣光復之後，佛教所辦第一所中學，
　　但經營頗為艱苦。去年由慧嶽法師接任校長後，力圖
　　興革，增設廚藝科系並有設置獎助金之創舉。師關懷
　　其經營而作〈慈航中學的前途〉報導呼籲。（《海潮音》，
　　49 卷 8 期，1968 年 8 月 1 日，頁 30）

六月二十四日，越南萬行大學校長明珠法師參加在漢城
　　（案：於二〇〇五年一月改名首爾）召開之國際大學
　　校長會議後，應我政府邀請，來臺灣訪問五天。師與
　　之多次交談，證實越南佛教之復興確受太虛大師影響，
　　並了解越南佛教人才培育情形為有計畫、有步驟；對

比中、越佛教，深生慨嘆。

越南佛教的問題很多，急要大量的人才來用，卻沒有足夠的人才可用，到目前為止，比丘之中得到博士學位的人，僅有兩位。不過，越南佛教已有一套教育計畫，有計畫地培植佛教的高級人才，所以明珠上座在憂慮之中，尚有一些安慰，他告訴我：再過五、六年，他們就有幾十位博士可用了。目前，他們派有四、五十位比丘及比丘尼在世界許多國家留學，包括美國、法國、英國、德國、日本、印度、泰國、錫蘭等國。我又問他，越南派了許多比丘及比丘尼赴國外留學，當他們學成之後，有了向世俗社會中尋求出路的資格和本領之後，是否會脫下袈裟而去還俗呢？顯然，他對我這個問題感到奇怪，他說：不會的，當他們出國之先，已有了信仰和佛學的基礎，他們均有悲願，要將所學的拿回來振興越南的佛教，我們急需大量的人才來用，所以不會人才外流的。雖然在數十人之中也有一人返俗了，但他仍為佛教服務。

明珠上座在臺灣參觀了中部北部的佛教寺院之後，我問他對臺灣佛教的觀感。他很坦率地告訴我：佛教在臺灣，信徒方面尚無多大問題，出家人則頗有問題了，就是說素質不高，僅有下層或中層的，上層的知識分子太少了。他也盼望我們多向教育高級人才方面努力。

今日的越南佛教是急求人才運用而缺少人才運用；今日的中國佛教是需要人才而不能培植人才，有了人才竟尚無處運用人才。越南佛教的革新，是由於知識分子的

居士們的護持三寶，培植並鼓勵出家人的接受高等教育，此亦正如我國清末之有楊仁山居士，創辦祇園精舍，提倡佛教教育，太虛大師便是出身於此。如今的居士們，誰是現在楊仁山？如今的出家人，誰是現在的太虛？（〈與越南明珠上座的談話〉，《獅子吼》，7卷8期，1968年8月，頁10-12）

六月二十九日下午，與印海法師，陪同越南萬行大學校長明珠法師赴士林外雙溪山中，拜訪印順法師。請越南回國青年僑僧今三法師，隨同擔任通譯。（同上）

徐槐生居士有鑒於僧才培養之重要，發動集起「菩提獎學基金會」，專以獎助培育出家青年為主旨。法師特撰〈別開生面的獎學金〉讚揚，並呼籲支持。

栽植出家青年，便是弘揚佛法續佛慧命的基本工作。徐槐生居士不是一位大富長者，但卻能夠憑他的信念和願力，勸動了十多位善友，以分期付款的方式，每月每月地集腋成裘，開始先以三十名獎學金為基本名額，每學期每名發給六百元的獎金。因為這是關乎我們整個佛教前途的一大善舉，我也要以極其虔敬的心情，向我們全體的僧俗大德們呼籲，請大家來支持這個基金會，因為這是以獎勵我們教團僧才為主要對象的基金會。佛法興隆，在家居士，和出家僧尼，都有責任，但在原則上總是以出家僧團為中心的，所以擁護三寶的方法，當以

培育後繼的僧尼人才為要務。建寺、塑像、印經,均有無量功德,但是,若能培育更多的德學兼優的僧才,一位大德高僧,就能化度千萬眾生,乃至影響整個國家和世界,所以這種功德之大,更是不可限量。(《獅子吼》,7卷6期,1968年6月,頁26)

七月二十日,朝元寺開山能淨長老示寂於高雄美濃,享年八十二,僧臘六十一,戒臘五十夏。於二十四日,禮請法師南下,主持荼毘儀式。火化後,撿獲舍利十數粒。(《菩提樹》,189期,1968年7月20日,頁50)

七月,〈西藏佛教史〉開始連載於《香港佛教》。(《香港佛教》,98期,1968年7月,頁5-9、33)

八月,發表〈中國佛教藝術的價值〉於《佛教文化》,述佛教建築與雕刻。(今收〈中國佛教藝術的價值〉,《學術論考》,法鼓全集3輯1冊,法鼓文化,頁294-318)

九月,發表〈印度的佛教藝術〉。(《無盡燈》,41-42期,1968年9-12月)

案:法師於翌年三月赴日,臺北一年間除月日可繫者外,另有事蹟如下:

　法師主持講座一年間,通俗講演外,完整講述《八識

規矩頌》、《大乘起信論》，係由常聽眾趙茂林居士發
起勸請。聽眾多則近百，少則三、四十，以中上知識分
子、男士居多。（〈悼念趙茂林老居士〉，《悼念‧遊化》，
法鼓全集 3 輯 7 冊，法鼓文化，頁 157）

　　此外，並先後應邀至輔仁大學大千學社講演「解脫道
的層次」，又至中國文化學院慧智學社講演「福慧雙修
與人生的前途」。（《菩提樹》，188 期，1968 年 7 月 8 日，
頁 53）

民國五十八年／西元一九六九年

聖嚴法師四十歲

年初，於臺北善導寺，講授《八識規矩頌》。（〈自序〉，《探
索識界——八識規矩頌講記》，法鼓全集 7 輯 9 冊，法鼓文化，
頁 4）

**數年來，與留日返國之慧嶽法師、楊白衣居士、張曼濤居
士……等人接觸時多，渠等一致力勸法師赴日一行。
而陸續研讀日文佛教著作，亦發現日本佛教教育設施、
學術研究，確有成就。為改善當時國內佛教教育普遍
低落、僧眾不受重視之現象，法師因有「捨我其誰」
之慨。**（〈留學日本一週年〉，《留日見聞》，法鼓全集 3
輯 4 冊，法鼓文化，頁 18-22）

由於基督教的刊物指名挑戰，以及公開的叫陣，說當
時的佛教界，中國的佛教徒，已經沒有一個懂得梵文，
而那是佛教的原典語文，不像天主教的神父或教士們，
拉丁語的《聖經》原文，是必修的課程，而且是每天都
在讀誦。我經過這樣的一種刺激，雖然年紀已經快要
四十歲，還是打著勇氣說：「捨我其誰！」同時，我的
好友張曼濤先生正在日本京都留學，常常給我寫信，寫
的都是長信，討論的都是宗教、哲學、佛教、佛學等的
天下大事、歷史大事。信中總會勸我，不管怎樣，到日

本看看。而且我的剃度師東初老人，也贊成我出國留學，乃是我所意想不到的事。尤其是，由於國內佛教教育普遍地低落，僧眾不受一般人的重視，由於沒有高等教育的學位，甚至也被禁止進入各大學去向學佛青年說法。為了提高佛教的學術地位以及僧人的素質，以備開創佛教教育的新局面，我就毅然決然地發願去留學日本。事實上，在山中讀了許多日文的佛教著作之後，發現日本在佛教教育設施及學術研究方面，確實已有了輝煌的成就，儼然已執世界佛教動脈的牛耳。

就這樣，我於一九六八年二月，走出關房，離開高雄美濃的山區，到了臺北，暫住於當時的首剎「善導寺」，以一年的時間，做日本語文的聽和寫的準備。（〈留學生涯〉，《聖嚴法師學思歷程》，法鼓全集3輯8冊，法鼓文化，頁85）

而後由慧嶽法師全力促成，並經留學東京之吳老擇先生奔走接洽，為法師及在泰國留學之淨海法師辦妥赴日留學手續，獲得東京立正大學入學許可。（〈留學日本一週年〉，《留日見聞》，法鼓全集3輯4冊，法鼓文化，頁21-22）

當我決定了留學日本的考慮之後，正在日本留學中的朋友，以及已從留學歸來的朋友，都很熱心地提供了我不少的建議。在京都方面的人說，如果想了解日本文化的純樸踏實，最好是到京都。在東京方面的朋友，則強

調近代日本文化的重心，不在京都，而在東京。東京不僅是日本文化的中心，也是今天世界文化幾個重要的集散中心之一；唯有到了東京，才能夠感受到日本佛教學術文化的脈動，也能夠呼吸到世界佛教的學術研究環境的空氣。結果，我是到了東京，不過不是因為我聽了他們任何一個人的建議，乃是由於京都那方面，沒人替我擔保。可是剛從日本東京立正大學學成回國的慧嶽法師，卻一口答應替我辦成。同時，另有一位吳老擇先生，正巧渡假回來，就拜託他替我去奔走，拿著慧嶽法師的介紹信以及我個人的資料，找到了慧嶽法師的指導教授坂本幸男博士。真的非常簡單，很快就辦好而收到了從東京寄來的入學許可書。（〈日本佛教面面觀〉，《聖嚴法師學思歷程》，法鼓全集 3 輯 8 冊，法鼓文化，頁 106-107）

由於前昔赴日留學之僧侶，返俗者多，頗令教界人士灰心。影響所及，唯恐法師此行將易裝返俗，因此長老不贊成、居士不護持，致使經費無著。

　　有人故意在交談之中說給我聽：「中國佛教真是悲哀，又要損失一位法師了！」有人問我：「你可要帶些在家衣物去在日本備用？」有人給我寫信責問：「你是否討厭你現在的法師身分？假如你不想還俗的話，勸你留在臺灣。」……有一位居士竟聯絡了好多位道友向我勸阻，後來又給我寫信說：「留日三年，不如在臺灣面壁三天。」有一位愛護我的法師也向我的在家弟子們勸說：「你們

如果真的敬愛你們的師父，那就不要供養他經費，否則等於幫助你們的師父還俗。」（〈留學日本一週年〉，《留日見聞》，法鼓全集 3 輯 4 冊，法鼓文化，頁 23）

當時，因為從臺灣出去的留日佛教青年之中，還沒有一個學成回國的。所以我的師父經過考慮之後，反對我出國；原來答應支持我出國留學經費的一位南洋華僑佛教徒也變了卦。我在一九六九年三月十四日，離開臺北飛往東京之時，除了一張機票之外，真是阮囊羞澀，幾乎是在國內佛教界的一片反對聲浪中，踏上了留學異國的征程。（〈留學生涯〉，《聖嚴法師學思歷程》，法鼓全集 3 輯 8 冊，法鼓文化，頁 86）

記得當我來日本之先，請教印老的意見，他雖未說不贊成，但卻說了兩點意見：第一是凡為有了寺院住持職務在身的人，不論僧尼，均會於學成之後以本來面目回國，否則就很可能一去不返了。第二是若為學習日本學者們現代西洋式的治學方法，不去日本，同樣可以達到目的。（〈劃時代的博士比丘〉，《評介・勵行》，法鼓全集 3 輯 6 冊，法鼓文化，頁 58-59）

樂老親歷抗日戰爭，對於日本軍閥，深惡痛絕，尤其日僧帶妻食肉，不忌葷腥菸酒，覺得日本佛教倒行逆施，一無是處，故對我的留學日本，大大不以為然。（〈悼念樂觀長老〉，《悼念・遊化》，法鼓全集 3 輯 7 冊，法鼓文化，頁 82-83）

法師因經費無著，亦有放棄之心理準備。淨海法師來信鼓勵，謂此為出國深造之最後機會；應克服萬難、祈求三寶加被。（〈留學日本一週年〉，《留日見聞》，法鼓全集 3 輯 4 冊，法鼓文化，頁 22-23）

法師以逆緣實推動向上之增上助緣，下定決心赴日留學，並在佛前祈願：為重振中國佛教文化及教育而留日，絕不改裝、絕不葷食、絕不打工、絕不變志還俗。願文云：

　弟子聖嚴，此番為求中國佛教文化及教育的重振，而去日本留學，去後絕不改裝，絕不放棄素食，絕不以做散工來換取生活費用。若我佛教尚有前途可為，敬乞三寶加被，助弟子完成學業。倘以弟子無福無德而非其選者，則在糧盡援絕之時，使之立即返回祖國，再度入山，閉門思過，絕不因此灰心而變志還俗。（〈留學日本一週年〉，《留日見聞》，法鼓全集 3 輯 4 冊，法鼓文化，頁 30）

志以僧侶型範，力迴近世教界不重慧學之傾向，以維繫中國佛教命脈。

　近世以來，中國佛教，不論在戒定慧的哪一方面，都在沒落退潮之中，主要原因是，佛教的人才太少，雖仍不乏苦修戒定的人，但以慧學不夠，終無法產生可大可久的影響作用。近世中國佛教界，正因為不重視慧學，

也可以說不夠資質深入慧學——佛教法義的堂奧，所以
不鼓勵法義的廣泛研究，甚至於詆毀法義之學，與生死
大事無關，反而是解脫生死的絆腳石。因此，第一流的
學問之士，不易為僧團接受，稍微有了學問基礎的僧侶，
也自覺得要比一般的同道高明，一旦發現不能和現實的
環境同流，便會自然而然地離僧而去，這是佛教的最大
的損失和不幸！

當我經過在臺灣深山中的將近六年的獨自修學之後，
不久，竟然會來到日本，做起留學僧來，在一般人的看
法，認為我已放棄了以往的宗旨，另外走上返俗或趨向
返俗的目標了。其實，在我本身，絲毫沒有改變的打算。
我雖對於改變了的人，同樣抱著尊敬的態度，但我仍覺
得佛法的中心，宜以僧侶的型範，作為命脈的維繫者。
（〈劃時代的博士比丘〉，《評介‧勵行》，法鼓全集3輯6
冊，法鼓文化，頁53-54）

春，南下鳳山向煮雲法師辭行。高雄興隆寺天乙法師派弟
子心志、悟因二位法師來鳳山蓮社致贈路儀。煮雲法
師亦慨允無息借款一萬元。（〈敬悼煮雲法師〉，《悼念‧
遊化》，法鼓全集3輯7冊，法鼓文化，頁74）
案：心志、悟因二位法師即日後創建香光尼僧團之大德。

善導寺文化講座聽友王澤坤居士亦於多人反對觀望
時，供養路儀一千元。（〈悼念王澤坤居士〉，《悼念‧

遊化》，法鼓全集 3 輯 7 冊，法鼓文化，頁 137-138）

三月十三日，赴日前夕，借善導寺彌陀殿向道友告別，到
　　百餘人。法師報告東渡目的。散會際，淨空法師為大
　　眾攝團體照。（〈留學日本一週年〉，《留日見聞》，法鼓
　　全集 3 輯 4 冊，法鼓文化，頁 30-31）

　　同日，東初老人臨行訓示，勉法師學習法顯、玄奘、
　　義淨之西遊，或效法空海、最澄、圓仁等之入唐。（〈學
　　術化的日本佛教〉，《留日見聞》，法鼓全集 3 輯 4 冊，法
　　鼓文化，頁 195）

　　赴日留學，結束善導寺與悟一、妙然二法師一年多共
　　住生活。
　　　對這一段人生經歷，感到相當遺憾，悟一及妙然二師
　　本來都是我的同鄉道友，對我都很關心照顧，經過一年
　　多的同住共事之後，反而變得疏遠了！總覺得這是我在
　　做人處世方面的一大缺點，使我更難忘懷的是，始終尚
　　不知其原因何在？（〈悼念妙然法師〉，《悼念 · 遊化》，
　　法鼓全集 3 輯 7 冊，法鼓文化，頁 133）

三月十四日，乘華航班機赴日。數十位師長、道友赴機場
　　送行。（〈留學日本一週年〉，《留日見聞》，法鼓全集 3
　　輯 4 冊，法鼓文化，頁 32）

是夜，抵東京。由淨海法師、慧定尼師接機後，送抵
住處。淨海法師已租屋買具，備妥一切什物。

　　淨海法師先到東京一個月，已經將我們兩人的住所及
炊具、食物、應用家具，全都準備妥了，真是難為了他，
所以慧定尼師一再說我有福報，淨師為找房子，跑了多
天，碰了好多壁，我卻完全坐享其成。（〈留學日本一
週年〉，《留日見聞》，法鼓全集 3 輯 4 冊，法鼓文化，頁
45）

所租屋為一間四個半榻榻米小房間，隔板與俗人為鄰。
月租約二十五美金。（〈我的留學生活〉、〈日本的寺院
和僧伽〉，《留日見聞》，法鼓全集 3 輯 4 冊，法鼓文化，
頁 61、286）

案：初抵日本時與淨海法師同住；後，淨海法師分開另住，
並於獲得佛教學碩士學位後，於一九七二年應紐約中華
佛教會妙峰法師邀請赴美國弘法。

房東和知虎喜夫婦，為日淨土宗信徒，略諳佛法，且
知中國法師為真比丘，常致供養，降低租金，用表敬
僧。（〈留學日本一週年〉，《留日見聞》，法鼓全集 3 輯 4 冊，
法鼓文化，頁 46-47）

日本無素食館，故伙食自理。每三日上菜市買菜，並
於數日之內學會炊事。

　　一到營業時間，菜市裡擠滿了家庭主婦，尤其是廉價品的攤位之前。我這個光頭的和尚，提著菜籃，夾在大群的婦女之間，已不像話，怎麼好意思去爭和搶呢！都是選在快要下市的時候去，買它一大堆。（〈我的留學生活〉，《留日見聞》，法鼓全集 3 輯 4 冊，法鼓文化，頁 72-73）

三月二十四日，南亭老法師來函指點學習目標；寄望帶回一套復興中國佛教之計畫。

　　日本佛教有其短處，亦有其長處，我望你去短取長帶回來一套復興計畫。惟我國人，不論在家出家，有同一「不爭氣」的毛病，等於麻木，思之令人浩嘆。忍勞耐苦，你一定能守。（〈留學日本一週年〉，《留日見聞》，法鼓全集 3 輯 4 冊，法鼓文化，頁 40）

白聖老法師亦來函深切期許，並指示不許離開僧團。

　　仁者已到日本就讀，甚喜！盼達成願望，載譽歸來。你與淨海法師，此去只許成功不許失敗，如果你們兩位也一去不回（僧團）的話，大家都說，中國佛教會決定從此停止辦理留日手續的批准及轉呈了。（〈留學日本一週年〉，《留日見聞》，法鼓全集 3 輯 4 冊，法鼓文化，頁 40）

名書畫家吳萬谷居士、日本大正大學安居香山副教授

等人,對法師放下名利赴日求學,亦皆同表讚佩。(〈留
學日本一週年〉,《留日見聞》,法鼓全集3輯4冊,法鼓文化,
頁 35-36)

即起,吳老擇先生介紹請大正大學退休講師牛場真玄
先生指導日文;牛場先生不收費,勉多用功少用錢。
　一般留日學生,大多先進「國際學友會日本語學校」,
一年之後,再進日本的大學。我們卻作了另外的決定。
首先由吳老擇先生介紹了牛場先生。本來家庭教師均要
報酬,而且相當的貴,牛場則不談這個,甚至拒絕接受
我們送他的水果及點心,在日本一年以來,他待我們最
關心,也使我們最感激,他懂得中國現代佛教徒的苦悶,
也感念日本佛教的主要源頭是發自中國,見到我們,像
是見到了落難中的故鄉親屬的遺族子弟,頗有不勝噓吁
之感。(〈留學日本一週年〉,《留日見聞》,法鼓全集3
輯4冊,法鼓文化,頁 48-49)

另請同窗好友三友苔雄指導日語會話。(〈留學日本一
週年〉,《留日見聞》,法鼓全集3輯4冊,法鼓文化,頁
50)

四月一日,東初老人來函指示:宗教價值在精神熱忱,不
在學術文化。並加期勉,情意殷重。
　(東初老人云:)經數年來徹底考慮,深覺宗教存在

的價值（佛教在內），只是精神熱忱（意志、願心在內），不在學術文化。宗教要是走上學術化，是走下坡，趨向滅亡。儘管釋尊說了三藏十二部經典，但其重心仍然在道——精神。（〈留學日本一週年〉，《留日見聞》，法鼓全集 3 輯 4 冊，法鼓文化，頁 36）

上海時期佛學院同學幻生法師自臺來函，建議以宗教制度等問題為研究目標，作為將來改革中國佛教之藍本。

　　吾兄赴日深造，弟意不欲斤斤計較學位之獲得，最好還是認真從事某些工作之研究，如日人治學之方法、教會（各宗）之制度、出家僧眾之教育與管理；對在家信眾弘法及聯繫之內容與方法；關於這些問題，希望吾兄加意研究，取人之長，補己之短，作為將來改革中國佛教之藍本。（〈留學日本一週年〉，《留日見聞》，法鼓全集 3 輯 4 冊，法鼓文化，頁 38）

四月初，由王心明居士導遊，偕淨海法師、慧定尼師、以及旅美返菲過境東京之菲律賓僑領劉梅生居士，同訪淺草翠雲堂佛具店、金龍山觀音寺、鎌倉大佛、八幡宮、建長寺、長谷寺，以及橫濱「孝道教團」本山——孝道山。（〈初到東京所見的日本佛教〉，《留日見聞》，法鼓全集 3 輯 4 冊，法鼓文化，頁 10-13）

四月六日，同前一行五人，參觀位於中野區、日蓮宗新教
　　派「立正佼成會」聖堂。該會所建坪計九千多坪，可
　　容三萬五千人。（〈初到東京所見的日本佛教〉，《留日
　　見聞》，法鼓全集 3 輯 4 冊，法鼓文化，頁 15-16）

劉梅生居士引導一大學剛畢業青年本保正長來接受三
　　皈，另有馬來西亞留日華僑陳亞榮亦同時參加。此為
　　法師抵日後，首度證授之皈依禮。（〈留學日本一週年〉，
　　《留日見聞》，法鼓全集 3 輯 4 冊，法鼓文化，頁 55-56）

四月上旬，法師入學之立正大學大學院（研究所）開學。
　　該大學為日蓮宗所支持建立；有教授六十位、副教授
　　三十五位、講師一百三十六位。名教授有坂本幸男、
　　金倉圓照、布施皓岳、石津照璽、石田茂作等人。（〈東
　　京的佛教大學〉，《留日見聞》，法鼓全集 3 輯 4 冊，法鼓文化，
　　頁 333-337）
　　案：日本學校第一學期約為四月至七月，第二學期為九
　　月至一月。

教授學者多肯定修持為宗教核心，如：布施皓岳博士
　　第一次上課時，即與法師相談甚久，並盼法師於禪修
　　繼續用功。
　　　布施皓岳是昭和十八年的博士。第一次上他的課，一
　　開始就和我提起印度、中國、日本佛教的演變，說中國

的已不像印度的，日本的也不像中國的，但有一個原則，如果不假以實際的修持，尤其是禪定工夫的體驗，一切的經教法相都是無用的，他說他看我的樣子一定很有修持，更盼我能在禪定上多用工夫。（〈東京的佛教大學〉，《留日見聞》，法鼓全集 3 輯 4 冊，法鼓文化，頁 338）

五月十日，祖印法師自美來函，建議留意日本佛教之組織制度事宜，俾能參考而研擬出振興中國佛教之良方。（〈留學日本一週年〉，《留日見聞》，法鼓全集 3 輯 4 冊，法鼓文化，頁 39）

六月，法師撰〈初到東京所見的日本佛教〉刊於《佛教文化》季刊（12 期）；報導初抵東京所參觀寺院、古蹟，以及在家佛教教派：孝道山、立正佼成會誦經活動。法師認為：激起民眾信仰熱忱，使佛教信仰與現實民眾生活配合等方面，日本佛教界頗有值得學習之處。（〈初到東京所見的日本佛教〉，《留日見聞》，法鼓全集 3 輯 4 冊，法鼓文化，頁 7-17）

六月七日、八日，由牛場真玄先生引介，參加第二十屆「印度學佛教學大會」，並入會為會員。牛場先生並引導法師及淨海法師對該屆會議主辦學校——大正大學巡禮一番。（〈東京的佛教大學〉，《留日見聞》，法鼓全集 3 輯 4 冊，法鼓文化，頁 324-325）

八月五日，父親張公選才逝世，享年八十高壽。然因大陸
音訊阻隔，並未獲知。於二十年後（一九八八年）返
大陸探親時始得知。（〈三七、小海鎮的大姊家〉，《法
源血源》，法鼓全集 6 輯 2 冊，法鼓文化，頁 132）

八月八日，由立正大學同學李俊生先生引領，訪駒澤大學。
　　駒澤大學是曹洞宗所辦，建校理想也根據禪的原則和
精神，要做到「行解一如」的境地，要將佛法切合於近
代人的思想、文學、藝術，以及社會生活，來完成人類
理想的建設。……雖以禪為主，梵文和巴利文、哲學、
歷史等也極注重。（今收於〈東京的佛教大學〉，《留日見
聞》，法鼓全集 3 輯 4 冊，法鼓文化，頁 318-324）

九月，撰〈東京的佛教大學〉，發表於《香港佛教》（113
期）。介紹東京四所佛教大學：駒澤大學、大正大學、
立正大學、東洋大學。（今收於〈東京的佛教大學〉，《留
日見聞》，法鼓全集 3 輯 4 冊，法鼓文化，頁 311-343）

　　《世界佛教通史（上冊）》，由臺灣中華書局出版。
該書包括印度、西藏、日本等三地區佛教歷史。法師
先是研究戒律、外教，進而致力佛教史，自民國五十
年起著手編寫此書，原擬出版上、中、下三冊，今先
行出版上冊。全書係以現代史學觀點，客觀而深入地
介紹佛教。期以教團活動與教派思想為經緯，社會環

境時代變遷為背景，掌握佛教源流，了知其不變之原則與肆應之變化。〈自序〉云：

佛教乃是一個源遠而流長的宗教，我們若想對它作比較客觀而又深入的了解，最好能有一部世界性的佛教通史，可是，縱然在出版佛教新書最多的日本，也無法求得這樣的一部書來。

因此，深深地感覺到，我們確有編寫一部能為現代人所接受的佛教通史的必要。同時，當我寫了《戒律學綱要》及《比較宗教學》兩書之後，又發現我國古來的高僧之中，凡是重視戒律和研究外教的人，大多也會致力於佛教史傳的編纂和撰著，例如梁代的僧祐律師，弘揚《十誦律》，撰寫《弘明集》十四卷；他的弟子寶唱律師，撰寫《比丘尼傳》四卷。撰寫《高僧傳》的梁代高僧慧皎，也是兼弘經律的。唐朝的道宣律師，是中國南山律宗的鼻祖，但他撰有《續高僧傳》三十卷、《廣弘明集》三十卷、《集古今佛道論衡》四卷。這一發現，對於我的鼓勵極大。

我們編寫本書的原則，是以各個地區的社會環境及其時代變遷作為背景，以佛教教團的活動以及教理思想的開展作為經緯。根據重要的史書史料，盡量採納多數近代學者所持的觀點，基於理性的態度，用現代化的文字形式，透過時代思潮的要求，介紹時代大眾所能接受的世界佛教。（〈《世界佛教通史》上冊自序〉，《書序》，法鼓全集 3 輯 5 冊，法鼓文化，頁 156-158）

案：此書雛型原為多年前與留日青松法師、留泰淨海法師往來討論數月，擬訂撰著《世界佛教通史》之原則與分工。中國部分，由聖嚴法師擔任；印度，日韓，蒙藏，歐美部分，由青松法師擔任；東南亞部分，由淨海法師擔任。唯原由青松法師擔任之印、日、藏部分，後來仍由法師承擔，即為今年由中華書局出版之《世界佛教通史（上冊）》；東南亞部分，則淨海法師於完成後題名《南傳佛教史》另由正聞出版社出版。下冊之西域、中國部分則未出版。另參見一九六四年八月。各書今皆由法鼓文化出版。

該書出版後，駒澤大學副教授佐藤達玄盛讚不已，並請法師譯成日文。（〈留學日本一週年〉，《留日見聞》，法鼓全集3輯4冊，法鼓文化，頁51）

十月，原日文教師牛場先生因研究工作繁忙，故改請李添春居士二公子李俊生先生教讀日文佛教書籍。（〈留學日本一週年〉，《留日見聞》，法鼓全集3輯4冊，法鼓文化，頁50）

秋，東初老人為《中日佛教交通史》之編撰，東遊日本，訪尋史料。至聖嚴法師與淨海法師共租日式木屋中，小住一週。期間，聖嚴法師陪侍老人，「遍訪東京、橫濱、鎌倉、京都、奈良、神戶各地名勝大剎，佛教

領袖，著名學者，曾與中村元、佐佐木順等名教授，
就佛教現代化，學術化等問題，坦誠交換意見。」（〈東
初長老略傳〉，圓香，《東初老和尚永懷集》，東初老人全
集 7，臺北：東初出版社，1987 年 12 月，頁 5；〈東初老人
簡譜〉，釋果徹，《中華佛學研究》，2 期，中華佛學研究所，
1998 年 3 月初版，頁 1-48）

十一月，撰〈學術化的日本佛教〉，發表於《香港佛教》
（《香港佛教》，115 期，1969 年 12 月，頁 5-14）。報導
日本佛教現狀與趨勢為：研究風氣高揚、實修風氣消
沉。然認為：學術研究實亦維繫佛法之方便，可供中
國佛教發展參考。

　　日本佛教的趨勢，是研究風氣高揚，實修的風氣消沉。
有人要說：「學佛為了生死，研究乃是生死的資糧；參
禪悟道，便能解決一切問題，研究發表，無非是生死的
葛藤。」這種觀念，我當然是贊成的。若能修行得力，
自以修行為上，否則若就其次，研究發表仍是維繫佛法
慧命的方便之一。我們處身末法時代，不用自棄，也不
得自慢。假如標榜修行而僅是口號，反對研究又成了事
實，那是很悲哀的！中國佛教的將來到底該走什麼路？
這是大問題，現在且把現代日本佛教的研究風氣作一個
介紹。（〈學術化的日本佛教〉，《留日見聞》，法鼓全集
3 輯 4 冊，法鼓文化，頁 202-203）

十二月，為旅日華僑毛慶藩、鈕南雷二居士舉行皈依禮，為取法名：正智、正慧。

當我尚未來日之前，毛正智居士就已看了多年的佛書，也是臺灣出版的《海潮音》及《菩提樹》兩種佛刊的長期讀者，所以當他從《菩提樹》的消息中，知道我到了日本，立即寫信到立正大學佛教學研究室，把我找到，他在信中對我推崇備至，經過交談，始知他雖看佛書，也知供養僧人，但尚不是三寶弟子，……我發覺他是一位宗教大同盟主義的信仰者。由於我研究過比較宗教學，故被認為是難得遇到的僧人了。因此見了一面之後，對我更加敬仰，在他的信仰上也更進一步地接近了正信的佛教。（〈留學日本一週年〉，《留日見聞》，法鼓全集 3 輯 4 冊，法鼓文化，頁 56-58）

是年年底，修昆璞居士去世。與清度法師為之誦經超薦以鼓勵人信佛。

新曆年底，有一位曾皈依倓虛、定西、樂果等東北三老的修昆璞居士去世。他是在東京華僑之中，我所知道的兩、三位正式皈依了三寶的正信居士之一。當他病逝醫院之後，清度法師即打電話給我們，要我們誦經。為了鼓勵更多的人信佛，對於一位正信的居士，我們應該答應。（〈留學日本一週年〉，《留日見聞》，法鼓全集 3 輯 4 冊，法鼓文化，頁 52-53）

民國五十九年／西元一九七〇年

聖嚴法師四十一歲

一月中旬，因鈕正慧居士薦請，與淨海法師為正信佛教徒
　　張居士超薦；因而結識前駐日公使陳先生。陳先生與
　　日本數大圖書館負責人熟識，甚願助法師完成影印中
　　國已佚佛教珍貴文物之願望。（〈留學日本一週年〉，《留
　　日見聞》，法鼓全集 3 輯 4 冊，法鼓文化，頁 53-54）
　　案：將中國失佚漢文佛典，影印帶回祖國事，當時曾得
　　美國沈家楨居士通信詢問，後因趕寫碩士論文，未能積
　　極推動。（〈倡印《續編大藏經》〉，《菩提樹》，228 期，
　　1971 年 11 月，頁 24-25）

二月，由牛場真玄先生介紹，往大正大學拜訪關口真大博
　　士。關口博士為研究達摩禪、天台止觀權威。法師於
　　會談中坦述：此來非為學習日本佛學，實為學習日本
　　佛教學者所利用工具。（〈留學日本一週年〉，《留日見
　　聞》，法鼓全集 3 輯 4 冊，法鼓文化，頁 41-42）

〈留學日本一週年〉發表於國內《菩提樹》月刊（208、
　　209 期）；述留學因緣、遭遇困難，以及一年來進修生
　　活。辨明學術與宗教之異同，說明佛教為宗教，但不
　　排斥學術；故自述留學志趣在於：以學術輔佐宗教精

神之實踐，以學術作為通往宗教領域之橋樑。

古來高僧，無一不博覽群書，甚至著作等身，像印度的龍樹、無著、世親，中國的智者、賢首、玄奘、窺基、道宣、道世，都是學冠當世的大學問家，但是，他們之為佛教的祖師而非學問家者，原因即在於他們所重的不是學問，而在宗教的精神。今天的日本佛教，就是走上了學術化的「末路」。學術化未嘗不善，但它能夠破壞宗教的情操，乃為可能的事，宗教家與學術家之間的同異點，也是極易判明的事。

我一向的態度，以及個人的願望，從未想到要使自己成為一名學問家，尤其不喜把我稱作「作家」，因我明白自己的身分和性格，但是，佛教之作為宗教，絕不如其他神教之為了宗教的理由應當放棄學術，或違背學術，乃至反對學術。所以我是宗教師，卻不排斥他人保持學術文化的態度。我來日本，是為了宗教精神的實踐而求知識學術的輔佐，並非僅以學術的追求為目的，不過是以學術作為通往宗教領域的橋樑。（〈留學日本一週年〉，《留日見聞》，法鼓全集 3 輯 4 冊，法鼓文化，頁 37-38）

二月中旬至三月底，學校春休（春假），赴日後首度返臺，探視師長。

四月，碩士班第二年。學分大多修畢，全力撰寫碩士論文。因目標在於中國佛教前途，故選定以學行兼顧之天台

宗名著《大乘止觀法門》為研究主題。

我為什麼要選擇這個論題？因為我是中國沙門，我的目標仍為中國佛教的前途。誰都知道，我國佛教，一向注重學行兼顧或悲智雙運，以實踐佛陀的根本教義或菩薩精神的自利利他法門。而在今天的日本，就是把佛陀的教義當作了學術化，並非拿來作為自己修證的指針。（〈前言〉，《大乘止觀法門》，法鼓全集1輯2冊，法鼓文化，頁5-6）

我的指導教授，華嚴學的專家坂本幸男教授給我建議，中國人，年紀又大了，而且開始得晚了，要專攻印度佛教，不是不可能，但是花的時間可能要多些，最好還是選出中國佛教的題材來寫。坂本先生正好為我們講解中國天台宗的初祖慧思禪師的名著《大乘止觀法門》。就以「大乘止觀法門之研究」為題。（〈留學生涯〉，《聖嚴法師學思歷程》，法鼓全集3輯8冊，法鼓文化，頁89）

四月十四日，立正佼成會普門會館落成，應邀前往參觀。該會館地基約三千坪，樓高六層。各項會議、活動設備皆為日本之首。（〈溫和活躍的日本在家佛教——立正佼成會〉，《留日見聞》，法鼓全集3輯4冊，法鼓文化，頁267-268）

撰〈日本佛教的歷史方向〉，介述日本從接受我國文化移植、佛教移植，乃至自創之淨土真宗、禪宗、日

蓮宗；以及今日新興之創價學會、立正佼成會等教派。
今日新興教派，大都著重現世利益，對輪迴及成佛問
題，置而不論。（〈日本佛教的歷史方向〉，《留日見聞》，
法鼓全集 3 輯 4 冊，法鼓文化，頁 269-274）

法師留學日本，因反對聲浪甚大，後援有限，擬於碩
士學位完成後，束裝返國。指導教授坂本幸男博士勸
慰：「道心之中有衣食，衣食之中無道心。」（〈我的
留學生活〉，《留日見聞》，法鼓全集 3 輯 4 冊，法鼓文化，
頁 78；〈我的博士論文〉，《聖嚴法師學思歷程》，法鼓全
集 3 輯 8 冊，法鼓文化，頁 114）

五月，幻生法師於臺灣發表〈寄向東瀛〉，係回應法師二
月所作〈留學日本一週年〉，對法師留日志意深表同
情，更盼望法師能在日本多留幾年，並引介日本佛教
學者之重要著作，以開闢國內學術研究新領域。（〈我
的留學生活〉，《留日見聞》，法鼓全集 3 輯 4 冊，法鼓文化，
頁 78）

師於六月二十四日作〈留日學僧的願望〉，回應幻生
法師。告以因為經濟問題，預定明年碩士階段完成後
返臺，目前準備多購書籍，以供返臺後從事編譯工作。
　　留學日本的中國僧人，不易獲得國內教界的贊助。因
此，當我尚未得到經濟的來源保障之前，便得預定在明

春結束留日的生活。

　　如果我想在日本繼續住幾年的話，可能要在社會福利及弘化事業上花費一點心血，為華僑界做一點我們出家人所應做而可做的事（當然不是趕經懺），假如做得好，說不定還能為中國佛教以後來日留學及訪問的僧尼，留下一點什麼的。

　　上月，楊白衣居士來信問我，明年回國後，準備做什麼？我說我的願望是回國之後，可能先找一個幽靜地方，再掩幾年關，因我覺得，這是比較容易求得的事。

　　在日本期間，最大的願望是能有較多的錢，購買較多的佛教出版物。假如留日數年而不帶若干書籍回來，便派不上用途了。若要寫書，必先購書與讀書。因我覺得，以我的能力所及，至少如您所說，該做一些「將日本佛教學者有價值有思想的著作，介紹到中國來」的工作。「給我們的學術界，開闢一個新的研究領域」。最好能如近世的日本佛教界，通常均能結合數十位乃至百數十位學者，分別負擔部分工作，集體完成一大部一大部的類書、叢書、全書、辭書。我們的人才雖不能和日本比較，若能聯絡了通曉中、日兩種文字的若干學者（應當包括像您這樣的人才在內），信其亦可完成一些意義重大的編譯工作。（〈留日學僧的願望〉，《菩提樹》，213 期，1970 年 8 月，頁 29-30）

　　《菩提樹》來往諸文刊出後，不意於海外獲得回響。六月

十九日，接《菩提樹》月刊主編朱斐居士來函，謂有瑞士某正信居士無條件提供學費生活費，助法師努力修學佛法。

朱斐居士的來信，為我帶來了意想不到的佳音。謂有一位正信佛教徒，願助我學費及生活費，沒有任何條件，但盼我能為佛法的修學而努力就好，問我一年的全部費用，需要美金多少？他將從瑞士匯錢來。記得智光老和尚曾經告誡我說：「出家人，切勿倒果為因。受人布施是因不是果，造了受施的因，必將要付出報答的果。」所以我根據當時的最低標準估計，回了一信，以致後來由於物價及學費上漲，不得已，又勞朱斐居士代我向美國一位居士募來了五百美元。（〈我的留學生活〉，《留日見聞》，法鼓全集 3 輯 4 冊，法鼓文化，頁 79）

由於該居士身分、名姓不欲人知，故經朱斐居士居間數度聯繫，第一年費用美金一千八百元於八月寄達日本。

本刊海外一讀者，為了使留日攻讀於立正大學的聖嚴法師，於修完碩士學程後，能繼續攻修博士學分起見，經數度與本刊編者及聖嚴法師書函往返磋商後，決定供給聖師繼續留日深造的全部費用（學雜費及生活費），每年供養美金一千八百元（合新臺幣七萬二千元）。第一學年的全部費用，已由該一深明三輪體空，布施不願揚名的某僑領直接匯到日本。（《菩提樹》，214 期，

1970 年 9 月，頁 46）

師旋於同期《菩提樹》月刊登函致謝，並請教其對中
國佛教關心主題，用供參考。

案：此「瑞士居士」即美國佛教會沈家楨居士。另參見
一九九八年五月。

七月，報導〈日本戰後的寺院經濟〉。（《慈明》，9 卷 10 期，
1970 年 7 月，頁 14-15）

八月，印海法師訪日。法師陪同往高野山訪問，夜宿高野
山親王院。經住持高野山大學中川善教教授介紹，了
解高野山修學密法之資格與條件。（〈日本的寺院和
僧伽〉，《留日見聞》，法鼓全集 3 輯 4 冊，法鼓文化，頁
286-287）

十月，參觀立正大學「大學祭」──校慶節。校慶長達一
星期，由學生作活動成果展示。深感日本學生在個人
智能上雖不特別優秀，而日本確為優秀之群體民族。
（〈留日的見聞和觀感〉，《留日見聞》，法鼓全集 3 輯 4 冊，
法鼓文化，頁 86）

是年年底，指導教授坂本幸男博士勉勵法師留住日本幾年，
厚植實力，以待中國佛教復興之機。

坂本博士說到：「我希望你們中國的佛教早日復興，但是，在此時機未來之前的現在，希望中國佛教界多培植人才，更希望像你這樣的人，留在日本，好好地多讀幾年書。」（〈留日的見聞和觀感〉，《留日見聞》，法鼓全集 3 輯 4 冊，法鼓文化，頁 99）

民國六十年／西元一九七一年

聖嚴法師四十二歲

一月，與韓國、越南比丘代表，受邀參加新興佛教教團「國
　柱會」中央級幹部的新年會餐。進入會場時受到起立
　鼓掌歡迎，席位上插有中華民國國旗，並備妥素食。
　（〈留日的見聞和觀感〉，《留日見聞》，法鼓全集 3 輯 4 冊，
　法鼓文化，頁 98-99）

一月十一日，發表〈住在日本所知的國際佛教〉（《大眾佛
　教》，189、190 期），報導日本人對國際性活動之積極
　參與，日本佛教亦然。

　　日本人在宗教或佛教方面的表現，凡是國際性的活動，
　無不爭取參與其事的機會，並且派有專人加以研究，作
　成專案，或提供大會討論，或作為日本佛教本身的活動
　方針。日本佛教之能有今日的景況，若非注意國際的活
　動，是辦不到的。（〈住在日本所知的國際佛教〉，《留日
　見聞》，法鼓全集 3 輯 4 冊，法鼓文化，頁 276-277）

碩士論文《大乘止觀法門之研究》經半年多之撰寫，由於
　日文未臻熟練，經請駒澤大學佐藤達玄及大正大學牛
　場真玄二位先生潤飾，於本月提送學校審查通過，獲
　頒碩士學位。

經研究，《大乘止觀法門》確為慧思禪師晚年集畢生思想大成之作；由教義之疏導而進入教儀實修，能使凡夫深入法海、親證法性。選擇此題，除可達成學校要求，亦可作為自修之依準。（〈前言〉，《大乘止觀法門》，法鼓全集1輯2冊，法鼓文化，頁4-6）

經此現代論文撰寫歷程，掌握資料尋找、應用、判斷與研析等研究方法，並深入了解大乘三系說。（〈留學生涯〉，《聖嚴法師學思歷程》，法鼓全集3輯8冊，法鼓文化，頁90-91）
案：此為我國佛教界符合現代論文寫作規範之初始作品，為我國佛學研究現代化之先聲。

今年年初，臺灣佛教界謠傳法師有返俗之舉；後謠言不攻自破。

有關我在日本的種種謠言，迅速地在臺灣流傳開來。弄到我的恩師東初老人，寫來一信，問我在日本的生活情形，因為有人傳說我已有了洗衣、煮飯等照顧日常生活的（女）人。於是，我給善導寺的寬裕法師去信，問他謠言的情況和原因。寬裕法師的回信很快，他說他在臺北沒有聽到任何人傳說我的謠言，希望我安心求學，不用為了此事煩惱，謠言止於智者。這樁謠言困擾，也就不了了之。（〈我的留學生活〉，《留日見聞》，法鼓全集3輯4冊，法鼓文化，頁80；另參見：〈補述：我是風雪

中的行腳僧──法鼓山的未來與展望〉,《歸程》,法鼓全集
6 輯 1 冊,法鼓文化,頁 248-249)

三月,發表〈日本宗教的過去和現在〉(《菩提樹》,220
期),報導日本主要新興宗教。(今收〈日本宗教的過去
和現在〉,《留日見聞》,法鼓全集 3 輯 4 冊,法鼓文化,
頁 427-491)

四月,新學年開始,入博士班繼續攻讀。

> 東初老人來函指示:「汝當作大宗教家,切勿為宗教
> 學者」。法師以毛筆恭書,懸於室中,朝夕警勉。(〈師
> 恩難報〉,《悼念・遊化》,法鼓全集 3 輯 7 冊,法鼓文化,
> 頁 18)

四月八日,佛誕日起,奉東初老人指示,將碩士論文《大
乘止觀法門之研究》譯成中文,送交《海潮音》雜誌
發表。

> 當我剛把碩士論文,向學校提出之後,便接到東老人
> 的來信,要我把論文抄一份寄回臺灣,送請樂觀老法師
> 在《海潮音》發表,這當然是我應做而想做的事,同時
> 也感激東老人對我留日以來的關心如此。(〈前言〉,《大
> 乘止觀法門之研究》,法鼓全集 1 輯 2 冊,法鼓文化,頁 3)

《海潮音》雜誌於六月開始刊出。首刊時，有編者案
語，說明本篇論文之重要。

案：該校校長坂本部長村野等人評論，以為此篇為本年
度十篇碩士論文中內容最精彩、最充實，分量也最重的
一篇。（《海潮音》，52卷6期，1971年6月）

期間，撰有〈留日的見聞和觀感〉（《獅子吼》，10卷3、4期），
敘述日本佛教乃至韓國、越南僧侶留日群體組織，對
照出我國教界之不足處。

日本人拙於做個人的特長發揮，巧於群體的分工合作。
我國人的個人智力，平均高於日本人，也往往能以個人
的努力在日本人群之中出人頭地，但卻不善於從事群體
性的共同性的工作之努力。在目前，世界各國之間的距
離愈來愈近，凡是有眼光的佛教徒，也無不把視線放遠
到國際上去。但在我們國內，大多仍以各自的寺院為中
心，往往便會忽略了全面的佛教大局。可是，處身於教
團組織力量相當薄弱的狀態下的寺院住持們，又能如何
地為全面的佛教大局而做具體的努力呢？這實在是值得
我們深思再三的問題。（〈留日的見聞和觀感〉，《留日
見聞》，法鼓全集3輯4冊，法鼓文化，頁97-98）

六月，印度學佛教學大會於東京召開，由東京大學印度哲
學研究室主辦。法師為該會會員，前往與會。會後撰
有〈日本的印度學佛教學會〉（《天聲》，1卷3期）介

紹該學會性質、作用；並略述日本佛教學術之主要憑藉乃語言學。

這一日本的學術會議，雖屬佛教性或民間性組織，它卻是結合了政府的、整個教育界的、全體佛教界及印度學佛教學界的精神力和經濟力的一個組織。凡為與印度學佛教學有關的學者，幾乎沒有一位不來參加。今年（發表論文）為十組有三百二十多人。

明治以來，日本佛教學術界的趨勢，是靈活地運用佛教學的語言學——梵文、巴利文、西藏文、漢文等，作原典的異本異譯的比較研究。由於接通了西洋的治學精神，所以能夠站在時代的角度，給漢譯的經典以及中華古德先賢們的註疏，作客觀的再認識的努力。因此而更為明確的發現，哪些觀點是出於中國人的構想，哪些觀點是源出於印度的佛教。（〈日本的印度學佛教學會〉，《留日見聞》，法鼓全集 3 輯 4 冊，法鼓文化，頁 346-349）

即起，翻譯《中國佛教史概說》各章，開始連載於《香港佛教》月刊（133 期～，1971 年 6 月～）。該書係由日本五位研究中國佛教史專家，各就專長分章執筆。法師為使國內知識分子從佛教史實考察中，正確認識中國佛教，故有此譯作。〈譯者序〉云：

本書是《佛教史概說》中的〈中國篇〉，以往國人所編的中國佛教史，大多偏於宗派及其教理發展的敘述，殊少能像本書這樣，對於佛教所歷各個時代的社會背景、

地理因素、文化基礎、政治制度及其與佛教相互關涉的
影響得失，作縱橫面的介紹和分析；至於教團的活動、
教義思想的演變，當然也是本書的內容之一。本書的另
一優點，在於接觸的範圍雖廣，卻能出之以要言不繁，
使人讀來，一目了然。本書出版於一九六八年，乃是現
有中國佛教史書之中最新的著作，它的最大特色，是集
合了現代日本研究中國佛教史的五位專家，各就其所專
長的範圍，分章執筆，最後由一人統理成書。（〈譯者
序〉，《中國佛教史概說》，法鼓全集2輯2冊，法鼓文化，
頁5）

八月二日，隨同留學生包機返國，利用暑假蒐集論文資料。
　　年初流傳謠諑，不攻自破。同時攜帶《中國佛教史概
　　說》及《梵文文法綱要》兩書原稿準備刊行。

　　王澤坤居士數度詣北投訪探，並迎請法師至府中供養。
　　臨行，購置木雕壽星、漁翁等藝品，以供法師博士學
　　位完成時致贈教授。及法師返日本後，又寄冬衣供養。
　　（〈悼念王澤坤居士〉，《悼念・遊化》，法鼓全集3輯7冊，
　　法鼓文化，頁139-140）

八月十五日，至松山寺拜見道安長老，並送《梵文文法綱
　　要》一冊及譯序，擬於《獅子吼》月刊發表。並預告
　　九月三日再赴日本。（見：〈1971.8.15日記〉，道安法師，

《道安法師遺集》，頁 3176。〈《梵文文法綱要》譯者序〉，
明年 2 月刊布）

**九月九日，白聖長老、悟一法師赴美弘化，道經東京，法
師前往問候並陪同前往立正佼成會參觀。**（〈溫和活躍
的日本在家佛教——立正佼成會〉，《留日見聞》，法鼓全集
3 輯 4 冊，法鼓文化，頁 268）

**撰〈日本的寺院和僧伽〉，介紹日本寺院制度、僧侶
養成、教團制度等，刊於《菩提樹》月刊。**（《菩提樹》，
226、227 期，1971 年 8、9 月；今收於〈日本的寺院和僧伽〉，
《留日見聞》，法鼓全集 3 輯 4 冊，法鼓文化，頁 286-310）

撰成〈錫蘭的佛教〉（《慈航》，35 期），**介紹該國佛
教歷史、僧侶系流、寺院、教儀，以及僧侶養成等，
此文係取材自日本相關著述。**（今收於〈附錄二：錫蘭的
佛教〉，《日韓佛教史略》，法鼓全集 2 輯 5 冊，法鼓文化，
頁 266-289）

發表〈近代的佛教學〉（《獅子吼》，10 卷 9 期），**檢
討傳統佛教，並對近代以科學方法研究佛法之取向持
積極迎納態度。**
　在傳統性的中國佛教而言，從「唯證乃知」的觀點上，
認為真正的了解佛法者，唯有真正如實修證的人。僅在

文字知識以及表面的考察上，乃是無法深入佛法精神，也無從理解佛法精義的。這種觀點的具體表現，便是我國禪宗的「不立文字」而主張「以心印心」的直透悟入佛的性海。這是至高的宗教境界，也是獨步古今的宗教信仰。

然而，要使佛教之久遠博大，文字研究的工作，絕不能少，中國佛教之能成為大乘佛教的最大主流，即在漢譯經典的具全以及歷代高僧的著述。有真行，必有正解；有正解，必起正信；有正信，必能發為悲天憫人的弘法精神，作成不朽的傳世章篇。因此，當我們看到外國學者們，以近代的科學方法研究佛教，使之脫出宗教的形式成為獨立和客觀的一門學術，名之為 Buddhologie（佛教學）的東西之時，亦當有以正面的態度來迎接它和認識它的必要了。（〈近代的佛教學〉，《學術論考》，法鼓全集 3 輯 1 冊，法鼓文化，頁 248-250）

十月四日，東初老人赴印度朝聖，並攜總統蔣公親書「玄奘寺」寺額，至印度贈華僧悟謙法師。途經曼谷、加爾各答、新加坡、印尼等地。於十一月十八日返臺。

六十年，因著《中印佛教交通史》，專誠赴印巡禮聖蹟，此行並攜有先總統蔣公親書之「玄奘寺」匾額，代表頒贈旅印法師悟謙興建之玄奘寺。歸途訪問泰國、新加坡、印尼等國及香港，除應邀作弘法演講外，且竭力推展國民外交，熱誠宣慰僑胞，而於兩印特別有緣，所

留德澤亦最豐。（〈東初長老略傳〉，圓香，《東初和尚永懷集》，東初老人全集7，東初出版社，1987年5月初版，頁5）
案：後二十年，法師率團至印度尼泊爾朝聖，亦至悟謙法師道場致供養。

十月二十三日，〈倡印「續編大藏經」〉刊於《菩提樹》，呼應蔡念生居士規畫，取嘉興及卍字兩續藏，成為中國人著作之《大正》續藏，如此則大正一正兩續，可代表漢文佛教之全。

蔡念生長者對於藏經目錄，所下的整理工夫，已為教內之所共知的大業。

這次聽到念生長者的計畫，更為可佩，他說：「因日本《大正藏》，究竟不失為近代一大結集，即其校合一項，即非少人少力所能仿效。但除《正藏》繼承歷代各藏規模外，《續藏》全屬日本人著作，今若再編一部續藏，仍以各藏經所有而《大正》正藏所無為限，大要取於《嘉興》及《卍字》兩續藏，成為中國人著作之《大正》續藏，如此則大正一正兩續，可代表漢文佛教之全。此中國人著作之《大正》續藏目錄，學人尚可竭盡棉力，但須有大力之人，出資印布。」

這部《中華續藏經》的內容，除了以《嘉興》（駒澤藏本）及《卍字》兩部續藏的取材的主要重心，在此兩部續藏之所未收或在此兩部續藏編行之後，始被撰成的具有價值的佛教著作，亦宜編入《中華續藏經》中，而

此一項，似宜以已經物故者的著作為準。（〈倡印「續
編大藏經」〉，《菩提樹》，228 期，1971 年 11 月，頁 24-
25）

十月，美國佛教會在臺譯經院由沈家楨居士捐資創立。商
得福嚴精舍同意，借用部分房舍為院址。（參見：印
順導師，《平凡的一生》（增訂本），臺北：正聞出版社，
2002 年 10 月初版八刷，頁 193-196）

十一月十三日，日本道教學會於立正大學舉行第二十二屆
大會。法師適逢其盛，入會為會員，為該會三百多位
會員第七位中國人。會後，撰〈道教學會與道教學〉
（《天聲》，1 卷 6 期），介紹日本道教學界活動現況，
並論及以歐美道教學界為主流之國際道教學的動態。
（〈道教學會與道教學〉，《留日見聞》，法鼓全集 3 輯 4 冊，
法鼓文化，頁 377-410）

十二月，發表〈溫和活躍的日本在家佛教〉（《菩提樹》，
229 期），詳細報導日本新興在家佛教團體立正佼成會
創設、發展及其教義、教化活動。健全而靈活之組織
以及內部成員培植養成與小組活動，尤為關注所在。
（今收〈溫和活躍的日本在家佛教──立正佼成會〉，《留日
見聞》，法鼓全集 3 輯 4 冊，法鼓文化，頁 235-268）

是年冬，與各國旅居東京比丘，應邀參加橫濱高野山派某
　寺落成典禮。雖有預備素食，然日人觀念將魚、蝦亦
　視為素食，故無一道菜可下箸，終究空腹而返。（〈我
　的留學生活〉，《留日見聞》，法鼓全集3輯4冊，法鼓文化，
　頁 70-71）

民國六十一年／西元一九七二年

聖嚴法師四十三歲

是年春，首度進日本醫院，經診斷為營養不良導致貧血。此肇因於節約炊事時間，以致飲食不調。

　　在日本國內，除了少數幾家寺院，根本沒有一家素食館，因此，我無法去小館子裡吃包飯，唯一的辦法就是自己料理。不過，炊事確實是樁討厭的工作，也是一件浪費時間的事。因此，我曾試著，僅以牛奶、麵包來充飢果腹，結果由於我的胃腸機能較弱，多喝了牛奶便會瀉肚，不吃菜蔬，牙齒也會出血不止。從去年年底起，改為一天煮一次飯菜，早中兩餐，仍吃牛奶、麵包。可是，因我的胃機能特別，往往會把午餐忘掉。今年春天，我卻第一次進了日本的醫院，醫生驗血之後告訴我，說是營養不良所導致的貧血。同時也告訴了我，經常頭痛和感冒的原因。（〈我的留學生活〉，《留日見聞》，法鼓全集 3 輯 4 冊，法鼓文化，頁 72-74）

二、三月為春假。忙於查閱資料、研讀寫作。有日本友人為「佛道甦生同志會」創始人，邀往參加一年一度定期修行法會。法師修持「正座觀法行」十分鐘即有感應，領略神祕宗教之神祕經驗，亦理解日本正統僧侶之苦悶。唯既了知其為外道，三日即返。

　　同志會即將舉行一年一度的定期修行法會，為期二十一天。這樣的修行法會，我當然是樂意參加的，我來日本留學的目的，是學問的，更應該是宗教的。進入道場，合掌端坐約十分鐘之後，兩手開始動了起來，身體也搖擺扭動起來了。在兩個小時的修行之中，身心感到極其輕快。我從未學過密教所用的手印，竟不由自主地連續做了十多個手印，其中一個藥師如來印出現後，竟能維持十多分鐘，身心舒暢異常。其中有一個手印出現時，眼前見到一片金光。

　　下午的座談會，問我的感受如何？我把正座時發生的種種情形，告訴了他，他顯得極其高興地說：「有人坐了數月也不見一點異象，你在十分鐘之後，就發生了靈驗，畢竟是修持有素的比丘了。」在我的追問下，他們便將一個叫作「大元密教」的新興教派說了出來，我愈來愈覺得和正統佛教的距離遠了起來。佛教是無神論者。大元密教，充其量是個幻現於生死道中的外道教派而已。因此，我在參加了三天之後，便回到了自己的住處。此行對我而言，並非全無意義，至少使我領略了些神祕宗教的神祕經驗，也理解到了日本正統佛教僧侶的若干苦悶。（〈日本的神祕宗教〉，《留日見聞》，法鼓全集3輯4冊，法鼓文化，頁415-426）

即起，於臺灣《獅子吼》雜誌連載《梵文文法綱要》，係翻譯自日本梵文權威學者岩本裕博士原著。該書為

日本各大學共同採用之梵文文法教科書。今譯成中文，
供國內教學之用。

　　僅僅研究中國的佛學，未必需要梵文，若想研究現代
化的世界性的佛教學（Buddhologie），梵文便是必修的
語文工具了。甚至可說，不懂梵文，便無法研究佛教學。

　　在我國內，知識青年學佛之風，漸漸高揚的目前，對
於梵文發生興趣的人，也在日漸增加，但尚未有一部學
習梵文的入門書。筆者有鑑於此，所以利用課餘，將本
書譯出，送交國內。（〈《梵文文法綱要》譯者序〉，《獅
子吼》，11 卷 2、3 期，1972 年 2、3 月）

唯連載數期後，因主編更動，益以梵文校對不易，終
止刊載。原稿亦告佚失。（〈留學生涯〉，《聖嚴法師學
思歷程》，法鼓全集 3 輯 8 冊，法鼓文化，頁 88）

三月，〈蕅益大師的遊歷與著作〉發表。（《無盡燈》，55 期，
　　1972 年 3 月）

四月，新學年開始，進入博士班第二年課程。修正原來多
　　方涉獵考察計畫，專心一致窮究單一主題，以期將金
　　錢、時間作最有效運用。

　　這也是我的指導教授對我的指示，他要我由廣泛而專
精，不要老在通家的路上兜圈子，否則便成為似乎樣樣
都懂，其實一樣也不能精通。就佛法而論，能夠精通某

一宗的某一時代某一位大師的學行準則,及其承先啟後的來龍去脈,此人也必能夠通達整個佛法的根基和心要了。同時,為了如期提出我的論文,也必須如此。(〈東瀛來鴻〉,《菩提樹》,241 期,1972 年 12 月,頁 34-37)

博士專攻主題,考量佛教行解相應、止觀並重精神之掌握,並經指導教授坂本先生指示,選擇研究蕅益大師。因蕅益大師實為整個中國佛教教學思想史上,最後一位集大成者。

他(坂本先生)說,中國的佛教,當由中國人繼往開來,論學術,那是沒有國界之分的,論宗教信仰,絕不能忽視了當時當地的民族文化和特殊的背景。因此他希望我沿著中國以往的佛教芳軌,開出新的局面。蕅益大師雖云私淑天台,實是整個中國佛教教學思想史上,最後的一位集大成者。坂本先生最感興味的,是蕅益大師用唯識論的觀點,解釋《大乘起信論》,又用天台圓教的理念,來解釋相宗諸書。這在中國佛教史上是創見,所以囑我研究蕅益大師,如果研究好了,也等於接觸滲透到了中國佛教的各宗教學。而此正是開發新敘的起點。(〈敬悼我的指導教授坂本幸男先生〉,《悼念·遊化》,法鼓全集 3 輯 7 冊,法鼓文化,頁 55-56)

我是為了自己的信仰而從事於學術的研究,不是為了學術而學術,為了研究而研究。為什麼選擇蕅益大師做為博士論文的研究主題?這有三個原因:

一、蕅益大師是明末四大師之一。他不僅是一個學者，實際上是一位實踐家。所謂行解相應，正是佛法的標準原則。

二、大家都認為蕅益大師是中國天台宗最後一位大成就者。我對天台宗所倡導的教觀並重、止觀雙運，非常嚮往。因為這是教理和禪觀相輔相成，也正是今日佛教所需要的一種精神。

三、我在選擇論文題目的時候，向指導教授坂本幸男請教，他說，本來他想寫，現在老了，所以曾經鼓勵另外一位中國留學生寫而還沒有消息，現在如果我能也願意寫，實在太好了！（〈我的博士論文〉，《聖嚴法師學思歷程》，法鼓全集 3 輯 8 冊，法鼓文化，頁 113）

然蕅益大師著述甚廣，部分書籍流通不多、蒐集不易。最重要之《靈峯宗論》，各大圖書館皆未藏；後經指導教授示借影印一部，兩年間研讀二十七遍。其餘各作亦一一搜尋取得。

我從各大學圖書館的書目，找尋這一部書，始終不得要領。最後不得已，只好去請教我的指導教授坂本博士。很幸運，他從他書房的頂架上，墊著椅子，取下一套線裝書。那是十八世紀，日本再刊的木刻本，封面是用柿漆皮紙包裝，一共十大冊，每冊都有白底黑字的正楷書標：《靈峯蕅益大師宗論》。但是，他給我一個條件，只可以看，不可以動筆圈畫，在一個月以內歸還。

　　蕅益大師的全部著作，總計有五十一種，二百二十八卷，我親自到東京市內及其周邊的幾家大學的圖書館尋找，或者委託京都的朋友，代我到幾家佛教關係大學的圖書館蒐查。最後我都把它們影印到手，例如《闢邪集》、《周易禪解》，藏於東京的駒澤大學；《法海觀瀾》藏於東京的大正大學；《選佛譜》藏於京都的龍谷大學；另外一本《四書蕅益解》踏破鐵鞋無覓處，結果在一九七三年回臺灣，在臺北市路邊的書攤上，見到一本臺灣先知出版社出版的複印本。（〈我的博士論文〉，《聖嚴法師學思歷程》，法鼓全集 3 輯 8 冊，法鼓文化，頁 117-118）

發表〈華嚴宗的性起思想〉。（《內明》，創刊號，1972 年 4 月 8 日，頁 13-15）

五月，將去年研究報告〈天台思想的一念三千〉譯成中文。經研究得知：一念三千思想為天台大師依據經論之所創發，為晚年圓熟之作品。（〈天台思想的一念三千〉，《學術論考》，法鼓全集 3 輯 1 冊，法鼓文化，頁 7-23）

去年，白聖長老、道安法師為留日僧尼居士向日本孝道教團爭取獎助學金，法師於是聯繫同學提出申請。然因中國佛教會行政作業不及而未果。（〈我的留學生活〉，《留日見聞》，法鼓全集 3 輯 4 冊，法鼓文化，頁 81）

為蒐集論文研究資料，經常往來於東京各佛教大學圖書館。
　　六月，赴東洋大學圖書館查閱資料，因現出家相之因
　　緣，引發日本青年學佛興趣。因此而指點該大學生：
　　佛教本質在實踐。（〈我的留學生活〉，《留日見聞》，
　　法鼓全集 3 輯 4 冊，法鼓文化，頁 65-67）

　　〈蕅益大師的天台思想〉發表。（《無盡燈》，56 期，
　　1972 年 6 月）

是年夏，請《菩提樹》雜誌朱斐居士代向瑞士善士再申請
　　一年費用。因美金貶值、日本物價上漲，原來款額恐
　　不敷使用。指導教授坂本幸男囑為法求法，毋慮生活；
　　允代設法每年六十萬至八十萬日元。（〈敬悼我的指導
　　教授坂本幸男先生〉，《悼念·遊化》，法鼓全集 3 輯 7 冊，
　　法鼓文化，頁 52-53）

七月，撰〈我的留學生活〉（《菩提樹》，237 期），報導留
　　日以來生活情形：飲食、起居，自是出家人本色，然
　　讀書、研究、找資料等，已同世間學者。並記述前年
　　獲瑞士某居士資助獎金事。對於讀書、寫作之必要鄭
　　重致意，並自述不斷寫作之動機在應機宣化。
　　　　有些不學之輩，任意主張，一旦開悟，便可洞悉三藏
　　十二部的所有佛法。這種見解是相當危險的，晚近中國
　　僧尼教育水準的普遍低落，與此不無關聯！實際上，以

修觀行或參禪所得的悟境,是悟理性而非悟事相,開悟
可能斷除生死煩惱,但並不即能宣說經教,何況,悟境
也有大小深淺的不同,正確地由禪觀開悟,亦須根據經
教原則的指示,否則便會落於類同的外道的所謂野狐禪
了。又有人說,佛教的經論已經夠多,再加上歷代高僧
大德的著述,已使佛教的典籍,多得使初學的人無所適
從,何必還要為之繼續增加呢?由於時代不同,環境不
同,佛教必須要對處身於不同時空之間的廣大群眾,做
適應性的宣化,因此,只要歷史向前延伸一天,便有繼
續寫出一天新書的要求。我的寫作,是出於不能自已的
為法的熱忱,我除了盡心盡力地為佛法獻身,至於客觀
影響的功過得失、利害是非,實在不是我的智慧與福德
所能決定的事了!(〈我的留學生活〉,《留日見聞》,法
鼓全集 3 輯 4 冊,法鼓文化,頁 75-77)

**文中並略及來日留學之目的。至於學成後之發展,則
以目前中國佛教環境,尚待因緣。**(〈我的留學生活〉,
今收《留日見聞》,法鼓全集 3 輯 4 冊,法鼓文化,頁 60-
84)

《中國佛教史概說》中譯本在臺初版,由臺灣商務印書館
印行。(請參見一九七一年六月譜文)

是年秋,坂本先生因病住院。病中猶念念不忘指導論文之

責任未了。法師感激莫名。（〈敬悼我的指導教授坂本幸
男先生〉，《悼念・遊化》，法鼓全集 3 輯 7 冊，法鼓文化，
頁 55）

九月，中日斷交，日本與中共建交，留日學生頗受衝擊。
法師主張以不變應萬變，仍當靜心用功為要。（〈東瀛
來鴻〉，《菩提樹》，241 期，1972 年 12 月，頁 34-37）

十月，結合東京各國留學僧座談，以研討佛教國際活動之
聯繫推動。中、韓、越南之留日比丘均對共產勢力之
擴張深感危機。（〈東瀛來鴻〉，《菩提樹》，241 期，
1972 年 12 月，頁 34-37）

十一月，撰〈東瀛來鴻〉，述中日斷交後，留日學生之處
境。（《菩提樹》，241 期，1972 年 12 月，頁 34-37）

民國六十二年／西元一九七三年

聖嚴法師四十四歲

一月二十四日，印順法師赴美療養，道經東京。法師前往
問候，並報告正以蕅益大師為研究主題。印老謂：太
虛大師既受宗喀巴大師影響，亦受蕅益大師影響。印
順法師並就其申請日本博士學位一事表示興趣缺缺。
在場另有清度法師、吳老擇與梁道蔚居士，大眾共識
「不主動促進」。（〈敬悼我的指導教授坂本幸男先生〉，
《悼念・遊化》，法鼓全集3輯7冊，法鼓文化，頁57。印
順法師，〈34. 我為取得日本學位而要說的幾句話〉，《華
雨集》第五冊，臺北：正聞出版社，1993年4月初版，頁
233）

撰書評〈中國禪宗史〉，向日本佛教學術界評介印順
法師本書。盛讚著者能以新論據新觀點，對古傳事物，
加以分析批判；因此所提供者非僅為陶鍊後之寶貴史
料，更是脈絡分明之禪宗思想真實史蹟。精密辨別和
抉擇程度，為中國、日本以往佛教史學家所未曾有。
　　在中國學術界的現代文化中，以歷史的考證方法，整
理新發現的資料，而對中國的禪宗史實，提出新論據的
第一位功臣，應該要推已故的胡適先生。可惜，胡適是
史學家而缺乏對於佛教教義的認真求解的誠意，所以在

許多地方，不免失之於望文生義以及主觀的解釋。在佛
教學者之中，自古以來，只求對於教義的理解和發揚，
對於教史的編纂和流傳，基於信仰的原則，殊少有人敢
以疑古的態度，提出新的論據和觀點，對古傳的事物，
加以分析和批判的。而今本書的作者印順法師，乃是打
破此一傳統的第一位佛教學者。

他既一反中國佛教學者只求義理研究而不作歷史考證
的傳統學風，也不贊同戴了主觀色彩的眼鏡，作揣測假
想的考證。

最足使讀者注意的是，本書的副題，名為「從印度禪
到中華禪」。也就是說，禪宗的源流，是來自印度。印
度禪的面貌如何呢？傳到中國之後的中華禪，又是在何
等的情況之下，漸漸地形成另一副面貌呢？便是本書要
解答的問題。

根據本書作者的考察，縱貫中國禪宗史的認識，應該
是這樣的：

一、會昌法難以下的中國禪，是達摩禪的中國化。

二、達摩禪孕育成長於北方的深厚文化基礎之中，在
唐朝大一統的時代，移到南方，融攝了南方精神；於分
化、對立而成為多宗相競的局面之後，便統一於曹溪一
流，在匯歸於曹溪的過程中，神秀系的北宗、荷澤系的
中原南宗、智詵系的成都保唐宗、江東系的牛頭宗，均
衰落消失，餘下的是，洪洲系及石頭系的兩大門流。

三、洪洲系以江西為中心，活躍在江南而顯出北方人

強毅的特色,故到會昌以後,其主流移入北方,或如為仰宗之消失於石頭系下;所以,南方的禪者,幾乎全歸於石頭門下了。曹溪之下,二大南宗的分化,可說是為適應南北的地理環境,而自成兩系。(〈《中國禪宗史》讀後〉,《評介・勵行》,法鼓全集 3 輯 6 冊,法鼓文化,頁 111-127)

春休(寒假)時返臺蒐集資料。其中重要研究資料《四書蕅益解》,經數月來向國內報刊登載求借不得,不意竟於臺北路邊書攤訪得。(〈我的博士論文〉,《聖嚴法師學思歷程》,法鼓全集 3 輯 8 冊,法鼓文化,頁 118)

三月,指導教授坂本幸男博士逝世。追悼會後,特撰長文追悼,敬述先生行儀並追念先生之師恩與友情。

坂本幸男博士曾任該校校長,早年曾參與《大正新脩大藏經》編校、《南傳巴利文藏經》翻譯、《日本國譯一切經》譯註,為高楠順次郎等人,指導佛教文化學術大運動之得力功臣之一,是學者而兼宗教家之難得典範。平生特重恩義,每以日本佛教受惠於中國,而常思回報。

我來日本已整整地四年了,在這四年當中,所受先生的教導和照顧,特別是在精神上的鼓勵,實在太多了。我敢相信,凡是立大出身的佛教關係留學生,都不會否

認坂本先生的謙沖平易，雖有滿腹的學問，每皆虛懷若谷，從未見他擺出一副大學者的氣勢來。近代的日本佛教學者，很少有博通三藏的，但是，像坂本先生這樣的博士，我在日本住了四年，也是僅見的一位。他從印度的原始、部派、中觀、瑜伽，到中國的唯識、華嚴、天台，乃至日本的，凡是屬於教理思想方面的，簡直無所不通、無一不精。他通梵文、巴利文、英文，漢文與日文，自然更不用說了。他曾參與《大正新脩大藏經》的編校、《南傳巴利文藏經》的翻譯、《日本國譯一切經》的譯註。他正好是高楠順次郎等人，指導著佛教文化學術大運動中得力活躍的功臣之一，所以他也得到了文部大臣的勳獎。

他對學生，並不要求尊師重道，只是把我們當朋友看，到了他的府上，又把我們當作賓客款待。可是，在他的書房裡，在四周擺滿了書的書架上方，卻終年供著上述三位他的老師（木村泰賢、宇井伯壽、高楠順次郎）的遺像，每天不先敬香，不坐下來翻書本；不先敬香，不離開書房去就寢。

他是一位學者，可是，從他平常的言行之中考察，竟像一位很有修為的僧人。比如說：他曾因我擔心到留學經費的來源問題時，便安慰我說：「道心之中有衣食，衣食之中無道心。」囑我為法求法，勿慮生活無著。並謂：「當從艱苦困難之中，培養求法精神。」

去年（一九七二）夏天，又一次地向坂本先生，提到

這個難題。他告訴我：他到一九七五年就要退休了，要是他還活著的話，他會給我設法每年六十至八十萬日圓。他的目的，不一定是助我個人，而是希望衰微沒落甚至即將滅絕的中國佛教，再度復興起來。

在我看來，像先生這樣，念念不忘根本的恩義觀念，正是今人之所缺少的東西。先生對於中國學生的特加優惠，也是出於同一的恩義觀念，他曾幾次向我提起，日本佛教之受惠於中國者，太多了，所以日本佛教徒，不應忘了中國的加惠。我們也就仰仗中國先賢們的遺蔭，受到了坂本先生的照顧。（〈敬悼我的指導教授坂本幸男先生〉，《悼念‧遊化》，法鼓全集 3 輯 7 冊，法鼓文化，頁 50-59）

坂本教授於去世前表示，未能親見法師論文完成，頗以為憾。此前，並曾於致函慧嶽法師（立正大學校友）時預言，法師有獲得最高學位希望。（〈留學僧‧文學博士‧佛教教育〉，《留日見聞》，法鼓全集 3 輯 4 冊，法鼓文化，頁 105）

案：日本文學博士學位頒授與歐美不同。修完博士課程不能馬上提論文。修博士課程的三年之內提出論文，乃是聞所未聞之事。在歐美，視博士學位為某項知識的一個階段；在日本，則視文學博士學位為一個人在此項學術上的完成點。（參見：〈東瀛來鴻〉，《菩提樹》，241 期，1972 年 12 月，頁 34-37）

四月佛誕，參觀橫濱孝道教團花祭（浴佛節），對佛教普遍進入民間，印象深刻。（〈日本佛教的面面觀〉，《聖嚴法師學思歷程》，法鼓全集 3 輯 8 冊，法鼓文化，頁 99）

四月二十日，撰有〈檢討國民政府的佛教政策〉，後發表於五月出刊之《內明》雜誌，對民國以來之佛教政策有深刻之檢討。

國民政府之對於佛教所行的政策，始終未能使人樂觀。抗戰勝利之後，進入憲政時期，諸般政令法制，均已作了修正，惟對佛教的政策，依舊保守停滯，以至於今天的臺灣，還在用著那個落伍而不平等的十三條，來統制佛教，使得佛教無法產生有行政權力的教會，佛教會沒有對於所轄寺院的實權，不能推行興革的事務，也無力來為教徒及所轄寺院謀取顯著的福利。政府不但不協助教會或授予相當程度的權職，反而是限制教會，不使教會有所作為。尤其再加上臺灣省政府，對於佛教另頒單行法，所謂寺廟財團的法人，在於管理人的代表，即使非教會所屬人員乃至不是佛教信徒，亦不鑑別。此一政令又和十八年頒行的管理條例相重疊，並且是相違背。

每一個國家，均有其特殊的國情，所以也有其相異的法律制度。但總有一個共通原則，那就是健全全民而建設國家。對於宗教，在每一個國家，都有不同的措施，但總不離督促保護及扶持其繼續為社會的健康而貢獻出應有的努力。我們的政府，對於曾為中國文化注入大量

滋養，並給中國社會帶來普遍而優良風俗的佛教，是否也該檢討一下過去的施政方針，有所改進的必要呢？

我們的臺灣省政府，不但未曾想到要使佛教的團體，自成一個健全的組織系統，反而再次三番地來拆毀佛教會曾向政府立案的規章，協助地方的惡勢力，加入爭奪寺產主權的糾紛。臺北的觀音山，新竹的靈隱寺，均曾遇到如此的現象。

假如由政府授權並設立一個強有力的中國佛教會，統一全國的佛教寺產，在一個活潑的系統之下，運用全國僧尼以及全體佛教信徒的經濟力和影響力，不但可以杜絕偽濫的僧尼，更可為社會造就有用的人才，發展其多方面的社會事業。看來是扶持了佛教，實則是建設了社會。（《內明》，14 期，1973 年 5 月 8 日，頁 5-7）

六月二十日，印順法師以《中國禪宗史》獲日本大正大學頒授文學博士學位。（〈劃時代的博士比丘〉，《評介・勵行》，法鼓全集 3 輯 6 冊，法鼓文化，頁 55-56）

六月二十七日，由法師代理，從大正大學校長福井康順博士手中，接受中國比丘有史以來第一張博士學位證書。（〈劃時代的博士比丘〉，《評介・勵行》，法鼓全集 3 輯 6 冊，法鼓文化，頁 57）

七月，撰〈劃時代的博士比丘〉報導印順法師榮獲博士學

位始末，刊布於《菩提樹》月刊（249期）。法師原頗自信能成為中國第一位博士，然亦欣喜由印順法師榮獲。印老此一學位，自始至終均未勞動印公和大正大學接觸，首功者為任翻譯之勞並代提出申請手續之退休教授牛場真玄先生，法師則負責查詢、聯絡、奔走勸請。

他（印順法師）的《中國禪宗史》出版之後，在國內固然引起了學界的重視，書到日本，凡是研究中國佛教問題的著名學者，見到我時，均會提起這部書，尤其是大正大學已經退休的牛場真玄先生，對於印長老的著作，極為推重，並且曾為印老的《中觀今論》等書，作過全書或單章等的好多翻譯，向日本的佛教學界介紹，故當看到《中國禪宗史》之後，立即就去和他先前的同事關口真大先生討論。關口氏說從其目錄和全書的結構上看，乃是一篇可能得到博士學位的好論文。牛場先生便要我寫信給印長老，徵求由他翻成日文的同意。那是一九七一年冬天的事。

牛場先生花了三個半月的時間，將全書譯出，同時也進行了請求學位的試探工作。牛場先生也一直以為我這樣的僧侶，想必也是印老的學生，所以凡有關於此事者，每以電話相召，向印老、向大正大學的有關教授，以及其他如查詢、送稿、送書、磋商等事，都由我去奔走接頭。

對印長老而言，這是項虛名，但我喋喋不休地，一封

信又一封信，勸他接受提出申請學位的建議，要他寄下
各項資料，後來他從美國來信，一口拒絕，說是決定不
要這項學位了。我和吳（老擇）先生商量結果，一面寫
信奉勸，一面則照常，同時更熱切地進行。其實，印老
不希望取得此項學位的意思已很明顯。到了五月底，接
到印老來信，說是由於他老的健康愈來愈惡化，六月中，
趕回臺灣，經過東京，不可再作任何活動。大正大學的
事，託我接頭辦理。我將此信送交大正大學，關口先生
看後，覺得非以最快速最簡化的方式來處理不可了，否
則的話，萬一有了變化，倒是一樁極其遺憾的事了。所
以要求緊急召開教授會議，結果於六月二十日關口氏提
案獲得通過，略去一切待行的手續，決定由我和吳先生
為代理者，頒授了這項學位。（〈劃時代的博士比丘〉，《評
介・勵行》，法鼓全集 3 輯 6 冊，法鼓文化，頁 59-63）

**法師評述印老治學採用近代歷史研究方法論，並以此
學位為中國佛教現代化之先聲。**

　日本的治學方法，正如印老所說，他是未到日本留學，
便學到了日本的這套方法。他曾和我談過，太虛大師反
對日本學者以西洋的歷史方法論治佛學，因為這一方法
破壞了太虛大師的傳統信仰，尤其是《大乘起信論》和
《楞嚴經》的問題，最使太虛大師無法忍受。可是印老
認為，歷史的方法論是正確而不必反對的，該反對的當
是研究者所主觀的武斷和望文生義，故他對於胡適，既

有反對點，也有贊同點。從這一方面看印老，他的治學
精神，可能是得力於在漢口的武昌佛學院，閱讀了大量
日本學者的佛學著作。

　現代化的學位，是一種標記，如果有了它，影響力是
大不相同的。故我覺得，從此開始，中國佛教才真的走
上現代化的第一步。（〈劃時代的博士比丘〉，《評介・勵
行》，法鼓全集 3 輯 6 冊，法鼓文化，頁 62-66）

八月五日，道安長老訪日，法師前往拜會。道安法師於七
　月二十七日率團至日本橫濱祝賀「日華佛教關係促進
　會」成立，副團長廣元法師並於日本舉辦書畫展。法
　師面告長老，目前法師隔鄰住一日人席部良則，自云
　南京大屠殺時殺三百七十五名中國人，而今每日誦經
　以資懺悔，並自動向法師懺悔。（見：〈1973.8.5 日記〉，
　道安法師，《道安法師遺集》，1980 年 11 月，頁 3309）

八月九日，隨同道安長老至孝道教團訪問，道老應邀專題
　演講，法師任翻譯。（見：〈1973.8.9 日記〉，道安法師，
　《道安法師遺集》，1980 年 11 月，頁 3311）

十一月，印順法師於《菩提樹》月刊發表：〈我為取得日
　本學位而要說的幾句話〉，針對取得學位經過、學位
　表顯意義，以及中日佛教關係，回應近日教界之批評。
　（文見：《菩提樹》，252 期，1973 年 11 月，頁 4-1、4-2）

印順法師獲博士學位事，引發國內教界不同觀感。先是隆根法師於八月發表〈幾點已經過去了的感想〉，對《中國禪宗史》作者及譯者致敬。

1. 有關《中國禪宗史》的影響，能在日本高級大學圈中得到眾多學者的信可之同情，卻未能引起中國佛教住持佛法的一分人士之注意。

2. 有關申請學位的主要人為日本學者牛場真玄，與印順大師並無任何關係，只因讀過印師不少著作，便生起「極為推重」的洞識之緣，並作義務的翻譯，申請博士學位，令我對這位日人敬佩不已。同時，聖師與吳先生，亦風度可仰。（〈幾點已經過去了的感想〉，隆根法師，《內明》，22 期，1974 年 1 月 8 日）

繼而有樂觀法師與數位大德，於十月《海潮音》雜誌，就此事對印順法師及法師嚴詞指責，指有損國格、有害僧格。印順法師就取得學位經過、學位表顯意義等，說明如下：

關於學位取得的經過，先要說到與此有關的二位，即日本的牛場真玄先生與我國在日留學的聖嚴法師。我沒有見過牛場先生，可說與他沒有私交。聖嚴法師，我沒有與他共處，他去日留學，我也沒有給予任何幫助，論關係，也是極普通的。學位取得的經過，我沒有與校方直接聯絡，牛場先生與聖嚴法師，自動為此而犧牲時間與精力，我應表示我的謝意。

再說到學位：學位是世間學術的一項制度，與佛法的修持無關。以佛學來說，我對無信仰無思想的佛學，我從來不表同情。就博士學位來說：這並不表示無所不通，也不是對此論題絕對正確。這是表示對於某一論題，寫作者曾經過縝密的思考，能提出某些新的意見，新的發現或新的方法，值得學界參考而已。所以我並沒有把他看作什麼了不起。（〈34. 我為取得日本學位而要說的幾句話〉，《華雨集》第五冊，臺北：正聞出版社，1993年4月初版，頁231-239）

法師則因全力準備論文，亦能體諒樂老用心，故未申辯。

一九七三年，由於日本佛教學界，重視並肯定印順長老的《中國禪宗史》，具有現代學術的國際水準而頒予論文博士的學位之後，樂老便在他的《海潮音》，集合仁化等數位大德，對印老及我，幾乎是出專號來聲討撻伐，當時我正全力以赴地攻讀博士學位，所以未暇申辯。樂老的用心，我是能夠體諒的，只是因此而使印老煩惱，並在《菩提樹》月刊發表了一篇聲明，好像是受我連累，使我感到十分遺憾。（〈悼念樂觀長老〉，《悼念·遊化》，法鼓全集3輯7冊，法鼓文化，頁83）

十一月十九日，臺北王澤坤居士捨報。法師赴日前，王居士於眾人反對懷疑觀望時，恭敬供養，且於法師二度

返國時，買木雕紀念品贈送教授，並供養冬衣。法師特為撰文追悼，讚歎其恭敬三寶之信念，值得學佛之人學習。（〈悼念王澤坤居士〉，《悼念・遊化》，法鼓全集 3 輯 7 冊，法鼓文化，頁 137-140）

是年起，張曼濤居士常來東京小住，老友時相聚談。（〈悼念張曼濤先生〉，《悼念・遊化》，法鼓全集 3 輯 7 冊，法鼓文化，頁 150）

是年，於日本印度學佛教學會發表〈智旭著作中所見的人物系譜〉，後收入該會學報第四十三號。因出席學術會議之便，多方遊歷。

為了出席各項學術會議的活動，讓我遊歷了日本許多的地方，常常跟著日本同學，到各地出席會議。在我們立正大學的同學之中，幾乎到處都有他們熟悉的人；日本全國寺院的總數在八萬座上下，所以我們到處可以找到寺院住宿，也讓他們提供飲食。（〈日本佛教的面面觀〉，《聖嚴法師學思歷程》，法鼓全集 3 輯 8 冊，法鼓文化，頁 109）

民國六十三年／西元一九七四年

聖嚴法師四十五歲

新年時，向野村耀昌博士拜年，感謝其勉勵繼續研讀。並
　　決定依照原定計畫，於今年年底前，完成論文。（〈留
　　學僧・文學博士・佛教教育〉，《留日見聞》，法鼓全集 3
　　輯 4 冊，法鼓文化，頁 106）

　　再由同學三友健容先生陪同拜訪主任教授金倉圓照博
　　士，請他擔任論文指導。金倉先生一口答應，並親切
　　指點。（〈留學僧・文學博士・佛教教育〉，《留日見聞》，
　　法鼓全集 3 輯 4 冊，法鼓文化，頁 106）
　　案：野村博士為立正大學佛教學部部長。金倉博士曾任
　　國立東北大學校長，是宇井伯壽的高足，現為佛教學者
　　中僅有的三位日本學士院會員之一；是日本佛教學界長
　　老，亦日本國家的文化財寶。（〈留學僧・文學博士・佛
　　教教育〉，《留日見聞》，法鼓全集 3 輯 4 冊，法鼓文化，
　　頁 107）

本學年起，因課程修畢，不必到校上課，亦不需再至各大
　　圖書館蒐尋資料，每日從朝至夜，閉門撰寫論文。每
　　月寫一章，初稿送請野村先生過目，二稿呈金倉先生
　　指正。（〈留學僧・文學博士・佛教教育〉，《留日見聞》，

法鼓全集 3 輯 4 冊，法鼓文化，頁 106）

四月，臺灣道安、星雲、煮雲、慧嶽、寬裕等法師共四十餘人訪問東京。法師正忙於論文撰寫，故未能奉陪遊歷各佛教聖地。（〈留學僧・文學博士・佛教教育〉，《留日見聞》，法鼓全集 3 輯 4 冊，法鼓文化，頁 106-107）

七月三日，於趕寫論文中，特撰〈評慧嶽法師編著《天台教學史》〉（《菩提樹》，261 期），**稱許慧嶽法師引進新治學方法、善用他國研究成果，最能應對初入佛法之研究者，可做為天台教觀入門書。**

在沒有產生偉大的佛教思想家之前，概論性的指導書或入門書，是急切需要的。在古代，概論書的編著者，必是一代大師，當他通徹了全體佛法之後，用簡短的文字，將其對於佛法的體認，介紹出來。可是晚近以來，由於利用歐美新的治學方法，採取分工合作的研究結果，概論書就可運用他人個別的研究成果，編寫成書了。這是較為省力，並且也較諸古人的概論書，更為客觀了。即使如此，在我們國內，由於語文工具的不能自由運用，雖有外國的素材，可供我們利用，能夠利用或希望利用的人還是極少。這就要談到，對於外文作品介紹的技巧問題了。一是作忠於原作品的翻譯；一是運用多數的外文資料，編寫成書。近兩、三年來，做這二項工作的，我僅見到兩位：一位是慧日講堂的印海法師，一位就是

現在要介紹的慧嶽法師了。（〈評慧嶽法師編著《天台教學史》〉，《評介‧勵行》，法鼓全集 3 輯 6 冊，法鼓文化，頁 130-131）

秋後，加拿大冉雲華教授利用休假，來日研究半年。常在東京，與師時相過從。（〈十里松風　一生心契──訪冉雲華教授〉，《人生》，81 期，1990 年 5 月 15 日，版 2、3）

是年，於日本印度學佛教學會發表〈智旭的思想與天台學〉，後收入該會學報第四十五號。（〈日本佛教的面面觀〉，《聖嚴法師學思歷程》，法鼓全集 3 輯 8 冊，法鼓文化，頁 109）

民國六十四年／西元一九七五年

聖嚴法師四十六歲

一月，完成博士論文初稿，請師友作日文潤飾，其中以桐谷征一先生幫助最多。

> 這篇論文，我寫得並不痛苦，卻很辛苦，花費的時間相當多，被我麻煩的人也不少。每隔一週，拿著我寫好的稿子輪流地去拜訪兩位指導教授，面對面地讀，經過三易原稿，花掉兩位教授的時間相當可觀。

> 為了我的論文日文文字的潤飾，也麻煩了好多位日本的老師和同學，一共七位，他們都是我的好友，其中的桐谷征一先生，幫忙最多，不僅將整部論文校讀修正，還幫助我在組織結構文字觀點上的改進，也因此而陪我去箱根風景區日蓮宗關係的渡假中心，享受了三天的半價優待；我們兩人就關在房間裡整整三天。那三天之中，除了吃飯、喝水、睡覺，沒有任何事的打擾，就專心一意地來看我的論文。（〈東方和西方〉，《聖嚴法師學思歷程》，法鼓全集 3 輯 8 冊，法鼓文化，頁 129-130）

論文完成後，向立正大學大學院（研究所博士班）提出，申請博士學位審查。先由正副指導教授推薦證明，然後再提交全體教授會議審查。

> 審查的方式有兩種：一是由教授會議裡推選出適當的

專家三到五人，專案審查，然後在大學院（研究所）的
文學院、東洋史、佛教學和日蓮宗宗學的全體教授給予
口試通過。另外一種屬於責任制，由正、副指導教授簽
名推薦證明這篇論文已有申請博士學位的水準，然後再
經過全體教授會議的通過。我是被指定為第二種方式。
因為在日本，指導教授對於所指導的論文是負全責的，
如果水準不夠的論文而被證明通過，對於那位指導教授
便非常不利。我的正指導教授，前後有兩位，坂本幸男
和金倉圓照，都是當時日本學術界權威性的長老，而金
倉圓照博士，也是日本學士院的會員，乃是國寶級的人
物。我的副指導教授野村耀昌博士，是中國佛學的專家，
著作有十多種。（〈東方和西方〉，《聖嚴法師學思歷程》，
法鼓全集 3 輯 8 冊，法鼓文化，頁 127-128）

正、副指導教授兩人對法師論文皆有甚高評價。

　他們兩人都對我的論文有相當高的評價。那份審查報
告書的初稿，是由野村博士起草，當金倉博士看完之後，
又加上了更多、更強調的嘉評，這在野村先生看來也覺
得意外，因為金倉先生的治學態度一向謹嚴，能夠對我
如此，這是我的殊榮。（〈東方和西方〉，《聖嚴法師學
思歷程》，法鼓全集 3 輯 8 冊，法鼓文化，頁 128）

**論文送審前後，至龍澤寺派東京東照寺及北陸禪堂打冬季
禪七，體驗寒冷中修行方式。**

　　我在日本的北陸地方，也參加了他們的冬季禪七，吃
得非常簡單，早上是黃蘿蔔、稀飯，中午是白米飯、味
噌湯及一碟小菜，晚上只有點心，沒有正餐。依一般的
標準來說，是營養不夠的，特別是這樣寒冷的冬天，卡
路里也是不夠。妙的是晚上十點睡覺，早上四點起床，
室內沒有暖氣設備，室外牆腳又是人把高的積雪，好在
有兩層紙壁，戶外的寒氣不會直接侵入，而墊的就是榻
榻米，蓋的是一條被子，既短又窄，雖然夠厚，卻不能
夠讓人仰起來睡，躺下之後就不敢動，如果怕冷，就是
起來打坐。頭幾天每天想走，看看日本人都沒有要走的，
我這中國和尚要走，非常丟臉，還是一天一天挨了下
來，到最後習以為常，我還是很喜歡那樣子的修行方式。
（〈日本佛教的面面觀〉，《聖嚴法師學思歷程》，法鼓全
集 3 輯 8 冊，法鼓文化，頁 98）

　　法師在日本打過幾次禪七。打的是龍澤寺派新興的禪
法，名義上屬於曹洞宗，其實是融合了曹洞與臨濟兩宗
之長，並不只是只管打坐或默照，而是教人數息、參公
案。

　　法師曾於龍澤寺派東京東照寺及北陸的禪堂分別打過
禪七，主七禪師是該寺派原田祖岳的傳人伴鐵牛。

　　未見面之前，伴鐵牛禪師對聖嚴法師苦讀用功的聲名
略有所聞，聽說這位中國和尚即將得到博士學位，心中
大不以為然。開示時，一再強調讀書人的知識障有礙開
悟，與禪宗不立文字、不可言詮的主張背道而馳，認定

法師擺不下一腦子知識學問，無法參禪。

小參時，伴鐵牛手中的如意直朝法師揮過去，一邊還質問他：取得博士學位，做什麼喔？法師表示學位只當工具，嚇唬人的，沒別的意義。主七和尚臉色這才稍稍緩和。後來又聽說法師曾在山中閉關長達六年，伴鐵牛禪師以後開示，再也不敢一味地指桑罵槐了。

法師到東照寺北陸禪堂打冬季禪七，伴鐵牛禪師對他的再次到來，頗為詫異。天寒地凍，零下二十七度的大寒天，禪堂沒有暖氣，室外牆角是人多高的積雪，有兩道紙糊的窗子，中間隔一尺多寬的走道。（〈第六章　負笈東瀛〉，施叔青，《枯木開花》，臺北：時報文化，2009年 2 月 12 日二版九刷，頁 149-151；另參見：〈我的修行與傳承〔六〕承繼臨濟與曹洞法源〉，《法鼓》，144 期，2001年 12 月 1 日，版 5）

案：參加年日未詳，然據上文「聽說這位中國和尚即將得到博士學位」姑繫於此。

二月十二日，立正大學大學院舉行不記名投票，所提交博士論文《明末中國佛教の研究》，獲二十四位教授全數通過。

十二日上午，整個大學院的氣氛有些緊張，因為有二十來位教授要給我的論文做口試，連金倉和野村兩位指導教授也有點緊張。審查結果，主席宣布全數通過。當時最高興的好像不是我，而是我的兩位指導教授，馬

上站起來向大家道謝，並向我道賀。這項論文口試的會議，竟是如此順利。（〈東方和西方〉，《聖嚴法師學思歷程》，法鼓全集 3 輯 8 冊，法鼓文化，頁 128-129；〈拿到博士的那一天〔上〕〉，《法鼓》，58 期，1994 年 10 月 15 日，版 2）

獲悉通過後，於寄寓之觀音聖像前下跪痛哭一場。（見〈比丘身分的海外學人〉，《留日見聞》，法鼓全集 3 輯 4 冊，法鼓文化，頁 154）

二月二十五日，由法師證授三皈依之毛慶藩、鈕南雷居士代設謝師宴席。審查教授及夫人皆破例到場。

案：立正大學開博士班以來不曾有謝師宴的前例，因審查教授不便參加；故邀請時是懇請出席二位居士舉行的慶祝宴。又，日本老一輩知識分子向少攜伴參加活動。（參見：〈留學僧・文學博士・佛教教育〉，《留日見聞》，法鼓全集 3 輯 4 冊，法鼓文化，頁 109-110）

二月，第三度參加龍澤寺派精進禪七，獲主七禪師伴鐵牛之指導和鼓勵，認為可以赴美弘法，不必顧慮語言問題。由是增長赴美信心。

第三次北陸打禪七，法師已獲得博士學位，他跟伴鐵牛禪師報告即將離開日本，到美國傳法，卻擔心不懂英語。

「那些學者才需要語言，必須會英語，」伴鐵牛禪師告訴他：「我們不需要，別擔心。」這位著名的東洋禪師的話語，令聖嚴法師頗感受用。（〈第六章　負笈東瀛〉，施叔青，《枯木開花》，臺北：時報文化，2009 年 2 月 12 日二版九刷，頁 152；另參見：〈我的修行與傳承〔六〕承繼臨濟與曹洞法源〉，《法鼓》，144 期，2001 年 12 月 1 日，版 5；〈參禪法要〉，《禪門修證指要》，法鼓全集 4 輯 1 冊，法鼓文化，頁 249）

案：第三度至伴鐵牛禪師處打七之確切年日不詳，然據下引文《枯木開花》所述於獲博士學位前後共參加三次，且禪期舉行期間氣候嚴寒，姑繫於此。

伴鐵牛禪師（一九一〇～一九九六），出生於日本岩手縣，一九一七年受度於曹洞宗淵沢智明並嗣其法，一九四一年畢業於駒澤大學。戰後歷任盛岡報恩寺監寺及單頭，並任東照寺住持（師家）指導禪法，受法於原田祖岳禪師。一九九二年自東照寺退位，一九九六年過世，享年八十六歲。（網址：http://homepage3.nifty.com/toshoji/nihongo.htm）

留學日本前，法師雖已有禪修之體驗，然於禪堂之施設、教法並不熟悉。留日期間參加伴鐵牛禪師主持之禪七，對禪堂施設、儀式與指導方式，包括坐具、流程、棒喝乃至曹洞、臨濟合流等皆有相當啟發。特以法師仍以中國禪宗正統自期。

　　（法師）離開中國大陸時，還不夠資格進禪堂修禪，高雄美濃山中閉關六年，自己以打坐為日課，有過奇妙深刻的種種體驗，然而，真正打禪七，對禪堂的作息規範、宴默棒喝有所體會，還是到了日本留學後，也難怪有人以為他教的是日本禪。

　　「其實我在美國教的，雖然名之為禪，」法師說明：「但它既不是晚近中國禪林的模式，也不是現代的日本禪，我祇是透過自己的經驗，將釋迦世尊以來的諸種鍛鍊身心的方法，加以層次化及合理化，使得有心學習的人，不論性別、年齡、教育程度，以及資質厚薄，都可以獲得益處。」（〈第七章　禪法隨眾攝化〉，施叔青，《枯木開花》，臺北：時報文化，2009 年 2 月 12 日二版九刷，頁167）

　　我在另一方面，雖學過日本禪，卻不想以日本禪為依歸，教的也不是日本的那種模式，我得到日本禪師的恩澤，仍希望是中國禪宗的正統。（〈參禪法要〉，《禪門修證指要》，法鼓全集 4 輯 1 冊，法鼓文化，頁 250）

三月十六日，藤崎正幸氏全家舉行長達七小時晚宴祝賀。
　　（〈留學僧・文學博士・佛教教育〉，《留日見聞》，法鼓全集 3 輯 4 冊，法鼓文化，頁 110）

三月十七日，於立正大學校長辦公室內，舉行「學位記」（博士學位）頒授典禮。法師披七條衣，以純粹中國

比丘僧相接受學位。

過了一個月又五天，在同年的三月十七日上午，我在立正大學的校長菅谷正貫博士的辦公室，約了我的兩位指導教授以及學校裡的幾位高級行政人員和大學院的祕書，舉行了一個茶會，每人一份蛋糕，一杯咖啡，吃過之後就舉行頒授「學位記」（授博士學位證書），從此我的頭銜就變成了「文學博士張聖嚴」。校長沒有講什麼話，只是宣讀了學位記的內容，最後說了一聲：「恭喜！」把一張文憑交到我的手上，大家鼓掌之後，典禮就算完成。既沒有盛大的典禮，也沒有博士袍和博士帽穿戴，所以當天我是以一個比丘的姿態，盛裝出席，整整齊齊地穿上我的僧袍，披上我的袈裟，以表示對於三寶的感恩和對比丘身分的珍惜。典禮結束之後，看到校長室內掛著一幅日蓮宗的創始祖，日蓮上人畫像，便深深地向他拜了三拜，感恩在他的宗派門下所設的學府，完成了這項最高的學位。（〈東方和西方〉《聖嚴法師學思歷程》，法鼓全集 3 輯 8 冊，法鼓文化，頁 130）

法師為立正大學博士班開辦十九年來，第三位取得文學博士學位者。（〈留學僧‧文學博士‧佛教教育〉，《留日見聞》，法鼓全集 3 輯 4 冊，法鼓文化，頁 110）

三月二十一日，撰〈留學僧‧文學博士‧佛教教育〉（《菩提樹》，270 期）記述留學及獲得最高學位經過，向前

後三位指導教授、資助五年費用善士，以及其他在學習、精神、金錢等各方面幫助之師友致謝。

此項學位的取得，當然是我在未來日本之前，未曾夢想到過的奇遇，已故的坂本幸男博士勸我繼續攻讀，同時也得到了瑞士來的善款資助。正由於在接受了善款資助之後，便增加了我的責任感，使我認真切實地在東京做了六年的老學生。

我在留學日本以來的六年之中，除了應該感謝如上的三位教授（案：指前後三位指導教授：坂本幸男、金倉圓照、野村耀昌三位教授），另一值得慶幸的是得到了立大年輕一代學者們的誠摯的友誼，比如桐谷征一、坂輪宣敬、三友健容、仲澤浩佑、北川前肇、庵谷正享等人，都是在學術界極有前途的青年，他們在文字的潤色方面，都從百忙中給我幫了不少的忙。（〈留學僧・文學博士・佛教教育〉，《留日見聞》，法鼓全集 3 輯 4 冊，法鼓文化，頁 103-109）

自述留學研修之關心主題在於中國佛教前途；認為佛法之現代化，應以學術為接引方便。然我國對現代學術研究距離尚遙，為籌辦佛教大學計，應盡全力，選拔優秀僧俗青年赴國外留學。

在留學日本六年以來最足以自慰的事，並不是取得了最高的學位的榮譽，乃是我以一位已經受到若干尊敬的講經法師身分，又以不惑之年的歲數，甘心並且安心地

做了一個平凡的留學僧。我認真切實地在東京做了六年的老學生，也使我讀了相當數量的三藏教典，同時也學會了治學的方法，以及成熟了我對於中國佛教和佛教思想的認識。此對於個人的生死問題，或者無關緊要，對於將佛法做合理化及現代化的展望而言，毋寧說要比信仰行為的傳播，更為切要。換句話說，學術的佛教，是信仰的佛教的外圍體系，以學術為接引的方便，始不被視為迷信。以信仰為核心的目標，庶幾不致流為世間的學問。

　　以歷史的方法論來研究佛教教義的變遷消長，已是近代世界的共同特色。作為一現代的佛教學者，應把信仰和學術分成兩個層次，尤其是一個僧侶身分的佛教學者，在治學的責任上，宜對知識做忠實的研判，在信仰的傳播上，宜對信眾做自內證的宗教經驗的引導。前者是研究室的態度，後者是佛壇上的態度。前者是第二義，後者是第一義。兩者看似矛盾實則一貫。若將此兩者混淆了的話，我們的學院佛教，勢將永無成立的希望了。（〈留學僧・文學博士・佛教教育〉，《留日見聞》，法鼓全集 3 輯 4 冊，法鼓文化，頁 101-117）

三月二十五日，清度法師、吳老擇居士，設宴慶祝。（〈留學僧・文學博士・佛教教育〉，《留日見聞》，法鼓全集 3 輯 4 冊，法鼓文化，頁 112）

三月二十九日，我國駐日代表馬樹禮先生假東京六本木隨
　　園為法師舉行慶祝會，並邀請法師回國參加「海外學
　　人國家建設研究會」。為藉此機會顯示佛教僧侶知識
　　水準，毅然接受。

　　在我獲得博士學位之後，首先向我國政府駐日代表馬
樹禮先生報告，馬代表因此而在三月二十九日，特假東
京六本木的中國餐館「隨園」，舉行了一個盛大的慶祝
會。不久便收到了教育部、青年輔導委員會、青年救國
團等三個單位聯合邀請的函件，徵詢我的意見，能不能
回國出席會議。就這樣我便成了一九七五年被政府邀請
回國出席國建會議的一百二十位海外學人中的一員。
（〈東方和西方〉，《聖嚴法師學思歷程》，法鼓全集 3 輯 8
冊，法鼓文化，頁 132）

　　以往，國內流傳著：凡是留學日本而攻讀佛教課程的
僧尼，得到了學位，政府也不承認，所以佛教界的前輩
們對於資助青年留學日本的事，總是抱著觀望態度的多，
甚至我已得了博士學位，國內教界的反應也不太起勁。
所以我正好趁此機會，現身說法，我希望證明一個事實：
留學日本而有了成就的話，政府是沒有理由不承認的。

　　同時，我曾對於近世中國佛教義學人才的缺乏而提出
過警覺性的意見，因為義學不振以致不易使得知識分子
接觸佛教和接受佛法，這次能有機會參加海外學人的行
列，回國出席國家建設研究會，正可以顯示佛教的知識
水準，更可為僧侶的知識程度，向國內外的中國人，做

一次事實的說明。雖不能奢望因此而吸引多少人信仰佛
教，至少可用這一事實告訴教外的人士，中國佛教正在
走向時代化的知識領域，而使人們一新耳目。所以我毅
然地接受了邀請。（〈比丘身分的海外學人〉，《留日見聞》，
法鼓全集 3 輯 4 冊，法鼓文化，頁 119-120）

案：出席「國建會」的主要條件為：在學術上聲名卓著
並對國事關心者。來回機票及會期之間膳宿，均由政府
招待。

**四月五日，總統蔣介石先生崩逝，東初老人素知蔣公護持
佛教之赤忱與事蹟，特著《蔣總統與佛教》，於九月
完成。**

　　故總統蔣公崩逝，老人在大殿上為蔣公立了牌位，自
己則默默在祖堂裡誦經追思，並帶我到國父紀念館瞻禮
蔣公的遺容，老人是當時人也，對蔣公的素行也有所了
解，為了維護我國的文化，及不使事實被抹殺，日夜趕
寫蔣公對佛教的態度及貢獻，而在短期內完成《蔣總統
與佛教》一書。（〈追念孤傲的老人──東初老和尚〉，慧嚴，
《東初和尚永懷集》，東初老人全集 7，臺北：東初出版社，
1987 年 12 月初版，頁 134）

**博士通過後，為喚取國際學術界對國人研究成績之注意，
擬將論文在日本出版。經多方聯繫，洽定由東京山喜
房佛書林出版。法師負擔出版費高達美金六千餘元。**

博士學位的文憑到手之後，工作並沒有完成，那就是要把論文在日本出版。因此，我必須在東京繼續留下，一邊張羅出版的經費，同時接洽出版的公司。學位的論文，除了專家學者及學校圖書館收藏之外，不會有多少銷路。到了四月，終於接洽好東京山喜房佛書林，跟它的負責人淺地康平氏談妥，出版五百冊，我必須買下其中的一半。它的訂價是每冊八千五百圓，打七折，結果我付了他一百五十萬日元。這一筆錢是從我歷年的生活費節省下來，加上美國沈家楨居士及他好友沈嘉英先生，還有臺灣的南亭法師也幫了我一些。日本出版社出書的水準很高，要求相當認真。經過半年的時間，直到當年的十一月二十三日，才真正地出版問世。（〈東方和西方〉，《聖嚴法師學思歷程》，法鼓全集3輯8冊，法鼓文化，頁131-132）

我要在日本出版該書的最大理由，是希望讀不懂現代漢文的日本佛教學術界，知道現在的中國僧人之中，也有人在從事於佛學的研究工作。因為在日本的佛教學術界，除了極少數人，尚知道有過太虛大師其人之外，連印順法師的名字，也絕少有人知道。所以把近代的中國佛教忽視了。我們的最大弱點，是未能用外國語文來撰寫，以致外國的學者們由於不了解我們，而忽略了我們。（〈從東洋到西洋〉，《留日見聞》，法鼓全集3輯4冊，法鼓文化，頁160-162）

五月，因美國沈家楨居士建議，接受美國佛教會邀請赴美
之聘書，開始辦理赴美簽證。（〈比丘身分的海外學人〉，
《留日見聞》，法鼓全集 3 輯 4 冊，法鼓文化，頁 121-122）

赴美因緣來自於詹勵吾居士，原係應其邀約，擬赴加
拿大講學，然簽證久未獲准。後經沈家楨居士建議，
並獲清度法師協助，取得赴美宗教師移民簽證。

我為什麼不先直接回國，竟然跑到離祖國更遠的美國
來了？這可說是因緣的巧合，促成了我來美的事實。僑
居加拿大的詹勵吾居士發心對其自置的一塊農地，施捨
作為世界性的佛教道場，他將那塊土地命名為龍山，但
因年事漸高，不能親躬其勞，建築規畫，均需另外找人。
他希望我能為他的龍山提供意見，假如可能的話，也盼
我承擔這個道場的籌建工作。我坦率地告訴他，我不是
虛雲老和尚那種祖師型的僧人，創立大道場，更非我的
能力所逮。但是詹居士仍盼我能去加拿大做一次訪問，
並且為我在多倫多大學安排了邀請我去講演的節目。如
果覺得可以，不妨先在那裡的大學中擔任教職，然後相
機發動籌建龍山國際佛教中心的工作。我為表示報答他
的美意，故於學位完成後，即進行赴加國的簽證手續。
結果因為加國與我國無邦交，直接簽證頗不容易，因此，
給美國的沈家楨居士寫信，商請以他的世界宗教研究院，
出一紙邀請書，先到美國做數月的研究訪問，再去加拿
大。沈居士的回信，則建議我一開始便辦宗教師移民的

手續，就這樣，我便辦了來美的手續。

在我辦理來美手續的階段，清度法師的亞洲佛教善鄰會正好幫上了我的忙，他給我出了僧侶身分以及佛教傳教師資格的證明，使我順利地取得了美國駐東京領事館的移民簽證。各種英文文件的處理，則由張可炳先生代勞打字填寫。

我的赴美簽證是相當快的，前後不過三個月，其間尚由於我一時無法提出有關出生證明的父母姓名的有效文件，而耽誤了一個多月，美國佛教會給了由其會長敏智老法師簽署的聘書，以及其副會長沈家楨居士寄到的生活保證書之時，我的赴美即成了定案。（〈從東洋到西洋〉，《留日見聞》，法鼓全集 3 輯 4 冊，法鼓文化，頁 163-168）

印順法師、東初老人知法師暫不回國，頗覺遺憾。法師因考慮目前無法在國內佛教教育方面有所貢獻，故擬以留學僧之心理，於國外磨鍊數年，再回祖國。

為什麼我不先回國，而要先來美國？這是很難解答的問題。我在取得學位不久的時候，曾給好友幻生法師寫信，說我好比處身於沒有汽車可開的環境中，雖從外國考到了駕駛執照，也等於沒有一樣。以我自己的考察及考慮所得，目前回國是不切時宜的，也是無法做出任何像樣的事業來的。不如趁我尚有一股求學熱忱的時候，再到美國住幾年、學幾年英語，將來的我，不論在東方

或西方，在國內或國外，最起碼的英語能力是必須具備的。在國外磨鍊數年之後，再回祖國，那時的力量也許會大些。（〈從東洋到西洋〉，《留日見聞》，法鼓全集 3 輯 4 冊，法鼓文化，頁 164-165）

六月，《菩提樹》雜誌於本期以〈寄望於中國佛教會〉（《菩提樹》，271 期）為題，對法師即將回國出席國建會，表示歡迎。（〈比丘身分的海外學人〉，《留日見聞》，法鼓全集 3 輯 4 冊，法鼓文化，頁 120）

七月十八日，飛抵臺北。南亭長老、成一、慧嶽、倫參、寬裕等法師以及吳馥麟等居士於臺北松山機場接機歡迎。（〈比丘身分的海外學人〉，《留日見聞》，法鼓全集 3 輯 4 冊，法鼓文化，頁 120）

離開機場後，直返新北投文化館拜見東初老人；老人甚為歡慰。回館後，關起房門又痛哭一場。

最希望見到我的人，我想應該是我的剃度恩師東初老人，所以出了機場，便叫計程車直駛新北投的中華佛教文化館。我這次回國，在他而言，「望子成龍」，我總算沒有為他出醜。在我而言，「揚名聲」的目的，是為了「高顯父母」的教養有方，以作為報慰師恩於萬一。恨我今天的一點小成就，已無從換得雙親的歡心，卻仍有幸得到了恩師的歡慰，恐怕是我有生以來最大而且最

值得高興的事了。因此，當我通過學位的那天，在東京
斗室的觀音聖像之前跪著痛哭了一場，回到祖庭之後，
又關起房門來痛哭了一場。當在面臨任何困難的時候，
我除了堅定信心之外是不會恐懼，更不會流淚的。當在
受到責罵和批評的時候，我除了耐心地聽和虛心地想之
外是不會灰心，也不會流淚的。但當完成或滿願了一椿
困難的事情之時，卻無法抑止流出感恩和感激的熱淚來
了。（〈比丘身分的海外學人〉，《留日見聞》，法鼓全集
3 輯 4 冊，法鼓文化，頁 153-154）

七月二十四日，為辦理赴美簽證所需文件，多方聯絡不得
要領，特南下親自辦理。經佛光山星雲法師介紹高雄
縣警察局姜振助督察長幫忙，於翌日順利辦成。（〈比
丘身分的海外學人〉，《留日見聞》，法鼓全集 3 輯 4 冊，
法鼓文化，頁 121-123）

同日，赴鳳山蓮社拜訪煮雲法師，致謝並奉還六年前
所借一萬元。煮雲法師頗不以為意，因原未指望還錢。
（〈敬悼煮雲法師〉，《悼念·遊化》，法鼓全集 3 輯 7 冊，
法鼓文化，頁 75；另參見一九六九年譜文）

是夜，拜訪五塊厝棲霞精舍月基法師，與煮雲法師同
宿於精舍。（〈比丘身分的海外學人〉，《留日見聞》，法
鼓全集 3 輯 4 冊，法鼓文化，頁 154）

七月二十六日，返臺北，赴中國大飯店辦理「國建會」報到手續。國建會會期自即日起至八月十二日止。（〈比丘身分的海外學人〉，《留日見聞》，法鼓全集 3 輯 4 冊，法鼓文化，頁 124）

七月二十七日至八月三日為集體參觀訪問活動。計赴圓山忠烈祠、慈湖、中國造船廠、中國石油公司高雄煉油廠、梨山、臺中港、臺灣省政府。（〈比丘身分的海外學人〉，《留日見聞》，法鼓全集 3 輯 4 冊，法鼓文化，頁 125-136）

八月一日至臺中，由藍吉富君陪同拜訪《菩提樹》月刊社朱斐居士夫婦，並訪問蔡念生長者和慎齋堂。（〈比丘身分的海外學人〉，《留日見聞》，法鼓全集 3 輯 4 冊，法鼓文化，頁 155-156）

八月三日，早餐由行政院長蔣經國先生招待燒餅油條和豆漿。經數日相處，與同組成員結成好友；並因出家僧侶之特別身分，成為媒體包圍對象。（〈比丘身分的海外學人〉，《留日見聞》，法鼓全集 3 輯 4 冊，法鼓文化，頁 135-149）

八月四日至九日，依專長分配至文教組分組討論。提出多項建議深獲同組成員支持。如：大專中開設比較宗教

學課程、編印全國圖書聯合目錄。

我提出一項建議，希望教育部考慮於大專院校中設立宗教研究所或研究室，同時在大專的課程中開一門比較宗教學的必修課，以期促使人文教育與科技教育，相輔相成地平行發展。

國內的圖書數量既然如此貧乏，有的圖書可能全國僅有一冊，而此一冊存於何處，可能誰也不知道。如果全國各公私立圖書館的所藏圖書，有了一部統一性的聯合目錄，對於要利用圖書的研究者而言，就便利多了。在座的人員聽了我的議論，無不表示欽佩，此項建議，便成了我們小組的第一條紀錄。（〈比丘身分的海外學人〉，《留日見聞》，法鼓全集 3 輯 4 冊，法鼓文化，頁 136-140）

八月九日晚，應小組召集人陳履安先生邀約，赴陳府談論佛教信仰及宗教現象問題。陳先生並準備以書面提出百則常見而不知所以之宗教問題，請法師解答。（〈比丘身分的海外學人〉，《留日見聞》，法鼓全集 3 輯 4 冊，法鼓文化，頁 142-143）

案：此為日後撰作《學佛群疑》之遠因。

八月十日、十一日，參觀金門。訪問正在舉行之大專青年金門戰鬥營時，遇有大專佛學社團社員向法師合掌問訊。（〈比丘身分的海外學人〉，《留日見聞》，法鼓全集 3 輯 4 冊，法鼓文化，頁 143-145）

八月十二日，國建會最後一日會期，舉行綜合座談。因身
分特殊，被邀請發言。提出兩項建議：一、按年編印
《宗教年鑑》，以鼓勵各宗教多做社會文化國際交流
活動。二、廢止公娼制度，以移風易俗並端正國際視
聽。（〈比丘身分的海外學人〉，《留日見聞》，法鼓全集
3 輯 4 冊，法鼓文化，頁 145-149）

當晚，總統嚴家淦先生以園遊會方式招待與會海外學
人。因與總統鄰縣同鄉，相互問好時，受到攝影記者
包圍。于斌主教亦於晚會出席，不同宗教之僧侶學人
難得同時出現。（〈比丘身分的海外學人〉，《留日見聞》，
法鼓全集 3 輯 4 冊，法鼓文化，頁 149）

數日來，於會期間，拜訪諸山長老大德，親往致謝。如華
嚴蓮社南亭法師、成一法師、海明寺悟明法師、法濟
寺慧嶽法師、海會寺道源長老。並訪問彌勒內院寬裕
法師、大湖程觀心、儲家昌居士以及靜安寺時代同學
性如、明月兩位法師。（〈比丘身分的海外學人〉，《留
日見聞》，法鼓全集 3 輯 4 冊，法鼓文化，頁 154-155）

八月十三日，由立法委員韓叔鮴先生和南亭法師發動江蘇
同鄉會，邀請法師於志蓮精舍講演：「我所研究的蕅
益大師」。（〈比丘身分的海外學人〉，《留日見聞》，法
鼓全集 3 輯 4 冊，法鼓文化，頁 156）

八月十四日,中午,應臺北佛教居士界聯合邀請,於大鴻
園素食部歡宴。下午應新店居士林邀請,講演:「居
士與佛教」。(〈比丘身分的海外學人〉,《留日見聞》,
法鼓全集 3 輯 4 冊,法鼓文化,頁 156-157)

八月十五、十六日,專程南下嘉義,拜訪印順老法師,並
宿一夜。沿途訪問新竹之美國佛教會在臺譯經院、南
投德山寺幻生法師。(〈比丘身分的海外學人〉,《留日
見聞》,法鼓全集 3 輯 4 冊,法鼓文化,頁 158)

八月十八日,於臺北念佛團講演:「佛教的現代化」。中
午,善導寺設宴歡迎。(〈比丘身分的海外學人〉,《留
日見聞》,法鼓全集 3 輯 4 冊,法鼓文化,頁 156-157)

八月十九日,中國佛教會於臺北佛教活動中心設席歡宴,
到有道安、悟明、星雲、淨空、真華、明月等二十多
位法師以及丁俊生、周邦道、吳經熊等十多位居士。
獲贈「佛教之光」銀牌一面,隆重表揚。(〈比丘身分
的海外學人〉,《留日見聞》,法鼓全集 3 輯 4 冊,法鼓文化,
頁 157)

當晚,《慧炬》月刊社周宣德居士,代表美國佛教會
設宴祝賀,並頒發一萬一千元佛教博士論文獎獎金。
(〈比丘身分的海外學人〉,《留日見聞》,法鼓全集 3 輯 4

冊，法鼓文化，頁 157）

八月二十一日，飛返日本。繼續博士論文（日文本）校對
　　出版事宜。（〈從東洋到西洋〉，《留日見聞》，法鼓全集
　　3 輯 4 冊，法鼓文化，頁 159）

返臺參加會議，使國人對僧尼形象觀感一新，佛教界則多
　　持觀望態度，此與原來推測相近，故仍依原議赴美。

　　在會議中也讓我接觸到，並且認識到好多位政府的高
層官員。一個和尚以海外學人的身分，在國內的電視及
報紙等媒體，一連出現了幾天，使得國人對於僧尼的觀
感，煥然一新，對於佛教的形象，也是一大轉捩。

　　不過佛教界對我的反應，分成兩個極端：若干居士認
為僧中出了一位博士，而且是海外學人，佛教可以「出
頭天」了。另外一類人士則說：做了和尚還弄一個博士
的虛名，有什麼用呢？所以，除了東初老人及少數長老
法師和老居士們，對我的回國，表現得相當熱忱之外，
一般而言，都持觀望的態度。

　　事實上，我在那個階段，能做的不多，正像當時有一
位我在上海讀佛學院時代的同學，寫信對我說的那樣：
「你老兄是在國外學會了駕駛技術，也考到了駕駛執照，
可惜我們國內，沒有汽車讓你開，奈何！」雖然我的剃
度師東初老人希望我回國辦教育，那又談何容易，因我
根本不知道要從哪兒著手！所以在會期結束不久，我又

返回了東京。正好美國的沈家楨先生，邀請我赴美國弘法講學，就以這樣的因緣，我便在當年的十二月十日，離開了東京，就到了美國。（〈東方和西方〉，《聖嚴法師學思歷程》，法鼓全集 3 輯 8 冊，法鼓文化，頁 133-135）

九月，發表〈一位出家人的表白〉於《海外學人》（43 期）。（今收於〈一位出家人的表白〉，《留日見聞》，法鼓全集 3 輯 4 冊，法鼓文化，頁 186-192）

十月二十五日，發表〈比丘身分的海外學人〉（《菩提樹》，**276、277 期），記述七、八月返國參加「國建會」行事。以會期間親身經驗說明提高僧尼社會地位之方法。則雖不作傳教打算，而實已經作無言而有效宣傳。**（今收於〈比丘身分的海外學人〉，《留日見聞》，法鼓全集 3 輯 4 冊，法鼓文化，頁 118-158）

案：藍吉富居士謂法師當年締造三紀錄：攻讀榮獲博士學位、受邀參加國建會、在日本出書。（〈從東洋到西洋〉，《留日見聞》，法鼓全集 3 輯 4 冊，法鼓文化，頁 159）

十一月十四日，道安長老至日本訪問，法師前往拜會並坐談至夜。對目前中國佛教表示非常失望，對中佛會尤感無望。（見：〈1975.11.14 日記〉，道安法師，《道安法師遺集》，第十二冊，頁 3435-3436）

十一月二十三日，博士論文《明末中國佛教の研究》日文本由東京山喜房佛書林出版。

《明末中國佛教の研究》係以蕅益大師為中心，從時代發展宏觀，論述其宗教踐履與思想意趣。法師精讀《靈峯宗論》二十餘遍，並通讀蕅益大師所有著作，細考而知：蕅益大師在修行方面，以《梵網經》為中心；信仰方面奉持《地藏經》；思想方面則以《楞嚴經》為骨幹。經研究確定：蕅益大師並非如歷來學者所言之傳承天台教學；而亦發現：蕅益大師不僅是明末佛教界之大學問家，對近代佛教思想實亦有深遠之影響。〈自序〉云：

明朝末年，實際上的中國佛教，可以說是以禪宗為中心的佛教。明末的蕅益智旭（一五九九～一六五五），雖然並不是一位傳統的禪僧，但他卻依從禪師剃度出家，亦曾參學禪悟之道，而了然於佛教思想的恢宏，終其一生，都是實踐於佛教生活的行持。

就以往的研究所示，認為智旭是明末的一位傑出天台家學者，從事於中國近代天台學研究人士，無論如何都不能把智旭作等閒的處理，但也絕對不可以只把智旭作為教學的研究者來看待。他的真實骨格架構，毋寧說是偏向以信仰為本色，與真誠地實踐於佛教生活的一面。

觀察他的整個生涯，其在佛教生活的實踐行履方面，是以《梵網經》為中心的戒律主義者；但在佛教信仰方

面，是依據地藏經典群的《地藏菩薩本願經》和《占察善惡業報經》，更於教理哲學思想方面，則是以《楞嚴經》為中心的。智旭曾明顯地表示其本身的基本立場，卻是宗述《楞嚴經》為主的禪者。既如上述，筆者心目中所見到智旭，與歷來傳言中所評述的天台宗學者的智旭觀，卻有著顯然的不同。綜上所述，從智旭思想的整體立觀，他不只是明末不世出的思想家；更是一位傑出的佛教信仰修行者。這一點，在構成本論的因素上，尤其是決定性的主要成分。而在內容上，就智旭的著作，不只是在探索智旭的教義理論層面，也有必要從該一時代的歷史背景、自然環境、地理因素，以及生活型態、信仰行為等，各種角度去廣事論究。（〈《明末中國佛教之研究》自序〉，《書序》，法鼓全集 3 輯 5 冊，法鼓文化，頁 165-168；另參見：〈拿到博士的那一天〉，《法鼓》，58 期，1994 年 10 月 15 日，版 2）

書前有金倉圓照博士序文，極力推薦：

博士將蕅益智旭的著作綜合研究之後，不僅修正了學界對智旭一向的既定的評論，而且把智旭視為明朝末年不世出的佛教之集大成者、真誠奮勵之實踐者。基於這樣的見地，博士努力的從其時代之背景、生涯之行藏、師承之系統、生活之環境等等作深入的調查，面面俱到地將智旭這個人刻鏤出來。同樣的，他也運用書誌學的方法，將智旭的著作全盤地進行檢討，然後論述其思想

年齡之發展，最後歸結於淨土念佛這樣的一個歷程。

因此，張博士這部書，不只是首次徹底闡明了智旭一生的事蹟與思想，並且也在研究尚未周詳的中國近代佛教史上，投下了一道巨大的亮光。這的確是一部應該向學界來推薦的精心傑作。（溫天河譯自前引書）

十二月十日，因接受美國佛教會敏智法師、沈家楨居士敦聘，離日赴美。預計於取得入美簽證後，由美國轉往加拿大應居士詹勵吾邀請至當地任教弘化。（〈從東洋到西洋〉，《留日見聞》，法鼓全集 3 輯 4 冊，法鼓文化，頁 168）

下午六時十五分，乘華航班機離日。大批圖書，則因沈家楨先生介紹，由董浩雲先生東方航運公司免費從東京運送紐約。（〈東方和西方〉，《聖嚴法師學思歷程》，法鼓全集 3 輯 8 冊，法鼓文化，頁 135）

赴羽田機場時，由出版論文山喜房佛書林老闆淺地康平氏及其助手吉山君專程接送。並有中日韓友朋多人到機場送行。日本六年，學問增長外，結交善友，彌足珍貴。

聞訊趕到機場為我送行的，有我的日本友人：立正大學的助教授佐佐木孝憲、講師久留宮圓秀、三友健容、仲澤浩祐、岩田良三，東大的三友量順、《法華

Journal》的社長山口晃一及其夫人照子女士，另一位在立大研究室服務的田島彌生女士，初到東京時期的日文老師古河俊一氏，杉原孝俊氏特別為我送行而從他的家鄉山口縣，遠道趕來羽田機場，正在東京大東文化大學攻讀博士課程的韓國比丘法印法師也率領了他的信徒史夫人等，到了羽田機場。中國友人：則有清度法師、西定法師、達和比丘尼、張可炳、章霖、鈕南雷、陳澤楨、談海岑及其夫人，尚有一位為了見我一面，特地從巴西趕到東京的廖秀梅小姐，我在日本六年多，得到一個學位的虛名，更珍貴的是得到了很多朋友的友誼。

　　我可斷言，以上所舉的年輕一代的日本友人，不論在宗教界或學術界，十年、二十年之後，無一不是領袖人物。假如我能為中國佛教的延續和發揚繼續努力下去的話，誰説沒有更多的機會和他們相互交往與彼此合作的可能呢？（〈從東洋到西洋〉，《留日見聞》，法鼓全集 3 輯 4 冊，法鼓文化，頁 168-170）

總結留學日本計六年十個月，花費美金五萬元。期間活動除各繫年日外，附繫如下：
　　在日本參加了傳統佛教的活動，也參加了新興佛教的活動。所謂傳統的佛教，我到過曹洞宗大本山，位於福井縣的永平寺，及東京的本山，位於鶴見的總持寺，也到過鎌倉臨濟宗的圓覺寺、建長寺，以及龍澤寺派下東京市內的東照寺，在京都我也到過臨濟宗的妙心寺，並

且在真言宗的高野山住過幾天，又到天台宗比叡山的延曆寺參訪，同時與曾經在延曆寺修行了十二年的牢山行的天台宗僧侶相從非常地密切。

　　日蓮宗在今天的日本，已經算是傳統的佛教，我既然在他們所辦的立正大學就讀，我的朋友，當然也以該宗的僧侶為多。所以它的總本山，山梨縣身延山，也去了很多次。我參觀了、參加了幾個新興教團的活動，比如創價學會，也就是日蓮正宗的富士山大石寺，在東京市內的立正佼成會，東京郊外橫濱的孝道教團，尚有國柱會、靈友會、大理教、金光教以及大元密教等，我都曾花上至少一天乃至於幾天或幾週的時間，參加他們的修行，觀察他們的活動。（〈日本佛教的面面觀〉，《聖嚴法師學思歷程》，法鼓全集 3 輯 8 冊，法鼓文化，頁 94-95）

十二月十日上午（換日），抵美國西海岸三藩市。智海法師接機。翌日，往訪宣化法師，住金山寺五夜，與宣化法師有多日暢談，並對其弟子講話。計住加州六日，先後拜訪真常法師、妙智、紗境、達誠、體靜等法師及各道場。

　　我在一九七五年從日本到美國的第一站，便是舊金山。由於沈家楨先生的建議，讓我先到美國西部，認識幾位中國法師，當時要我見的是度輪（宣化）、智海、紗境三位法師，他們是到美國本土弘法的拓荒者。我在三藩市及洛杉磯一共待了六天，都是行色匆匆。存在記憶中

的，有智海法師的般若講堂，我在那兒住了一個晚上。還有度輪法師的金山寺和萬佛城，當時的萬佛城只有房子，還沒有任何設備。另外是紗境法師的佛教僧伽會。我又到洛杉磯參觀了越南籍天恩法師的東方佛教大學，同時也參觀了幾個日本淨土真宗的道場，就是沒參訪有關於禪的中心以及佛教有關的大學。（〈舊金山〉，《金山有鑛》，法鼓全集 6 輯 4 冊，法鼓文化，頁 86；另參見：〈從東洋到西洋〉，《留日見聞》，法鼓全集 3 輯 4 冊，法鼓文化，頁 170-175）

十二月十六日，由三藩市飛赴紐約。宣化法師送行至機場，並邀早日返來同住，禮遇甚厚。（〈從東洋到西洋〉，《留日見聞》，法鼓全集 3 輯 4 冊，法鼓文化，頁 175）

下午五點抵紐約，仁俊、樂渡、妙峰、淨海、日常、會機等諸法師以及美國佛教會董事賀國權居士，到機場迎接。（〈從東洋到西洋〉，《留日見聞》，法鼓全集 3 輯 4 冊，法鼓文化，頁 175）

紐約掛單處為美國佛教會大覺寺。會長敏智老法師，曾任常州天寧寺方丈；副會長兼大覺寺住持仁俊法師，為當年上海靜安寺授課法師。另二位副會長為沈家楨、俞時中居士。大覺寺副住持由日常法師擔任。（〈從東洋到西洋〉，《留日見聞》，法鼓全集 3 輯 4 冊，法鼓文化，

頁 175-176）

　　沈先生給我的邀請函，是由他所組成的美國佛教會出面，原先我希望進入他設於長島紐約大學的世界宗教研究院，再做幾年的研究。不過依沈先生的想法：出家人應該住於寺院。而當時的美國佛教會也需要有人來推動法務，所以把我安排在該會所屬的紐約市布朗士區大覺寺。（〈東方和西方〉，《聖嚴法師學思歷程》，法鼓全集3 輯 8 冊，法鼓文化，頁 135-136）

法師抵美前，美國佛教會曾集會討論，擬以培養英國王子方式，從基層訓練起，成就法師。（〈法鼓山的使命〉，《法鼓山的方向》，法鼓全集 8 輯 6 冊，法鼓文化，頁 66）

第三卷

1976 ～ 1988

禪師・住持・所長

國內外重要大事

- 1976 年，毛澤東病逝。
- 1977 年，東初老人圓寂。
- 1978 年，蔣經國當選總統。
- 1981 年，國際商業機器公司（IBM）推出首部個人電腦。
- 1982 年，南亭法師圓寂。
- 1983 年，慈濟醫院動土。三年後落成啟用。
- 1985 年
    - ·妙蓮法師於南投埔里創建靈巖山寺。
    - ·心平法師接任佛光山第二代住持。
- 1986 年
    - ·民主進步黨成立。
    - ·廣欽老和尚、賢頓法師、慧三法師、煮雲法師圓寂。
    - ·李炳南老居士、楊白衣居士圓寂。
- 1987 年
    - ·戒嚴令解除。開放赴大陸探親。
    - ·樂觀長老圓寂。
- 1988 年
    - ·蔣經國總統逝世。
    - ·道源長老、靈源長老圓寂。

法師大事

- 1976 年，四十七歲，擔任美國佛教會副會長及大覺寺住持，開始禪修教學。獲東初老人曹洞宗法脈傳承。
- 1977 年，四十八歲，東初老人圓寂，奉老人遺命返臺承接中華佛教文化館、農禪寺法務。
- 1978 年，四十九歲，任中華學術院佛學研究所所長。獲靈源老和尚臨濟宗法脈傳承，法名：「知剛惟柔」。
- 1979 年，五十歲，於美國紐約創立禪中心（後又名為東初禪寺）。
- 1985 年，五十六歲，於北投中華佛教文化館創辦「中華佛學研究所」。
- 1988 年，五十九歲，赴大陸巡禮寺院並探訪親朋師友。

民國六十五年／西元一九七六年

聖嚴法師四十七歲

一月十四日，參加大覺寺例行彌陀佛七。

> 佛七後，與仁俊法師至沈家楨居士菩提精舍小住兩晚，
> 並和沈居士談及英語進修。獲沈居士資助入語言學校
> 學習，前後約一年半。
>
> 　我於一九七五年十二月十日，由東京飛到美西舊金山，
> 同月十六日再飛到美東的紐約，過了陽曆年就一邊幫忙
> 美國佛教會大覺寺的寺務，同時由沈家楨先生贊助，幾
> 乎每天搭乘地下鐵路至城中區補習英文，達二百多個小
> 時。（〈四五、到美國十五年〉，《金山有鑛》，法鼓全集
> 6 輯 4 冊，法鼓文化，頁 200；〈從東洋到西洋〉，《留日見聞》，
> 法鼓全集 3 輯 4 冊，法鼓文化，頁 176）

一月二十五日起，由仁俊法師支持，與日常法師合作，於
　　大覺寺開設週日靜坐班，指導中西人士禪修之基礎方
　　法。此後每週日午後賡續舉行。此為法師生平第一次
　　以禪者身分傳授禪修方法。

> 　在大覺寺一共住了不到兩年，美國人重實際，求速效，
> 最好的辦法是要他們修密持咒、學禪打坐，因此，我也
> 用我在中國大陸和臺灣山中所用所學的禪修方法，以及

在日本所見的禪修形式，在美國開始向西方人傳授禪的
觀念和打坐的方法。就這樣，我便從一位新出道的文學
博士，變成了傳授禪法的禪師。（〈東方和西方〉，《聖
嚴法師學思歷程》，法鼓全集 3 輯 8 冊，法鼓文化，頁 137；
另參見：〈從東洋到西洋〉，《留日見聞》，法鼓全集 3 輯 4
冊，法鼓文化，頁 176；〈四五、到美國十五年〉，《金山有
鑛》，法鼓全集 6 輯 4 冊，法鼓文化，頁 200）

　　剛開始時，我不知道要做些什麼，便去請教日常法
師，沈居士曾送他去紐約上州的羅契斯特禪中心向菲力
浦・凱普樓（Philip Kapleau）學禪修。他仕美國已是知
名的禪師，師父是安谷白雲（Yasutani Roshi）。「安
谷白雲的師父是誰？」我問。「是原田祖岳（Harada
Sogaku）。」他説。我告訴他，原田祖岳也是我在日本
的師父──伴鐵牛的師父。這説明了我是凱普樓的師兄
弟，因為我們都是原田祖岳的後裔，這讓我領悟到要如
何教導西方學生。日常法師得知後非常高興，並且同意
幫助我。（〈第十五章　吃苦〉，《雪中足跡》，臺北：三
采文化，2013 年 11 月 25 日，頁 220-221；另參見：〈日常
法師──西方弘法時的善知識〉，《悼念 II》，法鼓全集 3 輯
11 冊，法鼓文化，頁 71-78）

二月一日，敏智老法師為籌募美國佛教會莊嚴寺建設經費
　　暫返香港，法師接替擔任每週週日講座，講解《大乘
　　遍照光明藏無字法門經》。

案：此為到美國後初次弘講，對象是該寺二十多位信眾，
其中二位是西方人。（〈四五、到美國十五年〉，《金山有
鑛》，法鼓全集 6 輯 4 冊，法鼓文化，頁 200）

**五月三日，為訓練助手以推展坐禪活動，於大覺寺正式開
設第一期禪坐特別班。為期十四週，每週上課三小時，
至八月七日結業，參加學員僅得四位，三位西方青年，
一位中國青年。其中兩位，後來成為法師得力助手，
即擔任英語翻譯之王明怡及日後求法師剃度出家之保
羅・甘迺迪（Paul Kennedy）。**（〈從東洋到西洋〉，《留
日見聞》，法鼓全集 3 輯 4 冊，法鼓文化，頁 176；〈四五、
到美國十五年〉，《金山有鑛》，法鼓全集 6 輯 4 冊，法鼓文化，
頁 200；〈美佛會歷年大事紀〉，《美國佛教會一九九〇年臺
灣弘法訪問團簡介》，臺北：慧炬雜誌社，頁 26）

二十六歲的彼得・卻瑪（Peter Chema）是位工程
師、武術教練，三十三歲的弗蘭克・瑪麗亞（Frank De
Maria）則是紐約警察局的武術指導，讀過不少關於禪坐
的書，也依法炮製學打坐，但由於缺乏正確的指導而放
棄。香港長大的紐約大學物理系博士班的研究生王明怡，
近年來為慢性頭痛所苦，試遍中、西醫藥，效果罔然，
求助於法師，希望借禪坐治療他的頭疾。加上後來隨他
出家的保羅・甘迺迪，一共四個學生，法師開了第一期
的禪坐訓練班。（〈第七章　禪法隨眾攝化〉，施叔青，《枯
木開花》，臺北：時報文化，2009 年 2 月 12 日二版九刷，頁

165-166）

案：法師禪修教學始於今年一月二十五日，《金山有鑛》
云：「一九七六年一月二十五日，我生平第一次借大覺
寺以禪者身分為中西人士指導禪修的基礎方法，然後即
於每週日午後，由我負責禪坐活動，西方青年，日漸增
加。」（頁200）《枯木開花》（頁165）亦載有該日事綦詳。
此時所開設者為「週日靜坐班」。而後另開設有「禪坐
特別班」，〈從東洋到西洋〉記其事謂：

「由於仁俊法師的支持，與日常法師合作，開設了週日
的靜坐班，不久，日常法師因病返臺靜養，靜坐班便由
我一個人負責了。又由於沈居士的建議，為了接引美國
青年信佛，坐禪是可行的方法，為了推展坐禪的活動，
首先當訓練若干助手，因此而開設了坐禪的特別班，第
一期十四週，有四位青年，第二期也是十四週，有七位
青年。」（《留日見聞》，頁176）

此「禪坐特別班」係為培訓禪修教學之助手，與一月
二十五日開設之「週日靜坐班」不同。大致而言，週日
靜坐班類似共修性質之定期禪坐會，「禪坐特別班」則
為期十四週，如「監香助理班」。此特別班開辦日期
未見載於《法鼓全集》，據〈美佛會歷年大事紀〉：
「一九七六年，五月三日，第一期禪班開始，聖嚴法師
指導。」應即指此。（〈美佛會歷年大事紀〉，《美國佛教
會一九九〇年臺灣弘法訪問團簡介》，臺北：慧炬雜誌社，
頁26）

五月九日，美國佛教會舉行慶祝佛誕法會，大覺寺住持仁
俊法師講演：「從造光造力中紀念釋尊」；法師講演：
「美國佛教的源流」以及「在家居士如何學佛」。

「美國佛教的源流」敘述美國佛教歷史的開始於
一八九三年，後由鈴木大拙常駐美國大力推展；中國
佛教則是近十餘年才到美國，西藏系則更晚。（今收於
〈附錄一：美國佛教的源流〉，《日韓佛教史略》，法鼓全
集 2 輯 5 冊，法鼓文化，頁 261-265）

「在家居士如何學佛」釐清學佛、佛學之別，並從戒、
定、慧三無漏學開示成佛方法。（今收於〈在家居士如
何學佛？〉，《佛教入門》，法鼓全集 5 輯 1 冊，法鼓文化，
頁 191-208）

八月十五日，美國佛教會為慶祝美國建國二百週年，新罕
布夏州松壇廣場露天大教堂啟建法會，有五百多位中
西方人士參加。法師與沈家楨先生同被推為大會演講
人。沈家楨先生講「五月花」，法師講演「佛教的基
礎思想」。（〈四五、到美國十五年〉，《金山有鑛》，法
鼓全集 6 輯 4 冊，法鼓文化，頁 200-201）

　　一九七六年八月，參加美國佛教會主辦的松壇大法會，
位於新罕布夏的臨濟（Rinzai）地方，那是為全人類的
一切宗教，提供場地，作為祈禱世界和平、人類幸福的

一個露天祭壇，登壇設於一片松林之中，故名松壇（The Cathedral of the Pines），當天有來自全美的華僧長老法師十二位，中西方的觀禮者五百多人，我和沈家楨先生，均在法會中作了簡短的演講。（〈牧牛與尋劍──新英格蘭禪化記行〉，《悼念·遊化》，法鼓全集3輯7冊，法鼓文化，頁237-238）

案：講詞今收《禪的體驗·禪的開示》。《金山有鑛》述此為八月五日；今據《禪的體驗·禪的開示》及〈美佛會歷年大事紀〉，《美國佛教會一九九〇年臺灣弘法訪問團簡介》繫為八月十五日事。

八月十六日，第二期禪坐班開班，七位中外籍青年參加，並發心求受三皈五戒，此頗出於意料之外。法師態度為隨順因緣而盡力弘化，不因博士身分而有不同，願以拓荒者精神，讓佛法在美國生根立腳。

我的助手雖尚沒有訓練完成，由我教禪，竟然也能接引若干美國青年，使他們受三皈五戒，是我始料之所未及的事。因此，曾有一位美國青年問我，在日本留學，得了博士學位，僅到美國教禪，豈不可惜！我的答覆是，只要能接引人們信佛學佛，因緣許可我怎麼做，我就怎麼做，博士學位並不妨礙我教坐禪。坐禪原是我個人自修的方法，如今教坐禪，也不能限制我的研究興趣。事實上，我在美國佛教會，雖未接受任何職位，即以做一日和尚撞一日鐘的態度，做著弘法的工作，所以，只

要住在這裡一天,便願竭盡所能地為其做一天的貢獻。
(〈從東洋到西洋〉,《留日見聞》,法鼓全集 3 輯 4 冊,
法鼓文化,頁 176-177;另參見:〈美佛會歷年大事紀〉,《美
國佛教會一九九〇年臺灣弘法訪問團簡介》,臺北:慧炬雜
誌社,頁 26)

八月十九日至二十一日,代表中華民國參加威斯康辛大學
南亞研究所主辦之「世界佛教史學研討會」;另一中
國代表為執教印第安那州立大學因明學專家齊思貽博
士。參加會議發表論文學者計有來自美、加、法、德、
中、日、印、錫等三十多人。會議成員後組成「國際
佛教學研究會」(International Association of Buddhist
Studies, IABS),法師亦為創始會員。

法師於會議中宣讀論文〈近代中國佛教史上的四位思
想家〉,述介明末智旭、民國歐陽竟無、太虛、印順
四大家。

此為法師發表之第一篇英文論文,亦為國人第一次以
外文向國際介紹印老思想。與會者對印順法師大乘三
系說、及對如來藏之認識,極感興趣。論文略云:

從唐末以後的中國佛教史上,傑出的思想家不多,尤
其宋代以後的中國佛教史事,也不太受到學者們的注目,
但是,從明末而到現代,確實出現了幾位傑出的大思想

家。以下，我想選取其中最具代表性的四位學者，作為
本文探討的重心。他們的名字是蕅益智旭、太虛唯心、
歐陽竟無、印順盛正，其中三位是僧侶，歐陽氏則為居
士。元明兩代的中國佛教，在近乎一片空白的情形下，
最後能有蕅益智旭這樣人物的出現，堪稱奇蹟。民國初
年以來，出現了三位大思想家，則是受了歐美文化的刺
激，特別是接觸到了日本和西藏佛教之後的一種結果。

　　從各宗的分立到要求全面的統一──蕅益智旭
　　中國傳統佛教的最後集大成者──太虛唯心
　　唯識學的中興者──歐陽竟無
　　大小乘共貫的性空論者──印順盛正

（〈近代中國佛教史上的四位思想家〉，《評介‧勵行》，
法鼓全集 3 輯 6 冊，法鼓文化，頁 9-21；另參見：〈從東洋
到西洋〉，《留日見聞》，法鼓全集 3 輯 4 冊，法鼓文化，
頁 177-185）

九月二日，撰〈從東洋到西洋〉，敘述去年八月國建會結
　　束返日本後，出版論文、飛赴美國、教學活動，以及
　　出席佛教史學會議等過程。（《菩提樹》，287 期，1976
　　年 10 月，頁 9-16；今收《留日見聞》，法鼓全集 3 輯 4 冊，
　　法鼓文化，頁 159-185）

九月七日，東初老人應沈家楨居士世界宗教研究院聘請，
　　抵美研究訪問一個月。法師因學習英文、開會、教禪、

講經而忙碌，睡眠甚少；東老人既疼惜法師體質單薄，
復欣喜其能努力不懈。東老人最感欣慰者則是有美國
青年認他為師公。（〈師恩難報〉，《悼念‧遊化》，法
鼓全集 3 輯 7 冊，法鼓文化，頁 20-21）

九月十九日，美國佛教會加開第九次會員大會。法師被選
為新任董事，兼副會長及大覺寺住持職務。此為師初
次擔任住持寺院及教會行政工作。（〈四五、到美國
十五年〉，《金山有鑛》，法鼓全集 6 輯 4 冊，法鼓文化，
頁 201）
案：趙真覺〈美國佛教會簡史〉記此事為一九七七年事。
並錄於此。

東老人此次旅美，經多日觀察，肯定法師獨當一面的
能力，於是請敏智、仁俊、浩霖諸法師作證，寫書面
聲明，將文化館交付法師。法師以未能返國婉拒，但
允諾必定會照顧文化館住眾。
　以往，東老人總把我當作有望而未必有能成功大業的
人，因我始終不離修學崗位，從未做過獨當一面的事。
這次他到紐約之後，對我完全改觀，至少他看出我是積
極、沉著、把握原則而又不傲視自滿的人。其實，我所
把握的原則，便是佛法的原則。我常把一切的因緣，不
論好壞，均視為增上助力，把逆緣的阻力，視為考驗我
的助力，結果阻力也就真的成了助力。

　　（東老人）寫了（書面聲明），交給我看。我說：「臺灣的事在美國辦，法律上恐怕未必有效。而且我也無法在近幾年內返國照顧文化館。請你老人家放心，只要我一天有飯吃，我便會設法照顧文化館的住眾。至於文化館的窮或不窮，無關弘旨。」聽我說完這話，他很高興，把那張寫好的書面文字撕掉了：「聖嚴，有你這句話，我可以安心了。」（〈師恩難報〉，《悼念・遊化》，法鼓全集 3 輯 7 冊，法鼓文化，頁 21-22）

法師於東老人此次旅美期間，獲其曹洞宗焦山法系傳承，為曹洞宗下第五十一代傳人。法師受蕅益大師影響，原不重視宗派譜系，此係隨順西方禪學教授之方便。

　　一九七六年春天起，正式在紐約大覺寺開始教授修持方法。禪重傳承，故於那年九月，先師東初老人到紐約訪問時，請示能否得其曹洞法派的傳承，他老則說剃度弟子與傳法弟子有別，而近世叢林所謂傳法，不在於心法而在於傳承寺主方丈的位子，人不在焦山，雖可得其法而不可承其位。於是說過了就算，未有任何事可作的。（〈參禪法要〉，《禪門修證指要》，法鼓全集 4 輯 1 冊，法鼓文化，頁 249-250）

　　焦山的法系，自唐至明，本屬臨濟宗，到了清初，始由曹洞宗派下雲門圓澄第四傳的古樵智先，將定慧寺改為十方選賢，傳承曹洞法脈。至清穆宗同治七年

（一八六八），由芥航大須開始，提倡傳戒、弘揚念
佛。迄今為止，焦山在法統上是傳承曹洞禪，實質上乃
是弘揚戒律和淨土的道場，故今有念佛堂而未設禪堂。
（〈四五、焦山定慧寺〉，《法源血源》，法鼓全集 6 輯 2 冊，
法鼓文化，頁 168；另見：本書〈譜前〉）

**十月上旬，東初老人自美返國。深悉西方祈求佛法之殷切，
益覺我國際弘法僧才之缺乏，乃創設「佛教文化獎學
金」，鼓勵青年僧尼憤發，不僅須努力於佛學之修習，
同時應入一般大專院校，及赴國外深造，以充實世學，
庶可承當國際弘化重任。**

　　長老自訪美歸國，洞悉西方祈求佛法之殷切，益覺我
國際弘法僧才之缺乏，乃不惜艱鉅，於六十六年，毅然
創設佛教文化獎學金，鼓勵青年僧尼憤發，不僅須努於
佛學之修習，同時應入一般大專院校，及赴國外深造，
以充實世學，庶可承當國際弘化重任。考之臺島高僧，
具此眼光器度者，長老而外，另先一年圓寂之道安長老
而已。（〈東初長老略傳〉，圓香，《東初和尚永懷集》，
東初老人全集 7，臺北：東初出版社，1987 年 12 月初版，頁 6）

**十月起，多次隨同美國佛教會會長敏智長老，至紐約城北
博南郡，搬石、鋸樹，闢出道路，開始美國佛教會第
二道場——莊嚴寺之建設。**

　　十月，秋色如火，機緣成熟，敏公以六十七歲的高齡，

竟然發動了不少年紀較輕的法師，包括了大德們如仁俊
法師、聖嚴法師等到距紐約城北約六十英里的博南郡，
和一群居士，中、美都有，一連幾次，真所謂篳路藍縷，
在一片荒山野林中，搬石、鋸樹、披荊、掘土，開闢出
一條行人小道，從三〇一公路，直通到一個約五英畝大
的湖邊。這就是今天美國佛教會的第二個道場——莊嚴
寺的開始。（〈憶敏公〉，沈家楨，《美佛慧訊》，紐約：
美國佛教會，47 期，1997 年 3 月 1 日，頁 4-8）

十一月，應邀於紐約州哥倫比亞大學開設初級禪坐訓練班，
　　計共五週十小時。（〈四六、出入學府在北美〉，《金山
　　有鑛》，法鼓全集 6 輯 4 冊，法鼓文化，頁 212）

是年，東老人代收之徒弟果如來信訴苦，謂師公不給錢治
　　病，故頗有退心。法師勸慰，此為東老人教育徒弟徒
　　孫之好方法：養蜂、而不是養金絲雀。

　　他要我多做事，使我學會了做事的原則，而且事無論
鉅細，均願親自來做，所以端不起做大法師或大和尚的
架子。他要我當好自己個人的家，所以我學會了不向任
何人借錢，但卻每每都在絕處逢生。東老人養育徒弟徒
孫，是用的養蜂方法，不是用養金絲雀的方法。養蜂是
使蜂子自行去採花粉釀蜜以利人食，養金絲雀則供給食
料而使金絲雀失去向自然界自尋生活的能力。東老人的
觀念是接受布施與布施給人，都是結緣，以培植自己的

緣來解決自己的問題，是最可靠，也最親切的。訓練我
們培養自己的善緣，亦正是訓練我們了解善緣之可貴、
助緣之不易。故從片面看，東老人被視為刻薄和吝嗇；
從深一層看，我能因其如此而不埋怨他，反而由於如此
而感恩不已。（〈師恩難報〉，《悼念‧遊化》，法鼓全集
3 輯 7 冊，法鼓文化，頁 22-23）

民國六十六年／西元一九七七年

聖嚴法師四十八歲

元旦,講「坐禪的功能」於美國佛教會。根據科學家所見坐禪功效,而後提出:身心安全保障、長壽、愉快、培養完美人格等坐禪效能。

　　處身現代工商業社會中的人們,不論從事學問或其他職業、不論為個人謀生活或為大眾謀福利,處處均需要運用高度的智能及強韌的體能。但是,人們卻很少知道,在其智能及體能的寶庫深處,有著很大的漏洞,將大量的能源無謂地漏掉,同時,又不能生產出應該可以生產的足夠能源來。

　　這個漏洞是什麼?就是各種雜亂的妄念,消耗了體能,降低了智能,妄念之中尤其是使情緒激動的強烈欲望、忿恨、傲慢、失望等,均能使得生理組織,發生震撼而失去平衡的作用。假如學會了坐禪的方法,你就能夠減少那些雜亂及無益的妄念,使你的頭腦經常保持輕鬆與冷靜的休閒狀態,當需要用它來解決問題的時候,便得以充分地發揮它的最高功能。又能使你的全身各種內分泌腺,保持著相互調配、合作無間的工作狀態,促進交感神經系統與副交感神經系統的相互為用。(〈坐禪的功能〉,《禪的體驗‧禪的開示》,法鼓全集4輯3冊,法鼓文化,頁181)

二月二十七日，東初老人來函，希望法師今夏返臺，俾安
　排文化館繼任人選事宜。法師未答應。（〈師恩難報〉，
　《悼念‧遊化》，法鼓全集 3 輯 7 冊，法鼓文化，頁 29-30）

三月十四日，東初老人再次來函，要求法師回國協助將文
　化館組織財團法人，並建議法師以文化館為根基，臺、
　美兩邊同時發展。法師以東老人體素健朗，故仍未答
　應回國。（〈師恩難報〉，《悼念‧遊化》，法鼓全集 3 輯 7 冊，
　法鼓文化，頁 28-29）

三月二十一至二十四日，赴加拿大講學；請美國佛教會董
　事陳綱先生隨行並任翻譯。此行係兩年前，由詹勵吾
　居士代為接受多倫多大學（University of Toronto）維
　多利亞學院（Victoria College）宗教系之邀請。除為
　履行舊約，亦為探望神交十八年而素未謀面之詹居士。
　（〈加拿大的講學之行〉，《悼念‧遊化》，法鼓全集 3 輯 7
　冊，法鼓文化，頁 185-187）

三月二十一日，抵加拿大多倫多市，由詹居士及誠祥法師
　接機，安頓於詹勵吾居士府。晚飯後，本市麥克馬斯
　特大學（Mcmaster University）宗教系主任教授冉雲華
　博士夫婦來訪。冉教授最近為法師博士論文《明末中
　國佛教の研究》撰有英文書評，發表於《美國東方學
　會會刊》。冉教授並建議法師將論文英譯，在北美出

版。（〈加拿大的講學之行〉，《悼念・遊化》，法鼓全集
3 輯 7 冊，法鼓文化，頁 187-190）

三月二十二日，參觀詹勵吾居士擬捐出建作佛教道場之龍
　　山農莊。並會見沈嘉英先生夫婦。沈先生曾因沈家楨
　　居士之推薦，資助法師博士論文出版。

　　夜宿南山寺，與誠祥法師暢談。（〈加拿大的講學之行〉，
　　《悼念・遊化》，法鼓全集 3 輯 7 冊，法鼓文化，頁 191-
　　192）

三月二十三日，赴多倫多大學講演。講題為「日本佛教之
　　不同於中國佛教的諸問題」，講述因文化背景不同，
　　日本佛教講求教團組織、崇拜開創祖師重於佛陀、國
　　家觀念特強，若此均與其佛教源頭之中國有所不同。
　　（〈加拿大的講學之行〉，《悼念・遊化》，法鼓全集 3 輯 7
　　冊，法鼓文化，頁 186；講詞見〈日本佛教之不同於中國佛教
　　的諸問題〉，《留日見聞》，法鼓全集 3 輯 4 冊，法鼓文化，
　　頁 353-376）

　　下午，拜訪性空法師湛山精舍。

　　晚，至南山寺講「坐禪的功能」，由沈嘉英先生英譯。
　　昔日東京舊識，韓國比丘蔡印幻博士，已移民來加，

特來相會。蔡取得博士未即返韓,動機與法師相同,擬先學英語以利國際佛教之推展。(〈加拿大的講學之行〉,《悼念‧遊化》,法鼓全集 3 輯 7 冊,法鼓文化,頁194-195)

三月二十四日上午,由詹勵吾、陳綱二居士陪同,前往本市日本佛教堂訪問。該教堂屬淨土真宗西本願寺派。參觀建築設施外,並藉以了解北美傳播佛法經驗。

我問護城先生,在北美傳播佛教最大的困難是什麼?他說是生活習慣最難使得佛教和當地人打成一片。我又問他為什麼經過二十年的努力,仍只吸收到為數極少的加拿大人?他說他們淨土真宗的傳教師,生活型態和普通的俗人相似,所以引不起西洋人的好奇心,念阿彌陀佛求生西方淨土,和他們祈禱上帝求升天國的信仰類似,所以很難引發他們的興趣。護城先生對我的僧相,頗表羨慕。事實上,我又覺得西藏的喇嘛,比我們又勝一籌,對他們更富有吸引力。(〈加拿大的講學之行〉,《悼念‧遊化》,法鼓全集 3 輯 7 冊,法鼓文化,頁 196-197)

中午,二度赴多倫多大學演講。

夜,與陳綱先生,飛返紐約。(〈加拿大的講學之行〉,《悼念‧遊化》,法鼓全集 3 輯 7 冊,法鼓文化,頁 197-198)

此次前往加拿大赴詹勵吾居士多年之邀約後，確認取消詹居士提議之計畫，決定接受沈家楨居士邀請留美國大覺寺，並擬定教授禪法之終生志業。

法師在日本取得博士學位後，獲詹勵吾居士之邀請擬前往加拿大建寺，並於多倫多大學維多利亞學院擔任講座教授。唯因未能取得簽證，經沈家楨居士建議先取得美國簽證再轉往加拿大。此次赴加後，始知詹居士原提案有八十英畝建地，實際僅以五英畝建寺，其餘則擬建公寓，建寺費用且需法帥目籌。法師原期望至多倫多大學任教事亦因語言問題而無法成就。

當我在日本修改論文準備出版時，詹勵吾又寫信給我，邀請我到加拿大去，他在尼加拉瀑布地區有八十英畝的地，希望我去建廟。並告訴我，他將會為我在多倫多大學的維多利亞學院成立一個教授講座。這真是個絕好的機會，我非常興奮地接受了他的邀請。

我在一九七五年的冬天抵達紐約，直到次年五月才去多倫多。詹勵吾居士對我的延遲到來頗不高興，這是第一個失望，自此也揭開了一連串的失望。他發現我的英文很差，他以為高學歷的人都應該懂英文。如果我在維多利亞學院教書，他必須替我找人在課堂上做英文口譯。

我也經歷了一些失望，我獲知他在信中提及的八十英畝地，其中只有五英畝用來建廟。廟建好後，其餘的土地將蓋公寓大廈，寺廟不過類似觀光景點。

　　我問他：「蓋廟的錢從哪兒來？」他說：「你要自己去找。」我說：「我沒有錢也沒有信眾。」我不知道要再說什麼，他一定以為我像虛雲大師一樣，隨處都有人支持、供養。很慚愧，我讓他失望了。

　　挫敗一個接著一個而來，我了解到在這所大學任教是不可能的事了。在維多利亞學院又做了一次演講後，我就離開了。整個計畫取消：包括一系列的學術演講、在詹居士的土地上建廟，以及他爭取這項計畫所做的努力。

　　我還是感恩詹居士給我這個機會，所以失敗是可以理解的。如果沒有去加拿大，沈家楨居士也不會邀請我到美國。（〈第十四章　前進西方〉，《雪中足跡》，臺北：三采文化，2013 年 11 月 25 日，頁 205-208）

案：此行赴加訪詹居士，據《雪中足跡》（頁 206），「我在一九七五年抵達紐約，次年（一九七六）五月才去多倫多」，然據〈加拿大的講學之行〉（《悼念・遊化》，法鼓全集 3 輯 7 冊，法鼓文化，頁 185-199），則為一九七七年三月。〈加拿大的講學之行〉述及此行目的「除為履行舊約，亦為探望神交十八年而素未謀面之詹居士」，可見此前並無其他赴約行程。〈加拿大的講學之行〉為當年之作，《雪中足跡》為三十年後晚年回憶，應以當年之作為準。

三月二十五日，出席於紐約召開之亞洲學會（The Association for Asian Studies）年會。覺察北美佛教學

者漸多，爭取發表機會亦漸激烈。（〈加拿大的講學之
行〉，《悼念·遊化》，法鼓全集 3 輯 7 冊，法鼓文化，頁
199）

**三月二十八日，禪訓班英文刊物──*Chan Magazine*（《禪
雜誌》）第一期出版。此為打字影印之英文季刊，供
禪訓班學員發表心得報告及刊登活動消息。**（〈《禪門
囈語》自序──夢中人的夢話〉，《書序》，法鼓全集 3 輯 5 冊，
法鼓文化，頁 182）

由於前來參加禪修的人數愈來愈多，而且多半感到對
他們有用，故在第三期禪訓班結業典禮上，幾乎每人都
有非常感人的報告，將錄音帶經過整理或重新執筆成文
之後，便選了其中的十篇，由學生們自行編印成為一冊，
命名為 *Chan Magazine of the Special Chan Class*（《特
別禪班的禪雜誌》），那是一九七七年三月間的事。
（〈四五、到美國十五年〉，《金山有鑛》，法鼓全集 6 輯 4
冊，法鼓文化，頁 204）

案：《禪雜誌》創刊日期〈《禪門囈語》自序──夢中
人的夢話〉謂為菩提精舍第一次禪七之後。禪七於五月
舉行，故創刊不得早於此。然據〈美佛會歷年大事紀〉
應係三月事。（見《美國佛教會一九九〇年臺灣弘法訪問團
簡介》，頁 27；〈牧牛與尋劍──新英格蘭禪化記行〉，《悼
念·遊化》，法鼓全集 3 輯 7 冊，法鼓文化；以及〈夢中的
拓荒者〉，《人生》，12 期，1984 年 7 月 15 日，版 3）

三月三十日，撰〈加拿大的講學之行〉，記述日前赴加拿
大之行事及見聞，並感謝詹勵吾長者、陳綱居士等成
就因緣。（今收《悼念‧遊化》，法鼓全集 3 輯 7 冊，法鼓
文化，頁 185-199）

四月，於紐約州美國哥倫比亞大學舉行「禪坐與生活」教
學，開設連續四週四課初級禪修課程，計有十八人參
加。（〈聖嚴法師在北美各大學演講一覽表（1976-1990）〉，
《金山有鑛》，法鼓全集 6 輯 4 冊，法鼓文化，頁 212）

五月十二日起，偕同大覺寺副住持日常法師，率禪訓班學
生於沈家楨居士「菩提精舍」舉行禪七。為法師有生
以來首次主持禪七；人數少，僅有七位，但非常成功。
奠定繼續在西方弘化的信願，從此與指導禪修工作，
結下不解之緣。

　　自從開始教授佛教的修行方法之後，偶爾和學生們談
起剋期取證的精進禪七，以及禪七的生活規範，禪七中
所發生的種種身心反應。我的幾位美國學生，對禪七抱
有相當急切的熱望，一九七七年的五月，沈公家楨長者
夫婦，願將他們的「菩提精舍」借給我們舉辦一次禪
七。那次禪七，連我和協助我的日常法師在內，一共僅
得九人，卻是一次非常成功的禪七，內有三位青年得到
了相當不錯的體驗。尤其是一位名叫丹‧史蒂文生（Dan
Stevenson）的青年，悟性之高、用功之力，使我想到太

虛大師環遊歐美時所説的一句：「西方有聖人之才而無聖人之學。」一旦他們有了成為聖賢的學問和方法，西方人似乎比東方人更有潛力。這也使我奠定了繼續在西方弘揚佛法並傳授修行方法的信念和心願。（〈《禪門囈語》自序──夢中人的夢話〉，《書序》，法鼓全集3輯5冊，法鼓文化，頁181-182；另參見：〈美佛會歷年大事紀〉）

那次參加的人數，連我一共九位，其中包括日常法師、王明怡、保羅‧甘迺迪、丹‧史蒂文生等，直到今日尚未退心。僅三位中國人，其他六位都是美國知識青年。這是我有生以來第一次擔任主持禪七的老師；也是促使我自此之後與指導禪修的工作，結下了不解之緣的開始。那次禪七，因為人數少，照顧容易，大家也都有心用功，所以感受相當深刻，有一半以上從此打下禪修的基礎及信念，迄今未曾退失。（〈四五、到美國十五年〉，《金山有鑛》，法鼓全集6輯4冊，法鼓文化，頁204）

案：丹‧史蒂文生參加禪七心得報告見：〈歸去！也無風雨也無晴〉。（《禪門囈語》，臺北：東初出版社，1990年7月五版，頁275-280）

然因初次主持禪七，所有事務一肩承擔，備極辛勞。禪七結束後，如害大病，久久不能復原。

凡具規模的禪堂，均有僧值、維那、悦眾，以及堂主、板首等執事，分擔工作。

我沒有當過板首或西堂，所以也無法得到一位在修證

及攝眾調眾上均有經驗的助手。自廚房到便所,從起床到就寢,由講解規矩到巡視禪眾、糾正姿勢,都是我一個人擔當。我之所以如此,因我相信,若要等到因緣具足之後再打禪七,恐怕在我的有生之年,便無實現的可能,所以不顧禪門的常軌,一肩把它挑了起來。當然,對我這個體弱多病的人而言,這是極其辛勞的工作。每打完一次禪七,就像害了一場大病,虛脫無力,久久不能復原。(〈《禪門囈語》自序──夢中人的夢話〉,《書序》,法鼓全集 3 輯 5 冊,法鼓文化,頁 185-186)

此後,又陸續於菩提精舍舉行四次禪七,計於菩提精舍舉辦五次。(〈四三、紐約第五十次禪七〉,《金山有鑛》,法鼓全集 6 輯 4 冊,法鼓文化,頁 187-189)

《禪雜誌》第二期發行,係以法師開示、及第一期禪七心得報告為主要內容。(〈四五、到美國十五年〉,《金山有鑛》,法鼓全集 6 輯 4 冊,法鼓文化,頁 204-205)

十月二十三、二十四日,再赴加拿大講演。此係詹勵吾居士推介,由多倫多市僑領吳俠民先生邀請,《醒華日報》總編輯簡許邦先生任粵語翻譯。演講主題為:「佛教的信仰和教義」、「佛教的修行方法」。(今收《佛教入門》,法鼓全集 5 輯 1 冊,法鼓文化,頁 109-123、177-190)

十一月二十日，應紐約市一著名非商業電台「世界電台」
　　（World Broadcast Associates, Inc〔WBAI〕）萊克斯・
　　海克遜（Lex Hixon）博士邀請，於 In the Spirit（《精
　　神世界》）作廣播訪問，所有問題皆隨問隨答，無事
　　先預備。主要提問為《六祖壇經》中頓悟成佛問題，
　　及「十牛圖」中禪境層次問題。由於法師學養與修持，
　　主持人對法師說：「終於讓我遇到一位如《壇經》所
　　說『直心』的禪師。」（「佛教新聞」，《內明》，70 期，
　　1978 年 1 月 1 日）

十二月十五日下午六時四十分（臺北時間），東初老人於
　　臺北無疾坐化。
　　　長老雖逾古稀之年，然精神健朗、活力充沛，為國為
　　教之熱忱，毫釐不減，六十六年十二月十五日，下午五
　　時，亦如往常，略無異狀，照常進齋，僅謂鑑心、海智
　　二師曰：「明晨不必為我備早點了！」鑑、海二師雖隨
　　侍長老二十餘年，當時並未介意，以為將有他事下山。
　　長老齋畢隨即沐浴，然後逕自登樓，回方丈室，尚與王
　　海濤居士通電話，旋有皈依弟子王小芳入丈室禮謁，見
　　師結跏趺坐，然呼之不應，方知已安詳遷化，前後僅三
　　數分鐘之隔而已。去住自由，豈偶然哉。（〈東初長老略
　　傳〉，圓香，《東初老和尚永懷集》，東初老人全集 7，臺北：
　　東初出版社，1987 年 12 月，頁 7）

**十二月十五日上午十時（紐約時間），接獲臺北雲霞法師
國際電話通知東初老人坐化消息；雲霞法師囑法師節
哀保重，並請立即返臺料理。**

十二月十四日清晨，那是臺北時間十五日的晚上，我
於禪坐中，心湖微蕩，想到我自己的禪宗法統，所以想
把先師東老人曹洞宗焦山系的法派系統整理一下。本來，
我受蕅益大師不贊成禪宗法派傳承說的影響，並不重視
我自己究竟屬何宗派，只重視是否真的從實修實學之中
有所得。但我那天竟抑制不住自己，搬出許多參考書來。
十二月十五日（農曆十一月初五）上午十時，突然接到
臺北善導寺的住持雲霞法師的國際電話，一接電話，我
下意識地便有一種悲不可抑的激動，果然，雲師謂東老
人已於臺北時間十二月十五日下午六時四十分無疾坐
化，一邊囑我節哀保重，一邊要我立即趕回臺北。我當
時，已同突遭雷殛，唯有以泣不成聲的僵硬舌頭，一連
稱了三聲謝謝而已。（〈師恩難報〉，《悼念‧遊化》，法
鼓全集 3 輯 7 冊，法鼓文化，頁 9-10）

案：美國紐約十五日上午十時，為臺北時間十五日下午
九時。

**十二月十六日，向仁俊長老告假，請其代理大覺寺住持職
務，並請開示奔喪處理原則。舊友幻生法師來助收拾
行裝，建議並代檢點東老人寄來函件帶回。**

十二月十六日上午，聖嚴法師接到臺北長途電話，傳

來了東老辭世的哀音。聖嚴兄非常難過，眼淚汪汪地，決定第二天一早遄返臺灣，料理其師東老的後事。晚間，他收拾行李，我自動地到他房裡做他參謀顧問，提醒他應該攜帶的重要證件，同時幫忙他從一大堆的舊信中，檢出東老寫給他的信，以便帶回臺灣。（〈我與東初長老〉，幻生，《東初和尚永懷集》，東初老人全集 7，臺北：東初出版社，1987 年 12 月初版，頁 46）

返臺後，經妙然法師建議，禮請樂觀長老任主任委員，成一法師任總幹事。依中國傳統佛教儀節，禮請諸山長老組成「圓寂會議」。

十二月十七日，於文化館召開第一次會議，與會人士有：樂觀、悟明、靈根、妙然、成一、雲霞、聖開、鑑心等法師，張少齊、陳志皋、張國英、王士祥、方甯書等居士，近二十位，皆為老人生前僧俗道友及學生弟子。依據東老人所留三封遺囑，辦理後事及財產處理。

法師以保全並蒐集東老人著作為首要工作，並以三項原則自勵作為處理原則：
　　第一，盡我的力量，推動並實踐東初老人為佛教文化及佛教教育作奉獻的遺志；
　　第二，竭我的所能，來維護並照顧文化館的道場及其原有的住眾；

第三，本我的初衷，不支用東老人所遺的財產。（〈序
《東初老人全集》〉，《書序》，法鼓全集3輯5冊，法鼓文化，
頁51）

**十二月二十一日，舉行東初老人荼毘大典。禮請樂觀長老
主法封龕、舉火。**（〈為東初老法師封龕說法〉，樂觀法師，
《東初老和尚永懷集》，東初老人全集7，臺北：東初出版社，
1987年12月初版，頁1-2）

老人荼毘後得舍利百數十粒，除供於文化館，並分供
於師弟聖開法師道場。十一年後（一九八八年四月），
分供於祖庭焦山定慧寺。

同時間，邀集諸山長老及有關法師，商討文化館產權
繼承與支配問題。東老人遺志確定財產不得歸於私人
所有，應用於佛教教育文化事業及社會慈善事業。然
因東老人所留三封遺囑所提人選略有出入，故於籌組
董事會時，頗費周折。（〈補述一：一任清風送白雲──
聖嚴老人自述〉，《歸程》，法鼓全集6輯1冊，法鼓文化，
頁227）

幸得樂觀長老秉持正義全力支持，復得煮雲、成一、
妙然等諸法師協助，終得成立法人。
一九七八（案：應為一九七七）年冬，我因東初老人

圓寂，專程自美國回到臺北，樂老見我穿起墨色竹布海青，各處禮請諸山長老，全依中國傳統佛教的儀節，一點也未染上東洋和尚的習氣，同時樂老與東老，既是太虛大師門下的同學，也有護國衛教的同願，私誼極深，故在我處理東初老人後事的階段，給了我極有力的支持。當我邀到諸山長老及諸有關的法師，聚集於中華佛教文化館，商討善後以及文化館的產權繼承與支配問題時，樂老秉持正義，力主：「我們只可盡力協助聖嚴法師，把東老的後事辦好，至於文化館的事，旁人無權過問，也不得干涉。」

有一位東初老人的學生，強調他是最受東初老人器重的人，企圖越俎代庖，要支配我並指揮我，聽到樂觀長老的此言一出，只好改用私下辱罵我的方式來洩憤了。

當時，我雖已隨東初老人出家十七年，真正住在東初老人的文化館，前後不出三年，於東初老人的祖庭及其關係人的情況，完全是一張白紙，若非樂老為我穩住陣腳，恐怕尚有更多的苦頭要吃。（〈悼念樂觀長老〉，《悼念・遊化》，法鼓全集 3 輯 7 冊，法鼓文化，頁 83-84；另參見：〈敬悼煮雲法師〉、〈悼念妙然法師〉，《悼念・遊化》，法鼓全集 3 輯 7 冊，法鼓文化，頁 76-77、134）

料理東老人後事，為了執行遺囑，遇有不少雜音，我是左右為難。那時助我安定大局用心最多的有三位長老，那就是樂觀長老、悟明長老、成一長老。（〈序《悟明長老九秩壽慶集》〉，《書序 II》，法鼓全集 3 輯 10 冊，法鼓

文化，頁 54）

東初老人大事訖，悟明長老於臺北梅林餐館設宴，歡迎法師自美返臺。悟明長老另並特邀天主教南京教區樞機主教于斌，以及刻正來臺訪問之比丘尼文珠法師相敘。

　　事後悟師又在臺北的梅林餐館，為我從美國返國設宴歡迎，特別請到天主教南京教區的樞機主教于斌同桌相敘，那次被悟老邀請的，尚有一位正在美國弘化而來臺灣訪問的比丘尼文珠法師，他的用心是在把我們兩人，向當時臺灣最高層的宗教領袖介紹。（〈序《悟明長老九秩壽慶集》〉，《書序Ⅱ》，法鼓全集 3 輯 10 冊，法鼓文化，頁 54）

民國六十七年／西元一九七八年

聖嚴法師四十九歲

一月，撰成〈先師東初老人事略〉，刊於《海潮音》等佛
教刊物。略云：

老人俗姓范，排行第四，民國前四年陰曆九月二十二
日，生於江蘇省泰縣曲塘鎮。十三歲捨俗，依止同縣姜
堰鎮觀音庵靜禪老和尚披剃。民國十八年，受具戒於寶
華山隆昌寺。

民國二十四年，與雪煩同至鎮江焦山定慧寺，受智光
和尚記莂，任監院，整理寺產，充足僧眾道糧，不遺餘
力。

民國三十五年春，老人繼雪煩和尚任方丈，並兼任焦
山佛學院院長，及《中流》月刊發行人。學僧中人才輩
出，今日弘法於臺港及美國者，有煮雲、星雲、悟一、
雲霞、蓮航、達道、知定、泉慧等法師，同年太虛大師
至焦山，委託老人開辦中國佛教會會務人員訓練班。

三十八年春，隻身來臺，暫住於臺北市善導寺。由於
老人為抗戰勝利後，中國佛教會第一屆選出的常務理事，
故在該寺設立駐臺辦事處，自任主任職。適逢有人四處
造謠，出家僧眾受累而被捕者，有慈航、律航等數十人，
均由此駐臺辦事處擔保獲釋。同年五月，創辦《人生》
月刊，發揚人生佛教宗旨。

　　四十四年，建中華佛教文化館。同年籌備影印《大正藏經》，此是集當時國內政要顯達，共同助成之大事，亦是中國藏經史上之一大事。四十五年，文化館落成，任館長，進行貧民救濟，及佛教文物出版工作。四十八年，《大正藏經》一百冊影印完畢。四十九年，於文化館興建印藏紀念堂。五十四年，創辦《佛教文化》季刊。

　　六十年，往訪印度，巡禮佛陀聖蹟，攜帶總統蔣公親書印度華僧所建「玄奘寺」寺額。歸途中，訪問泰國、新加坡、印尼、香港等地，在印度及印尼兩國，所留德澤最豐。（《海潮音》，59 卷 1 期，1978 年 1 月，頁 27-29）

一月十八日，假善導寺舉行「東初老和尚涅槃讚頌法會」。法會由樂觀、道源、南亭三位長老主持，成一法師任總幹事。

　　東老人有自輓聯云：

　　　余今年七十，無勢亦無能；

　　　有家歸不得，天涯託孤蹤。

　　（〈輓聯〉，《東初老和尚永懷集》，東初老人全集 7，臺北：東初出版社，1987 年 12 月初版，頁 60、223）

　　法師則以師徒間之法義道情撰聯敬輓，聯曰：

　　　尋我千萬里東京及紐約口口聲聲恆以紹隆佛種相期勉

沐恩十七載隨侍或遊方時時處處唯恐有負師望自警惕
（〈輓聯〉，《東初老和尚永懷集》，東初老人全集 7，臺
北：東初出版社，1987 年 12 月初版，頁 223）

諸位長老大德一致頌揚老人一生為教為國、功蹟無數；
對於籌辦教育、從事文化事業、推動慈善福利事業最
有成果，而其中最具久遠價值者厥為獨立負荷影印《大
藏經》之重任，且又能於極短期內刊印圓滿。（〈道源
老法師致詞〉，《東初老和尚永懷集》，東初老人全集 7，臺
北：東初出版社，1987 年 12 月初版，頁 10）

悟明長老代表中國佛教會致詞，特別提出，與東老人
最後一次見面時，東老猶再三鼓勵其籌辦玄奘大師學
說思想研究院。（〈悟明老法師代表中國佛教會致詞〉，
《東初老和尚永懷集》，東初老人全集 7，臺北：東初出版社，
1987 年 12 月初版，頁 11）

法師代表法眷致謝詞。會後，與會者瞻仰東老人舍利。

二月，法師組成「《東初老和尚永懷集》編輯委員會」，
徵文蒐集各界追悼之輓聯幛軸，及各報刊發表之悼念
文詞，籌畫編印成冊，以誌哀思，藉彰潛德。後於圓
寂週年紀念日出版。（〈編後〉，《東初老和尚永懷集》，
東初老人全集 7，臺北：東初出版社，1987 年 12 月初版，頁

245）

二月十八日，應中華學術院創辦人張其昀邀請於陽明山中
　　華學術院講演「因果與因緣」，張創辦人任引言，曉
　　雲法師及中華學術院佛學研究所所長周邦道均出席與
　　會。（今收《佛教入門》，法鼓全集 5 輯 1 冊，法鼓文化，
　　頁 124-132）

三月，《戒律學綱要》於出版十三年後，由天華出版公司
　　重排新版發行。

三月四日，接受中國文化學院（案：一九八〇年改制為中
　　國文化大學）哲學研究所專任教授職，開始授課：
　　「隋唐的佛教」。（〈中華佛學研究所大事紀〉，《中華
　　佛學研究所》，網址：http://www.chibs.edu.tw/ch_html/index_
　　ch00_0306.html）

三月十四日，應臺中逢甲大學佛學社邀請，於該校講演「人
　　的佛教」，指出：佛是由人而成；要成佛，首先要做
　　個普通人，盡應盡本分，此即成佛之基本條件。
　　　佛教不是宗教。一般宗教必須具備兩個基本條件：一、
　　相信自己心外有力量。二、相信人生與宇宙最初都由神
　　創造的。心外的力量分有多神教和一神教。但佛教為無
　　神論，此與唯物主義之無神論不同。

　　佛出世間是想使人依據他的經驗作藍本，向其學習。健全人生，淨化社會，這才是佛的本懷。佛教是屬於人的，佛法亦是眾生的共業所感，佛是由人成的，唯有人才能真實行佛法。佛是人成的，而且是普通的人成的。普通人不容易做，裝腔作勢，道貌岸然，都不是普通人。要成佛，首先要做個普通人，盡應盡的本分，這也就是成佛的基本條件。（《神通與人通》，法鼓全集 3 輯 2 冊，法鼓文化，頁 233-238）

首度蒞臨臺南演講。（〈記聖嚴法師南下弘法之經過〉，《人生》，5 期，1983 年 5 月 15 日，版 3；〈五三、六場大型演講〉，《東西南北》，法鼓全集 6 輯 6 冊，法鼓文化，頁 212）

三月十七日，赴各寺拜訪悟明、樂觀等諸山長老。樂觀老法師面囑曰：「我輩，老者老矣，滅者滅矣，中國佛教之興衰，全付汝一人而已矣。」（〈無盡燈傳〉，智銘，《東初和尚永懷集》，東初老人全集 7，臺北：東初出版社，1987 年 12 月初版，頁 219）

三月二十四日，東老圓寂百日，集眾上供追思，並舉行法師晉山典禮，敦請樂觀長老主持，道源、雲霞、悟明、真華、如虛、星雲、了中等法師及居士二百多位與會。

三月二十五日，應曉雲法師邀請，講演「學佛與日常生活」

於臺北蓮華學佛園。（今收於《佛教入門》，法鼓全集5
輯1冊，法鼓文化，頁159-176）

三月二十六日，東老百日，財團法人中華佛教文化館遵東
老人遺囑籌組完成，召開「中華佛教文化館董事會」
成立會。法師被選為董事長並兼任館長。即請文化館
原住眾鑑心、錠心二位法師擔任監院。（〈補述一：一
任清風送白雲──聖嚴老人自述〉，《歸程》，法鼓全集6輯
1冊，法鼓文化，頁228）

同時，為文化館成立兩護法團體，一為徐度誠居士領
導之慈善放生會，一為郭正順居士領導之觀音消災會。
（〈師恩難報〉，《悼念‧遊化》，法鼓全集3輯7冊，法
鼓文化，頁35-36）

四月，「中華佛教文化館」經法院公告完成法人法定程序。

即起美國佛教會駐臺譯經院由新竹北移中華佛教文化
館下院農禪寺，並請法師擔任院長。文化館提供場地、
補助生活費，薪水、辦公費則由美國佛教會支出。
　　我於一九七八年四月二十九日，處理完了臺北祖庭的
寺務，回到紐約，而美國佛教會董事會，又給我一份職
務，決議將該會原設於臺灣新竹福嚴精舍的「駐臺譯經
院」，遷至臺北北投的農禪寺，由我兼任院長。（〈四五、

到美國十五年〉,《金山有鑛》,法鼓全集 6 輯 4 冊,法鼓
文化,頁 202-203;另參見:〈補述一:一任清風送白雲——
聖嚴老人自述〉,《歸程》,法鼓全集 6 輯 1 冊,法鼓文化,
頁 228)

案:今據〈師恩難報〉,「駐臺譯經院」遷農禪寺時間
為返美以前。又:「駐臺譯經院」由沈家楨居士捐資,
創設於一九七一年十月,院長為張澄基。今張院長因病
停職,故有如此轉變。現有繆樹廉、劉奕賜、謝安建三
位駐院譯員,即起遷入農禪寺。

**當時譯經院選定翻譯經典為《楞嚴經》、《楞伽經》、
《圓覺經》等三部經,均富於哲理又極重修證經驗。
故法師要求譯員在禪修方面下工夫。**

　一九七八年美國佛教會的譯經院,由新竹遷至北投,
並由我繼任院長之職,亦發現譯員們將漢文佛經選譯成
英文之前,花在對於經文之理解上的時間,遠過於譯成
英文的工作。當時從事翻譯的三位譯員,分別選定的經
典之中,即是《楞嚴經》、《楞伽經》、《圓覺經》等
三部經。這三部都是富於哲理又是極其著重修證經驗的
經典,所以譯員們除了中英語文及佛學的造詣之外,也
要求他們在禪定的修持方面下些工夫。(〈序劉國香居士
《語體文譯大佛頂首楞嚴經》〉,《書序》,法鼓全集 3 輯 5
冊,法鼓文化,頁 19)

法師於文化館開始舉辦週日講經及皈依儀式。

四月二十九日，於返國四個半月後，再度赴美。（〈師恩難
　報〉，《悼念‧遊化》，法鼓全集 3 輯 7 冊，法鼓文化，頁
　35）

　抵美後，旋應邀於哥倫比亞大學指導禪修，為四週四
　課之「禪坐與生活」。（〈四六、出入學府在北美〉，《金
　山有鑛》，法鼓全集 6 輯 4 冊，法鼓文化，頁 212）

五月十三日，於紐約大覺寺撰〈師恩難報〉，追念東初老
　人恩德及師徒道誼。（〈師恩難報〉，《悼念‧遊化》，
　法鼓全集 3 輯 7 冊，法鼓文化，頁 9-36）

五月十四日，佛誕，禪訓班第一期學生，美籍青年保羅‧
　甘迺迪求度出家。剃度儀式由法師主持，敏智、仁俊、
　幻生等法師擔任證明法師，日常法師擔任引禮法師。
　法師為取法名果忍。
　　禪訓班第一期的美籍學生保羅‧甘迺迪，到了
　一九七八年五月十四日慶祝佛誕節的下午，他便發心在
　大覺寺求度出家，由我主持剃度儀式，法名果忍，典禮
　隆重莊嚴，乃為大覺寺成立以來最富特色的一椿喜事。
　（〈四五、到美國十五年〉，《金山有鑛》，法鼓全集 6 輯 4
　冊，法鼓文化，頁 205）

案：李果然，〈夢中的拓荒者〉（《人生》，12 期，1984
年 7 月 15 日，版 3）作一九七七年佛誕。然當時才舉行第
一次禪七。今據〈美佛會歷年大事紀〉，《美國佛教會
一九九〇年臺灣弘法訪問團簡介》。

六月五日，與日常法師率禪訓班學生舉行第二期禪七。地
　　點仍借沈家楨居士菩提精舍。王明怡居士英譯。禪七
　　開示經沈醒園女士整理，今收入〈禪七開示錄〉。（〈禪
　　七開示錄〉，《禪門囈語》，臺北：東初出版社，1990 年 7
　　月五版，頁 52）

七月，應邀於哥倫比亞大學指導禪修，為四週四課之「禪
　　坐與生活」。（〈四六、出入學府在北美〉，《金山有鑛》，
　　法鼓全集 6 輯 4 冊，法鼓文化，頁 212）

九月十七日，於美國佛教會會員大會中，提出辭職請求。
　　獲准至九月底辭卸董事、副會長、大覺寺住持等本兼
　　各職。（〈四五、到美國十五年〉，《金山有鑛》，法鼓全
　　集 6 輯 4 冊，法鼓文化，頁 203）

　　至哥倫比亞大學出席國際佛教學研究會第三次大會，
　　發表〈明末的居士佛教〉。該論文後經修定，刊於《華
　　岡佛學學報》第五期。（另見一九八一年十二月譜文）

十月二日，告離美國佛教會大覺寺返回臺北，與美國佛教會兩年之因緣，告一段落。

由於我個人兩地往返，經費支出、人事管理、對譯經工作的進度，都很困難處理，同時我又擔任了中國文化學院的教職，更形忙碌，故對美國佛教會的任務，已感無能勝任。到一九七八年九月十七日召開的會員大會年會中，便提出了堅辭本兼各職的請求，並且獲得大家的諒解。到十月二日，就離寺返回臺北，而與美國佛教會的因緣，從此告一段落。（〈四五、到美國十五年〉，《金山有鑛》，法鼓全集 6 輯 4 冊，法鼓文化，頁 203）

十月初，返臺後，應悟明長老邀請於中國佛教會演講「禪在美國」。（〈《禪門囈語》自序──夢中人的夢話〉，《書序》，法鼓全集 3 輯 5 冊，法鼓文化，頁 183）

十月八日，中國文化學院創辦人張其昀先生囑託校長潘維和博士及哲研所李志夫教授，蒞臨文化館，邀請法師接任中華學術院佛學研究所所長。

案：中華學術院為文化學院之附屬研究機構，佛學研究所則隸屬於中華學術院，成立於一九六五年。最初由教育部次長周邦道居士擔任籌畫工作，歷任所長有張澄基、張曼濤等大德。創辦以來，主要功能為佛學研究與出版，發行三期《華岡佛學學報》及《中華大典》之有關佛教典籍。另參見：〈明天會更好──訪佛學研究所話今昔〉

（《人生》，26 期，1985 年 10 月 15 日，版 3）。

師自忖學力財力俱缺，然為報三寶恩，允諾擔負。而後，為使所務順利推動，法師二度造訪成一長老，力邀其出任副所長。經廖與人、方甯書協助力請，終獲成一長老同意。李志夫則兼任主任祕書。

　　聖嚴法師終於勉為其難地接受了佛研所所長的聘書。在為法為教的責任感驅使下，聖嚴法師開始推動所務，首先考慮的是邀請一位學德兼優的大德來擔任副所長。由於當時臺北華嚴蓮社的住持成一老法師，從各方面的條件看來，都是副所長的最適當人選。最初他老人家未允接受，最後，聖嚴法師在李志夫、廖與人、方甯書等三位教授的伴同下，二度造訪，並以為了整個佛教界高等教育事業前途相請，四人長跪懇求下，成一長老終於答應了屈就副所長職位，並從此於所務的計畫發展，給予財力、人力及心力上最大的支持。尤其每於聖嚴法師出國期間，負責所務，不遺餘力。（〈明天會更好──訪佛學研究所話今昔〉，《人生》，26 期，1985 年 10 月 15 日，版 3；另參見：〈教育的佛教──《華岡佛學學報》第五期序〉，《教育・文化・文學》，法鼓全集 3 輯 3 冊，法鼓文化，頁221）

　　即使接受了所長聘書之後，聖嚴法師還是覺得力量太單薄，因為他跟成一法師有法緣上的關係，因此聖嚴法師他帶了方教授去拜訪成一法師。

　　我因當天在文化有課未能奉陪，當時在場的還有退休的廖與人將軍，他是司法院的公共關係室主任，他並不是跟聖嚴法師一起去的，他只是剛好那時在華嚴蓮社。他和成一法師比較親近，他看到聖嚴法師親自造訪，也跟著促請成一法師發心應聘當副所長。……成一法師還在猶豫的時候，廖與人不自禁地就跪下來了，於是聖嚴法師也跪下來，方教授也跟著跪下來。最後，成一法師也跪下來，四個人跪在一堆，非常感人，大事就這樣子底定了。（《浮塵掠影：李志夫先生訪談錄》，卓遵宏、侯坤宏，臺北：國史館，2013 年初版，頁 165-169、537）

十月十二日，中華學術院佛研所創辦人張其昀先生敦聘聖嚴法師為所長，成一法師為副所長，李志夫教授為主任祕書，前所長周邦道先生為名譽所長。（〈教育的佛教──《華岡佛學學報》第五期序〉，《教育・文化・文學》，法鼓全集 3 輯 3 冊，法鼓文化，頁 221）

十月二十六日，中華學術院佛研所新舊任所長舉行交接典禮，由中國文化學院校長暨中華學術院祕書長潘維和博士監交。校長潘維和博士提出佛研所今後努力方針：一、招生；二、辦學報；三、辦學術活動。創辦人張其昀先生亦發表一篇〈中國佛教中興計畫書〉，願以中國文化學院為基礎，從事：一、育才；二、建寺；三、觀光事業，為復興佛教三步驟。得學術、教育界如此

支持，教界人士頗感振奮。

這對中國佛教界而言，實在是令人興奮鼓舞的新紀元。自從大專院校的佛學社團相繼成立之後，出家人要到大學中去演講，都一再受到排拒。可是至民國五十六年曉雲法師進入文化學院教書，首先創造了出家人進入學府的紀錄。現在，更主動聘請出家人擔任佛學研究所正、副所長，並於學府中提供一層樓共一百坪的場地，供佛學上課研究之用，實屬破格之舉，這令所有參與其事的人員，都決志要兢兢業業，戮力以赴，才不辜負如此難得的因緣。

經費的籌措，主要是在文化館及華嚴蓮社兩個道場的信眾支持下，成立了理事會及護法委員會，也有幾所寺院的大德長老及善信給予定期定額或不定期、不定額的捐助。（〈明天會更好──訪佛學研究所話今昔〉，《人生》，26 期，1985 年 10 月 15 日，版 3）

十一月四日至十一日，十二日至十八日，於文化館賡續舉行臺灣第一、第二期禪七。參加人員為文化館、譯經院人員，共十餘位。此為首度在臺傳授修行方法。

我在臺灣，傳授修行方法的因緣，是因兼管該會（美國佛教會）設在臺灣的譯經院，並與中華佛教文化館合作經營，將譯經院從新竹市的福嚴精舍遷至北投。當時的譯員包括一位美國小姐共四人，都是在英文、國文、佛學上有很高造詣的青年人才，只是以譯經人員的標準

來說,最好也能具有相當程度的修證經驗,那就更理想了。四月底,回到美國與沈公長者談及,他也有此同感,故希望我能在下次回臺灣時,為譯經院的同仁在修持方面作些輔導。同年九月回到臺北後,與數位善知識談起禪七的事,他們也早在各佛刊上讀到了有關我在美國指導修行方法及禪七的報導,所以勸請我盡快舉辦。

十月初,在中國佛教會由悟明長老邀請的演講會上,講完「禪在美國」之後,即宣布自十一月四日至十八日,於北投的本館舉辦兩次禪七。報名的人並不多,又與《慧炬》雜誌的周宣德長者聯絡,給了我一份大專學生彌勒佛學研究獎學金的得獎者名單。通知發出後,反應也不熱烈,但是以我譯經院以及文化館信眾相加共有十來位居士作基本,總算使我在國內跨出了指導修持方法的第一步,而且成績也不錯,共有五人得到相當好的體驗。自此,我在臺灣主持禪七的風格,即被一些參加過的人,傳播開來。(〈《禪門囈語》自序——夢中人的夢話〉,《書序》,法鼓全集 3 輯 5 冊,法鼓文化,頁 183-184)

禪期開始,開示禪七意義,並要求完全聽從指導、放下一切全心修行。

案:禪七開示詳見〈放下與擔起〉(《拈花微笑》,法鼓全集 4 輯 5 冊,法鼓文化,頁 88-102)。該文原題〈念去去千里煙波〉(《人生》,19 期,1985 年 3 月 15 日,版 2)。

此兩期禪七，為臺灣三十多年來所少見，因而從坐具、香板、小參等施作，乃至於禪師接眾手法，均引起教界高度重視。

在國內，只聽說有打「佛七」的。若論禪七，談何容易？從三十八年到現在，快三十年了，出家人所主持的禪七，怕不會超過五次吧？倒是南師懷瑾，以居士身而為說法，從四十四年到六十四年這二十年間，主持過七次禪七，屢見精采。

聖師是國內按部就班獲得博士學位的第一位比丘，他將用什麼方法來主持禪七呢？傳統的或是現代的？因襲的還是創新的？我們都有很大的興趣。其實何止我們有興趣，諸山長老何嘗不對這位博士比丘要打禪七，寄予異常的關切！

聖師的開示，多在晚間說。美國佛教會駐臺譯經院的先生們，正好從農禪寺趕來，大家一塊在講堂裡聽。由於聖師是現任譯經院院長，該院剛從新竹搬來不久，有關佛學上的許多觀念，正好趁此機會溝通。而且，聽聖師自己談起，要打這次禪七的作意，最早是為譯經院而發的，上一個七，就有好幾位該院的先生參加。我們有幸來隨喜這次禪七，還是沾著他們的光哩！（〈禪七與禪悅〉，章克範，《拈花微笑》，臺北：東初出版社，1986 年）

十一月十九日，禪七結束第二日，應成一法師邀請，於大專佛學講座講演「禪的本質」，辨明中國禪宗「禪」

與印度「禪」之異同。中國禪宗之「禪」指智慧，印度「禪那」指禪定；有層次之不同，而關係密切。必須從禪定工夫開始修持，進一步才能出離禪定，升入智慧領域。

禪與禪定有層次上的不同，中國禪宗的禪，是指破除無明煩惱之後的心地妙用，也就是智慧本身。印度的禪那（dhyāna）是指禪定，中文義譯為思惟修或靜慮，意思是收攝散心，繫於一境，不令動搖，進而達到三昧（samādhi）的境界。中國禪宗的禪與印度的禪定，雖然有層次上的不同，關係卻非常密切。如果沒有禪定的修持基礎，無法達到中國禪所體證的悟境。必須要從禪定的工夫開始修持，進一步才能出離禪定，升入智慧的領域。（〈禪的本質〉，《學術論考》，法鼓全集 3 輯 1 冊，法鼓文化，頁 57）

十一月二十二日，中國佛教青年會於臺北召開第一次發起人籌備座談會，由發起人代表星雲法師主持。探討如何充實籌備條件、對社會風氣如何產生淨化功能。法師與會致詞表示：非常盼望青年會成立，如果青年不被重視是佛教最大損失，亦為佛教衰微象徵。（《菩提樹》，313 期，1978 年 12 月 8 日，頁 52）

十一月二十九日，應周宣德居士邀請，赴慧炬雜誌社粥會講演「唯心與唯名」。講演由臺大心理系教授黃光國

博士主持。(〈唯心與唯名〉,《佛教入門》,法鼓全集 5
輯 1 冊,法鼓文化,頁 133-143)

十一月三十日,應邀赴桃園中原理工學院講「活佛與活菩
薩」,特別指出:學佛是學釋迦牟尼成佛之修行方法,
及其人格標準,並依因緣親疏厚薄而有先後與緩急之
分,對國家、父母、師長、兄弟姊妹、子女,而後乃
至於對社會大眾及一切眾生均以菩薩行為對待。(〈活
佛與活菩薩〉,《佛教入門》,法鼓全集 5 輯 1 冊,法鼓文化,
頁 144-156)

〈從小我到無我〉發表於《中國佛教》。(《中國佛教》,
23 卷 1 期,1978 年 11 月;今收於《禪的體驗‧禪的開示》,
法鼓全集 4 輯 3 冊,法鼓文化,頁 189-200)

十二月五日,拜見靈源長老。繼二十年前高雄佛教堂之法
緣,今復得其法脈傳承,繫屬虛雲老和尚下第三代,
臨濟義玄下第五十七代傳人。蒙賜法派字號「知剛惟
柔」及法脈傳承譜《星燈集》。

　　從一九七八年十二月五日下午二點起,我與虛雲老和
尚的法脈也有了傳承關係,所得法派字號是知剛惟柔。

　　一九五八年春天,於偶然的機緣,使我與靈源老和尚
在高雄市的佛教堂,同榻而臥兩個晚上。那兩晚靈老很
少倒單,我也正好有著修持上的一些障礙,他僅給了我

「放下」兩字的開示，便使我非常受用。

　　我既曾與靈源老和尚有過受教之恩，而且他也是我具足戒的尊證，故於一九七八年冬回國期間，拜見靈老，得其禪法。沒有任何儀式，僅在他老的禪房內頂禮三拜，見到此事的，只有一位他的近身侍者。很明顯的，其中沒有祕密，老和尚只是連聲說了幾個好字，我也永遠不會去向他老人家要主寺的位子，我是通過靈老，和虛老的法脈接上了頭。（〈參禪法要〉，《禪門修證指要》，法鼓全集 4 輯 1 冊，法鼓文化，頁 249-250）

十二月九日，應「中華民國宗教哲學研究社」負責人李玉階先生邀請，於淡江文理學院講演「從佛教的觀點談科學」。說明科學為分工之知識，無法解答宇宙全體之真相。至若宗教體驗小我、大我、無我之三階段，科學只能說明第一階段，後二階段則非其所能。大綱如下：

　　科學和宗教。佛教非為科學。佛教合乎科學。佛教重視科學。佛教的研究方法必須科學化。佛教的修行方法必須有科學根據。佛教的內證經驗即科學而超科學。（〈從佛教的觀點談科學〉，《學術論考》，法鼓全集 3 輯 1 冊，法鼓文化，頁 319-351）

十二月十四日，中華學術院佛研所舉行佛像開光大典，並召開年會。開光大典恭請南亭長老主禮，前監察院院

長張維翰剪綵；創辦人張其昀先生並於年會中發表演
講。（〈中華佛學研究所大事紀〉，《中華佛學研究所》，網址：
http://www.chibs.edu.tw/ch_html/index_ch00_0306.html）

《正信的佛教》，於出版十四年後，本月由中華佛教文化
館及天華出版社，同時再版。

民國六十八年／西元一九七九年

聖嚴法師五十歲

二月三日至十日，於文化館主持第三期禪七。（「聖嚴法師
  禪修開示目錄」未刊稿）

**四月初返美。因已離開美國佛教會，故先暫住沈家楨居士
  菩提精舍，後則借住浩霖法師東禪寺。**

　　因為有美籍的出家及在家弟子，要求我仍留在美國，
故於一九七九年四月從臺北回到紐約，先在菩提精舍小
住數日，弟子們覺得距離太遠，所以把我請到紐約市，
每天與果忍比丘，師徒兩人背著背包行腳於風雪挾雨的
大街小巷，晚上則輪流住宿於學生及信徒的家裡，白天
不是外出教人禪修，便是尋找能夠讓我們落腳的住處。
感謝東禪寺的浩霖法師，不但允許我們師徒掛單，而且
還說：「就把東禪寺當作你自己的道場好了。」我們兩
人就此在他的孔子大廈，一住四十多天。（〈四五、到美
國十五年〉，《金山有鑛》，法鼓全集 6 輯 4 冊，法鼓文化，
頁 205-206）

　　師父暫住菩提精舍。然精舍離紐約市區太遠，大覺寺
的中美弟子無法隨師父去精舍學習，因此紛紛請求師父
再回市區安住。於是師父攜同美國出家弟子果忍師暫時
住中國城的東禪寺浩霖法師處，同時借用一位在家弟子

的住宅作為上課教禪之用。而由於講經等活動,師父也每每背著睡袋,到處為家,歷時約三個多月。(〈夢中的拓荒者〉,李果然,《人生》,12期,1984年7月15日,版3)案:一九六一年法師南下閉關於高雄美濃,其介紹人亦同為浩霖法師。

此為法師最艱難時期,住宿不定、飲食不定,身捐睡袋、棲無定所,奔馳於風雪街頭。較之留日期間之辛苦猶有過之。然自述:一生窮困,從未潦倒,願為求法與弘化而行乞。當時有信函寄臺灣弟子云:

諸位仁者:我來紐約已快一個月。雖然離開了美國佛教會,並且在沒有經費的情形下覓一枝棲,同時計畫設立文化館分館,艱困無比,終日奔馳於風雪街頭,但是為傳大法於西方,捨生命以報佛恩乃是應該的。目前尚無棲身定所,或在中國城的中國寺院掛單,或在在家弟子家中借宿;我們無錢買房子,甚至於租房子的費用也沒有把握,但是我得到了更多人的幫助,大家都希望我能住到他們的家裡去,並且提供他們的家庭作為弘法與教禪的道場。也從大學校借到課堂作為活動的場所。我正設法成立文化館的分館中,佛法不會辜負我們的。

你們要努力修行,努力求進步,你們的師父一生窮困,但從未潦倒;一生不向現實環境低頭,但為求法與弘化願向一切眾生行乞。信心和道心是從堅苦乃至絕境中生起,安樂的生活,對初發心者而言只有促使墮落。不過

所謂的堅苦，不是無謂地自討苦吃，而是當你非要吃苦不可的時候，能夠以苦為樂，甘之如飴。你們不必為我的近況擔心，我經常是在絕處而得到轉機的。（〈聖嚴法師紐約來鴻〉，《人生》，12期，1984年7月15日，版3）

碩士論文《大乘止觀法門之研究》，以及《佛陀示現人間》、《從東洋到西洋》、《佛教與佛學》、《禪》（中英對照），共五本書，同時由中華佛教文化館出版發行。

《從東洋到西洋》所收文字始於一九六五年迄一九七八年，為留日以迄赴美之初所撰各報導性文章，代表法師在山中掩關、出國留學，乃至初到美國時代之心路歷程，可視作《歸程》第二部，為自傳之續編。

我在日本留學，隨時都可能受經濟問題的困擾，被迫終止留學生涯，故對於日本佛教各方面的現狀，希望趕快學習，趕快吸收，而且也趕快向國內報導。在我的想法，讓國內多了解一些日本的佛教，也等於是對國內的佛教多一分幫助。就是基於這樣的理念和存心，到了日本之後，還沒有完全聽懂日本話，就已經寫下關於日本的見聞，寄回臺灣，在佛教的雜誌發表。六年之後，當我離開東京之時，從國內佛教的各雜誌上蒐集一下，發現竟有三十數萬言。（〈日本佛教的面面觀〉，《聖嚴法師學思歷程》，法鼓全集3輯8冊，法鼓文化，頁102-104）

《佛教與佛學》則蒐集一九七六年至一九七八年在美、加及國內演講，經劉國香、杜正民、芥子等居士整理記錄而成。

案：此書日後於一九八五年由東初出版社重印再版，改名為《禪與科學》。各文今多收於《法鼓全集》第四輯。

五月，舉辦美國第五期禪七。法師雖已離開美國佛教會，沈家楨先生仍同意出借其菩提精舍。唯禪期中管理工人干擾甚多，幸而參加人員極為珍惜修行機會，成效甚佳，法師亦深受感動。

那七天之中，我們過得很不平安。第一個晚上，精舍的管理工人便來興師問罪。我一再向他保證並且道歉，同時約束弟子們，盡可能地小心翼翼。總算讓我們打完了禪七。

最後一晚的心得報告時，幾乎每一個人都哭了，認為佛法難遇，修行難得，尤其對於我的感激，情溢言表。第二天我們離開菩提精舍時，都有無限的感謝與感慨。

我之留在美國而不辭辛勞，不畏艱難，受了這批弟子們的感動，也是原因之一。（〈四三、紐約第五十次禪七〉，《金山有鑛》，法鼓全集 6 輯 4 冊，法鼓文化，頁 187-189）

奔波數月後，本月份，先於紐約皇后區林邊（Woodside）租屋，成立禪中心，結束流浪生活。沈家楨居士護持全部租金，其餘各項設備多為撿拾回收品修釘使用。

簡樸、不設床、無私人房間之精神延續至今。

師父在美既缺乏固定的道場，在臺又兼任文化館館長及中國文化學院教授之職，每三個月總得臺、美二地奔波一次，備極辛苦，因之極望終止赴美。然紐約弟子們苦苦哀求，並有馬氏夫婦每日開車載師父四處尋找可為道場之住屋，摯誠感人。其時師父身上錢很少，實不敢奢望購屋，若大一點的房屋亦只夠一個月的租金及押金。雖然如此，弟子們熱誠不減，奔波二月餘，在紐約皇后區的林邊先租一層房子，成立了禪中心。林邊的房子係一棟二層樓住家建築，禪中心租下低矮的第二層，租金為每月三百八十美元，幸而沈先生發心支持了全部租金，從此算是有了落腳之處。師父當時的艱辛，可想而知。然而這只是開始，諸多事務仍待開辦，例如打坐的坐墊，即所幸中國城一位太太發心而得到解決，禪活動於是在此小天地中展開。然而此間房子除了師父的書及坐墊外，一無長物，非但桌椅，連餐具也無，熱心的弟子們從馬路邊撿回些破舊用具，並架設了小型的佛壇，禪中心方稍具規模。

當時有一位慕名來訪的美籍神父，見到如此簡陋的禪中心，便問師父：「如此清苦，目的何在？」師父的回答是：「不為什麼，只為使需要佛法的人，獲得佛法的利益。」師父對禪者生活的原則是：冬天但求凍不死，平常但求餓不死。不僅草創道場時如此，應該永遠如此。當時之飲食，確實粗陋，不僅購買最便宜的食物，有時

甚至到果菜食物的集散市場去拾回丟棄了的果蔬及麵包、洋山芋等果腹。（〈附錄二：夢中的拓荒者〉，李果然，《金山有鑛》，法鼓全集 6 輯 4 冊，法鼓文化，頁 223-224）

這麼大的一座禪寺，卻沒有一張床鋪，沒有私人的房間，白天看不出任何一間是臥室，連師父也一樣，晚上都是打地鋪的。這是因為，師父於一九七九年五月，在紐約開創道場的時候，就是這樣過的。不但就是這樣過，連碗、筷、鍋、鏟、桌、椅都沒有，都是從路邊垃圾堆裡撿回一些傢俱，或者到叫作「救世軍」的慈善機構買一些廉價的物品應用。今天能夠有這樣的規模，得來不易，師父為了警惕自己和弟子們，修行者必須勤苦儉樸，所以依舊不設置床鋪與臥室。（〈附錄三：法雨普施在紐約〉，蘇妧玲，《金山有鑛》，法鼓全集 6 輯 4 冊，法鼓文化，頁 239）

案：租屋住址為紐約林邊第六十八街，此為禪中心最初成立處。而後於今年（一九七九）十月購得可樂那大道九十之三十一號二層樓舊屋，明年（一九八〇）一月遷入，後年（一九八一）五月始得全部啟用。

六月二十三日、二十四日，於禪中心舉辦週末禪修，講「四弘誓願」。（「聖嚴法師禪修開示目錄」未刊稿）

七月底，返臺。

七月三十日至八月六日，於文化館主持第四期禪七。自七
月三十日至九月二十三日，密集主持四場禪七。（「聖
嚴法師禪修開示目錄」未刊稿）

九月十五日，舉行中華學術院佛研所理事年會，由理事長
陳植津先生主持。

　　佛研所早期的經費，主要是由泰國華僑陳植津護法理
事長，及其夫人柯月桃居士籌措。柯居士法名果福，是
聖嚴法師回臺灣第一位皈依的在家弟子，她對師父教育
理念的護持，對道場的供養不遺餘力。臨終前，將財物、
房屋悉數捐作弘法利生、興辦教育之用，圓滿了她一生
的最大願望。（〈第九章　不辦教育，佛教就沒有明天〉，
施叔青，《枯木開花》，臺北：時報文化，2009 年 2 月 12 日
二版九刷，頁 240）

　　早在中國文化學院的佛學研究所時期，就有一個護法
理事會，以每年捐助一萬元以上者為理事，捐助一千元
以上、一萬元以下者為護法委員，護持會員則以中華佛
教文化館與華嚴蓮社兩個道場的信眾為主。（〈從一張桌
子、一個人開始〉，胡麗桂，《分享法鼓山》，法鼓文化，
2005 年 4 月初版，頁 64-65）

案：此理事會成員原只數人，日後改組發展為法鼓山護
法會（見一九八九年四月）。

十月六日，假中國文化學院大忠館敬業堂召開中華學術院

佛研所護法委員會議，法師以所長身分主持。（〈中
華佛學研究所大事紀〉，《中華佛學研究所》，網址：http://
www.chibs.edu.tw/ch_html/index_ch00_0306.html）

十月十四日，農禪寺般若禪坐會成立，於每週日下午一點
半至五點共修。此係應禪七參加學員需求，提供集合
共修機會。（〈序〉，《禪的生活》，法鼓全集4輯4冊，
法鼓文化，頁3）

十月十七日，撰寫「三學研修院院訓」，以為研修院成員
學習規範。
　　本院以養成戒定慧三學並重之佛教青年人才為宗旨。
　　本院同學應具備清淨、精進、少欲、無諍、整潔、寧靜、
和樂、自動、自律、自治之基本精神，益以互敬互助、
直諒多聞、砌磋砥礪、道業與學業並進，以達成研究與
修持之崇高心願。
　　本院同學應惜常住物，熱心大眾事，除因公、上課、
工作，不濫攀俗緣，不為娛樂及應酬外出，對所分配之
工作應盡力盡責做好，以資養成福智雙運之美德，及弘
法利生之願力。

今年起，美國佛教會譯經院停辦，法師因於農禪寺成
立「三學研修院」，容納譯經院原有人員與第一屆禪
七學生，以訓練弘揚佛法及住持三寶之青年僧眾人才。

（〈補述一：一任清風送白雲——聖嚴老人自述〉，《歸程》，
法鼓全集 6 輯 1 冊，法鼓文化，頁 232-233）

案：三學研修院日後發展為法鼓山僧團，研修院之成立
意義重大。法師以美國佛教會董事職接辦譯經院，時間
為一九七八年四月二十九日赴美前，然「不到一年即停
辦」，當與法師該年九月辭卸美國佛教會本兼各職有關。
於是有成立三學院以容納原有人員之舉。三學院成立時
間約當為今年四月法師赴美前，或七月法師返臺後。

十月二十九日，返抵紐約。

**十月返美後，由仁俊法師、沈家楨、應行久夫人等居士捐
助，由在家弟子馬宜昌夫婦擔保，以分期付款方式，
於紐約皇后區艾姆赫斯特（Elmhurst）購得一棟二層
樓舊屋。唯原屋主出租未到期，尚未能遷入。**

　　同年的十月，我從臺北回美，一方面發行《禪通訊》
（*Chan Newsletter*）英文月刊，同時以四萬五千美元的
低價，在紐約市皇后區艾姆赫斯特的可樂那大道，買進
了一棟二層的破舊樓房，沈家楨先生捐助五千美元，應
行久夫人捐四千美元，仁俊法師也助了一臂之力，我就
以這麼多的現金為頭款，由我的在家弟子馬宜昌及蔡惠
寧夫婦擔保，用分期付款方式，得到一個道場。（〈四五、
到美國十五年〉，《金山有鑛》，法鼓全集 6 輯 4 冊，法鼓文化，
頁 206）

案：住址在可樂那大道（Corona Ave.）九十之三十一號。
原屋主將該屋分成三部分出租：樓上兩間租兩人，樓下
租汽車修理場。

十一月，《禪通訊》英文月刊發行。既無打字機，亦無固
定編者，發行甚為辛苦。然為接續原《禪雜誌》之功
能，以滿大眾聞法願望，勉力發行。
案：《禪雜誌》於離開美國佛教會時暫停發行，今暫以
此接續。

十一月三日起，於禪中心開辦初級禪訓班，四週期滿。中
級班、進階班仍亦同時進行。本期圓滿後，初級禪
訓班於十二月一日起四週繼續開辦。（*Chan Newsletter,
No.1,* November, 1979, p.4）

十一月二十一日，撰〈佛母摩耶夫人〉；二十三日，撰〈聖
妃耶輸陀羅〉。（今收於《聖者的故事》，法鼓全集 5 輯 7
冊，法鼓文化，頁 83-109）

十一月二十九日，應邀於紐約大學講演「禪」。（〈四六、
出入學府在北美〉，《金山有鑛》，法鼓全集 6 輯 4 冊，法
鼓文化，頁 213）

十二月三日，應邀於哥倫比亞大學講演〈禪和坐禪的方法

及其體驗〉。（*Chan Newsletter, No.1*, November 1979, p.4）

十二月十六日，接受紐約世界電台《精神世界》廣播節目主持人海克遜博士訪問，宣講法脈傳承之兩位師祖：虛雲和尚與太虛大師之悟境，並述承受靈源長老之法益。（講詞見 *Chan Newsletter, No.2*, December 1979, p.1-5）

十二月三十日，禪中心遷址前，法師於林邊舊址主持最後一次禪坐共修。（*Chan Newsletter, No.2*, December 1979, p.5）

民國六十九年／西元一九八○年

聖嚴法師五十一歲

一月，正式搬進艾姆赫斯特所購屋。僅得二樓一間房可使用，係去年十二月三十日所收回。

　　一九八○年一月，我們先從一位房客收回一間房，便正式搬進了這棟建築物。另外兩戶房客，樓上是兩位中國神父，住了半年多始遷出，樓下的店面是一個汽車機件修理廠，一直到一九八○年冬天才搬走。經過全體學生及弟子的整修，至一九八一年五月，這棟房子才完成了開幕及佛像開光典禮。（〈四五、到美國十五年〉，《金山有鑛》，法鼓全集 6 輯 4 冊，法鼓文化，頁 206）

　　我們雖已有了一棟破屋，卻未改善貧窮的困境，除了我從日本帶來的一千多冊書，可謂家徒四壁，沒有桌椅、沒有床鋪、沒有廚具、連打坐的布墊也沒有，於是在每天傍晚上馬路邊拾荒。直到現在，我們尚有幾樣工具和桌椅是當年從垃圾堆中撿來的。（〈四五、到美國十五年〉，《金山有鑛》，法鼓全集 6 輯 4 冊，法鼓文化，頁 208）

一月十日至十七日，借用應行久夫人金玉堂居士紐約州大乘寺舉行第六期禪七。此次禪七因人地配合，為歷來最順利者，唯禪期結束後，亦風聞不歡迎消息。

　　雖已購得一棟二層樓房，但還有兩戶房客，所以商借

應行久夫人金玉堂居士的大乘寺，舉行第六次禪七。應
夫人也親自參加禪七，並且帶同她的侍女為我們提供餐
飲，這是我們禪七生活中最豐富、最順利的一次，真是
感謝。然在結束之後也聽到了不再歡迎的風聲。也許這
就是我自己的業報，沈先生及應夫人，對我個人及我們
的團體，都是恩人，偏偏會先後發生這樣的事，真太遺
憾了！這也就是後來我要說：「若要傳宗接代，鳥須有
巢、人當有家、僧該有寺」的原因了。（〈四三、紐約第
五十次禪七〉，《金山有鑛》，法鼓全集 6 輯 4 冊，法鼓文化，
頁 189-191）

**一月二十四日，應邀至迪舜仁波切（Deshung Rinpoche）
藏學中心講演。**（*Chan Newsletter, No.2*, December 1979, p.5）

下旬，返臺。

二月，應臺南蓮社社長許朝森邀請，蒞臨臺南演講。（〈記
聖嚴法師南下弘法之經過〉，《人生》，5 期，1983 年 5 月
15 日，版 3）

**二月五至十二日，二月二十至二十七日，密集主持兩場禪
七。為臺灣第八、九期禪七。**（「聖嚴法師禪修開示目錄」
未刊稿）

二月二十六日至三月二日，連續五晚，於臺北法輪講堂宣
　　講《大乘遍照光明藏無字法門經》。

三月三日，應邀赴嘉義出席香光尼眾佛學院第一屆開學典
　　禮，與會貴賓並有白聖長老、嘉義清華山惟覺法師。
　　香光寺住持悟因法師受東初長老遺命協助中華佛教文
　　化館法務，時任該館董事。（參見：〈神聖與平凡〉，悟
　　因法師，《青松萌芽》，7 期，嘉義：香光寺，2001 年 9 月，
　　頁 4-9）

三月五日，接受政治大學東方文化社邀請，至該校演講「佛
　　教與佛學」。

三月七日至十三日，赴嘉義香光尼眾佛學院對全體師生講
　　授《原人論》一週。

三月十三日，接受臺中東海大學覺音社邀請，至該校演講
　　「生活與學術的佛教」。

三月十五日起，於中國文化學院哲學研究所碩士班開講「隋
　　唐佛學」，以及三十小時講授《禪源諸詮集都序》。
　　（〈中華佛學研究所大事紀〉，《中華佛學研究所》，網址：
　　http://www.chibs.edu.tw/ch_html/index_ch00_0306.html）

同日，在臺北聖靈寺，對國防醫學院清涼社同學演講
「靈魂及鬼之有無」。

三月十七日，接受臺中逢甲大學普覺社邀請，至該校演講
「差別與平等」。

三月十九日，接受陽明醫學院訓導主任邀請，至該校對全
校師生演講「人生的層次」。

四月下旬，為文化大學（案：原中國文化學院）慧智學社
同學講解《六祖壇經》，計八小時。

四月二十九日，返抵紐約。

五月，獲方甯書教授協助，成立東初出版社。此係將中華
佛教文化館之出版功能獨立發展。先期以出版法師著
作為主，並出版中華學術院佛研所師生論文。
　　問：首先，請法師談一談出版社的緣起、創立的動機
及歷程。
　　答：東初出版社的前身是中華佛教文化館，最早的創
辦人是東初老人。一九七七年，東初老人七十歲圓寂，
我回國內，在一九八〇年，我成立了東初出版社，為了
紀念東初老人所留下的根基，所以取名「東初」。
　　問：請問東初出版社是以什麼樣的理念和宗旨，持續

服務至今？

答：出版社的理念，就是為了普及佛法。我自己寫書，也鼓勵他人寫文章，把佛教的觀念，透過文字宣傳和媒體傳播，使得想要研究佛法的學子能做更深入的研究，而不做深入研究的一般社會大眾，也能夠正確的認識正信的佛教。除了我的著作之外，東初出版社也為中華佛學研究所師生的論文出版論文集。眾所周知，這些出版物不僅無利可圖，甚至是血本無歸；然而，那樣賠本的事但我們還是要做。目前，我們把我的一些通俗性的能賣出去的書錢，用來出版這些比較理論性、研究性的書。這也可以說是出版社對佛教文化、佛教學術的一分貢獻，同時也是東初出版社的宗旨。（〈擊法鼓吹法螺——談東初出版社〉，《教育・文化・文學》，法鼓全集 3 輯 3 冊，法鼓文化，頁 233-235）

五月八日，於美國紐約州亨特爾學院（Hunter College）講演「定、禪、佛果」。（〈四六、出入學府在北美〉，《金山有鑛》，法鼓全集 6 輯 4 冊，法鼓文化，頁 213）

五月二十三日至三十日，於紐約禪中心新址（艾姆赫斯特）主持在美第七期禪七，此次僅有七位禪眾，法師開示憨山大師之〈觀心銘〉。（*Chan Newsletter, No.5*, May 1980, p. 3）

今夏起，收回艾姆赫斯特所購屋全棟建築，開始長達一年
之整修。同時開始定期舉行每年四期禪七。

從一九八○年下半年起，東初禪寺的二樓另外一戶，
住著兩位中國神父的房客遷出之後，我們便用那僅可容
納十三人打坐的房間，開始舉辦第七次禪七。嗣後每年
有四次，那就是五月下旬的國殤假期、七月初旬的國慶
假期、十一月下旬的感恩節假期、十二月下旬的耶誕及
新年假期。（〈四三、紐約第五十次禪七〉，《金山有鑛》，
法鼓全集 6 輯 4 冊，法鼓文化，頁 191）

案：艾姆赫斯特所購屋原二樓房客於今年三月一日遷出，
禪中心收回全棟建築。法師返紐約後即與禪修學生、弟
子投入整修工程。

英文《禪雜誌》復刊。原發行至第七期，於離開大覺
寺後停刊。

六月二十七日至七月四日，於禪中心主持在美第八期禪
七。（*Chan Newsletter, No.5*, May 1980, p.3）

七月十八日至二十五日，於禪中心主持在美第九期禪七。
（*Chan Newsletter, No.5*, May 1980, p.3）

七月三十一日，返臺。（*Chan Newsletter, No.7*, July 1980, p.3）

八月四日至十八日，八月三十一至九月十四日，於文化館
連續主持四場禪七，為臺灣第十至十三期。講解〈永
嘉證道歌〉，並述及日本打禪七經驗（「聖嚴法師禪修
開示目錄」未刊稿）。繼程法師為第十、十二、十三期
禪眾。（〈出去看看，這個世界有什麼不同〉，釋繼程，《禪
門囈語》，臺北：東初出版社，1982 年 3 月再版，頁 53-54）

九月八日，地藏菩薩聖誕日，於文化館舉行剃度典禮，四
位青年求度出家，為取法名：果厚、果梵、果祥、果
麻。此為法師建僧初始，日後衍為法鼓山僧團。

九月，《禪的體驗》由東初出版社出版。此為法師禪修指
導之基本教材。〈自序〉云：

　　我不是禪師，也沒有準備做禪師，只是由於因緣的牽
引，在一九七五年底到了美國之後，除了講說之外，有
人希望我能教授一些修持的方法。

　　我在美國所教，雖然名之為禪，既不是晚近中國禪林
的模式，也不是現代日本禪宗的模式，我只是透過自己
的經驗，將釋迦世尊以來的諸種鍛鍊身心的方法，加以
層次化及合理化，使得有心學習的人，不論性別、年齡、
教育程度，以及資稟的厚薄，均能獲得利益。

　　基於調身、調息、調心的三原則，有用大小乘共通的
各種觀行法，有用內外道通用的呼吸法，也用印度及中
國的各種柔軟健身法。對於調心得力的人，便用中國禪

宗參話頭的方法，以打破疑團，開佛知見。所以無論何人，只要真的有心學習，最高可以進入「無」的境界，其次可以得定，再次可得身心輕安，至少也能學會一套非常實用的健身方法。（〈自序〉，《禪的體驗‧禪的開示》，法鼓全集 4 輯 3 冊，法鼓文化，頁 3-4）

十月一日，主持佛研所六十九年度年會，會議假中國文化大學敬業堂召開。（〈中華佛學研究所大事紀〉，《中華佛學研究所》，網址：http://www.chibs.edu.tw/ch_html/index_ch00_0306.html）

十月五日，於農禪寺禪坐會開示「正與邪」。（〈正與邪〉，《禪的生活》，法鼓全集 4 輯 4 冊，法鼓文化，頁 116-126）
案：此為禪坐會固定在週日舉辦之禪坐共修。

十月十日，《華岡佛學學報》第四期出版，撰〈學術的佛教〉以序。肯定佛學研究之必要，亦確立自內證之必然價值。〈序〉云：

佛教隨著時代的變遷及其傳播地域的擴大，為了適應當時當地的文化背景，佛教的內容，也在繼續不斷地成長再成長，開發又開發。幾乎每遇到一次新環境或新時代的激揚，佛教的內涵便有一次變動，自對於教義觀點的再認識，以至對於教團生活方式的再檢討，而為佛教的文化，不斷地增添了財富。可知，佛學與學佛相對，

只要有學佛的人，就有對於佛學做研究的必要。

教外的學者，研究佛教，多半是從歷史的、哲學的、文學的角度來探討佛教，殊少以佛教的角度研究佛教，故對有關宗教經驗及信仰的實際功能，往往抱著懷疑的態度。佛教徒們站在信仰的立場，往往寧可相信傳說為真，不忍承認史實為真。事實上，歷史的陳述，未必即是真實，但能做到近乎真實；傳說的信仰，雖不即是史實，但也必有其形成傳說的歷史背景。因此，否定學者們以學術的態度來研究佛教的成果或觀點，固然不對，若以純學術的所謂科學的歷史態度來否定佛教徒們自內證的敘述，也是有欠公平的。

其實，今日的佛教學者們，從國際的人物看來，若能專門研究佛教而以對於佛教的研究成為國際的知名學者的話，雖不信奉佛教，其對於佛法的尊敬，必已占了相當的優勢。所以佛教的研究工作以及各種學術性的佛教財團、社團、會議、編譯、出版等的事業，多是出於佛教教團及佛教信徒的支持，卻未因做了學術的歷史態度的研究發表，而使佛教的信仰破產，相反地倒是因了學術研究的風氣播揚，也普遍地提高了佛教教士與教徒的知識水準，對佛教教義多有相當程度的正確認識。（今收於〈學術的佛教──《華岡佛學學報》第四期序〉，《教育‧文化‧文學》，法鼓全集 3 輯 3 冊，法鼓文化，頁 214-217）

同期學報，發表有〈中國佛教的特色──禪與禪宗〉。

提要云：

中國佛教的特色，是在於把傳自印度的佛教的基本精神，融會了中國的儒家的倫理思想及道家的放任自然，所以用清規來替代戒律，以適應中國人的道德生活；以重視智慧的開發替代印度的禪觀，來誘導道家的放任自然。因此，既不會因持戒而成桎梏的宗教工具，也不會因了活潑而成浪漫的放任主義者。中國的禪者，雖不受傳統形式的束縛，在自在活潑的生活中，表現出精進清淨的修道精神，此也實即是世尊化世的本懷。（今題為〈禪與禪宗〉，收入《學術論考》，法鼓全集 3 輯 1 冊，法鼓文化，頁 87-113）

十月十一日，《禪門修證指要》由東初出版社出版。該書摘錄梁朝菩提達摩至現代虛雲老和尚，禪門中有關修證內容及修證方法之重要文獻計二十四篇，並加附識介紹，用供修行參考。〈自序〉云：

禪的修持，在近世的中國，的確容易受人誤解，那是由於缺乏明師的鍛鍊指導，或者對佛法沒有正確的認識，習禪者便可能墮入兩種可憐可哀的心態：

一、知識較高者，多看了幾則公案和語錄，往往會以自己的想像，揣摩公案和語錄中所示的意境及悟境，自以為懂得了並也悟入了。

二、有一輩好求奇蹟的人，在修行若干時日的禪定之後，由於求功心切，定境無法現前，悟境更無蹤影，卻

在幻覺與幻境中自我陶醉，例如自以為見光見華，見佛菩薩像，親見淨土，聞佛説法，以及種種奇象異境。

　本書的編者，是以「述而不作」的態度，介紹禪門的重要文獻，逐篇從藏經中抄出，予以分段、分目、標點，並且抉擇取捨節略而加上我的附識。一則節省讀者的時間，能在數小時之中，一窺禪籍精華的原貌。二則便於闡揚禪籍精義的大德，輕易地得到已有新式標點的教材課本。三則使得有心於禪之修證的行者，在見地上有所依憑。四則是向已是禪師或將要成為禪師的大德，在鍛鍊法將及勘驗工夫方面，提供參考的資料。（〈自述〉，《禪門修證指要》，法鼓全集 4 輯 1 冊，法鼓文化，頁 5-10）

十月十九日，農禪寺禪坐會開示「**真與假**」。（〈真與假〉，《禪的生活》，法鼓全集 4 輯 4 冊，法鼓文化，頁 93-105）

十月二十一日，假華嚴蓮社舉行佛研所理事會，訂定理事會章程。

十月二十六日，與臺灣大學哲學系郭博文教授等先生聚餐，以加強與學術界之交流。

　方甯書先生建議我應該對教內外的知識分子，做一些聯繫和接引的工作，以利於佛法的推展，所以請曼濤先生代我邀到臺灣大學哲學系的郭博文、劉增福、余英華、林正弘、師大的林玉體、國立編譯館的趙天儀，以及正

在潛隱中的韋政通等諸教授。（〈悼念張曼濤先生〉，《悼念·遊化》，法鼓全集 3 輯 7 冊，法鼓文化，頁 153-154）

十月三十日，抵美。

十一月，《聖者的故事》增訂本由東初出版社出版。比十三年前之初版增加〈佛母摩耶夫人〉及〈聖妃耶輸陀羅〉兩篇。（〈再版增訂序〉，《聖者的故事》，法鼓全集 5 輯 7 冊，法鼓文化，頁 4）

十一月五日，應邀於紐約新社會研究學院（New School for Social Research）講演「中國禪」。（〈四六、出入學府在北美〉，《金山有鑛》，法鼓全集 6 輯 4 冊，法鼓文化，頁 213）

十一月六日，應邀於紐約哥倫比亞大學講演「禪修」。（〈四六、出入學府在北美〉，《金山有鑛》，法鼓全集 6 輯 4 冊，法鼓文化，頁 212）

十一月二十三日，新澤西州羅特格斯大學（Rutgers University）宗教系于君方教授率學生至禪中心訪問。（*Chan Newsletter, No.10*, December 1980）

十一月二十四日，接受紐約世界電台《精神世界》廣播節

目主持人海克遜博士訪問，主題為「默照禪」。（講
詞見 *Chan Newsletter, No.10*, December 1980, p.1-4）

十一月二十六日至十二月三日，於禪中心舉行感恩節禪七
（第十期），以南宋宏智正覺〈默照銘〉為教材開示
禪修法要。由於教界對默照禪之修行法門頗為陌生，
法師因起意弘揚。

案：默照禪法為法師所特擅，昔於高雄山中閉關，即以
此法為最得力。本次禪七開示紀錄〈〈默照銘〉講錄〉
收入 *Getting the Buddha Mind*，後經繼程法師中譯收入
《佛心眾生心》；十年後，法師重寫，題名〈禪意盡在
不言中〉，收入《禪與悟》（法鼓全集4輯6冊，法鼓文化，
頁 324-346）。

十二月，自臺灣募得之三聖像運抵美國紐約禪中心新址。
（*Chan Newsletter, No.10*, December 1980, p.5）

十二月十日，新社會研究學院禪學教授顧琦剛（Kun, Ki
Kang）率學生至禪中心訪問。（同上）

十二月十一日，禪訓班學員阿比·雷德（Abbey Rader）
偕其妻、子，自德國至禪中心，祈請法師為其出生
四十九天之嬰兒菩提（Bodhi）祝福。（同上）

十二月十五日，法師留日時之舊識，現任加拿大多倫多
Dae Kak Sa 寺住持韓國僧侶印幻法師來訪，邀同前往
附近皇后區韓國圓覺寺拜訪住持法眼法師。於該寺午
齋後，兩位韓國僧侶並同來訪禪中心。（同上）

十二月二十七日至翌年一月四日，於禪中心主持在美第
十一期禪七。（*Chan Newsletter, No.9*, November 1980, p.3）

民國七十年／西元一九八一年

聖嚴法師五十二歲

一月四日，於美國禪中心禪坐會開示「空虛和寂寞」。（講
　　詞見 "Voidness and Loniness", *Chan Newsletter, No.12*, March
　　1981）

一月八日至十六日，於禪中心主持在美第十二期禪七。
　　（*Chan Newsletter, No.10*, December 1980, p.5）

一月十八日，於禪中心開示「來與去」。（〈來與去〉，《人
　　生》，4 期，1983 年 3 月 15 日，版 4；今收《禪的生活》，
　　法鼓全集 4 輯 4 冊，法鼓文化，頁 82-92）

　　同日，多年舊友中華學術院佛研所前所長張曼濤居士
　　逝世於日本。

一月二十日，返臺。

二月九日至二十三日，主持臺灣第十四、十五期禪七。

二月二十八日，佛研所假華嚴蓮社舉行臨時理事會，會中
　　決議於本（七十）學年度招收研究生。

三月一日至八日，主持臺灣第十六期禪七。

三月十日，法師於中國文化大學哲學研究所講授「華嚴法
　　界觀門」課程。

四月十一日，假華嚴蓮社舉行臨時理事會，討論佛研所課
　　程計畫及年度預算。

四月十九日，返美，並自臺灣募得款項以莊嚴佛像。（〈夢
　　中的拓荒者〉，李果然，《人生》，12 期，1984 年 7 月 15 日，
　　版 3）

四月二十四日，撰〈悼念張曼濤先生〉追念今年一月十八
　　日逝於東京之張曼濤先生。張先生少年出家，即青松
　　法師。法師二十五年前與之結識於煮雲法師之鳳山蓮
　　社，多年來共同關心中國佛教前途，為極力勸請法師
　　留學日本之關鍵人物；法師許為「難得的諍友」。悼
　　文略云：
　　　　我與曼濤先生相識，是在一九五六年秋天。結為朋友，
　　應該是從一九五八年起，當時我在《佛教青年》季刊上，
　　發表了一篇題為〈文學與佛教文學〉的文章，提出了我
　　的主張，卻巧與青松法師的看法不一致，所以引起了他
　　抨擊，我除了提出補充說明外，不表示敵意，並覺得諍
　　友難得，此後便有了書信往返，直到他謝世為止，他仍

是我的一位難得的諍友，他的那份才華，始終為我欽慕。

曼濤先生給我生命中最大的影響力，應該是受他之勸，決心留學日本之一事。

對我個人而言，從此少了一位諍友；對於整個中國佛教而言，從此少了一位敢於直言的諫士；於國際佛教而言，從此少了一位中日之間的橋樑。曼濤先生可能不算一位成功或成名的佛教學者，而他確是一個有心想使中國佛教界，能夠孕育出許多夠上國際水準的佛教學者的人。（〈悼念張曼濤先生〉，《悼念・遊化》，法鼓全集 3 輯 7 冊，法鼓文化，頁 145-155）

赴哥倫比亞大學講演「禪修是必要的嗎？」。（ "Is Practice Necessary? ", *Chan Newsletter, No.13*, May 1981, p.3）

四月二十六日及五月三日，接受紐約世界電台《精神世界》廣播節目主持人海克遜博士訪問，討論法師〈禪修三要〉（The Three Requirements of *Chan Magazine*）一文。（講詞見 *Chan Newsletter, No.14,* June 1981）

四月二十八日，赴羅特格斯大學講演「禪的理論與實踐」。

四月三十日，赴曼哈頓學院講演「禪的理論與實踐」。

本次返美，於每週三禪訓助手訓練課程講授戒顯禪師《禪

門鍛鍊說》。

五月五日，應邀赴亨特爾學院講演「禪的理論與實踐」。

五月十日，佛誕日，東初禪寺正式開幕。前年於艾姆赫斯
　　特所購屋，自去年三月全部收回後，經一年整修，今
　　舉行佛像開光，正式開幕。法師為紀念東老人法乳之
　　恩，特將禪中心取名為東初禪寺。紐約與臺北兩座道
　　場人事、經濟均獨立，無從屬關係。

　　　東初禪寺的英文名字跟臺灣的中華佛教文化館（The
　　Chung-hwa Institute of Buddhist Culture）一樣，是聖嚴師
　　父為了紀念他的剃度師東初老人，以及東初老人在臺灣
　　建立的道場而命名的。但是它的人事組織跟臺灣的本館
　　沒有任何關連，它的經濟也完全獨立。師父的原則是，
　　不拿美國的力量支持臺灣，也不用臺灣的力量支援美國，
　　以免互相牽制，彼此干擾。彼此是友誼的關係，而非從
　　屬的關係。

　　　它的經常活動是，星期天上午的觀音會，以華人為對
　　象；下午是用中、英文雙語講經；然後打坐，共三種活動。
　　星期二晚上，禪坐班；星期三晚上，禪坐課；星期四晚
　　上，佛教哲學課；星期六晚上書法課。每年舉辦四期初
　　級禪訓班，兩期中級禪訓班，四次禪七。（〈附錄三：法
　　雨普施在紐約〉，蘇妧玲，《金山有鑛》，法鼓全集 6 輯 4 冊，
　　法鼓文化，頁 228-231）

案：禪中心（Chan Meditation Center）為美國之法人登
記名稱及西方人用語；東初禪寺則為華人所常用，著作、
文獻等皆用此名稱。經多年發展，在僧團運作與培訓方
面，美國道場現為臺灣法鼓山之北美道場。

同日，有美籍女眾凱倫・藺（Karen Zinn）求度出家，
法師為取法名果閑。

果閑與一九七八年出家之果忍（保羅・甘迺迪）皆為
大覺寺時第一期禪訓班學生，資質優秀，為法師留美
弘化之重要因緣。二人雖於出家二、三年後，先後返
俗，唯仍為弘化美國之有力助緣。

　這兩位青年，資質都很優秀，雖然費了我不少心血，
但這也是我要在美國留下來的主因之一。縱然以現代美
國人的性格和心向，註定了難以終身出家，他們在三年
及兩年之後，相繼還了俗結了婚，但我所投注的心力卻
並未落空。

　美國社會的流動性大，自始沒有離開的基本會員，並
不很多。尤其是早期的兩位美籍出家弟子，由於和我生
長的社會背景互異，生活習慣不同，彼此學習適應，都
得付出很多耐心，我要從如何買菜、煮飯、穿衣、洗補
教起，然後課誦、唱念、法器的練習，同時彼此互相學
習語文，他們跟我練習翻譯經典，熟悉佛教徒的禮儀以
及僧尼的威儀。這兩位青年聰明好學，並且原先已有了

中文及佛學的基礎。可是共住兩三年之後,便分別離開
了。(〈四五、到美國十五年〉,《金山有鑛》,法鼓全集
6 輯 4 冊,法鼓文化,頁 205-208)

**五月二十二日至二十九日,於東初禪寺主持在美第十三期
禪七。禪七開示以僧璨之〈信心銘〉為主。**

**五月,《禪門囈語》由東初出版社出版。該書蒐集在美舉
行之第二期禪七開示,以及三十五篇中美弟子參加禪
七之心得。法師撰〈夢中人的夢話〉以為序,歷敘在
美、在臺舉行禪七之因緣,並說明禪修層次:**

　中國的禪宗,是不落階次的頓悟法門;若涉及禪觀或
禪教的方法,例如數息觀、不淨觀、因緣觀、枯屍白骨
觀等,便可能被視為漸悟法門了。但是不假漸修而能頓
悟成佛的人,畢竟太少。因此,我以數十年來的修學所
得,將修行的歷程用三個階段的方法,完成三個層次的
進度:

一、集中注意力的階段;分為兩類:

　(一)為求身體健康和心理平穩者。

　(二)為求鍛鍊身心者。

二、心念統一的階段;分為兩層:

　(一)身心統一:用數息法,數至沒有數目可數,也
　　　　不覺還有沒有呼吸。

　(二)內外統一,又分兩大階段:

A. 由鍊心的工夫而從自我身心為中心的自私感獲得解放，視身外的每一事物，都是自己的一部分，一切的事物就是自己的全體。

B. 由身心統一的境界，突然因念頭或一句話、一個聲音的促發，失去了身心的感受，也不見了處身的環境，僅感到一片澄澄湛湛、寧靜無比、清涼無限的存在。

三、虛空粉碎的階段：

一般的哲學家、宗教家、藝術家等，大致只能達到「心念統一」的第一個層次，最多不會超越「內外統一」的「Ａ」層次。世間各大宗教哲學之中的印度教的某些大師及中國的老子，已到了「內外統一」的「Ｂ」層次的某一程度，或最高程度，但仍不是究竟解脫。禪的方法，便能超越世間定的極限。當禪眾修行某一種觀法，確定已將心念集中到了身心統一的程度時，便可教授參公案、找話頭的方法了。

我舉辦禪七並主持禪七的目的，並不是要求人人都能開悟，而是對於有志學佛的人及有緣接觸佛法的人，提供佛教的修行方法，禪七應該是他們真正體驗修行方法的開始，不是修學佛法的結束。（〈《禪門囈語》自序——夢中人的夢話〉，《書序》，法鼓全集 3 輯 5 冊，法鼓文化，頁 188-196）

六月八日，法師受聘為中國文化大學教授。

六月二十一日，禪中心（東初禪寺）一行人至哈利曼公
園銀礦湖（Silvermine Lake）舉辦郊遊，法師同行，
並開示大眾應「迎向大自然」。（講詞見 "Open up to
Nature", *Chan Newsletter, No.16*, September 1981）

六月二十六日至七月三日，於東初禪寺主持在美第十四期
禪七。禪七開示以僧璨之〈信心銘〉為主。

七月二日，撰文悼念五月一日去世之趙茂林老居士。趙居
士為法師早年任善導寺講座之聽眾，敬愛僧寶，不分
老少，因特撰文表出。

　　一九六八年二月底，出關到了臺北的善導寺，主持「佛
教文化講座」之際，茂老是老聽眾、是常聽眾，而且是
由他用十行紙親自寫了「禮請聖嚴法師講經緣起」，逐
一徵求發起人簽名。在善導寺的一年之間，總共講了兩
部完整的東西，一是《八識規矩頌》，另一是《大乘起
信論》，都是茂老發起勸請的。當時我才三十幾歲，茂
老親近過不少前輩的大德高僧，而他對我如此，無非是
為了培植佛教的後起新秀。

　　又於有限的退休金中，每月拿錢津貼東初老人的徒孫
果如比丘，先後高中補習及師範大學讀書，當然這是東
老人與趙茂老是同鄉的緣故，也是他敬愛青年僧才的表
現。

　　趙茂林長者是一位忠心愛國、熱忱護教的佛教徒，他

以出家僧寶為護持的重心，也主張在家居士當為佛教作弘護，所以他在佛教圈內，雖沒有群眾的團體作基礎，也沒有著書立說給後代留下什麼，卻是一位平凡中有其不平凡的居士。（〈悼念趙茂林老居士〉，《悼念・遊化》，法鼓全集 3 輯 7 冊，法鼓文化，頁 157-163）

七月十二日，於東初禪寺禪坐會開示「冷和熱」。（講詞見 "Hot and Cold", *Chan Newsletter, No.15*, August 1981）

七月十七日至二十四日，於東初禪寺主持在美第十五期禪七。禪七開示以僧璨之〈信心銘〉為主。

七月十八日，於東初禪寺中級禪訓課程開示「修行的正確心態」。（講詞見 "Right Attitude as an Aid to Practice", *Chan Newsletter, No. 17*, November 1981）

七月二十六日，返臺。東初禪寺常住果忍比丘接受法師建議，離寺至各道場參學，預計告假一年。（ "News Items", *Chan Newsletter, No.15*, August 1981, p.3）

八月三日，中華學術院佛研所，開始招收第一屆研究生。十四日，招生考試放榜，錄取新生釋果祥、吳海芳、洪景耀、施源卿、簡明福、梅迺文、李慧珍、李昌頤等八名。

八月九日,於農禪寺開示「日日是好日」。(〈日日是好日〉,
《人生》,2 期,1982 年 11 月 15 日,版 4;今收《禪的生活》,
法鼓全集 4 輯 4 冊,法鼓文化,頁 25-35)

八月十一日至十八日,主持臺灣第十七期禪七。

八月二十一日至二十八日,主持臺灣第十八期禪七。

八月三十日,於農禪寺開示「禪詩與禪畫」。(〈禪詩與禪
畫〉,《人生》,8 期,1983 年 11 月 15 日,版 4;今收《禪
的生活》,法鼓全集 4 輯 4 冊,法鼓文化,頁 36-45)

九月七日、八日,分別拜訪內政部長邱創煥先生及教育部
長朱匯森先生,就宗教教育問題,交換意見。然設立
宗教學院與宗教科系,則尚待研究。

　　迄目前為止,我國尚未把宗教信仰的活動與宗教學術
的研究,分開來看,所以凡涉及宗教事項,均屬內政部
所管轄,但是,若要將宗教教育納入國家的教育體制,
又屬於教育部的職責。這兩位行政首長,都很開明,而
且相當親切,他們都希望把宗教教育列入國家教育的輔
導之內;不過,如何規定開辦宗教學院的標準,又如何
修改現行的大學法,而使各大學可以設立宗教學院或
宗教科系,則尚待研究。(〈世界各國宗教教育現況及展
望〉,《教育・文化・文學》,法鼓全集 3 輯 3 冊,法鼓文化,

頁 75）

華嚴蓮社南亭法師捐贈佛研所新臺幣五萬元。

九月十九日，假中國文化大學藝術館舉行中華學術院佛研
　　所七十年度開學典禮，由中國文化大學校長潘維和主
　　持，觀禮者有南亭長老、煮雲法師等多位法師、居士、
　　教授。

　　　應邀參加典禮人士有南亭法師、煮雲法師、賢頓法師、
　慈忍法師、仁華法師，以及韓同、李謇、朱斐、朱文
　科、蔣伯刑、樂崇輝等居士，佛研所名譽所長周邦道、
　名譽理事長張伯英、理事柯碧雲，中國文化大學程兆
　熊、吳永猛、王士儀、廖與人、陳清香、鄧文儀、劉毓
　棠、謝松濤等教授。（〈中華佛學研究所大事紀〉，《中華
　佛學研究所》，網址：http://www.chibs.edu.tw/ch_html/index_
　ch00_0306.html）

此為第一屆招收研究生，中華學術院佛研所由研究機
構發展而為教育機構。佛教教育之現代化、制度化且
具永久性之機構，自茲為始。法師致詞云：

　　本所是我國佛教教育史上，第一所以現代化的方式，
培養高級佛學研究人才的機構，諸位研究生也是中國佛
教史上第一批接受現代化佛學高級教育的人才，這是光
榮的，也是艱苦的。

　　近一年來，政府對於宗教教育，已在留心關注，並且
正在醞釀修改大學法之時，將宗教的學術研究，列為大
學教育的一環，允許並鼓勵各公私立大學，開設宗教學
院或宗教科系。此項法令何時能被立法機構通過，尚不
知道，而其必將成為事實，乃是預料中事。

　　本所是開風氣之先的佛教教育機構，研究生的出路，
必然樂觀。（〈教育的佛教──《華岡佛學學報》第五期序〉，
《教育・文化・文學》，法鼓全集 3 輯 3 冊，法鼓文化，頁
224-225）

中午，與宗教道德研究所共同舉行餐會，法師主講「世
界各國宗教教育現況及展望」，就宗教信仰與宗教研
究之異同作介紹，呼籲政府鼓勵大學增設宗教學院或
科系。將傳教士培植與宗教研究人才培植分頭並進。
（〈世界各國宗教教育現況及展望〉，《教育・文化・文學》，
法鼓全集 3 輯 3 冊，法鼓文化，頁 66-77）

九月二十日，應「中華民國宗教哲學研究社」理事長李玉
　　階先生邀，於淡江大學講演「宗教行為與宗教現象」。
　　（〈宗教行為與宗教現象〉，《神通與人通》，法鼓全集 3
　　輯 2 冊，法鼓文化，頁 152-188）

十月十一日，於農禪寺禪坐會開示「放下」。（〈放下〉，《人
　　生》，12 期，1987 年 7 月 15 日，版 4；今題為〈放下萬緣〉，

收入《禪的生活》，法鼓全集 4 輯 4 冊，法鼓文化，頁 218-
228）

十月二十二日，抵美。

十月二十四日起兩週，主持東初禪寺初級禪訓密集班。係
　　將原本四次八小時課程調整為兩次十小時。（ "News
　　Items", *Chan Newsletter, No.16*, September 1981）

十月二十六日起每週一，開講「印度佛教唯識學」，共計
　　八週。（同上）

十月二十九日，應邀於亨特爾學院講演「道教、禪與其間
　　的關係」。（*Chan Newsletter, No.17*, November 1981）

十一月一日，接受紐約世界電台《精神世界》廣播節目主
　　持人海克遜博士訪問，主題為「禪修四境」，探討從
　　散亂心到無心四階段。（ "News Items", *Chan Newsletter,
　　No.17*, November 1981）

十一月六日，延續日前海克遜博士訪問，於卡夫基金會繼
　　續訪談，並與廣播聽眾直接面對討論，以「四弘誓願」
　　為主題。（同上）

十一月七日起每週六，應邀於紐約州聖約翰大學講演「佛教特色」，共計六週。每週日於東初禪寺宣講《六祖壇經》。（〈聖嚴法師在北美各大學演講一覽表（一九七六～一九九〇）〉，《金山有鑛》，法鼓全集6輯4冊，法鼓文化，頁214）

十一月十二日，應邀於紐約市學院講演「禪」。（ "News Items", *Chan Newsletter, No.17*, November 1981）

同日，羅特格斯大學于君方教授率學生至東初禪寺訪問。

十一月二十日，應邀於哥倫比亞大學講演「禪宗史及禪門次第」。（〈聖嚴法師在北美各大學演講一覽表（一九七六～一九九〇）〉，《金山有鑛》，法鼓全集 6 輯 4 冊，法鼓文化，頁 212）

十一月二十五日至十二月二日，於東初禪寺主持在美第十六期禪七。（*Chan Newsletter, No.16*, September 1981, p.3）

十二月八日，於羅特格斯大學講演「禪修的方法」。（*Chan Newsletter, No.18*, December 1981, p.3）

十二月九日，於新社會研究學院介紹「中國禪史」。（同上）

十二月十日，於禪訓助手訓練課程講 "Where is My Master?"。（講詞見 "Where is My Master? ", *Chan Newsletter*, *No.19*, February 1982）

十二月二十二日，印度瓦那拉西市山普那南達梵文大學（Sampurnanand Sanskrit University）迦葛那西（Jagannāth Upādhyāya）教授，由藏傳梵文學者洛桑仁波切（Losang Jamspal）陪同至東初禪寺訪問，與法師就印度、臺灣學術交流進行討論。（ "News Items", *Chan Newsletter, No.19*, February 1982）

十二月二十五日至一月一日，於東初禪寺主持在美第十七期禪七。（*Chan Newsletter, No.16*, September 1981）

十二月三十一日，《華岡佛學學報》第五期出刊。去年第四期《華岡佛學學報》出刊時，法師以〈學術的佛教〉以為序，今既佛研所成立，已然由單純研究機構，進而為研究與教育並重，故特撰〈教育的佛教〉以序。

佛教的目的，固然不在於學問，佛教的施設則離開教育，便無可說的話，更無可做的事了。

晚近以來的中國佛教，不是沒有教育，而是沒有制度化及現代化的教育。作為現代化及制度化而且有永久性的佛教教育機構而言，應該說是自本所招收第一屆研究生為始。（〈教育的佛教——《華岡佛學學報》第五期序〉，

《教育‧文化‧文學》，法鼓全集 3 輯 3 冊，法鼓文化，頁
222-223）

本期法師並有〈明末的居士佛教〉發表。該文初稿原
於一九七八年九月紐約哥倫比亞大學召開國際佛教學
研究會第三次大會發表，經修改後，於此刊出。係以
統計資料具體分析明末居士在時代中之影響。

　本文主在以明末居士之分布地區、功名地位，與僧侶
之關係、與理學家之關係、修行分類、所持奉之佛教典
籍、所受之政治迫害及其佛學著作等八種方式，以統計
資料來具體分析明末居士佛教在時代中之影響，從而也
反映出了明末政治、社會環境。當時，中國佛教界流行
著禪、淨、密、律合一思想，此一傾向，一直支配著現
代中國之佛教。不過影響時居士界最大的為袾宏大師，
主倡禪、淨並重，戒殺、放生，正修因果，對當時社會
具有很大之安定作用，也是居士會在當時蓬勃發展的主
要原因。（今收入《明末佛教研究》第四章，法鼓全集 1 輯
1 冊，法鼓文化，頁 262-302）

是年起，擔任文化大學哲學研究所、政治大學中文研究所
　　博士論文指導教授或口試委員，指導孔維勤、王文顏
　　博士論文。

民國七十一年／西元一九八二年

聖嚴法師五十三歲

一月十二日，返臺。

一月二十四日，為劉國香居士新作《語體文譯大佛頂首楞
嚴經》撰序，肯定佛經語體化之必要。

　　文字隨著語言，歷代均有變化，現代人即有了佛經口
語化的要求。有些中國人，看不懂漢文的佛經，反而在
歐美語文的譯本之中接觸到佛典，接受了佛法。我本人
也覺得看日文標點以及日文譯本的佛典，要比看漢文原
典來得省力。這是因為已經過譯者的理解，用現代人的
角度，口語化及定義化了的緣故。

　　向歐美介紹佛教，固須將佛典譯成歐美語文，向現代
人弘揚佛法，也有將佛經語體化的必要，而其翻譯者應
當具備語文的能力及修持的經驗。

　　這是劉公語譯經典的第一部，盼望有更多部的語譯經
典問世，也盼有更多的大德從事這項工作，集眾人之力
而完成全部大藏的語譯，或先作計畫性的逐類輯譯。共
同為此佛典語譯的大業努力。（〈序劉國香居士《語體文
譯大佛頂首楞嚴經》〉，《書序》，法鼓全集 3 輯 5 冊，法
鼓文化，頁 19-20）

一月二十九日至二月五日，於農禪寺主持臺灣第十九期禪
　　七。

二月，應臺南佛教青年聯誼會邀請，蒞臺南演講「正信與
　　迷信」。（〈記聖嚴法師南下弘法之經過〉，《人生》，5 期，
　　1983 年 5 月 15 日，版 3）

二月十九日至二十六日，於農禪寺主持臺灣第二十期禪七。

三月一日，法師於中國文化大學哲學研究所講授一學期「華
　　嚴五教止觀」課程。該班學生有碩一研究生陳英善等
　　人。

三月二十八日，應中華佛教居士會理事長李謇居士邀請，
　　蒞該會講演「禪的修行與體驗」。講演後，由弟子丹‧
　　史蒂文生、雷克‧哈斯特德（Rick Hasted）、陳新科
　　三人報告禪修經驗。（〈禪的修行與體驗〉，《拈花微笑》，
　　法鼓全集 4 輯 5 冊，法鼓文化，頁 248-258）
　　案：丹‧史蒂文生，美籍，哥倫比亞大學博士班研究生，
　　美第一期禪七學員。雷克‧哈斯特德，美籍，密西根大
　　學哲學系畢業。陳新科，臺灣大學機械系畢業，即日後
　　隨法師披剃之果煜比丘。

三月起，農禪寺成立福慧念佛會，每週六晚於農禪寺舉行

共修。

案：福慧念佛會草創於一九八二年（據〈福慧念佛會成立
大會　推舉並改選正副會長〉，《人生》，38 期，1986 年 10
月 15 日，版 1），然成立月日不詳；據《人生》創刊號，
則今年八月以前已開始活動。而法師四月即赴美，姑繫
於此。

本次返國期間，應邀赴政治大學演講「我願無窮」；
赴東吳大學講「正信的佛教」；赴世界新聞專校講「哲
理與幽默」；另並應邀至普門文庫，以「人生的內在
與外在」為題，講演三天。

四月一日，為唐湘清居士新作《佛法心要》撰序。（〈序唐
湘清居士《佛法心要》〉，《書序》，法鼓全集 3 輯 5 冊，
法鼓文化，頁 21-22）

四月八日，返美。

應美國佛羅里達州州立大學（Florida State University）
之邀請，偕同成一法師，以中華佛研所正、副所長職，
代表中國文化大學校長潘維和博士赴美訪問。

四月十二日，於佛羅里達州立大學講演「佛教要義」。
（〈四六、出入學府在北美〉，《金山有鑛》，法鼓全集 6

輯4冊，法鼓文化，頁214）

同日，於佛羅里達州農業機械大學（Florida Agricultural
and Mechanical University）講演「禪的精神」。（同上）

四月十三日，與佛羅里達州立大學，洽談師生合作交換計
　　畫。

四月，多位長老相繼自臺灣至東初禪寺訪問，包括：華嚴
　　佛學院成一法師、福嚴佛學院真華法師、佛光山開
　　山星雲法師。（ "News Items", *Chan Newsletter, No.21*, May
　　1982）

五月二十三日，接受紐約世界電台《精神世界》廣播節目
　　主持人海克遜博士訪問。（同上）

五月二十八日至六月四日，於東初禪寺主持在美第十八期
　　禪七。

五月二十九日，〈明末的唯識學者及其思想〉完稿。係為
　　八月中旬赴英國倫敦參加國際佛學研究會發表論文之
　　中文稿。因新加坡政府宗教師資培訓課程故未成行，
　　後刊於一九八七年三月出版之《中華佛學學報》第一
　　期。

　　唯識學在中國，唐玄宗開元以後，即成絕響。到明末為止約八百年間，除了《華嚴經疏鈔》及《宗鏡錄》二書中可見到唯識大意之外，別無著作。明末一百數十年間，竟有十七位有唯識著作的學者，三十五種計一〇七卷的唯識註解。

　　明末的唯識思想，可分兩流，一是專攻唯識而不涉餘宗者，一是本係餘宗學者而兼弘唯識者，前者是唯識的唯識學，僅得二人，後者是唯心的唯識學，包括其餘諸人。而後者之中，又分別各依天台教觀、楞嚴經義、起信論旨、禪宗工夫為其背景者。此時期唯識學的最大特色，則為普遍強調性相融會的佛教思潮。

五月，於東初禪寺開示「慈悲觀」。（ "Compassionate Contemplation", *Chan Newsletter, No.27,* February 1983）

六月六日，至紐約禪社區（Zen Community）參加其住持 Bernard Tetsugen Glassman 就職典禮。（ "News Items", *Chan Newsletter, No.22*, June 1982）

六月十三日，東初禪寺一行人至長島舉辦郊遊，法師開示：禪者應適時變換環境，並多接近大自然。（同上）

同日，撰〈密教之考察〉。此文撰作因緣係由於馬來西亞繼程法師，鑒於密教在各地泛濫，許多人盲目附

從，因此來信求教。

繼程法師近來鑒於密教在各地泛濫，許多人盲目附從。所以給我寫信，要我回答如下的三問：

1. 印度佛教之滅，是否因為密宗興起而導致？
2. 有人說，密教是佛教與婆羅門教的混血兒，此話是否正確？
3. 密教興起，對顯教是否有不良影響？

我處理問題時，尤其處理類似的問題時，很少用是與不是，對或不對的二分法來作答。對於外道，佛尚容忍。何況密教雖然晚出，畢竟也是佛教的一大支流，豈能以一句話把它否定或肯定。

我對密教，所知有限，所見未必為密教的大德同意，然我自始即肯定了密教的價值，恐怕也未必為顯教的大德贊成。我的目的，只是想把我所知道的密教，用歷史的角度、客觀的立場，和與外道及顯教對比的方法，介紹出來，期望對於今後的顯、密二教，都有一些幫助。如果我的時間許可，還有心把日本學者研究密教的著作譯介出來，用供漢文的讀者們參考。（〈密教之考察〉，《學術論考》，法鼓全集3輯1冊，法鼓文化，頁51-55）

六月十五日起，延續探討前文主題，因著手翻譯日本學者拇尾祥雲之《密教史》。共費時二十五日，於七月十日完稿。

六月，果忍比丘參學滿一年，返回東初禪寺常住。

七月二日至九日，於東初禪寺主持在美第十九期禪七。
（開示文見 "The Other Side", *Chan Newsletter, No.22*, June 1982; "Discovering your Faults", *Chan Newsletter, No.23*, August 1982; "Don't Look for Suffering", *Chan Newsletter, No.23*, August 1982）

七月十五日，返臺，舉行禪七。

七月三十日、三十一日，佛研所第二屆研究生招生入學考試。口試由所長聖嚴法師、副所長成一法師、李志夫教授、陳榮波教授主持。本屆錄取學生計有釋惠敏、葉德生、吳文斌、周稚、陳秀蘭、林孟穎、陳璽如、古天英等。（〈中華學術院佛學研究所　第二屆碩士班招考放榜〉，《人生》，1 期，1982 年 8 月 15 日，版 1）

八月，原擬於中旬赴英國倫敦參加國際佛學研究會發表論文，後因新加坡推行中學生宗教教育，邀請法師前往授課培訓師資，故將發表論文〈明末的唯識學者及其思想〉（英譯）寄出，於二日改赴南洋。（〈新加坡推行中學生宗教教育　聖嚴法師應聘訓練佛學教師〉，《人生》，1 期，1982 年 8 月 15 日，版 1）

新加坡政府為規畫此次研習，邀請中央研究院院士許倬雲博士、美國哥倫比亞大學唐德剛教授，以及杜維明、熊玠、余英時教授等，召開多次儒家道德教育與宗教教育座談會，今正式推展。（〈初遊新加坡〉，《悼念・遊化》，法鼓全集 3 輯 7 冊，法鼓文化，頁 202）

八月二日，抵新加坡。除舊識演培法師、隆根法師、能度比丘尼之外，新加坡佛教總會主席宏船長老、祕書長常凱法師、副主席廣洽長老、廣淨長老、性仁法師、比丘尼慧圓師、比丘尼慧平師，香港澄真長老尼、菲律賓籍高文顯老居士等，多位大德長老俱至機場接機。（〈初遊新加坡〉，《悼念・遊化》，法鼓全集 3 輯 7 冊，法鼓文化，頁 204-205）

八月三日至二十八日，為新加坡中學老師開設佛學師資課程三十堂。

期間受到新加坡各寺院所有法師熱誠接待。而佛教徒求法心切，除上課外，作六次公開擴大演講，每次聽眾約七、八百人。另於般若講堂、女子佛學院、菩提蘭若，亦講數次開示。

由於新加坡以前，曾有外籍傳教活動以擾亂社會秩序，因此，政府規定宗教師不准在新加坡做傳教活動，我去的那天上午，正好達賴喇嘛離開新加坡，達賴喇嘛是新

加坡佛教會得到政府授意邀請訪問的，也不能有公開的弘法活動。

　　我也不能例外，當然不得有傳教活動；雖然如此，我卻比達賴喇嘛幸運得多，在新加坡還做了六次擴大的公開演講。

　　很多人因華文組額滿，教育部又規定不接受額外人員的旁聽。因此，由佛教總會向政府請准，策畫給我安排了八次的公開演講，結果一次因為八月九日是新加坡的國慶日暫停，最後一次八月三十日則因我病重，而請超塵法師代講。（〈初遊新加坡〉，《悼念‧遊化》，法鼓全集 3 輯 7 冊，法鼓文化，頁 203-204）

新加坡尼眾寺院自度庵住持慧平法師聽聞法師在文化大學內辦佛研所培養人才，因發心捐助該所坡幣伍仟元（約當新臺幣九萬二千五百元）。該所碩士班已第二屆招生，共有研究生十六名。辦學者在非常艱苦情況下能得海外人士支持，法師深感欣慰。（《內明》，127 期，1982 年 10 月 1 日，頁 44）

八月十五日，《人生》雜誌復刊。先是以季刊型態發行，第二期起改雙月刊，第十三期起改為月刊發行。復刊時，法師有文述東初老人創刊之宗旨與歷史：

　　民國三十八年五月十日，東初老人創辦了本刊，創刊號宣言中說：「我佛的說法，都是以人生為對象」。這

份刊物「為了要救這樣的世界和人類，才應運而生」。從此，《人生》成為當時臺灣佛教界唯一以倡導人生佛教為宗旨的月刊。前後經過十多位主編的耕耘，最後由我編了兩年，至民國五十年十一月一日，發行到第十三卷第十二期，因我入山自修，無人接替而告停刊。（〈勉《人生》復刊〉，《人生》，1 期，1982 年 8 月 15 日，版 1）

法師並〈勉《人生》復刊〉云：

《人生》要在平淡之中求進步，又在艱苦中見其光輝；
《人生》要在和諧之中求發展，又在努力中見其希望；
《人生》要在安定之中求富足，又在鍛鍊中見其莊嚴；
《人生》要在沉默之中求智慧，又在活躍中見其悲願。

《人生》一定要貼切著生活——有趣的、人情味的、知識的、啟發性的、樂觀的、鼓勵性的，負起良師益友的責任，陪伴著每一位需要它的人，建設人間的樂土，開發似錦的前程。（同上）

八月二十五日，因對南洋水土不適，患帶狀疱疹。病情嚴重，以致課程未能圓滿。

這次害的病，中醫叫作蛇和疔，西醫稱為帶狀疱疹，是一種濾過性病毒，因為抵抗力不夠，活動太多，睡眠不足，所以病毒侵入左顏面的三叉神經。八月二十五日，發覺半邊頭面皮膚麻痛，二十六日上午看西醫，二十八日再看另一家西醫，打針服藥，均不見效，二十九日又

看第一家中醫，而病情惡化，疼痛不已。三十日請到一位八十二歲老婆婆，專門捉「蛇」的，她說蛇已捉走，當晚定可一夜安眠，結果卻身熱、口渴，疼痛愈劇，因此決定提前飛回臺灣，免得在客中，驚動勞累了新加坡佛教界的緇素大德們。

最大的遺憾，是沒有時間把最後一次的演講講完，最後一課也未能上課堂，均請超塵法師偏勞，代我講完，我比預定的日程提前兩天返回臺灣。（〈初遊新加坡〉，《悼念・遊化》，法鼓全集 3 輯 7 冊，法鼓文化，頁 210-212）

九月一日，自南洋抱恙歸。

九月一日清晨，在我上飛機前數小時，尚由能度法師請一位梁居士從老遠地方趕到般若講堂，用祖傳的咒術及一種白粉為我治療。

到機場送行的，除一個月前迎接我的諸大德之外，又多了印實、超塵、談禪、明真、厚忠等長老法師。他們都以抱歉的口吻說是照顧不周，以致我抱病而回，常凱法師還一再地說：「希望法師再來南洋，但願不要因此使你怕來南洋，而叫此間的大眾失去了向你求法的因緣。」（同上）

九月三日，南亭長老，以八十三歲高齡示寂臺北華嚴蓮社。

法師與華嚴蓮社四代三公智光長老、南亭長老，以及

成一法師結緣甚是深廣。法師甫自南洋歸來，住院治療，病中聞耗，傷心流淚，撰聯敬輓。

上海沉香閣靜安寺聽經受益余年最小，

海外閉關期留學時獎勉鼓舞您老尤多。

（〈紀念南亭長老〉，《悼念・遊化》，法鼓全集 3 輯 7 冊，法鼓文化，頁 64）

九月十九日，東初禪寺常住果閑沙彌尼，自美來臺求受大戒。

九月二十日，法師從中壢結束養病，返回北投農禪寺。

九月二十五日，率眾赴華嚴蓮社禮拜南亭法師靈龕。

九月二十七日，大病初癒。於文化館以「初遊新加坡」為題，向大眾詳述新加坡一行聞思及養病情形。對新加坡政府將宗教教育納入正軌，深佩其見識。

宗教教育納入正軌教育，已成為一種世界性的必然趨勢，如歐美諸國，以及東方的日本已有些大學設立宗教學院，或宗教學系，或選修宗教課程。但我國政府對宗教教育，仍採取觀望態度，正視宗教教育，似乎還有段時間。

這確是我有生以來，第一次害大病和重病，一病一個月，一痛半個多月不止，連續不斷地如針刺如刀絞。我

也第一回住進了醫院，而且連住兩所，先以西醫控制病
況，再以中醫清除病毒。

　　當我經過這場大病，始覺得已經老了。我們的四大色
身，本由業力感得的業報果，不一定有病方有苦，當我
害了這場病，始深深體會到，應該如何平心靜氣地來接
受苦報，同時也使我更深一層地體認到眾生所造業力的
可怕。所以，這一場病，對我而言，是一種收穫，不是
損失。（〈初遊新加坡〉，《悼念·遊化》，法鼓全集3輯7冊，
法鼓文化，頁201-213）

十月十日，於禪坐會開示「自力與他力」，探討禪與淨土
　　之間問題。以永明延壽〈禪淨四料簡歌〉作結。（〈自
　　力與他力——禪與淨土〉，《禪的生活》，法鼓全集4輯4冊，
　　法鼓文化，頁65-72）

十月十七日，於禪坐會開示「絕處逢生」。（〈絕處逢生〉，
　　《人生》，27期，1985年11月15日，版4；今收《拈花微笑》，
　　法鼓全集4輯5冊，法鼓文化，頁178-183）

十月二十四日，於禪坐會開示「狹路相逢」。（〈狹路相逢〉，
　　《人生》，23期，1985年7月15日，版4；今收《拈花微笑》，
　　法鼓全集4輯5冊，法鼓文化，頁169-177）

十月三十一日，於禪坐會開示「宗通與說通——禪與教」，

指出：禪教不分流，經教與修行方法必須相依。（〈宗
通與說通——禪與教〉，《人生》，17 期，1985 年 1 月 15 日，
版 4；今收《禪的生活》，法鼓全集 4 輯 4 冊，法鼓文化，頁
73-81）

十一月七日，於禪坐會開示「道不在坐」。（〈道不在坐〉，
《人生》，18 期，1985 年 2 月 15 日，版 4；今收《禪的生活》，
法鼓全集 4 輯 4 冊，法鼓文化，頁 206-217）

十一月十二日，偕同副所長成一法師率領中華學術院佛研
所全體師生參訪汐止慈航堂、基隆法王寺、聖明寺，
下午經野柳、金山、淡水回臺北。

同日，為蔡運辰念生居士新作《二十五種藏經目錄對
照考釋》撰序。蔡居士為一九五五年東初老人發起影
印《大藏經》之重要推動者。影印《大正藏》後，出
任「修訂中華大藏經會」總編審，編有《三十一種藏
經目錄對照表解》，後又撰成此著。經法師助成出版。
法師推許此作精細審慎，為我國藏經目錄學史之創舉。
（〈序蔡念生長者《二十五種藏經目錄對照考釋》〉，《書序》，
法鼓全集 3 輯 5 冊，法鼓文化，頁 23-27）

十一月十五日，於《人生》發表〈宗教教育之我見〉。近
日新加坡政府將宗教課程列入中學教育，而歐美日本

等先進國家亦莫不重視宗教教育，因籲請重視並及早
規畫。

我國早有儒、佛二教道德教育的標準，但在近世科技
文明的衝擊下，被弱化了、破壞了，精神失去了依歸及
指導。如今我們要維繫人心，重振道德，必須將儒家道
德教育及宗教教育列為國民教育的重心之一，

（一）政府的國民教育之中，在受完九年的義務教育
之時，必須已經選修了儒家道德教育，或任一傳統宗教
的教義課程，俾使全民生活於道德教育的軌範之內。

（二）政府鼓勵各大學，除了開授宗教研究的課程之
外，並設立宗教科系及宗教學院，以資培養高級的宗教
學術人才，以提高我國國際的學術地位。

（三）輔導各宗教教會團體所辦的宗教學院，朝著學
術研究及宗教師養成的兩個方向進行。均應由政府納入
國家教育的輔導及監督的範圍。

一方面注重宗教的學術研究，另一方面成全宗教道德
教育的普及。（〈宗教教育之我見〉，《人生》，2 期，
1982 年 11 月 15 日，版 1，講詞今收《明日的佛教》，法鼓
全集 5 輯 6 冊，法鼓文化，頁 11-13）

同日，中華學術院佛研所召開七十一年度年會，出席
者為該所師生及理事、護法委員，共八十餘人。法師
於年會中報告教育、研究之方針及未來計畫。

教育方面已有兩期的碩士班研究生計十六名；研究方

面則集合海內外佛學者所寫研究的成果，每年出版一期三十多萬言的《華岡佛學學報》。研究所以研究中國佛學、培植研究人才為主，故特別著重中文、梵文、藏文與英、日語文教學，以培養研究生之研究潛力。純以培植人才為主。

未來計畫：（一）更改學制：現尚屬乙種研究所，將來俟政府宗教教育有所更輒，將爭取改制為甲種研究所。（二）增購圖書：由於佛研所重視外文教育，今後採購圖書將兼及英文、日文、藏文等書籍。（三）提高獎助學金額增加招生名額。（四）拓展國際師生交換與出版物之交流工作。（〈中華學術院佛學研究所於華岡敬業堂召開年會〉，《人生》，2 期，1982 年 11 月 15 日，版 1）

十一月十六日，赴美。於東初禪寺固定課程有：星期日講《圓覺經》，星期三講「禪宗諸祖」，星期四講「唯識學」。（〈中國佛法廣受西方人士歡迎　聖嚴法師處處講學主持禪七〉，《人生》，4 期，1983 年 3 月 15 日，版 1）

十一月二十二日，應邀赴紐約大學（New York University）演講，由契爾可斯基（Peter Chelkowski）博士主持，講題為「禪與神祕主義」。（同上）

十一月二十四日至十二月一日，於東初禪寺主持在美第二十期禪七。（同上）

十二月六日，應于君方博士邀請，於羅特格斯大學演講「坐禪的次第」。（同上）

十二月八日，應邀於新社會研究學院講演，由法眼教授（Prof Bup-An）主持，講題為「中國禪宗的演變」。（同上）

十二月十二日、十九日，接受紐約世界電台《精神世界》廣播節目主持人海克遜博士訪問，題為「佛心與佛國」、「無我的層次」。（同上）

十二月十七日，接受高夫基金會（Calfh Foundation）邀請，主持「私心及自我中心」座談會。基金會會員，多係有興趣於精神問題之學者詩人及藝術家，當晚出席者六十多位。（同上）

十二月二十二日，撰成〈淨土思想之考察〉，刊於翌年七月出版之《華岡佛學學報》第六期。

近來因有消業往生或帶業往生彌陀淨土之異說，且淨土思想之層次分類，少有詳細分析介紹，法師因有〈淨土思想之考察〉此作。說明淨土有他方淨土、唯心淨土、人間淨土，而肯定世尊之出現實為淨化此土，因歸重於人間淨土。

在淨土的層次之中，人間淨土最為脆弱，但卻是最為親切和基礎的起點。佛在人間成佛，所以佛法的終極雖是究竟的淨土，人間成佛的釋迦佛，工作的重心乃在人間，而且處處強調，六道之中，唯人是修道之正器。佛法極重視人身本位的修行，人身難得，佛法難遇。正因為人身難得，便應好好地運用短促的身命，好好地修行。人間淨土的完成，即是使用此一短暫的色身，修行善法，解脫生死，故有「此身不向今生度，更向何生度此身」之句，若能人人珍視人身的獲得，並及時努力，修行善法，人間淨土，便會在此世界出現。（〈淨土思想之考察〉，《學術論考》，法鼓全集3輯1冊，法鼓文化，頁148-149）

十二月二十五日至翌年一月一日，於東初禪寺主持在美第二十一期禪七。今起禪七開示以〈永嘉證道歌〉為教材，後經三年講畢，集為 *The Sword of Wisdom*（《智慧之劍》）。

法鼓出版社（Dharma Drum Publications）今年在美國東初禪寺成立，以出版法師之英文著作為主。

英文著作 *Getting the Buddha Mind*（《佛心眾生心》）在美國，由法鼓出版社出版。此書以法師系列性演講、禪七開示為主，並選載弟子禪七心得報告。主旨係根據宏智正覺〈默照銘〉及憨山大師〈觀心銘〉，講解

禪法之修行及體驗，重視方法及階次說明。特色在不
談開悟，而重在如何改變氣質、昇華心靈、以及將禪
修應用到日常生活中。法師〈序〉云：

　我來美國之後，講過許多不同的主題，對於美國的聽
眾，多少均有用處。我的弟子和學生們，認為在所有的
主題之中，關於禪七以及禪七的效果，最具特色，所以
本書的編者，從我五年多來的講稿之中，選取了與禪七
有關的文章，重新組織，編輯成書。（〈《佛心》自序〉，
《書序》，法鼓全集 3 輯 5 冊，法鼓文化，頁 202）

民國七十二年／西元一九八三年

聖嚴法師五十四歲

一月一日，在美撰函致農禪寺諸弟子，教導佛法修學層次為：「安心於道、安心於事、安心於名利」；然勉勵出家弟子修學次第須著重於「事」，庶不致於落空。

初出家者當以生活威儀及課誦的熟習為首務。其次為生活環境的整潔，再次為禪坐，最後始為教義的鑽研。若尚有餘力，可用少分時間旁涉世間文藝學術。切不可將此順序，輕重倒置。

上焉者安心於道，中焉者安心於事，下焉者安心於名利。能安於事者，必也接近於道，故於歷代高僧傳中列有「興福」之編，蓋彼等欲成其佛教事業，必有可資取信於人之處，方能集資成事，若不修德或苦心勵志，豈能感化他人，以助成其事哉！至於以道安心者，乃於戒定慧學，已得修證經驗，信心堅固而願力特勝之士，非初學者所能企及。故得以聖賢安心於道者自期，斷不可以安心於道者自詡。（〈致農禪寺諸弟子〉，《教育・文化・文學》，法鼓全集 3 輯 3 冊，法鼓文化，頁 207-208）

一月十五日，撰〈新聞媒體對佛教的報導〉，寄望媒體報導佛教消息時，能改變過去隱善揚惡之偏頗，以促進社會正面發展。（〈新聞媒體對佛教的報導〉，《人生》，

3 期，1983 年 1 月 15 日，版 1：今收《明日的佛教》，法鼓
全集 5 輯 6 冊，法鼓文化，頁 14-15）

一月二十二日及二十三日，應那桑梅候研究室（The Nathan Mayhew Seminars）邀請，赴麻州海外一島嶼瑪莎葡萄園島（Martha's Vineyard）作系列禪學講演及坐禪訓練指導。

該地首次有中國比丘到達，第一次佛法來臨。參加者，
為島上行政人員、藝術家及教員等。在十小時的課程中，
法師將禪的理論、歷史及修行方法作系統的介紹，並指
導實際靜坐修持。（〈中國佛法廣受西方人士歡迎　聖嚴法
師處處講學主持禪七〉，《人生》，4 期，1983 年 3 月 15 日，
版 1）

二月一日，返臺。

二月十六日，農曆初四，於文化館舉行諸山長老新春團拜。此活動係由東初長老提倡，施行多年，經法師多次爭取，於開辦二十年後輪回文化館主辦。出席長老有白聖長老、樂觀長老等多位大德。

這次團拜，不唯是多年來文化館的殊榮，也是佛教界
的一次勝會。白老人抱病而來，樂觀長老、盛雲長老，
乃至南部的星雲法師、中部的聖印法師，北部的諸剎長
老大德法師，如戒德、默如、佛聲、顯明、成一、雲霞、

了中、真華、妙湛、淨良、蓮航、廣元、寬裕等長老法
師，聚集於一堂的盛況是並不多見的。（〈白聖長老八秩
壽慶〉，《評介・勵行》，法鼓全集 3 輯 6 冊，法鼓文化，
頁 105）

二月十八日至二十四日，於農禪寺主持禪七。（〈聖嚴法師
返國　舉辦禪七演講〉，《人生》，3 期，1983 年 1 月 15 日，
版 1）

二月二十四日，於農禪寺禪坐會開示「新與舊」。（〈新與
舊〉，《人生》，30 期，1986 年 2 月 15 日，版 4；今收《拈
花微笑》，法鼓全集 4 輯 5 冊，法鼓文化，頁 57-66）

三月三日、四日，應邀赴高雄演講。此係由高雄女青商會
主辦，並由高雄市政府、高雄市立圖書館、宏法寺慈
恩婦女會、佛教堂婦女會、慈惠婦女會等協辦。講演
於高雄市立圖書館中興堂舉行，多位長老如月基、真
華等法師蒞臨會場，星雲法師亦特從彰化趕回，為法
師作介紹，語多推崇。演講題目為「佛教對福壽康寧
的看法」。

　　有些佛教徒，忘卻了人的立場，而僅努力地去為鬼道
及旁生作佛事，這就不正確了。釋迦牟尼佛以人的身相，
在人間成佛，又在人間教化人類，此皆一再表明佛法是
以人為主體，以人類為其主要對象。若要宣揚佛法，首

先要肯定佛法的推行，對人間社會有哪些效益。以佛法
推行發展社會教育，來淨化人心，改善社會風氣。（〈佛
教對福壽康寧的看法〉，《神通與人通》，法鼓全集 3 輯 2 冊，
法鼓文化，頁 264）

　　此次蒞高雄，由宏法寺開證長老及傳燈法師熱列招待。
講演期間，拜會高雄地區諸山長老，如：隆泉寺隆道長
老、元亨寺菩妙長老、棲霞精舍月基長老、鳳山佛教蓮
社煮雲法師、佛光山星雲法師、法興寺聖雄法師、壽山
寺慈惠法師，及玄光寺、高雄佛教堂。（〈聖嚴法師高雄
臺南作大獅吼〉，《人生》，5 期，1983 年 5 月 15 口，版 1）

三月五日，由高雄轉往臺南，主持五日及六日晚專題演講。
此為法師第四度至臺南講演。本次由臺南成功國際青
商會主辦、福田功德會、臺南佛教慈恩婦女會、臺南
佛教蓮社、光明護法會、光澤婦女會、福國寺青年會
等協辦，於臺南市中正圖書館育樂堂舉行。講題為：
「人間淨土與佛國淨土」。內容係根據去年撰成之研
究論文〈淨土思想之考察〉，作通俗介紹。（文見〈人
間淨土與佛國淨土〉，《菩提樹》，366 期，1983 年 5 月；〈淨
土思想之考察〉刊於《華岡佛學學報》，6 期，1983 年 7 月，
頁 5-48；另參見：〈當人心沒有疆界的時候〉，果祥，《菩
提樹》，365 期，1983 年 4 月）

期間，由主辦單位安排拜訪竹溪寺然妙長老、妙心寺、

佛教蓮社、彌陀寺、龍山寺、湛然寺、法華寺。並至
臺南歸仁鄉善化寺參加各界聯合餐會。（〈聖嚴法師高
雄臺南作大獅吼〉，《人生》，5 期，1983 年 5 月 15 日，版 1）

三月七日，率文化館寺眾二十餘人蒞嘉義香光尼眾佛學院，
勉勵學僧把握既有福報用功向學。

三月八日，於文化大學哲學研究所講授一學期「華嚴五
教章」課程。（〈中華佛學研究所大事紀〉，《中華佛
學研究所》，網址：http://www.chibs.edu.tw/ch_html/index_
ch00_0306.html）

三月九日，日本孝道教團統理岡野正貫、副統理岡野鄰子
夫婦至文化大學接受名譽哲學博士學位，同時舉行宗
教與道德討論會。法師主持討論會，並演講「佛教與
孝道思想」，提出做人為成佛根本之人間佛教宗旨。
　　一個佛教徒的目標是成佛，成佛以前，所走的路稱為
「菩薩道」；如果一個行菩薩道的菩薩而不能孝順父母，
那便是笑話了。所以佛教徒的根本目標是要成佛，但其
開始，是從一個普通正常人開始；要做一個正常、普通、
標準的人，首先便要從孝順父母開始。佛教不管是在中
國也好，在日本也好，最高的目標是成佛，大家都不會
否認。可是，成佛以前，要「從一個標準的人開始」這
個問題，很多人卻都忽略了。所以近代中國的佛教界，

有一位高僧太虛大師，他發現了晚近中國佛教的偏失，故強調並主張「人間的佛教」，也就是佛教應該是從人開始的；人完成了以後，才能夠成佛。太虛大師的主張，為我們中國的佛教帶來新的希望和新的氣象。我的先師東初老人也是一樣，他是太虛大師的學生；在他來臺以後，從民國三十八年起，即創辦《人生》雜誌，鼓吹人生佛教，一直到現在，我還繼續在出版，那就是以推展人生佛教和人間佛教的目標與宗旨，作為我們努力的方針。（〈佛教的孝道精神〉，《神通與人通》，法鼓全集3輯2冊，法鼓文化，頁245-246）

三月十三日，於農禪寺禪坐會開示「時空與生命」。（〈時空與生命〉，《禪的生活》，法鼓全集4輯4冊，法鼓文化，頁9-24）

三月十五日，於《人生》月刊發表〈慈濟・文化・修持〉，以此為佛教救世利人之三大要務。

慈濟、文化、修持為佛教救世利人的三大要務，此三者應如環扣相連，循行無盡，不可有所偏廢。慈濟是安定社會的基礎，文化是淨化社會的工具，而修行是超越世俗的羽翼，站在佛教本身的立場來說，除了積極推動慈濟工作之外，亦當兼顧佛教文化的發揚及佛法修持的實證，否則便要失卻佛法化世出俗的特點了。（〈慈濟・文化・修持〉，《人生》，4期，1983年3月15日，版1，

今收《明日的佛教》，法鼓全集 5 輯 6 冊，法鼓文化，頁 16-18）

三月二十日，於農禪寺禪坐會開示「本與末」。（〈本與末〉，《人生》，5 期，1983 年 5 月 15 日，版 4；今收《禪的生活》，法鼓全集 4 輯 4 冊，法鼓文化，頁 106-115）

三月二十八日至四月四日，由北投春暉印經會贊助，於農禪寺舉行清明報恩佛七。每晚由法師開示修持法門。開示主題如下：

第一晚開示大眾應福慧雙修。第二晚開示念佛的四個層次：散心念、專心念、一心念、無心念。第三晚開示「信心」分為信佛的願力、信自己的努力。第四晚開示「願心」就是四弘誓願，無邊的眾生，宜由親及疏，自近到遠地來幫忙他們。第五晚講說煩惱無盡如何斷。第六天上午開示如何修習無量法門，自修只宜一門深入。第六天下午開示大悲深心。（〈農禪寺清明佛七〉，《人生》，5 期，1983 年 5 月 15 日，版 1）

福慧念佛會成立滿週年，經法師鼓勵，人數成長迅速。

農禪寺念佛會成立當初人數很少，我鼓勵大家帶人來念佛，希望他們發願在三年之中，每人要接引一百個人來念佛。一年後已經帶了三十多位來念佛的菩薩有很多，八十多位的也不少，超過一百位的只有一位，他是江元

燦菩薩。（〈念佛與助念〉，《法鼓》，94 期，1997 年 10
月 15 日，版 3）

四月一日，為劉國香居士新著《語體文譯大方廣圓覺經》
撰序。（〈序劉國香居士《語體文譯大方廣圓覺經》〉，《書
序》，法鼓全集 3 輯 5 冊，法鼓文化，頁 28-31）

四月十日，於農禪寺禪坐會開示「矛盾與統一」。（〈矛盾
與統一〉，《人生》，10 期，1984 年 3 月 15 日，版 4；今收
《禪的生活》，法鼓全集 4 輯 4 冊，法鼓文化，頁 46-54）

四月十二日起，禪訓練幹部班於農禪寺舉行，此為臺灣
首度開辦，培養修禪、教禪之助理人才，計有學員
三十四人。圓滿日，法師開示：教學相長，不能等到
修行成就才來度眾生。
　　學佛修行是不能離於慈悲度眾的，所謂教學相長，水
漲船高。中國佛教徒向來有一偏差的觀念，以為自己應
一心努力地修行，等修行成就後，再來度眾生，結果是
造成佛教與社會的隔閡和佛教衰頹的命運。（〈聖嚴法師
教授禪訓練幹部班〉，《人生》，5 期，1983 年 5 月 15 日，
版 1）

四月十五日，於《人生》月刊發表〈大眾的需要——佛法〉。
（〈大眾的需要——佛法〉，《人生》，5 期，1983 年 5 月 15 日，

版 1；今題為〈大眾需要佛法〉，收入《明日的佛教》，法鼓
全集 5 輯 6 冊，法鼓文化，頁 19-20）

四月十六日，假華嚴蓮社召開並主持佛研所臨時理事會議。

四月十七日，於農禪寺禪坐會開示「大與小」。（〈大與小〉，
《人生》，20 期，1985 年 4 月 15 日，版 2；今收《拈花微笑》，
法鼓全集 4 輯 5 冊，法鼓文化，頁 33-43）

四月二十四日，於農禪寺禪坐會開示「降魔」。（〈降魔〉，
《人生》，26 期，1985 年 10 月 15 日，版 4；今收《拈花微笑》，
法鼓全集 4 輯 5 冊，法鼓文化，頁 228-238）

四月二十八日，赴美。於東初禪寺固定課程有：每週日下
午講《圓覺經》，週三晚上講「禪宗諸祖的修證經驗」，
週四晚上講《中論》。（〈聖嚴法師前往紐約大轉法輪〉，
《人生》，6 期，1983 年 7 月 15 日，版 1）

五月十四日，美國佛教會沈家楨居士來訪，並致贈由該會
駐臺譯經院新出版之英譯《大寶積經》選譯本。

五月二十二日，佛誕紀念日，慶祝東初禪寺成立五週年、
佛像開光三年。（〈記紐約五彩繽紛的佛誕〉，《人生》，
6 期，1983 年 7 月 15 日，版 3）

上午浴佛儀式結束後，邀請西藏喇嘛格西樂藏宗斯貝爾（Geshe Lozang Jamspal）發表演說，講題為「修行者的生活」。（同上）

下午，法師講演「佛生在哪一天？」說明佛不是為了佛陀自己而有生日，是我們需要佛有生日來讓我們紀念，大家有機會接觸或接受佛法利益。（同上）

五月二十九日至六月五日，於東初禪寺主持禪七。本次禪七，每晚開示達摩祖師「二入四行」。（〈聖嚴法師前往紐約大轉法輪〉，《人生》，6期，1983年7月15日，版1）

五月，發表〈參話頭的兩種方法〉於《禪通訊》。（ "The Peaceful and the Forcefil Method", *Chan Newsletter, No.29*, May 1983）

六月三日，農禪寺第一期禪訓初級班開課，此係四月十二日禪訓幹部班之初步開展。（〈農禪寺禪訓初級班開始授課〉，《人生》，6期，1983年7月15日，版1）

六月五日，東初禪寺禪七結束。法師請禪七學員 Dr. Steven H. 敘述所曾參加過之希臘修道院情況。（〈人間仙境——希臘修道院〉，《人生》，7期，1983年9月15日，版3）

六月十一日，應邀於紐約美國佛教會大覺寺「世界和平祈
願法會」講演，題目為：「世界和平」；說明須先從
內心世界之和平，再擴及於身心所處的外在世界。

　　談和平不要將眼光先投向外在可見的世界，應始於個
人的方寸之內，其次才及個人的身心世界，再推展至身
心所處的外在世界，然後再及於十法界的眾生世界及十
方三世的諸佛世界。個人若不起煩惱，才能不影響其他
眾生；若每一眾生均能不以自己的煩惱去觸惱其他眾生，
無盡的煩惱便可斷盡了。故欲成佛，還是須先從調伏我
們的內心世界做起。（《禪的生活》，法鼓全集 4 輯 4 冊，
法鼓文化，頁 234）

六月十一日，接受紐約世界電台《精神世界》廣播節目主
持人海克遜博士訪問，主題為「無分別」。（"WBAI
Radio Interview Between Lex Hixon and Shin-fu", *Chan
Newsletter, No.34*, December 1983）

六月十二日，東初禪寺至羅蘭州立公園（Rockland State
Park）舉辦郊遊，法師於午餐後開示：「抉擇與感恩」。
（"News Items", *Chan Newsletter, No.30*, June 1983）

六月十四日，美國佛教會會長仁俊長老、臺灣《菩提樹》
雜誌發行人朱斐居士、沈家楨博士等一行人來訪東初
禪寺。（同上）

六月，發表〈參話頭的方法〉於《禪通訊》。（ "The Hua-
T'ou Method", *Chan Newsletter, No.30*, June 1983）

發表〈向燈刊百期致敬〉於《無盡燈》。（100 期，
1983 年 6 月）

七月一日至八日，於東初禪寺主持禪七。本次禪七開示四
祖道信〈入道安心要方便門〉。

七月十日，於東初禪寺禪坐會講「佛、眾生、無明」。
（Buddhas, Sentient Beings, and Ignorance, *Chan Newsletter,
No.31*, August 1983）

七月十三日，於東初禪寺主持週三禪訓特別課程，講解「四
念住」。

七月十五日，發表〈佛教學院需要統一的教科書〉於《人
生》月刊。呼應高雄開證法師主張，及早編定各佛學
院之統一教材。

　　課程方面，各學院間不能有協調統一的步驟，所以無
法培養出逐級升學的制度，也不易造就分類應用的人才。
若將各佛學院的學制統一，固然急需，首先編定一套分
級授課的佛學教科書，則尤為迫切。高雄開證法師的主
張，此項工作可由某一個乃至聯合數個佛學院及寺院，

以及有志於此的法師和居士們，著手蒐集各先進佛教教
育國家的學院、學校所用的佛教課本，甚至參考西洋神
學院等所訂的課業，配合我國佛教的實際狀況，邀請教
內長於著述的僧俗學者，舉行會議，擬定程序及寫作的
規格，分別計酬編寫出版。（〈佛教學院需要統一的教科
書〉，《人生》，6 期，1983 年 7 月 15 日，版 1；今收《明
日的佛教》，法鼓全集 5 輯 6 冊，法鼓文化，頁 21-22）
案：十五年後，（一九九八年）「兩岸佛學教育交流座
談會」舉行時，討論重點亦為教材統一問題。

七月二十四日，於東初禪寺禪坐會講「輪迴與涅槃」。

（"Samsara and Nirvana", *Chan Newsletter, No.32,* September
1983）

七月三十日，返臺。每週日於農禪寺講《維摩詰經》及禪坐會開示。另於中華學術院佛研所教授「中觀」及「比較宗教學」，於華嚴專宗學院講「戒律學綱要」。

（〈返
國三月不停蹄　聖嚴法師弘法忙〉，《人生》，8 期，1983
年 11 月 15 日，版 1）

七月三十一日，陽明山信用合作社捐贈中華學術院佛研所獎學金新臺幣四萬元整。

同日，佛研所出版之《華岡佛學學報》第六期發行。

副所長成一法師有〈序〉論及佛教界應自我加強關注
教育。

　　成一法師〈序〉：「我們教界，經常抱怨教育部不准
我們成立佛教大學，似乎是我們僧教育不夠好，教育部
應受其咎。平情說來，我們佛教界本身就未能確立僧教
育之制度。假如我們能嚴格地、認真地辦教育，必能產
生人才，有人才為憑藉，無論教育部承認與否，已屬無
關緊要了。我們的佛教教育最重要者是要得到社會、教
育部之尊重，而不是得到其承認。

　　因此，今天我們只問，我們的佛教教育是否足以使其
尊重？是否有足夠的人才作憑藉？」（《華岡佛學學報》，
6 期，臺北：中華學術院佛學研究所，1983 年 7 月，頁 1-3）

八月，中華學術院佛研所第三屆招生。所長聖嚴法師、副
　　所長成一法師、李志夫教授、孔維勤教授主持口試。
　　錄取學生計有釋淨薰、釋會清、釋開智、釋德釗、鄧
　　克銘、張昭仁、張坤儀。（〈中華學術院佛學研究所放榜〉，
　　《人生》，7 期，1983 年 9 月 15 日，版 1）

八月三日，於農禪寺觀音佛七圓滿日主持佛像開光及剃度
　　典禮。今年有果安、果寂兩位青年發願出家，由文化
　　館長老比丘尼錠心法師、鑑心法師擔任執剃法師。
　　（〈農禪寺聖暑舉行觀音佛七　圓滿日聖像開光及剃度禮〉，
　　《人生》，7 期，1983 年 9 月 15 日，版 1）

八月十四日，撰〈白聖長老八秩壽慶〉。（〈白聖長老八秩
　　壽慶〉，《評介・勵行》，法鼓全集 3 輯 6 冊，法鼓文化，
　　頁 101-105）

八月十七日至二十四日，於農禪寺主持第二十三期禪七。
　　（〈聖嚴法師返國弘法活動〉，《人生》，6 期，1983 年 7
　　月 15 日，版 1）

八月三十一日至九月三日，應邀赴日本，出席第三十一次
　　國際亞洲及北非人文科學聯合會議。法師為國際佛教
　　學會創始會員，應邀出席。我國佛教學術界另有曉雲
　　法師與會。（〈國際佛教學會在日本召開　聖嚴暨曉雲法師
　　應邀出席〉，《人生》，7 期，1983 年 9 月 15 日，版 1）

　　法師於大會發表論文〈明末的禪宗人物及其特色〉。
　　中國佛教經過異民族的元朝統治之後，即進入衰微
期，直到十六世紀中葉以下，始現復甦的氣象，禪宗亦
不例外。禪者們不僅重視修證經驗及生活的軌範，也重
視法派傳承的追索及討論。明末禪者，除了留下五十種
三八六卷禪籍的著述之外，也留下了六十五種二六九卷
對於經教所作的註釋等書。一度式微之後的明末禪宗，
雖仍有臨濟及曹洞二宗的門庭，卻有好多位大師級的禪
匠，不屬於任何一派。明末禪者的另一特色，則在於修
證實例、鍛鍊方法的編集與開示。本文依據十種禪宗的

燈錄史書及相關的語錄傳記等資料，列出明末清初的
一一七位禪者，詳加考查，分作八節寫成。（今收入《明
末佛教研究》第一章，法鼓全集 1 輯 1 冊，法鼓文化，頁 11-
93）

九月十日，於農禪寺禪坐會開示「老鼠入牛角」。（〈老鼠
入牛角〉，《人生》，11 期，1984 年 5 月 15 日，版 4；今收
《禪的生活》，法鼓全集 4 輯 4 冊，法鼓文化，頁 55-64）

同日，為王文顏博士《佛典漢譯之研究》撰序。（〈序
王文顏博士《佛典漢譯之研究》〉，《書序》，法鼓全集 3
輯 5 冊，法鼓文化，頁 32-35）

**九月十五日，撰〈國際佛教會議的前瞻及回顧〉，蓋於日
前赴日參加國際佛學會議，深感國際會議之重要。**

　　佛教自釋迦牟尼創教以來，即是國際性的宗教，尤其
在亞洲的國際文化交流中，無不是以佛教文化為骨幹而
彼此溝通的，故所謂亞洲的國際文化，除卻了佛教這主
幹，便顯得支離而脆弱了。

　　為了讓世人能更普遍地得到佛法的利益，應加強佛教
的國際活動。在中國首倡國際運動之端的為太虛大師。
太虛大師在民國十三年即於江西廬山召開「世界佛教聯
合會」，以後更以此會為基礎，發展成「東亞佛教大會」，
再成為「世界佛教友誼會」。

　　然而美中不足的是，我國國際佛教人才太少，尤其是語言能力不足，故能出席參加會議的人已不多，而能出席國際會議，用國際語文上台發言的機會則更少，此不僅出席國外召開的會議如此，在國內召開的國際佛學會議中亦復如此。

　　此次日本所召開的第三十一次亞洲及北非人文科學會議，包含了六大國際學會。由於是在日本召開，日本盡出其菁英，動員了全部人文科學範圍內的專家學者近千人，聲勢浩大，如此的胸襟氣魄，實值得我國佛教界的借鏡和學習。（〈國際佛教會議的前瞻及回顧〉，《人生》，7 期，1983 年 9 月 15 日，版 1；今收〈國際佛教會議的前瞻及回顧〉，《明日的佛教》，法鼓全集 5 輯 6 冊，法鼓文化，頁 23-24）

九月二十五日，於農禪寺禪坐會開示「事與心」。（〈事與心〉，《人生》，16 期，1984 年 12 月 15 日，版 4；今收《禪的生活》，法鼓全集 4 輯 4 冊，法鼓文化，頁 158-167）

九月，《評〈駁佛教與基督教的比較〉》再版。

十月二日，於農禪寺禪坐會開示「有與無」。（〈有與無〉，《人生》，39 期，1986 年 11 月 15 日，版 4；今收《拈花微笑》，法鼓全集 4 輯 5 冊，法鼓文化，頁 44-56）

十月九日，於農禪寺禪坐會開示「知與覺」。（〈知與覺〉，
　　《人生》，13 期，1984 年 9 月 15 日，版 4；今收《禪的生活》，
　　法鼓全集 4 輯 4 冊，法鼓文化，頁 138-149）

十月二十二日，假文化大學大忠館敬業堂召開中華學術院
　　佛研所本年度年會，共七十餘人參加。法師報告過去
　　一年教學情況和學生研究成果，同時提出下一年教學
　　計畫及經費預算。該所經費有限，經費來源，係賴文
　　化館及華嚴蓮社關係的信徒以理事及護法委員方式來
　　籌募。（〈文化擬設宗教學院〉，《人生》，8 期，1983 年
　　11 月 15 日，版 1）

十月二十三日，於臺北市國父紀念館演講「禪與現代人的
　　生活」。此次活動由文化館主辦，春暉印經會、法輪
　　講堂、普門文庫、大乘精舍共同發起，聽眾反應至為
　　熱烈。法師在臺灣主持大型演講為時甚早，三年前
　　（一九八一），即由蘇淑敏小姐促成，在臺南市舉行。
　　然在臺北之大型演講則此為首度舉辦。（講詞今收《禪
　　的生活》，法鼓全集 4 輯 4 冊，法鼓文化，頁 235-259；另參見：
　　〈大型演講〉，《金山有鑛》，法鼓全集 6 輯 4 冊，法鼓文化，
　　頁 25-27）

十月二十五日，偕同副所長成一法師率領中華學術院佛研
　　所全體師生，參訪桃園僑愛育幼院，午齋後至慈湖謁

陵，下午經石門水庫、大溪，返回臺北。（〈中華佛學
研究所大事紀〉，《中華佛學研究所》，網址：http://www.
chibs.edu.tw/ch_html/index_ch00_0306.html）

十月三十日，於農禪寺禪坐會開示「無有恐怖」。（《禪的
生活》，法鼓全集 4 輯 4 冊，法鼓文化，頁 194-205）

文化館為地盡其用，即起改建大樓，預定兩年之內完工。
所有活動及出版業務移至下院農禪寺舉行。（〈佛教文
化館、東初出版社　暫時遷址〉，《人生》，9 期，1984 年 1
月 15 日，版 1）

案：本次返臺（八月至十月），尚有多次弘法活動，確
切月日不詳，綜述如下：
應邀至中央大學講演「一個沒有題目的演講」。
應邀至十方大覺寺講演「如何求生淨土」。
應邀至靈山講堂講演「近代的日本佛教」。
應邀至法輪講堂講演《維摩詰經》。
應邀至文殊佛教文化中心講演「禪的依據」。
應邀至文殊佛教文化中心講演「禪的體驗」。
（〈返國三月不停蹄　聖嚴法師弘法忙〉，《人生》，8 期，
1983 年 11 月 15 日，版 1）

十一月一日，赴美。抵美後，每週於東初禪寺講解《大乘

起信論》及《圓覺經》。（〈紐約東初禪寺　授課講經禪
七〉，《人生》，9 期，1984 年 1 月 15 日，版 1）

十一月四日，浩霖法師於紐約唐人街創設之東禪寺舉行落
成儀式，到場觀禮者有五百多人。法師以及臺灣悟明
長老、香港超塵長老並皆與會。

十一月五日，接加州印海法師來電，獲知江蘇南通狼山消
息，因修書奉寄貫通師祖與剃度師蓮塘老人。告假
三十餘年，此為首度得知常住消息。（〈一、前言〉，《法
源血源》，法鼓全集 6 輯 2 冊，法鼓文化，頁 9）

十一月八日，凌晨，有夢境甚清晰，撰〈述夢〉記其事。
（〈附錄：述夢〉，《禪的生活》，法鼓全集 4 輯 4 冊，法
鼓文化，頁 288-294）

十一月十三日，應邀赴羅特格斯大學指導「禪的理論與實
踐」，為期一天計七節課。此為法師第四度受邀至該
校講說佛法，前三次僅演講，今則更有實際修行方法
之傳授。（〈聖嚴法師應美大學邀請　演講禪的思想及其方
法〉，《人生》，9 期，1984 年 1 月 15 日，版 1）

十一月十五日，近年來新興宗教發展快速，社會大眾頗有
混淆之者，因於本期《人生》社論發表〈誰是外道〉，

以明辨其間差別。（〈誰是外道〉，《人生》，8 期，1983
年 11 月 15 日，版 1；今收《明日的佛教》，法鼓全集 5 輯 6 冊，
法鼓文化，頁 25-27）

十一月十六日，應新社會研究學院韓籍教授邀，赴該校講
演「禪與無分別心」。先說明禪為頓悟法門、介紹初
期的禪與印度瑜伽，而後詳述中國禪宗無分別心之修
行方法。

（一）有分別與無分別方法並行使用者，如：達摩〈二
入四行〉、亡名〈息心銘〉、道信〈入道方便〉。

（二）由有分別心導入無分別心者，如：弘忍〈修心
要論〉、宗密〈禪源諸詮集都序〉。

（三）單用無分別心者，如：僧璨〈信心銘〉、惠能
《壇經》、馬祖、百丈、石頭等之〈語錄〉。（〈聖嚴法
師應美大學邀請　演講禪的思想及其方法〉，《人生》，9 期，
1984 年 1 月 15 日，版 1）

十一月十七日，應邀至哥倫比亞大學講演「禪與空」。該
校為禪學在歐美之發祥地。講綱如下：

（一）禪即是空，（二）空之四層次，（三）從實踐
而入禪之空，（四）禪的修行是從集中心的小我，經過
統一心而至無我。（同上）

十一月二十日，於東初禪寺開示「有目的與無目的」。

（"Thought with and without Purpose", *Chan Newsletter, No.35,* January 1984）

十一月二十五日至十二月二日，於東初禪寺舉辦感恩節禪
七。此為在美主持第二十二期禪七，以〈永嘉證道歌〉
開示指導。（〈紐約東初禪寺授課講經禪七〉，《人生》，
9 期，1984 年 1 月 15 日，版 1）

十二月四日，於東初禪寺開示「愛與欲」。（"Love and
Desire", *Chan Newsletter, No.36*, April 1984）

十二月二十四日起，於東初禪寺舉行耶誕假期禪七。此為
在美國舉辦之第二十三期禪七，續以〈永嘉證道歌〉
開示指導。（〈紐約東初禪寺授課講經禪七〉，《人生》，
9 期，1984 年 1 月 15 日，版 1）

十二月三十一日起，文化館暨春暉印經會，於文化館下院
農禪寺啟建彌陀法會七永日。第三日起，所有油燈皆
綻放出美麗燈花，並接連生出大小舍利子共一百八十
多顆。（〈彌陀佛七　四十八燈〉，《人生》，9 期，1984
年 1 月 15 日，版 1）

民國七十三年／西元一九八四年

聖嚴法師五十五歲

一月一日,於東初禪寺《圓覺經》講座,特就「發願」為題開示。（ "The Sutra of Complete Enlightenment: The Beginning", *Chan Magazine, Vol. 7, No. 4,* Fall 1987）

一月十五日,〈真假禪師〉發表於《人生》。（〈真假禪師〉,《人生》,9 期,1984 年 1 月 15 日,版 4,今收《禪的生活》,法鼓全輯 4 輯 4 冊,法鼓文化,頁 150-157）

一月二十日,返臺。

一月二十八日,文化館舉辦冬令救濟。此為該館成立二十八年來每年必定舉行之活動,而以今年金額最高。總計此次冬賑發放金額共五十三萬四千元。（〈冬令救濟成績斐然　文化館向十方敬謝〉,《人生》,10 期,1984 年 3 月 15 日,版 1）

二月七日,西德國家電台一行六人,由節目主持人貝格（Dr. Hans Walter Berg）博士率隊,在行政院新聞局祕書劉金鵬陪同下,訪問農禪寺,向法師請教大乘與小乘差別,並請教如何採訪臺灣佛教。（〈西德國家電視公司

來臺　現場訪錄聖嚴成一法師〉，《人生》，10 期，1984 年
3 月 15 日，版 1）

二月七日至十一日，法師應臺北市法輪講堂邀請，宣講《佛
　　說佛地經》。（〈聖嚴法師法輪講堂再轉法輪〉，《人生》，
　　10 期，1984 年 3 月 15 日，版 1）

二月十日，旅菲華僑劉梅生長者、旅美蔡惠寧居士、英國
　　比丘尼淨慈法師、西德比丘尼淨海法師，以及四位馬
　　來西亞比丘尼，至農禪寺訪問法師，請示修行法門及
　　打坐中種種身心反應之處理方法。另並請教無師自通
　　之新興宗教現象。（〈劉梅生長者暨外國比丘尼訪聖嚴法
　　師　請示修行法門〉，《人生》，10 期，1984 年 3 月 15 日，
　　版 1）

二月十一日，於中華學術院佛研所接待西德國家電視台節
　　目製作人貝格博士、祕書柯妮（Mrs. Koenig）、攝影
　　師巴努・謝爾（Fa. Banu Scher）、錄音師魯道夫・史
　　特勞斯（Rudolf Strauss）等一行六人，由行政院新聞
　　局祕書劉金鵬陪同來訪，並以研究所設備及全體師生
　　為主題採訪錄影。法師為所長，偕同副所長成一法師
　　以「人間淨土」為題，簡短演講。（〈西德國家電視公
　　司來臺　現場訪錄聖嚴成一法師〉，《人生》，10 期，1984
　　年 3 月 15 日，版 1）

二月十三日起，主持農禪寺第二十四期禪七。（〈聖嚴法師
返國弘法活動〉，《人生》，9 期，1984 年 1 月 15 日，版 1）

二月二十七日，於中國文化大學哲學研究所講授一學期「華
嚴五教章」課程。

三月一日，臺北市中國國民黨市黨部主任委員關中先生及
胡玫女士，由聖靈寺今能法師陪同，至農禪寺訪問法
師，討論佛法問題以及佛教對於社會淨化之貢獻。
（〈臺北市黨部關主委訪農禪寺〉，《人生》，11 期，1984
年 5 月 15 日，版 1）

三月十一日，於農禪寺禪坐會開示「疑心與疑情」。（《拈
花微笑》，法鼓全集 4 輯 5 冊，法鼓文化，頁 126-132）

三月十三日，蒙藏委員會劉緒端科長及明珠仁波切，陪同
近日返國參加會議之扎珠仁波切、桑尚仁波切、那旺
慈仁喇嘛、白馬夏巴喇嘛，蒞中華學術院佛研所訪問。
（〈學者暨西藏喇嘛訪文大佛研所暨北投農禪寺〉，《人生》，
11 期，1984 年 5 月 15 日，版 1）

三月十五日，發表〈大學院校成立宗教學系〉於《人生》
月刊。自去年十二月二十八日，立法院三讀通過新制
教育法規，各私立大學得設立宗教學系。法師呼籲多

年，終得實現，因撰文為誌，預見坦途。

　　在中國，宗教的正規教育一向被忽視，所以宗教師的
素質難以提高，不過，佛教自太虛大師倡導佛學院的教
育以來，還是成就了不少優秀的僧才。近數十年來，撐
持經營領導中國佛教的，便是這些人。但他們縱有深厚
的佛學基礎，卻沒有受過政府所承認的正規教育。今後，
既然宗教的高等教育受到政府的重視，高級佛教宣化人
才將會與日俱增。（〈大學院校成立宗教學院〉，《人生》，
10 期，1984 年 3 月 15 日，版 1；今收《明日的佛教》，法鼓
全集 5 輯 6 冊，法鼓文化，頁 28-29）

三月十七日，中華學術院佛研所第五屆第一次理事會，假
　　臺北市華嚴蓮社召開，由理事長陳植津先生主持。
　　法師報告：佛研所日受重視，並將申請正式立案，
　　七十三學年度停止招生一次，現有學生仍照常上課。

　　（一）由於《華岡佛學學報》及研究生的水準已經受
到國內外的重視，凡與佛教有關係及有興趣的國際學者
和貴賓，訪問臺灣時，都會主動要求，或經由政府機構
安排訪問該所。

　　（二）由於該所目標正確，經營適當，感動了一位隱
名善士，在理事會前夕，捐出一百萬元新臺幣，命名為
「大悲獎學基金」，以定期利息所得，用以提高該所的
獎學金額。

　　（三）因為該所即將向教育部申請成為正式立案的教

育機構,所以七十三學年度停止招生一次,現有的學生
照常上課。(〈佛研所召開理事會　隱名善士捐一百萬〉,
《人生》,11 期,1984 年 5 月 15 日,版 1)

三月十八日,於農禪寺禪坐會開示「鍛鍊心」。(《禪的生
活》,法鼓全集 4 輯 4 冊,法鼓文化,頁 168-174)

三月二十四日,美國禪師菲力浦・凱普樓(Philip
Kapleau)至農禪寺及中華學術院佛研所訪問。凱普樓
氏依止日本三位大德學禪,此次係由中國國民黨文工
會及行政院青年反共救國團邀請至臺灣訪問十天。至
農禪寺訪問為最後一天行程。

美國禪師凱普樓,出生於紐約州接鄰的康乃狄克州,
但他卻於一九五三年(四十一歲)到日本,依止發心寺
的原田祖岳禪師、原田的弟子太平寺的安谷白雲禪師,
以及龍澤寺的中川禪師,修學十二年之久。這是日本曹
洞宗系統而又運用臨濟宗方法的新禪宗,他將以上三人,
稱為禪門的三根支柱,而他的第一本關於禪修的著作,
便以 *The Three Pillars of Zen*(《禪門三柱》)命名。他
親近最久獲益最多的是安谷禪師。(〈他山之石──羅契
斯特禪中心訪問記〉,《悼念・遊化》,法鼓全集 3 輯 7 冊,
法鼓文化,頁 214-215)

臨別,凱普樓氏邀請法師返美時赴其「禪中心」訪問,

於是有今年十一月羅契斯特禪中心訪問之行。

近代中國禪法式微，西方人學禪均赴日本修學，凱普樓氏即其顯例，法師有感，因撰〈美國禪師來華尋根〉，祈願國內能多出現禪師。（〈美國禪師來華尋根〉，《人生》，11 期，1984 年 5 月 15 日，版 1；今收《明日的佛教》，法鼓全集 5 輯 6 冊，法鼓文化，頁 30-31）

三月二十五日，於農禪寺禪坐會開示「無心」。（〈無心〉，《人生》，15 期，1984 年 11 月 15 日，版 4；今收《禪的生活》，法鼓全集 4 輯 4 冊，法鼓文化，頁 175-183）

三月二十六日，為成一法師《慧日集新編》撰序。成一法師為「華嚴專宗學院」創辦人、華嚴蓮社住持，現亦擔任中華學術院佛研所副所長，助成法師之教育事業甚有力。（〈序成一法師《慧日集新編》〉，《書序》，法鼓全集 3 輯 5 冊，法鼓文化，頁 36-37）

三月二十八日至四月四日，農禪寺舉行清明報恩佛七。第一日起即發現有燈花舍利，至佛七圓滿為止共生成二百多顆。去年底彌陀佛七，亦感應有一百八十多顆燈花舍利生成。法師特針對此事開示「修行是本分事」，勉會眾平常面對。（〈修行是本分事〉，《人生》，11 期，1984 年 5 月 15 日，版 2）

四月八日，於農禪寺禪坐會開示「安心」。（《禪的生活》，
法鼓全集 4 輯 4 冊，法鼓文化，頁 184-193）

四月十四日，撰〈從佛教立場談今日的青少年問題〉，發
表於《菩提樹》雜誌。（《菩提樹》，378 期，1984 年 5
月 8 日，頁 12-13）

四月二十六日，赴美。

四月二十七日，接受哥倫比亞大學邀請，於東方文化中心
肯特廳演講：「從靜坐到禪」。分為三個層次，由靜坐、
習定而至參禪。

　　靜坐的目的在於使身體健康，心理平衡，一般人都需
要，也都可以做得到。習定的目的在於神祕經驗的開發，
有漏智慧的拓展，一般宗教均可到達此一境界。參禪的
目的則無視於神祕經驗的玄妙，而落實於現實的生活，
開發無漏的智慧。（〈聖嚴法師接受哥大邀請　演講從靜坐
到禪〉，《人生》，12 期，1984 年 7 月 15 日，版 1）

四月二十八日，續昨日，仍於哥倫比亞大學宗教學院舉行
初級禪修方法教授。（同上）

五月十三日，東初禪寺舉行二六〇八年佛誕紀念日，到有
中外信徒及來賓一百五十多人。浴佛之後，邀請薩迦

派的培門喇嘛專題演講：「學佛和忍耐」。午齋之後，
法師開示。因當日正逢母親節，因以「慶祝佛誕節和
母親節」為題，提醒大眾：生日為母難日，慶生之外
更要念恩。（〈東初禪寺暨農禪寺　同時舉行浴佛法會〉，
《人生》，12 期，1984 年 7 月 15 日，版 1）

五月十九日，為祝賀成一法師榮獲榮譽哲學博士學位，法
師專程自美趕回臺北。（〈東方大學盛讚成一法師　頒贈
榮譽哲學博士學位〉，《人生》，12 期，1984 年 7 月 15 日，
版 1）

五月二十四日，智光工商董事長中華學術院佛研所副所長
成一法師，獲得美國東方大學頒贈榮譽哲學博士學位。
頒贈典禮假臺北市中山堂舉行，東方大學校長普魯典
（Loe M. Pruden）親自來華主持，到有中外貴賓三百
多人觀禮。（同上）

會後舉行中西文化學術座談，國際天馬會創始人葉醉
白報告該會與宗教思想之呼應。道教四十六代天師張
源先，報告道教之國際發展，法師則以「東西方宗教
的匯流」為題交流分享。（〈東西方文化交流座談會　宗
教學術文化界大集合〉，《人生》，12 期，1984 年 7 月 15 日，
版 1）
　近世基督教的傳入，乃是第十六世紀開始，隨著西方

殖民主義的勢力而來，傳教士們抱著救濟落後民族的精神，把基督教的信仰及西方的科技文明，帶到了東方。他們為了達成傳教的目的，首先學習中國及印度的語文，並了解作為東方文化背景的宗教和哲學。所以也順便把東方的事物，透過他們利用歐洲語文寫成的記事報導，便是東方宗教被介紹至西方的萌芽時代。

目前的佛教在西方，以其傳播的根源而言，可分作：一、日本的禪與淨土，二、西藏的密教，三、南傳的小乘教，四、中國的通佛教。日本的禪及西藏的密，是以西方的白人為主要對象，日本的淨土及中國的通佛教，則以日僑與華僑為主要對象，乃是隨著移民到達北美的。近十多年來，始由沈家楨居士，投資大量金錢，鼓勵贊助各大學的佛學研究計畫，並有宣化法師及聖嚴本人，分別在美國的西部及東部，以禪法接引美國的知識分子，除了修行生活的實踐，也發行了英文的佛教書刊。陸寬昱、陳觀勝、張澄基、陳健民、顧法嚴等居士的英譯佛書，對中國佛教的傳播也有貢獻。

總之，佛教傳至西方，為時尚短，好在現代的歐美社會，在宗教上已無迫害異端的現象，並在觀念上渴求著新文化的引進，所以佛教將會在歐美文化中生根，是可斷言的。（《神通與人通》，法鼓全集 3 輯 2 冊，法鼓文化，頁 189-194）

五月二十五日，再度赴美。（〈聖嚴法師接受哥大邀請　演講

從靜坐到禪〉，《人生》，12 期，1984 年 7 月 15 日，版 1）

五月二十七日至六月十日，在東初禪寺第二十四期禪七，續以〈永嘉證道歌〉開示指導。（同上）

六月二十日，於東初禪寺禪修課程講授「四念處」。（〈四念處〉，《禪的世界》，法鼓全集 4 輯 8 冊，法鼓文化，頁 22-28）

六月二十四日，於東初禪寺講「禪病」。（《禪的體驗‧禪的開示》，法鼓全集 4 輯 3 冊，法鼓文化，頁 207-211）

六月二十九日至七月六日，於東初禪寺主持第二十五期禪七，續講〈永嘉證道歌〉。（〈聖嚴法師接受哥大邀請演講從靜坐到禪〉，《人生》，12 期，1984 年 7 月 15 日，版 1）

六月，《佛心眾生心》經馬來西亞繼程法師翻譯，由臺北東初出版社出版。此書上篇選譯自《佛心》第一卷，下篇則選自《禪雜誌》、《禪通訊》，均為法師對禪修之指導。

七月，《禪門驪珠集》由東初出版社出版。此書為法師詳讀五百卷禪者史傳及其語錄著述後，摘錄禪師行誼、修證體驗，及其對禪觀、禪境、禪之鍛鍊活用等看法，

編集成本書，用以介紹歷來傑出禪者修持過程及其實
證經驗，作為後進禪者龜鑑。〈序〉云：

　本書是以對禪觀及禪門修證之有具體事蹟記載的禪
者，為取材的對象，不論是禪宗以外，或禪宗門內的正
統派與旁出支流，凡有提供修行禪法之參考價值者，均
設法蒐集錄入。相反地，雖為禪宗重要祖師，卻沒有傳
記資料或修證事例可資集錄者，便將之省略。本書內容
所收諸禪師，自東晉迄現代，歷時一千五百五十年。本
書沒有宗派門戶之見，故未依照禪宗所重視的五家七宗，
正統旁出之説，為分類的篇次，而是以年代先後為原則。
（〈《禪門驪珠集》自序〉，《書序》，法鼓全集 3 輯 5 冊，
法鼓文化，頁 204）

七月八日，於東初禪寺講「拜師」。（《禪的體驗·禪的開示》，
　法鼓全集 4 輯 3 冊，法鼓文化，頁 212-216）

七月十五日，發表〈如何防止青少年犯罪〉於《人生》月
　刊社論。提出欲挽救社會風氣、防止青少年犯罪，本
　末兼顧的方法為：「加強佛教教義在社會教育方面的
　努力，同時也要把佛教的因果觀念普遍地帶進中小學
　生的心田，從根做起。」（〈如何防止青少年犯罪〉，《人
　生》，12 期，1984 年 7 月 15 日，版 1；今收《明日的佛教》，
　法鼓全集 5 輯 6 冊，法鼓文化，頁 32-33）

七月二十九日，於東初禪寺講「師徒之間」。（《禪的體驗・禪的開示》，法鼓全集 4 輯 3 冊，法鼓文化，頁 217-222）

七月三十一日，返臺。

八月三日，應臺北市大同扶輪社邀請，於臺北市希爾頓大飯店該會第二十四次例會中，以「從人的立場看佛法」為題演講，由該社社長蔡仲伯先生主持。（〈扶輪社暨臺北市黨部　邀聖嚴法師專題演講〉，《人生》，13 期，1984 年 9 月 15 日，版 1）

八月八日至十日，應邀於臺北市法輪講堂講《佛說盂蘭盆經》。（〈聖嚴法師主持法會　剃度青年隨佛出家〉，《人生》，13 期，1984 年 9 月 15 日，版 1）

八月十五日至二十二日，於農禪寺主持第二十五期禪七。（同上）

八月二十日，應邀於國民黨臺北市黨部委員會演講「利人就是利己」。（〈扶輪社暨臺北市黨部　邀聖嚴法師專題演講〉，《人生》，13 期，1984 年 9 月 15 日，版 1）

八月二十二日，應臺北市西北區扶輪社邀請，於臺北市希爾頓大飯店該會第一二三一次例會中，以「人生修養

的層次」為題演講，由該社社長曾銀金先生主持。法
師特別針對工商業界人士生活及修養所需，作深入淺
出介紹。（〈扶輪社暨臺北市黨部　邀聖嚴法師專題演講〉，
《人生》，13 期，1984 年 9 月 15 日，版 1）

八月二十六日，地藏菩薩聖誕日，於農禪寺主持剃度典禮，
　　三位青年求度出家，為取法名：果煜、果勤、果鏡。
　　典禮中開示：「出家無家處處家──勉新出家菩薩」。
（〈聖嚴法師主持法會　剃度青年隨佛出家〉，《人生》，
13 期，1984 年 9 月 15 日，版 1）

　　出家是割愛辭親，並不是拋棄父母，出家是離開了一
個家族之家，而進入一個將一切眾生視為眷屬的法界之
家，但仍然必須以今生的父母為主要度脫的對象。同時
佛也規定：「父母不同意，不得出家。出家後若父母無
人撫養，雖沿門托缽，也得奉養父母；而且在家時如不
孝順父母，也不得出家。」

　　一般人僅對一個家庭負責，出家人則要照顧到一切眾
生；寺院不是家，是修行的道場。出家是在道場裡修行，
同時以道場來接引有緣的人，幫助他們來修行。由於出
家既不容易，一旦出家，就要發長遠心，難行能行，難
忍能忍。

　　我是從來不願意隨便鼓勵人出家的，對出家弟子的要
求和選擇也非常地嚴格，如果他們心不清淨、動機不清
淨，背景不清淨，我不要他出家，否則出家本來為了斷

煩惱，結果反而增加煩惱，擾亂僧團，這是很可惜的。
所以真心出家者，一出家就是重新做人。諸位！「過去
種種譬如昨日死，未來種種譬如今日生。」（〈出家無家
處處家——勉新出家菩薩〉，《人生》，13 期，1984 年 9 月
15 日，版 1；今收《明日的佛教》，法鼓全集 5 輯 6 冊，法
鼓文化，頁 38-42）

**農曆七月有佛歡喜日及地藏菩薩聖誕，為佛教特別之月
份。特於《人生》發表專論〈超度的意義與供僧的功
德〉。**（〈超度的意義與供僧的功德〉，《人生》，13 期，
1984 年 9 月 15 日，版 1；今收《明日的佛教》，法鼓全集 5
輯 6 冊，法鼓文化，頁 34-37）

**即起，中華學術院佛研所於招生三年後，因多種因素停止
招生。**

　　中華學術院佛學研究所在連續招生三年之後，至
七十三年，便停止招生。原因之一是考慮將來若改制為
甲種研究所，則先前招收的學生必須補辦學籍，人數累
積太多了，消化上會有困難。原因之二是張其昀先生因
年老多病住院，不能主持校務。而外教的神學院又抨擊
中華學術院准許佛研所招生一事為不公平，向教育部反
應，請求禁止，教育部轉向文大提出警告。（〈明天會更
好〉，《人生》，26 期，1985 年 10 月 15 日，版 3）

比丘尼恆清法師，赴美威斯康辛大學攻讀多年，於今夏榮
　獲佛學博士學位，返國任教。並應邀於中華學術院佛
　研所開課。

九月二日，於臺北國父紀念館，以「禪與人生」為題演講。
　此次演講由文化館主辦，春暉印經會及臺北百齡獅子
　會協辦。此為法師第二度在國父紀念館舉行演講活動。
　（〈聖嚴法師演講特別報導〉，《人生》，13 期，1984 年 9
　月 15 日，版 1；今收《禪的生活》，法鼓全集 4 輯 4 冊，法
　鼓文化，頁 260-287）

九月八日，於農禪寺念佛會開示「千里共嬋娟」。（〈千里
　共嬋娟〉，《人生》，15 期，1984 年 11 月 15 日，版 2；今收《明
　日的佛教》，法鼓全集 5 輯 6 冊，法鼓文化，頁 48-50）

九月九日，於農禪寺禪坐會開示「善與惡」。（〈善與惡〉，
　《人生》，24 期，1985 年 8 月 15 日，版 4；今收《拈花微笑》，
　法鼓全集 4 輯 5 冊，法鼓文化，頁 77-87）

九月十日，中秋節，以「誰把月亮摘下來」於農禪寺與大
　眾開示感應問題。（〈誰把月亮摘下來──中秋夜談感應〉，
　《人生》，15 期，1984 年 11 月 15 日，版 1；今收《明日的佛教》，
　法鼓全集 5 輯 6 冊，法鼓文化，頁 43-47）

九月十六日，於農禪寺禪坐會開示「拈花微花」。（〈拈花微笑〉，《人生》，40 期，1986 年 12 月 15 日，版 4；今收《拈花微笑》，法鼓全集 4 輯 5 冊，法鼓文化，頁 184-192）

九月三十日，於農禪寺禪坐會開示「守一與守心」。（〈守一與守心〉，《人生》，28 期，1985 年 12 月 15 日，版 4；今收《拈花微笑》，法鼓全集 4 輯 5 冊，法鼓文化，頁 133-142）

《華岡佛學學報》第七期發行，法師發表論文為〈明末中國的禪宗人物及其特色〉。（《華岡佛學學報》，7 期，1984 年 9 月，頁 1-62；今題為〈明末的禪宗人物及其特色〉，收入《明末佛教研究》，法鼓全集 1 輯 1 冊，法鼓文化，頁 11-93）

十月七日，應高雄市生命線邀請，蒞高雄參加兩項活動。

上午，於老人活動中心參加「老人福利研討座談會」，由生命線理事長洪義直主持，高雄市社會局局長白秀雄及多位專家學者參加。晚上，於高雄市市立圖書館以「人生勁旅」為題，就中老年人精神生活講演。（〈高雄生命線系列講座 談中老年人精神生活〉，《人生》，15 期，1984 年 11 月 15 日，版 1）

十月九日，應忠孝語文中心同學會邀請，為即將赴日留學
　　同學講演「日本的宗教及其對於日本國之影響」。
　　（〈忠孝語文中心同學會上　聖嚴法師介紹日本宗教〉，《人
　　生》，15 期，1984 年 11 月 15 日，版 1）

十月十日至十五日，第一屆「佛教及印度文化國際會議」於
　　印度新德里召開，此為印度有始以來為復興印度文化，
　　首次以佛教為研究主題之學術大會，總理甘地夫人親
　　臨大會致歡迎詞。我國被邀請參加之學者有法師及曉
　　雲法師。法師原擬與會，然因事未能成行。（〈印度佛
　　教國際會議　甘地夫人致歡迎詞〉，《人生》，14 期，1984
　　年 10 月 15 日，版 1）

十月十四日，於農禪寺禪坐會開示「最上一層樓」，根據
　　《六祖壇經》及《景德傳燈錄》，介紹禪門中大乘法門、
　　頓悟入門、最上乘法三層次之戒定慧三學。（〈最上一
　　層樓──禪宗戒定慧的三個層次〉，《人生》，25 期，1985
　　年 9 月 15 日，版 4；今收《拈花微笑》，法鼓全集 4 輯 5 冊，
　　法鼓文化，頁 157-168）

十月十六日，應臺北世界新聞專科學校東方哲學社邀請，
　　於該校講演「生命的圓融」。此為連續三年第三度至
　　該校講演。（〈生命的圓融〉，《禪的世界》，法鼓全集 4
　　輯 8 冊，法鼓文化，頁 158-168）

十月十六日，講「指與月」於農禪寺禪坐會。（〈指與月〉，
《人生》，14期，1984年10月15日，版4；今收《禪的生活》，
法鼓全集4輯4冊，法鼓文化，頁127-137）

十月二十四、二十五日兩天，率僧俗弟子四十人參訪中壢
以迄苗栗八所寺院。包括桃園中壢市善超法師住持之
元化院、如悟法師之圓光寺、苗栗智道法師主持之淨
覺院、明賢法師主持之普光寺、達願法師主持之靈天
寺、鄧馮福弟居士主持之聖蓮精舍，及獅頭山普獻法
師主持之元光寺等。（〈農禪寺舉辦秋季參訪活動〉，《人
生》，15期，1984年11月15日，版1）

十月二十六日下午，由國民黨中央黨部社工會所組成之佛
教道教友誼訪問團，至農禪寺訪問。法師於會談中建
議其應支持宗教人才培育，以安定社會。

　政府對於有組織、公開化的宗教，應加強其宗教活動
的輔導。因為現今社會人心，宗教具有相當大的影響力，
若能將宗教活動導入正途；也就間接消弭了許多社會問
題，幫助了政治的安定。進一步更須重點性地鼓勵支持
宗教人才的培育，提昇宗教信仰及其內容的層次，避免
宗教流於迷信、盲動，甚至為少數政治野心分子所操縱
利用。（〈提昇宗教信仰層次　首重人才培育〉，《人生》，
15期，1984年11月15日，版1）

十月二十八日上午，中央研究院民族學研究所研究員兼行
　　為研究組主任瞿海源教授，為蒐集《臺灣通志》宗教
　　篇編輯資料，至農禪寺訪問法師。（〈中研院暨韓國教
　　授　訪聖嚴法師論佛教〉，《人生》，15 期，1984 年 11 月
　　15 日，版 1）

下午，赴美。

十一月一日，即日起，每週四於東初禪寺講《大乘起信
　　論》。（〈美國禪師嚮往中國禪風　首次邀請中國法師訪問〉，
　　《人生》，16 期，1984 年 12 月 15 日，版 1）

十一月四日，即日起，每週日於東初禪寺講《圓覺經》，
　　本次主題為：「日常修與密集修」。（同上；另參 "Daily
　　Practice and Intensive Practice", *Chan Newsletter, No.44*, March
　　1985）

十一月十一日，接受羅特格斯大學邀請，舉辦一日禪坐訓
　　練。（同上）

十一月十二日，接受美國禪師菲力浦・凱普樓邀請，前往
　　紐約州上州羅傑斯市凱氏主持之禪中心，作兩天兩夜
　　訪問。凱普樓氏今年三月曾至臺灣訪問農禪寺。此為
　　凱氏第一次邀請中國禪師訪問該中心。（〈美國禪師嚮

往中國禪風 首次邀請中國法師訪問〉,《人生》,16 期,
1984 年 12 月 15 日,版 1)

十一月十三日上午,由法師為該中心資深弟子三十多人,
主持座談會。晚上,舉行講演,有百餘人參加。講題
為「禪在美國、日本、中國的同異」。

凱普樓氏為日本禪宗系統之美籍禪師中,唯一主張素
食,並且嚮往中國禪風者。攝化甚廣,十多個「禪中
心」,遍布北美、中南美、歐洲,甚至波蘭、捷克斯
拉夫等地。(〈他山之石——羅契斯特禪中心訪問記〉,《悼
念·遊化》,法鼓全集 3 輯 7 冊,法鼓文化,頁 214-236)

十一月十四日,接受新社會研究學院韓籍教授法眼邀請,
於其「禪的修行」課程,作兩小時演講,題目為「禪
修的歷史及其層次」。將禪法,從次第禪觀到公案話
頭,從散心、集中心、統一心而至無心,作精簡介紹。
(〈聖嚴法師應邀演講〉,《人生》,16 期,1984 年 12 月 15 日,
版 1)

十一月十五日,接受哥倫比亞大學東方文化中心邀請,以
「頓悟與漸悟的意義」為題演講。以(一)何謂頓與
漸,(二)理論的頓與漸,(三)實踐的頓與漸,(四)
頓與漸的悟境差別等四個子題,闡述頓悟與漸悟精義。

（同上）

十一月十八日，為高雄宏法寺開證法師《慈恩集》撰序。
（〈序開證法師《慈恩集》〉，《書序》，法鼓全集 3 輯 5 冊，
法鼓文化，頁 38-40）

十一月二十三日至三十日，於東初禪寺主持在美第二十六
期禪七。即起四次禪七，皆以〈信心銘〉為開示教材，
開示錄日後經編集，題為 *Faith in Mind*（《心的詩偈》）
出版。

《禪雜誌》即起闢專欄 "Dharma View"（「法見」），
連載八年後集成 *Zen Wisdom*（《禪的智慧》）出版。

十二月，《禪的生活》由東初出版社出版。該書內容多為
農禪寺禪坐會開示以及公開演講講稿，取名如此，係
因主要思惟在將禪法精神，貼近現實人間實際生活。
〈自序〉云：

此書的內容，主要是將禪的精神，貼切著現實人間的
實際生活來講。一方面疏導人生的苦悶與無奈，並且指
出如何達成灑脫自在、積極進取的生活目標。另一方面
則分等介紹人生層面，鼓勵每一個人，都應從禪的修行
及體驗中，級級提昇身心世界的品質。所以對於一般的
禪修現象及其自處與處人的態度，作了分析式的說明。

此書特別注意到禪修及淨土行的會通，教理與實踐之間
的調和。因不希望禪與淨土同室操戈；亦不欲見法師跟
禪者兄弟鬩牆。（〈《禪的生活》自序〉，《書序》，法鼓
全集 3 輯 5 冊，法鼓文化，頁 208）

十二月四日，接受美國世界宗教研究院邀請，於紐約州立
大學石溪校區，由該校珍娜特嘉錯博士主持訪問，製
作《中國禪修》錄影帶。該院製作系列影帶，提供世
界各國圖書館，作為介紹禪修之視聽教材。前已製作
兩卷為訪問西藏喇嘛及錫蘭比丘。（〈世界宗教研究院
訪問聖嚴法師〉，《人生》，17 期，1985 年 1 月 15 日，版 1）

十二月十五日起，接受加拿大多倫多市四個佛教及學術團
體聯合邀請，訪問三天。（〈加拿大佛教及學術團體　邀
請聖嚴法師訪問三天〉，《人生》，17 期，1985 年 1 月 15 日，
版 1）

十二月十五日上午，至華埠悟德法師之大悲精舍，為其
五十多位信眾，開示「信佛必須學佛」。下午，由多
倫多大學佛學會迎接至該校醫學院大禮堂，作英語翻
譯講演：「處處是禪的現實生活」。活動由該校宗教
系主任理查・海斯（Richard Hayes）博士主持。晚上，
在加拿大最大道場湛山精舍，以七十五位英語社會人
士為對象，教授基本靜坐方法。（同上）

十二月十六日上午，接受當地僑報《醒華日報》總編輯彭
冊之先生訪問。下午，由湛山精舍住持性空法師主持，
於該寺大禮堂，以一百五十多位粵語聽眾為對象，講
演「有邊的世法與無邊的佛法」。晚上，仍假湛山精
舍大殿二樓，以粵語社會七十多位華僑為對象，舉辦
基礎靜坐法教授。（同上；講詞今題〈佛法無邊〉，收入《拈
花微笑》，法鼓全集 4 輯 5 冊，法鼓文化，頁 9-18）

十二月二十五日至明年一月一日，於東初禪寺主持在美第
二十七期禪七。（〈紐約禪修中心展開活動〉，《人生》，
16 期，1984 年 12 月 15 日，版 1）

十二月二十八日，陽明山信用合作社捐贈中華學術院佛研
所新臺幣四萬元獎學金。

十二月起，於東初禪寺週日下午課程講解《楞嚴經》。

民國七十四年／西元一九八五年

聖嚴法師五十六歲

一月七日下午，應紐約地區「大學宗教學研究會」邀請，
　　於哥倫比亞大學演講「禪佛教的基本理論及其實際修
　　行」。該會成員，係紐約市及紐約州十多所公私立大
　　學，擔任世界各種宗教課程之教師。（〈美大學宗教研
　　究會邀請聖嚴法師演講〉，《人生》，18 期，1985 年 2 月 15
　　日，版 1）

一月三十一日，〈明末中國的淨土教人物及其思想〉脫稿
　　於紐約。發表於今年十月出版之《華岡佛學學報》第
　　八期。「提要」云：
　　　淨土教在中國，自東晉迄明末，一千二百年之間，淨
　　土教的撰述之被收入《大正新修大藏經》及《卍續藏經》
　　中者，計七十七種一百七十三卷。而完成於明末一百年
　　間的，即有二十四種共七十一卷。本文依據史傳及與淨
　　土及禪有關的文獻，介紹其人物，探討其著述，研究其
　　思想，了解其實踐的方法及態度。明末淨土教的特色，
　　是在以《阿彌陀經》為中心的持名念佛法門之高揚，對
　　於「一心不亂」往生淨土之說的闡發，諸家皆給淨土教
　　以圓教大乘的地位。例如雲棲袾宏及袁宏道，係用華嚴
　　作會通，無盡傳燈及蕅益智旭，乃依天台為準則。諸家

各有出入，多半同以禪的立場為基礎。名為禪淨雙修，
而其主張各異。明末正統禪者之舉揚淨土者，僅得曹洞
系下的數人，其餘諸師，雖謂出於禪門而回歸淨土，實
則未嘗被正統的禪宗所承認。唯於明末之際，大師級的
佛教人物，均非出於正統的禪者，他們重視修持的方法，
以及方法所依據的理論之發揮，因之反而成了近世中國
佛教思潮的主流。（《華岡佛學學報》，8 期，1985 年 10 月，
頁 1-76；今題為〈第二章　明末的淨土教人物及其思想〉，
收入《明末佛教研究》，法鼓全集 1 輯 1 冊，法鼓文化，頁
94-200）

二月，俗家大姪兒張裕生來信，敘述俗家人事三十年之變
遷，以及狼山消息。離家三十餘年，音訊全無，此為
首封家書。（〈二、俗家姪兒的來信〉，《法源血源》，法
鼓全集 6 輯 2 冊，法鼓文化，頁 10-14）

二月上旬，返臺。

二月八日至十五日，主持農禪寺第二十六期禪七，開示僧
璨之〈信心銘〉。（〈聖嚴法師返國弘法消息〉，《人生》，
18 期，1985 年 2 月 15 日，版 1）

二月十七日起，每週日上午於農禪寺講解《維摩詰經》。
（〈聖嚴法師返國弘法消息〉，《人生》，18 期，1985 年 2

月 15 日，版 1）

下午，於農禪寺禪坐會開示「活路與絕路」。（〈活路
與絕路〉，《人生》，29 期，1986 年 1 月 15 日，版 4；今收
《拈花微笑》，法鼓全集 4 輯 5 冊，法鼓文化，頁 143-156）

三月三日，香港佛教青年協會一行三十多人，由香港中華
佛教圖書館主持人暢懷法師帶領，由臺北華藏圖書館
淨空法師陪同，蒞農禪寺訪問。（〈香港暢懷法師環島
暢遊 訪北投農禪寺賓主盡歡〉，《人生》，19 期，1985 年
3 月 15 日，版 1）

三月四日起一連五天，假農禪寺演講〈永嘉證道歌〉。為
首次在農禪寺舉行連續講經法會。（〈聖嚴法師開法筵
永嘉大師證道歌〉，《人生》，19 期，1985 年 3 月 15 日，
版 1）

三月七日，韓國東國大學佛學研究所所長李載昌博士蒞臨
中華學術院佛研所訪問。（〈中華佛學研究所大事紀〉，
《中華佛學研究所》，網址：http://www.chibs.edu.tw/ch_html/
index_ch00_0306.html）

三月十日，於農禪寺禪坐會開示「禪病療法」。因修行禪
定而得之病謂之禪病，可分為：四大五臟病、鬼魅病、

業障病。(〈禪病療法〉,《人生》,34期,1986年6月15日,版3;今收《拈花微笑》,法鼓全集4輯5冊,法鼓文化,頁239-247)

三月十五日,撰《人生》月刊社論:〈一則以喜・一則以憂〉,對臺灣佛教近年來之蓬勃發展深覺可喜,然需有所調整,否則不當之發展適為佛教之隱憂。佛教發展根本之道仍在出家眾之教育問題。

有些寺院,只知道迎合擴大傳戒法會的舉辦和觀光型態寺院的發展,競相於建築方面的努力,使得近十多年來,全省新建和重建的寺院急遽增加。而每年由傳戒法會所造就出來的比丘和比丘尼,大多數均未能繼續給予適當的教育和培養,故不能於原出家寺院安住。

由於師資的缺乏,雖剃度了徒眾,卻無法給予教育,雖想興辦佛教教育,卻沒有人才來主持其事,雖願做社會福利工作,卻力不從心。

多半的出家人,雖住在寺院裡,對佛教基本認識和修行的基本方法都不得而知,要他們來影響信眾成為正信的佛教徒怎麼可能呢?

我們今天的佛教,雖然有朝氣蓬勃的一面,然尚缺乏紮實的內涵,我們願意提出如此既歡喜又憂愁的看法,來和大家共勉勵。(〈一則以喜 一則以憂〉,《人生》,19期,1985年3月15日,版1;今收《明日的佛教》,法鼓全集5輯6冊,法鼓文化,頁51-55)

同日，臺北國際社區廣播電台（ICRT）主持人古力克
（Nicholas Gould）先生，由賴金光居士陪同，至農禪
寺訪問錄音，請法師以英語對國內之外籍人士介紹正
信佛教。（〈國際社區廣播電台　英語訪問聖嚴法師〉，《人
生》，20 期，1985 年 4 月 15 日，版 1）

三月十七日，於農禪寺禪坐會開示「生與死」。（〈生與死〉，
《人生》，33 期，1986 年 5 月 15 日，版 4；今收《拈花微笑》，
法鼓全集 4 輯 5 冊，法鼓文化，頁 67-76）

三月二十三日，應邀至臺北市大雄精舍演講「禪與生活」。
（〈電信訓練所暨大雄精舍　邀請聖嚴法師專題演講〉，《人
生》，20 期，1985 年 4 月 15 日，版 1）

三月二十四日至四月十四日，於農禪寺禪坐會開示〈四弘
誓願〉。（《四弘誓願講記》，法鼓全集 7 輯 4 冊之 1，法
鼓文化）

四月一日至八日，為農禪寺歷年例行佛七，因時間為清明
節前後，與習俗著重祭祖報恩相通，故名之為清明報
恩佛七。（〈清明報恩佛七念佛迴向〉，《人生》，20 期，
1985 年 4 月 15 日，版 1）

四月二日，於清明報恩佛七開示「報恩佛七的意義」，修

行為報恩,即報答三寶恩、國家恩、父母恩、眾生恩。
自述多病而不懈,為還「草鞋錢」、為報眾生恩。(〈報
恩佛七的義意〉,《人生》,45 期,1987 年 5 月 15 日,版
2;今收〈念佛與助念〉,《佛教入門》,法鼓全集 5 輯 1 冊,
法鼓文化,頁 259-262)

四月三日,應邀至交通部電信訓練所,以「佛教與中國文
化」為題演講。由該所所長電機學博士黃胤平主持介
紹,學員三百人出席聽講,係來自全國各地電信單位
之優秀幹部。(〈電信訓練所暨大雄精舍 邀請聖嚴法師專
題演講〉,《人生》,20 期,1985 年 4 月 15 日,版 1)

四月十五日,發表〈以出世精神做入世事業〉於《人生》
月刊。對山林佛教與世間佛教發展上之可能偏失,提
出對策:佛教教育、文化弘持、慈善事業,此三者應
平衡發展,庶不至為社會所排斥,亦能達成化世理想。
唯三者仍有正、助,本末之分。此文甚簡練,然具體
提出「人間佛教」之基本性格與應有之走向,亦見出
法師之基本立場與精神。

　　許多人對待佛教,通常有兩重標準。你如果是沉潛靜
修的山林佛教,他們說這樣等於逃避現實。你如果是走
入群眾的世間佛教,又很可能被譏諷為六根不淨。原因
是一般人的心理,既希望佛教是清高絕塵的,又期待著
佛教能給予世間人類實際的利益和救濟。以菩薩道的精

神來說，便是以「無我」出世的精神，做入世濟眾的事業。

一個健康、健全的宗教，必定是由內到外、由個人到團體、由精神到物質，各方面都能充分而均衡發展的。教育的目的，在自求完善；文化的目的，在廣化人群；慈濟的目的，在為現實的社會解決現實的困難。這三者，如鼎之三足，缺一不可。若不以佛法作為修持的依準，則文化和慈濟的發揚，頂多成就人天善法，若只側重自修自了，則苦難的眾生，將何以依怙？而佛教的生存，亦值得擔憂。若佛教對社會大眾在精神及物質上都吝於施予，縱然教內穩定，最後也會受到現實環境的遺棄而遭淘汰。

從個別看，各有各的可貴處，而從佛教的全體慧命而言，則必須彼此配合，注意平行發展，不可偏廢，方為自救救世之道。將來佛法的流存，既不能保守著孤芳自賞的山林佛教型態，也不能降低層次而僅僅從事於世俗的慈善事業。弘揚正法，是佛弟子的正行，慈濟工作是助行，如何本末兼顧而不顛倒，應是今後佛教徒們共同努力的目標了。（〈以出世精神做入世事業〉，《人生》，20 期，1985 年 4 月 15 日，版 1；今收《明日的佛教》，法鼓全集 5 輯 6 冊，法鼓文化，頁 56-60）

同日，應邀赴臺南演講。此次活動由臺南市政府、國民黨臺南市黨部、臺南市生命線協會、臺南市佛教會

暨龍山寺管理委員會等單位聯合邀請，於臺南市勞工休假中心大會議廳舉行，國民黨市黨部主委林武俊主持。法師以「談心」為題，從平常生活中的心、修行過程中的心、修行完成以後的心三個層次，闡述煩惱心、精進心與智慧心。（〈轉移社會風氣市長頭陀　加強淨化人心法師談心〉，《人生》，21 期，1985 年 5 月 15 日，版 1）

四月十六日，由臺南前往高雄。接受豐德教育慈善基金會邀請，於十六、十七日，在高雄市市立圖書館中興堂專題演講。兩晚題目為：「仁愛與慈悲」、「知識與智慧」，分別由市政府社會局副局長林金枝、佛光山星雲法師、高雄市佛教會理事長菩妙法師及宏法寺開證法師致詞介紹歡迎。（〈高雄弘法大會同霑法雨　佛教青年社團共襄盛舉〉，《人生》，21 期，1985 年 5 月 15 日，版 1）

四月二十日，中華學術院佛研所第六屆理事會，於臺北市華嚴蓮社召開，討論招生問題。法師表示：佛教高等教育不能停止。經理事會討論，決議遷所續辦，一切照舊且支持擴大推展。

　　由於中華學術院發生實際上的困難，佛研所暫時不能招生。因此於重建的北投中華佛教文化館，另外增設「中華佛學研究所」，課程照舊，課業未了的學生，也同時

移至新所繼續完成學分。全體理事會並一致通過，除保留原有的研究所外，並全力支持新設研究所的推展，仍然重視佛教語文，如梵文、巴利文、藏文的訓練，以及英文和日文的深造。同時著重於印度佛學和中國佛學兼顧。（〈佛研所遷新址　重視語文教育　中印佛學兼顧〉，《人生》，21 期，1985 年 5 月 15 日，版 1）

　　所長副所長一致表示，中華學術院的佛學研究所可以停止招生，但佛教的高深教育卻不能停止。因此，今七十四年秋季改以「中華佛學研究所」名義，向中國佛教會備案，繼續招考了新研究生七名。（〈明天會更好〉，《人生》，26 期，1985 年 10 月 15 日，版 3）

四月二十三日，學佛婦女社團「緣社」，計一百四十多位社員，由臺北市婦女會理事長周吳秋冬領隊至農禪寺訪問，法師並就其社團名稱以「因緣果法」為題開示。

　　同行的並有立法委員汪秀瑞女士，國大代表曾蟳女士、張寶樹夫人，中央婦工會專任委員周靜仙女士、慈暉協會理事長朱彥潤女士、「緣社」副召集人朱林萍女士及中央婦女工作會幹事王平蘭小姐等。除了參觀農禪寺各項設施及瞻仰舍利子外，並聆聽了聖嚴法師一小時半的演講。（〈佛教婦女社團訪北投農禪寺　請示因緣果法〉，《人生》，21 期，1985 年 5 月 15 日，版 1；講詞今收《拈花微笑》，法鼓全集 4 輯 5 冊，法鼓文化，頁 19-32）

五月二日,自臺北返回紐約。旋受邀至紐約州聖約翰大學
　　（St. John's University）講演「佛教的空」。另每週日
　　於東初禪寺講解《楞嚴經》。

五月十九日,於東初禪寺演講「佛陀的智慧與慈悲」。（〈紐
　　約禪中心慶祝佛誕〉,《人生》,22 期,1985 年 6 月 15 日,
　　版 1）

五月二十四日至三十一日,於東初禪寺主持在美第二十八
　　期禪七,開示僧璨之〈信心銘〉。

五月二十八日,撰成〈中國的維摩詰──龐居士〉。（〈中
　　國的維摩詰──龐居士〉,《拈花微笑》,法鼓全集 4 輯 5 冊,
　　法鼓文化,頁 259-275）

六月九日、十六日,於東初禪寺以連續兩週兩次開示「神
　　通力」。（ "Supernormal Powers", *Chan Newsletter, No.53-54,*
　　May-June 1985）

六月十五日,發表〈正信佛教與神祕經驗〉於《人生》月刊。
　　針對近日宗教界、社會大眾追求神祕經驗趨向,說明
　　正信佛教「從釋迦牟尼佛開始,就不主張追求身心的
　　神祕經驗,而勸人將身心落實在現實的生活裡,以正
　　常的生活方式調理我們的身心。」

神祕經驗雖然令人有新奇感、成就感和突破現實的超脫感，但是會有很多的副作用。神祕經驗是非常動人的，而且很可能是真的，但極少是出於自我努力所得所成。往往是瀰漫於時空之中的靈體，由於你的追求和嚮往，你就變成了他們的工具。

雖然這些靈體都叫人行善，也可能叫人看佛經，他們也用佛學名詞，但教人行善只是幌子，扭曲佛法是他們的特質。他們講任何經典，原文雖出於藏經，解釋則完全是離經叛道，教人走捷徑，這是違背因果的「有」，他們不以佛法解釋佛經，所以叫作外道。很可惜的，今天的佛教界不僅是在家居士，甚至不少出家的比丘、比丘尼都嚮往神祕和追求神祕。

神祕經驗有如水火，水能載舟亦能覆舟，火能熟食亦能焚身，但願善心學佛之士，不要讓火所焚，被水所溺。（〈正信佛教與神祕經驗〉，《人生》，22 期，1985 年 6 月 15 日，版 3；今收《明日的佛教》，法鼓全集 5 輯 6 冊，法鼓文化，頁 61-65）

六月二十八日至七月五日，於東初禪寺主持在美第二十九期禪七，開示僧璨之〈信心銘〉。

六月，接受哈佛大學日本研究所（Japan Institute Harvard University）邀請，參與 *Zen Inside Out: Contemporary Views*（《現代觀點的禪之內與外》）一書之撰寫。該

書邀集四位禪師及十多位教授共同執筆。法師受邀擔任禪修部分〈坐禪〉（TSO-CHAN）章之撰著。（〈聖嚴法師赴美弘化 受邀參加禪學撰著〉，《人生》，22 期，1985 年 6 月 15 日，版 1）

案：此應即肯尼士・克萊夫（Kenneth Kraft）所編，於一九八八年由美國格羅夫出版公司（Grove Press）出版之 *Zen: Tradition and Transition*（《禪的統與變遷》）（見《聖嚴法師學思歷程》，頁 203），法師所撰該文〈坐禪〉並於一九八八年十月刊於《中華佛學學報》第二期。

七月十五日，發表〈正視民間信仰問題〉於《人生》月刊。

在宗教活動自由的社會裡，民間信仰的存在，幾乎是無可避免的事，並也不可能要求它是純理性的，但過分地迷信神力，將導致人類自信心的喪失、道德的淪落，無形中降低民族素質的層面。（〈正視民間信仰問題〉，《人生》，23 期，1985 年 7 月 15 日，版 1；今收《明日的佛教》，法鼓全集 5 輯 6 冊，法鼓文化，頁 66-70）

八月，於北投中華佛教文化館創辦「中華佛學研究所」，招考第四屆研究生，以延續佛教高等教育事業。（〈中華佛學研究所招生〉，《人生》，25 期，1985 年 9 月 15 日，版 1）

法師有見於當前中國佛教界，佛學研究風氣不盛，無

法影響知識階層與開展佛教文化力量。然事實上，佛教含有高深博大的學術基礎和信仰價值，是以發願推展佛教高等教育事業。中華佛學研究所之教育宗旨為：

一、 發揚中華文化。

二、 提倡國際性的佛教學術研究。

三、 培植高水準的佛教教育及弘化人才。（〈世界佛教結合體的樞紐〉，《教育・文化・文學》，法鼓全集 3 輯 3 冊，法鼓文化，頁 203）

辦學精神及培育人才方式則在古代書院式和現代學院式之間。

依據我最早的構想，本所的精神和培育人才的方式是介於古代的書院式和現在的學院式。所謂書院式是特定的一班學生追隨一定的老師，從人格的陶養、知識的傳授，乃至於事業的開創均是一脈相承。所謂學院式則是由不同的老師擔任分科的課程，於一定的時段完成相當層次的教育。由於時代環境的變遷，我們無法再見到所謂書院式教育的維持，不同的課程必須由具備不同專門知識的老師來分別擔任。至於精神人格的陶冶，只好用全體老師和同學的向心力和共同的理念來形成和維持。（〈新春的慰勉——為中華佛學研究所全體同學、護法寫〉，《教育・文化・文學》，法鼓全集 3 輯 3 冊，法鼓文化，頁 179）

中華佛學研究所敦聘成一法師為導師,法師自任創辦人兼所長,並敦請李志夫教授任副所長。除所址遷至文化館,餘師資、課程以及研究生錄取標準,均一仍舊貫。本月二十六日,向中國佛教會申請備案。後年(一九八七)七月,獲教育部核准立案為乙種研究所,成為正式學術研究單位。

然中華學術院佛研所所長職遲至一九八七年春始告辭卸。

八月三日,返臺。

即起應聘為東吳大學哲學系教授。(〈補述一:一任清風送白雲──聖嚴老人自述〉,《歸程》,法鼓全集 6 輯 1 冊,法鼓文化,頁 233)

八月四日,繼程法師至農禪寺親近法師。繼程法師現任馬來西亞太平佛教會宗教顧問,佛青總會諮詢委員,為竺摩法師弟子。曾至文化館參加法師所主持禪七。此次代表大馬佛青總會,來臺參加佛光山召開之世界佛教青年學術會議發表論文,並至農禪寺親近法師。(〈繼程法師親近北投農禪寺〉,《人生》,24 期,1985 年 8 月 15 日,版 1)

八月七日至十一日，於農禪寺講解〈永嘉證道歌〉，由果
　祥法師擔任臺語翻譯。此係繼續今年三月之課程。
　（〈聖嚴法師返國　積極推動法務〉，《人生》，25期，
　1985年9月15日，版1）

八月七日，傳法馬來西亞繼程法師，為臨濟宗第五十八世
　傳承者，法名「傳顯見密」。繼程法師為法師第一位
　法子。
　案：繼程法師俗名周明添，一九五五年生於馬來西亞太
　平，一九七八年依止三慧講堂竺摩法師出家，法名繼程，
　號文錦，同年赴臺灣受具足戒。
　留臺期間，曾親近當代大德，如印順導師、星雲法師、
　懺雲法師、聖嚴法師、藍吉富老師與陳慧劍老師等。於
　聖嚴法師門下參加禪七時，體驗佛法，並承法師允許教
　導靜坐。
　法師返馬後，即活躍於大馬佛教界，並曾閉關一千日進
　修。出關後，更積極推動佛教弘法、教育工作及禪修課
　程。一九八五年赴臺親受聖嚴法師傳授禪宗法脈，賜
　法名傳顯見密，允許主持禪修密集課程。（參見：http://
　www.ccmati.com/index.php?option=com_content&view=article&
　id=4&Itemid=167&lang=zh〈繼程法師小檔〉；傳法時間據繼
　程法師所示函文。）

八月十五日，發表〈臺灣「香」須改良〉。（《人生》，24

期，1985 年 8 月 15 日，版 1；今收《明日的佛教》，法鼓全
集 5 輯 6 冊，法鼓文化，頁 71-73）

八月二十五日起，每週日於農禪寺講解《金剛經》。（〈星
期講經法會　啟講《金剛經》〉，《人生》，25 期，1985 年
9 月 15 日，版 1）

**八月二十六日至九月二日，於農禪寺主持第二十七期禪七，
有三十五人參加。**（〈聖嚴法師返國　積極推動法務〉，《人
生》，25 期，1985 年 9 月 15 日，版 1）

**八月二十七日，日本京都大學服部正明教授由臺灣大學哲
學系葉阿月教授、慧琳法師陪同蒞臨中華佛研所訪問。**

**九月九日，應邀於苗栗縣文化中心演講「圓滿和諧的生活
──禪」。**（〈聖嚴法師返國　積極推動法務〉，《人生》，
25 期，1985 年 9 月 15 日，版 1）

**九月十四日，農禪寺舉行剃度典禮，有五位青年發終身願
出家，依聖嚴法師為和尚，臺北市聖靈寺今能長老為
教授阿闍梨。文化館錠心、鑑心、果照三位比丘尼為
執剃阿闍梨，為果暉、果舫等五位青年剃度。法師開
示勉勵新出家菩薩要依師學佛，隨佛出家，要捨己為
眾生而出家，此為菩薩初發心。**（〈地藏菩薩誕辰日

五青年發心出家〉，《人生》，26 期，1985 年 10 月 15 日，
版 1）

九月二十二日，南下高雄縣大樹鄉，出席佛光山傳法大典。
　　星雲法師宣布退位，由弟子心平法師繼承臨濟正宗第
　　四十九代攝山分燈。當天到有諸山長老如靈根、雲霞、
　　聖印、聖開、菩妙、開證、淨行以及來自馬來西亞廣
　　餘等長老法師兩百多位，以及來自全國各地及海內外
　　信眾約萬餘人。臺北華嚴蓮社成一長老代表四眾致賀
　　詞。（〈佛光山星雲法師退位　心平法師開展新氣象〉，《人
　　生》，26 期，1985 年 10 月 15 日，版 1）

九月二十三日，赴臺中縣太平鄉，參加煮雲法師蓮華山清
　　涼寺動土典禮。（〈蓮華山上大雄寶殿動土　煮雲長老建
　　寺充滿信心〉，《人生》，26 期，1985 年 10 月 15 日，版 1）

　　佛光山星雲法師及蓮華山煮雲法師二位，昔於法師南
　　部山中靜修閉關時，曾多次連袂造訪，同榻論道，並
　　提供書籍研讀。二十餘年後，法師連日參加兩位法師
　　大事，深有感觸，撰〈佛光山與蓮華山〉讚歎。（《人
　　生》，26 期，1985 年 10 月 15 日，版 1）

　　同日，接受名堪輿學者李易濃居士邀請，參加其新建
　　風水祖師廟動土典禮。法師為唯一貴賓，並於典禮中

以「堪輿和佛法」為題,開示堪輿和佛法的關係。

　　風水是講究自然,人能順乎自然,就能放下自私的小我,和自然的大我合而為一,這正如儒家所說民胞物與的境地。道家講自然,就是堪輿中的風水。李居士的金丹派則更接近於佛法捨小我而成大我,並至無我間的一個層次。無我的本身就是自然的超脫,所以佛法不講究風水,而風水的極至卻通於佛法。(〈堪輿學者李易濃 邀聖嚴法師開示〉,《人生》,26 期,1985 年 10 月 15 日,版 1)

九月二十六日,接受花蓮生命線及花蓮佛教居士會邀請,於花蓮市花崗國中講演「禪與人生」。(〈聖嚴法師分赴花蓮中大 演講禪與人生空的哲理〉,《人生》,27 期,1985 年 11 月 15 日,版 1)

九月三十日,應邀錄製華視《慈濟世界》節目第一集〈人生的意義〉。(〈華視開播慈濟世界〉,《人生》,27 期,1985 年 11 月 15 日,版 1)

十月,《華岡佛學學報》第八期出版。佛研所教授李志夫承法師命撰〈序〉,敬悼文化大學創辦人張其昀曉峰先生。

　　自去年八月起,中華學術院佛研所停止招生,佛研所未來發展及各項業務亟思調整;後即於今年自創

中華佛學研究所。因亦另創《中華佛學學報》,自
一九八七年三月創刊發行。發行八期之《華岡佛學學
報》於此告一段落。

案:自一九六八年起至一九七三年,於張曼濤所長任內,
出版《華岡佛學學報》第一至第三期。法師自一九七八
年起接任所長,至一九八五年止,出版第四期至第八期。

**十月十三日,《學佛知津》由東初出版社出版。本書為《正
信的佛教》同時期之系列作品。〈自序〉云:**

這是一本新書,是從《佛教是什麼》、《佛教實用
法》、《瓔珞》的三本舊書中選輯而成。也就意味著這
是那三本書的精華。那三本書,分別出版於一九六四年
及一九六八年,那些文章,寫成於山中掩關及禁足期間。
由於當時的閱藏方向,著重於根本佛教或佛教原始面貌
的探究,多半的工夫,在於阿含部及律部,這使我對佛
陀化世的本懷及僧團生活的型態,把握到了源頭的景色,
以致嗣後當我涉及大小乘各宗派的思想之時,不再受一
宗一派的模式所限,卻能從各派的優勝處得到法益。它
們是我寫作《正信的佛教》的同時期產物,也是為了相
同的目的而寫,只是更加專題化、更加深入了而已。因
此,本書的選輯,可為讀過《正信的佛教》的緇素大德,
提供更多的佛教常識,名之為《學佛知律》。(〈自序〉,
《學佛知津》,法鼓全集 5 輯 4 冊,法鼓文化,頁 3-4)

十月十四日，青年作家林清玄夫婦及孫春華居士至農禪寺
　　參訪，並請法師開示。林居士擅長佛學散文寫作，曾
　　獲得吳三連文藝獎、金鼎獎等多項文學獎。（〈藝文人
　　士訪農禪寺〉，《人生》，27 期，1985 年 11 月 15 日，版 1）

十月十九日，中華佛研所於臺北市華嚴蓮社，召開七十四
　　學年度年會，由理事長陳植津居士及法師共同主持。
　　此為創辦「中華佛學研究所」後首次會議，與會人員
　　十分熱烈。會中討論如何籌措基金、獎學金，並加強
　　教育及學術推廣工作。並呼籲重視佛教高等教育，護
　　持佛教教育。

　　　成一法師說：「教界的善信都熱衷於塑像蓋廟，當然
　　是好事；培養更多的人才來主持佛教，尤其急需，而這
　　又是被許多人忽略的事。數年來，本所還能繼續維持，
　　而且日益進步，足以證明對興學育才的功德，也漸漸地
　　受到了重視。」（〈佛學研究所開理事會　為佛教前途熱烈
　　討論〉，《人生》，27 期，1985 年 11 月 15 日，版 1）
　　案：去年度捐款理事共有六十八位，護法委員共九十位，
　　獎學金及隨願捐助者共六十九位。共計得款一百七十八
　　萬元。總支出則為一百七十三萬元。

十月二十八日，接受中壢中央大學覺聲社邀請，赴該校講
　　演。活動由該校教授林崇安主持，校長余傳韜伉儷與
　　會聆聽。法師以「空的哲理」為題，詳細闡釋原始佛

教的空、部派佛教的空、般若龍樹的空、中國禪宗的
空。（〈聖嚴法師分赴花蓮中大　演講禪與人生空的哲理〉，
《人生》，27 期，1985 年 11 月 15 日，版 1）

十一月三日，赴美。於東初禪寺固定課程為：每週一晚《中
論》，週三、日晚禪訓特別班講石頭希遷禪師〈參同
契〉頌文，每週日白天講《楞嚴經》。

　　法師在美國講經的方式，除了解釋經文，並且依據經
文，逐段給予一個主題，再作切題的演講，比如標出「顯
與密」、「性欲與食欲」、「心與物」、「心的層次」、
「心與性」、「禪與定」、「主與客」、「變與不變」等。
因此，可將每一次演講單獨成篇，也可集各個單篇，乃
為連貫的一套講義。（〈東初禪寺推展法務　講授禪學指導
禪坐〉，《人生》，28 期，1985 年 12 月 15 日，版 1）

十一月十五日，於《人生》月刊發表〈佛教的印經事業〉。
臺灣從早期請閱佛典不易，至今日佛書普遍流通，固
屬不易，然舉日本佛教傳道協會出版品為借鏡，臺灣
印經事業應更求進步。（〈佛教的印經事業〉，《人生》，
27 期，1985 年 11 月 15 日，版 1；今收《明日的佛教》，法
鼓全集 5 輯 6 冊，法鼓文化，頁 74-77）

同日，應邀於紐約州曼哈頓維里學院講演「禪佛教」。

《禪與科學》由東初出版社再版發行。此書原名《佛教與
　佛學》，一九七九年由益友出版社出版。全書主題為
　現代人最好奇之「禪」，以及現代人不可或缺之「科
　學」，故改名出版。

十一月十九日，接受哥倫比亞大學邀請，於該校東方文化
　中心講演。講演會由該校宗教系博士候選人丹・史蒂
　文生主持。講題為「禪的基本認識」。大綱如下：
　　（一）禪的基本理論，即是因緣所生的一切現象，皆
　無永恆不變的自性，稱為緣生性空。
　　（二）禪的經驗，是擺脫了後天的一切知識經驗及推
　理等判斷，所見的實際世界。
　　（三）禪的目的，是使人從自我中心的束縛及困擾中，
　得到解脫，同時又將自己落實到現實世界中去。
　　（四）禪的訓練，是將迷失了生命和生活方向的人，
　用禪的修行方法，從散亂心到集中心，再從集中心到統
　一心，最後把統一心爆炸粉碎而進入無心階段，即稱為
　悟境的顯現。（〈美哥倫比亞大學　邀聖嚴法師演講〉，《人
　生》，28 期，1985 年 12 月 15 日，版 1）

十一月二十二日，應大河道教中心（Great River Taoist
　Center）邀請，舉行一場收費之全日禪修教學。該中
　心愛好東方文化，亦為華盛頓地區十七個佛教關係團
　體之一。（〈美華盛頓佛教社團嚮往禪修〉，《人生》，28 期，

1985 年 12 月 15 日，版 1）

法師講演主題為：「禪的四個觀點」，略云：

第一，禪其實沒有理論；如果我們將它理論化，那就不是禪了。禪不能用任何邏輯思惟來理解，也不能用語言文字來解釋。

第二，禪的經驗一定是直接、個人的，不可能透過教育或由邏輯推理中獲得。

第三，這樣的體驗有什麼好處呢？這便將我們帶入第三個部分：禪修的目的。禪修有很多利益——對自己，還有許許多多其他的人。這些利益可以從三個層面來看：首先，是身體上的利益，然後是心理的平衡和健康，最後則是開悟的潛能，也就是心靈層面的利益。

第四，禪的訓練和修行可以分成三個層次：一、從散心到集中心；第二、從集中心到統一心；最後，放下統一心達到無心。（ "Four Views of Chan", *Chan Newsletter* , *No.52*, February 1986；中譯見〈禪的四個觀點〉，《法鼓》，260-264 期，2011 年 8 月至 12 月，版 7）

十一月二十八日至十二月五日，於東初禪寺主持在美第三十期禪七。（〈東初禪寺冬季禪七〉，《人生》，29 期，1986 年 1 月 15 日，版 1）

十二月七日，應羅特格斯大學新勃朗士威克校區（Rutgers

University-New Brunswick）邀請，進行一整天六節課之「禪與修行」講授課程。由該校宗教學系、亞洲研究小組、靜坐學社等單位聯合主辦，于君方教授主持。（〈聖嚴法師大學講禪〉，《人生》，29 期，1986 年 1 月 15 日，版 1）

十二月十五日，針對近來有關出家人、在家人之工作與功能區分等討論，於《人生》月刊撰有〈確認僧眾的形象〉提出澄清，指出佛教形象寄託於僧寶，而出家人本即應該參與世務，不該遠離人間。

佛初度五比丘，經過第一個結夏安居之後，就囑咐他們分別到人間去遊化。一直到今天，真正佛教的建立和佛法的流傳，也不是靠阿蘭若比丘，而是靠人間比丘的力量。

期望出家的僧眾不要干涉、參與弘法事業的觀念是有偏頗的，僧事還是須僧管，三寶還是以僧寶為中心；僧團的一切事物，以及僧團和民間的接觸及教化工作，還是當由僧人去做。（〈確認僧眾的形像〉，《人生》，28 期，1985 年 12 月 15 日，版 1；今收《明日的佛教》，法鼓全集 5 輯 6 冊，法鼓文化，頁 78-80）

十二月二十四日，於東初禪寺為中國留學生趙文治先生、石昭嫻小姐主持佛化婚禮。此為法師在美國舉行之第三次婚禮祝福儀式，前兩對皆為美國青年。法師勉勵

新人由佛化婚禮，共同努力建設佛化家庭、進而佛化
家族、佛化社會、乃至淨化人間。

　　佛化婚禮的意義，不僅是促成男女雙方的結合，更進
一步當要對於雙方家族家長以及未來子女，負起任重道
遠的孝敬、教養的責任。婚後的夫婦，菩薩道的修行者，
只為對方著想，不求自申曲直，一切的努力，都不為己，
乃是為了家庭的和睦、家族的健康、社會的幸福、眾生
的安樂。所以，佛教徒的結婚，即是建設人間淨土的開
始。（〈開創人間淨土　建設佛化家庭〉，《人生》，29 期，
1986 年 1 月 15 日，版 1）

十二月二十五日至明年一月一日，於東初禪寺主持在美第
　　三十一期禪七。（〈東初禪寺冬季禪七〉，《人生》，29 期，
　　1986 年 1 月 15 日，版 1）

民國七十五年／西元一九八六年

聖嚴法師五十七歲

一月一日，中華佛研所遷址北投中華佛教文化館。

一月十二日，自美返國。

一月十五日，發表〈莊嚴的佛事〉於《人生》月刊，依佛
　　法對喪儀提出處理建議。此為日後佛化奠祭禮儀之先
　　聲。

　　佛教的示現，本來也就跟死亡有密切、重大而不可分
　割的關係，所以，從佛的時代開始，對於人的死亡，就
　有一套儀式。到了後來，漸漸地把超度亡靈視為僧眾和
　信徒之間的主要關係之一，尤其是近代的中國，出家人
　能為居士們做的，多半就是送亡薦亡，而送亡更是被在
　家人視為排場、鋪張的象徵。

　　當然，對於誦經拜懺，延生薦亡，是受佛教所肯定的。
　我們不但不反對做，而且要積極地做。不過做的方式和
　觀念，應加以改善。比如，僧尼未必不可去俗人喪宅，
　但是，必須要求喪家遵照佛制，不得用葷腥，不得鋪張，
　要敬僧、供僧。要請亡者的家屬，乃至親戚朋友，參加
　經壇和懺壇的禮誦。在禮誦之前和之後，必須集合喪家
　的全體，聆聽開示「苦、空、無常、無我」的佛法。出

家人能夠按照如此的原則來做佛事，才能顯出佛法的莊嚴和慎重。否則，那便是自貶身價，販賣如來，不僅僧尼造罪，也容易招致在家人對三寶的譏謗和褻瀆。（〈莊嚴的佛事〉，《人生》，29 期，1986 年 1 月 15 日，版 1；今收《明日的佛教》，法鼓全集 5 輯 6 冊，法鼓文化，頁 81-83）

一月十七日至十九日，連續三天，於農禪寺宣講〈永嘉證道歌〉。此為接續前期，第三次講出，迄今圓滿。（〈聖嚴法師講證道歌　開顯悟後出格見地〉，《人生》，30 期，1986 年 2 月 15 日，版 1）

一月二十五日，於農禪寺福慧念佛會附屬之助念團，開示助念意義及儀軌。法師特就助念對象、助念意義、助念所需法物、助念方式等詳加說明；並開示：助念能夠協助人於臨命終時或斷氣後，維持心不顛倒、正念分明，而上生善道或往生西方。此外並指示助念組織要點。

我們的念佛會已成立兩年多了，也曾經組成過助念組，但成績並不理想。原因是：一則參加的人員太少；二則大家恐怕參加以後，常常要到病危病故的人家去助念；三則大家擔心晚上回家會太遲。因此，既然諸位今天來參加，我祈願，以三寶的加持力，願大家能發長遠心、發菩薩心。

今後，我們的助念團會組成數個小組，各小組的組長之間，能相互調配。只要屬於本會會員病危病故者，不論在什麼情況下，一定要派人前去助念。（〈助念的意義與規則〉，《人生》，32 期，1986 年 4 月 15 日，版 2；今收《佛教入門》，法鼓全集 5 輯 1 冊，法鼓文化，頁 263-272）

一月二十六日，於農禪寺禪坐會開示「休閒與修行」。（〈休閒與修行〉，《人生》，38 期，1986 年 10 月 15 日，版 4；今收《拈花微笑》，法鼓全集 4 輯 5 冊，法鼓文化，頁 103-113）

一月二十九日，率中華佛教文化館董事鑑心比丘尼、方甯書教授，由臺北市佛教會常務理事今能法師陪同，代表該館信徒大眾拜訪臺北市社會局局長蔡漢賢，捐出救濟款新臺幣一百萬元，由蔡局長暨該局主任祕書陳武雄、社會工作室主任蘇世明，共同接待。該館自從一九五六年起，每年舉行冬令救濟，今則延伸另一項社會慈善工作。（〈文化館信眾百萬救濟款　捐贈社會局〉，《人生》，30 期，1986 年 2 月 15 日，版 1）

二月三日至六日，赴嘉義香光尼眾佛學院，對全體師生講授天台《小止觀》。時道源長老亦正在此講授《大乘起信論》，相聚數日。（〈敬悼道源和尚〉，《悼念 · 遊化》，法鼓全集 3 輯 7 冊，法鼓文化，頁 91）

二月十三日至二十日止，於農禪寺主持第二十八期禪七，
　參加人數包括常住眾共五十一名。（〈禪七修行獲新生〉，
　《人生》，31 期，1986 年 3 月 15 日，版 1）

二月十五日，發表〈相煎何太急〉於《人生》月刊，呼籲
　護生。（〈相煎何太急〉，《人生》，30 期，1986 年 2 月 15 日，
　版 1；今收《明日的佛教》，法鼓全集 5 輯 6 冊，法鼓文化，
　頁 84-87）

二月二十六日起，每週日於農禪寺講解《金剛經》。（〈聖
　嚴法師返國弘法活動〉，《人生》，29 期，1986 年 1 月 15 日，
　版 3）

二月底，文化館改建工程竣工。該館於一九八三年與漢昇
　建設公司簽約合建動工，原本只有不足兩百坪之平房
　舊館館舍，現已完成一棟五層樓，計有六百坪之大廈。
　（〈文化館已改建落成　聖嚴法師另聘住持〉，《人生》，
　32 期，1986 年 4 月 15 日，版 1）

三月二日，於農禪寺禪坐會開示慎辨神魔，並依菩提達摩
　〈二入四行〉指導退魔方法。（〈魔境〉，《人生》，35
　期，1986 年 7 月 15 日，版 4；今收《拈花微笑》，法鼓全集
　4 輯 5 冊，法鼓文化，頁 217-227）

三月八日，於農禪寺福慧念佛會開示：「念佛法門的層次」。

　　修學念佛法門可分兩種層次，第一種是求感應；第二種是不求感應。但是，若不從第一種開始，而直接修學第二種方法，可能有些人比較不容易做到。

　　因此，我要勸告諸位，修念佛法門的學佛過程，最好還是逐步向前。初機者一定要相信實有極樂世界，一定要發願往生西方淨土，這樣的話，才不致兩頭落空；自心的淨土未現，尚有西方淨土可去，這豈不是安全又可靠的辦法嗎？

　　不管程度如何，最好是把自己當成初機的鈍根，若心存虛驕，就是不切實際，明明是凡夫，偏偏以聖人之位衡量自己，不僅僅是增上慢，還很可能是大欺誑。（〈念佛與助念〉，《佛教入門》，法鼓全集 5 輯 1 冊，法鼓文化，頁 252-258）

三月十五日，發表〈不忍眾生苦〉於《人生》月刊。（《人生》，31 期，1986 年 3 月 15 日，版 1；今收《明日的佛教》，法鼓全集 5 輯 6 冊，法鼓文化，頁 88-91）

三月十八日，為惠敏法師新著《中觀與瑜伽》撰序。惠敏法師為中華學術院佛研所第二屆研究生，於本年度獲得日本交流協會公費獎學金，即將赴東京大學深造。

　　本書的作者惠敏法師，一九七九年依止智諭法師披剃出家，現比丘相，一九八二年考上了中華學術院佛學研

究所第二屆研究生。入學之前,已對《圓覺》、《思益》、《勝鬘》、《金剛》、《起信》等經論,以及弘一大師的律學、太虛大師、印順論師的慧學著作,有了相當深度的認識;在研究所的三年期間,除了加強了梵、藏、日、英的語文訓練,對於印度的《阿含》、中國的禪學,增加了視野,特別在中觀及瑜伽方面的努力,成了他主攻的範圍,並且撰作了幾篇頗具學術水準的論文。

　　一九八五年修畢佛學研究所的課程時,本擬提出論文,由於忙著留學準備,遲遲未能如願。如今的本書所收各篇,雖非出於畢業論文形式,以其素質而言,已是夠分量的。佛學研究所樂為出版,以資鼓勵,並期帶動國內學佛青年的研究風氣。(〈序惠敏仁者《中觀與瑜伽》〉,《書序》,法鼓全集 3 輯 5 冊,法鼓文化,頁 41-42)

三月十九日,文化館召開本年度第一次董事會,出席有煮雲、鑑心、悟因等諸法師及張少齊、方甯書、王士祥等居士。法師報告自從一九七八年三月以來,秉承東初老人遺志,辦理之教育、文化、慈濟等各項事業:

　　第一,於一九七八年與華嚴蓮社成一法師接辦中華學術院佛學研究所,同時與美國佛教會合辦譯經院。一九七九年譯經院改辦三學研修院於該館下院農禪寺。

　　第二,一九八〇年成立東初出版社;一九八二年,停刊二十一年之《人生》月刊,再刊發行。

　　第三,為紀念東初老人,於一九七九年在美國紐約開

創東初禪寺，該寺也有兩種英文刊物及一個出版社。

第四，在慈濟方面，歷年均有增加，特別是至一九八六年春，共捐出一百六十多萬元。

第五，法會有定期的禪七、佛七，每年各二次，年懺、地藏法會每年各一次，放生會、觀音會每月一次，念佛會、禪坐會每週一次。另外應邀超度北宜公路的車禍亡魂大法會三次。（〈文化館已改建落成　聖嚴法師另聘住持〉，《人生》，32 期，1986 年 4 月 15 日，版 1）

各項事務穩定成長，文化館人員，亦自原有五人，增至三十一人。然因身心疲憊，故於會中提出辭職要求。經全體與會者慰留，故提議由董事鑑心比丘尼擔任文化館住持，法師仍任董事長。（同上）

三月二十二日，於農禪寺福慧念佛會開示「念佛的方法」，說明集體共修念佛與個人平時念佛之注意事項，並提示念佛人三種層次，不應以利根自居、亦莫安於民間信仰層次。

第一種人，是為了要改變自己的命運，或是使家人開智慧得平安。此乃消災祈福，解怨釋結。第二種人，是為了人間苦多樂少，生命危脆，所以求願往生西方極樂世界。待至位階不退，再入娑婆，廣度眾生，成就無上佛果。第三種人，相信自性彌陀，唯心淨土，此如禪宗四祖道信大師所說：「若知心本來不生不滅，究竟清淨，

即是淨佛國土，更不須向西方。」

依佛法來說，第一種人，乃屬於人天善法，所謂民間信仰的層次；第二種人是正信的佛子；第三種人則是上乘的利根。由於眾生的業深障重，在修行淨業時，一開始即以第三種人自居，是不安全的，也是不切實際的；然而僅以第一種人的立場來念佛，所求又太少了。以第二層次來修念佛法門，是最落實可靠的，既可深植善根而臻於上乘，又能兼得消災植福的現世利益。（〈念佛的方法〉，《人生》，33 期，1986 年 5 月 15 日，版 2；今收〈念佛與助念〉，《佛教入門》，法鼓全集 5 輯 1 冊，法鼓文化，頁 247-252）

三月二十九日，中華佛研所於臺北市華嚴蓮社召開本年度第一次理事會。會中報告如下：

一、由中華學術院佛學研究所改名後的該所，已由中華佛教文化館提供近兩百坪的房舍，作為所址，已在積極布置中。

二、第一屆的研究生果祥法師，已於三月二十二日，由五位教授通過畢業論文——《紫柏大師研究》的口試。第三屆的同學鄧克銘居士，也已提出了論文——《大慧宗杲之禪法》。該所亦為第二屆的同學惠敏法師，出版了《中觀與瑜伽》論集。

三、惠敏法師考取日本交流協會公費留學日本東京大學，將於四月一日成行，所以，這次的理事會也是為他

送行的惜別會。（〈佛學研究所理事會　培育人才不遺餘
力〉，《人生》，32 期，1986 年 4 月 15 日，版 1）

四月一日，中華學術院佛研所第二屆研究生惠敏法師考取
中日交流協會公費獎學金赴日本東京大學深造。此前
有第一屆研究生梅迺文至美國威斯康辛麥迪遜校區
（University of Wisconsin–Madison）攻研佛學。（〈惠
敏法師公費留學日本東大　致力佛學研究〉，《人生》，31 期，
1986 年 3 月 15 日，版 1）

四月八日，文化館舉辦慈善放生會，並第三度主辦宜蘭濱
海公路歷年車禍罹難英靈超度大法會。（〈宜蘭頭城超
度法會感應良多〉，《人生》，33 期，1986 年 5 月 15 日，版 1）

四月九日，由交通大學鐘鐸社、清華大學慧鐘社、工研院
電子研究所佛學社、新竹居士林等團體聯合，邀請法
師於新竹交通大學大禮堂演講「禪的生活」，由該校
張隆憲教授主持介紹，到有聽眾近一千人。（〈聖嚴法
師受邀演講　勤轉法輪廣布法音〉，《人生》，33 期，1986
年 5 月 15 日，版 1）

四月十一日，接受臺北市國際工商經營研究社暨中國青年
創業協會聯合邀請，於臺北中國青年創業協會禮堂演
講「禪對企業的影響」，以禪的內容和修行原則，配

合企業家經營理念及生活方式，加以說明。（同上）

四月十二日，接受桃園平鎮青商會暨桃園縣文化中心聯合
　　邀請，於中壢藝術館演講「佛教的傳承脈絡及其現代
　　化課題」。由桃園縣縣長徐鴻志先生致歡迎詞，該青
　　商會會長張挺貴主持介紹。（同上）

四月十三日，臺中佛教蓮社李炳南居士，以九十七歲高齡
　　往生。李長者早年親近印光大師，來臺後創辦臺中蓮
　　社，專修專弘淨土法門。（〈李炳南居士往生淨土　一生
　　高風亮節受敬重〉，《人生》，33期，1986年5月15日，版1）

四月十九日，由東初老和尚開創之中華佛教文化館，在法
　　師繼任館長後重建，完成五層建築大樓一棟，於今日
　　上午十時正，舉行落成典禮及佛像開光。並新任住持
　　鑑心法師就職。典禮特邀請煮雲長老剪綵，成一長老
　　開光說法。煮雲法師特為致詞祝福。
　　　他說：「聖嚴法師在沒有學歷、沒有財力、沒有任何
　　援助背景的情況下，拖著骨瘦嶙峋的多病之體，百折不
　　撓、努力修行、專精讀書、勤奮著作，事事全力以赴，
　　都為弘法利生。他的一生，可謂已夠坎坷，確又多姿多
　　彩，為我近代佛教中所少見。今天借此因緣，我為聖師
　　高興，並為他慶賀與祝福。」（〈敬悼煮雲法師〉，《悼念·
　　遊化》，法鼓全集3輯7冊，法鼓文化，頁78）

四月二十二、二十三日，率農禪寺常住眾暨信眾一行五十
　　名，前往中部各道場參訪。計參訪中壢廣天寺淨行法
　　師主辦之中國佛教師範學院、后里毘盧寺、埔里佛光
　　寺、香光精舍、圓通寺、師弟聖開法師位於南投縣魚
　　池鄉之文殊院，另拜會水里蓮因寺懺雲法師、霧峰護
　　國寺如虛法師、臺中華雨精舍印順法師，並至臺中蓮
　　社李炳南老居士靈前拈香。（〈農禪寺舉行參訪活動　往
　　中部道場觀摩學習〉，《人生》，33 期，1986 年 5 月 15 日，
　　版 1）

五月八日，赴美。

於東初禪寺每週日續講《楞嚴經》，每週三主持禪修師資
　　培訓課程，講解洞山良价禪師的〈寶鏡三昧歌〉。每
　　週四開講佛教哲學，以「華嚴哲學」為其主題。（〈聖
　　嚴法師紐約指導禪修〉，《人生》，34 期，1986 年 6 月 15 日，
　　版 1）

五月二十三日至三十日，主持東初禪寺第三十二期禪七。
　　（同上）

五月三十日，禪七圓滿後，來自英國約翰・克魯克博士（Dr.
　　John Crook）請求個別談話，請教禪修與心理治療等
　　問題。並邀請法師赴倫敦主持禪修指導。

　　克魯克博士，現任倫敦布里斯托大學（University of Bristol）心理系教授，他也是一位心理治療師。他因讀到師父的英文著作 *Getting the Buddha Mind*（《佛心》）之後，慕名前來參加禪七。他從十四歲時，有了一次類似東方宗教的經驗之後，一直追究東方宗教的內涵；四十二個年頭以來，他以日本曹洞宗的「禪」作為修行方法，也受了西藏佛教的菩薩誓願。現在追溯到了禪的源頭──中國人所教的禪法，所以非常高興。（〈禪與新心理療法〉，《人生》，37 期，1986 年 9 月 15 日，版 3；今收《拈花微笑》，法鼓全集 4 輯 5 冊，法鼓文化，頁 276-283）

六月，發表〈一任清風送白雲〉，此為法師自一九七七年十二月返臺接掌文化館以至此時之各項弘化工作報告。

　　一、文化事業有四項：成立「東初出版社」；《人生》雜誌復刊；經書印贈；出版《東初老人全集》。

　　二、教育事業有四項：接辦佛學研究所；創立三學研修院；設置獎學金：以文化大學教課鐘點費，成立「東初老人獎學金」，專門獎勵文化大學哲學研究所學生撰寫佛學論文者。另外，對留學日本的學僧也提供每年一千元美金以上的獎學金為補助。另則從事教學：應聘為中國文化大學、東吳大學教授。

　　三、慈濟事業：賡續冬令救濟。

四、法會：文化館定期地藏法會及年懺外，兩次禪七，兩次佛七。農禪寺有「般若禪坐會」及「福慧念佛會」。

五、建築：文化館新建完成，不動產比原來增加三倍有餘。

另在美國紐約創建的東初禪寺。發行英文季刊《禪雜誌》，英文月刊《禪通訊》，於紐約成立法鼓出版社。（〈一任清風送白雲〉，《人生》，34 期，1986 年 6 月 15 日，版 2；今收入《歸程》補述一，法鼓全集 6 輯 1 冊，法鼓文化，頁 226-242）

六月四日，撰〈禪修疑難解〉，回應吳文居士有關禪修之疑問。（今收入《禪的體驗‧禪的開示》附錄，法鼓全集 4 輯 3 冊，法鼓文化，頁 350-360）

六月十日，撰成〈生死事大〉。（《人生》，36 期，1986 年 7 月 15 日，版 4；今收《拈花微笑》，法鼓全集 4 輯 5 冊，法鼓文化，頁 193-216）

六月十三、十四兩日，應「普林斯頓禪學研究社」（The Zen Studies Society of Princeton）邀請，赴美國新澤西州普林斯頓大學（Princeton University）弘化，講演「禪在日常生活中」，並指導「禪修的生活」六節課。（〈普林斯頓大學邀聖嚴法師　演講專題禪在日常生活中〉，《人生》，35 期，1986 年 7 月 15 日，版 1）

六月二十一、二十二日，應邀赴加拿大弘化。二十一日，
　於多倫多湛山精舍演講「人道與菩薩道」；又於
　二十一日、二十二日兩天，應加拿大佛教會、多倫多
　佛學會邀請，於多倫多弘法精舍教授兩堂「初級禪訓
　班」。（〈加國多倫多佛教會　結合眾力推展法務〉，《人
　生》，35 期，1986 年 7 月 15 日，版 1）

六月二十七日至七月四日，於東初禪寺主持第三十三期禪
　七。（〈聖嚴法師紐約指導禪修〉，《人生》，34 期，1986
　年 6 月 15 日，版 1）

七月十五日，發表〈佛法與外道〉於《人生》月刊社論。
　說明佛法並不指責批評外道，然對五花八門之宗教現
　象應有揀別力，以免誤會受惑。（〈佛法與外道〉，《人
　生》，35 期，1986 年 7 月 15 日，版 1；今收《明日的佛教》，
　法鼓全集 5 輯 6 冊，法鼓文化，頁 92-95）

七月二十日晨，返抵國門。是晚隨即於農禪寺講解《般若
　波羅蜜多心經》，計共開講五日。演講圓滿日，舉行
　放生及皈依儀式，有六十多名聽眾，成為三寶弟子。
　（〈聖嚴法師演說心經　主持禪七講金剛經〉，《人生》，
　36 期，1986 年 8 月 15 日，版 1）

七月二十六日至八月二日，於農禪寺主持第二十九期禪

七，共六十人參加。（同上）

八月，英文著作《佛心》被夏威夷大學宗教系「禪佛教」
課程選為課本。（〈英文佛心廣受佳評〉，《人生》，40 期，
1986 年 12 月 15 日，版 1）

八月三日起，每週日於農禪寺講解《金剛經》。（〈聖嚴法
師演說心經　主持禪七講金剛經〉，《人生》，36 期，1986
年 8 月 15 日，版 1）

八月四日，於農禪寺禪坐會開示「在家與出家」。（〈在家
與出家〉，《人生》，37 期，1986 年 9 月 15 日，版 4；今收
《拈花微笑》，法鼓全集 4 輯 5 冊，法鼓文化，頁 114-125）

八月九日，以弘揚淨土法門，專辦精進佛七為職志之煮雲
長老，安詳示寂。

　　長老江蘇如皋人，生於民國八年二月二十三日，十九
歲依參明老和尚於如皋縣將軍廟披剃出家。二十三歲於
南京棲霞寺，從若舜老和尚受具足戒，三十九年隨軍來
臺，受任為醫院布教師，被譽為「軍中生佛」。長老曾
兩度淨修閱藏，深入教海。長老自六十一年起，倡導「精
進佛七」之淨土修持法門，每年數次，從無間斷。民
國七十二年起，毅然於臺中縣蓮華山創建清涼寺，並於
七十四年於清涼寺創辦淨土專宗學院。（〈煮雲長老示寂

預知時至　一生專弘淨土法門化眾無數〉,《人生》,37 期,
1986 年 9 月 15 日,版 1)

煮雲長老與法師自一九五二年結識後,鼓勵法師為佛
教雜誌撰稿、共同面對基督教之攻擊、護持閉關、出
關後邀請講經、贊助留日,……乃至於近年擔任中華
佛教文化館常務董事協助法務推展,長久以來聲氣相
通、志同道合。因此乍聞消息,頗為震動。撰聯敬輓,
並於日後撰文敬悼。
　八月十日凌晨,接到慧嚴法師的第二通電話,知道煮
公已捨壽圓寂了!這是我自從先師東老人圓寂以來,感
到最受震動的一次,我雖勸慰慧嚴法師,要冷靜,多念
佛,不要憂戚,不要哭,掛下電話時,發覺自己的兩頰
怎會也掛著熱熱的淚珠?為佛門的法運,為個人的私誼,
都有不能自已的感觸,可見我畢竟還是凡夫。好在一轉
念間,便恢復了平靜。立即提筆,為煮公寫了一幅輓聯:
　煮公老兄法師　示寂
　同鄉同門闢邪顯正般若慧劍掃魔軍
　揚禪揚淨護國衛教法身舍利照人寰
　(〈敬悼煮雲法師〉,《悼念‧遊化》,法鼓全集 3 輯 7 冊,
法鼓文化,頁 67)

八月十五日,針對近日生命權問題,撰〈不可「安樂死」〉。
　(《人生》,36 期,1986 年 8 月 15 日,版 1;今收《明日的

佛教》，法鼓全集 5 輯 6 冊，法鼓文化，頁 96-98）

八月十七日，於農禪寺禪坐會開示「夢中說夢」。（〈夢中說夢〉，《人生》，41 期，1987 年 1 月 15 日，版 4；今收《禪與悟》，法鼓全集 4 輯 6 冊，法鼓文化，頁 90-99）

九月，春暉印經會舉辦朝山，結餘一萬六千七百元，由會長翁嘉瑞居士代表贈予中華佛研所作為獎學金。

九月三日，於農禪寺主持剃度典禮。六位青年求度出家，為取法名：果元、果願、果愍、果舟、果徹等。（〈地藏誕六青年辭親出家〉，《人生》，37 期，1986 年 9 月 15 日，版 1）
案：其中果元沙彌即加拿大華僑張繼成居士，由於參加數次禪七，發心在東初禪寺出家，東初禪寺亦因此而進入穩定階段。（參見：〈四五、到美國十五年〉，《金山有鑛》，法鼓全集 6 輯 4 冊，法鼓文化，頁 209-210）

九月十五日，發表〈推廣素食〉於《人生》月刊，期望組織素食連鎖商店及改進包裝以推廣素食。（〈推廣素食〉，《人生》，37 期，1986 年 9 月 15 日，版 1；今收《明日的佛教》，法鼓全集 5 輯 6 冊，法鼓文化，頁 99-103）

佛教界教育家，楊白衣顯祥居士，於本年九月十五

日，以六十四歲，捨報往生。楊居士一生獻身佛教文
化教育事業，精通印度佛學及中國佛學。與東初長老
及法師兩代俱有交誼：早年東老初抵臺灣時，曾護衛
長老南下周遊；法師南下掩關時，居士提供大量日文
佛學著述閱讀。（〈楊白衣居士捨報〉，《人生》，38 期，
1986 年 10 月 15 日，版 1）

十月四日，出席於文化館舉行之中華佛研所七十五學年度
年會。（〈中華佛學研究所召開年會 培育學術人才成就獲
肯定〉，《人生》，38 期，1986 年 10 月 15 日，版 1）

同日，農禪寺福慧念佛會舉行成立大會，並改選正副
會長。福慧念佛會自七十一年草創，會務發展漸臻成
熟，故於今日舉行成立大會暨第一屆會員大會。由廖
雲蓮居士當選會長，谷振華、康秋池居士分任副會長。
（〈福慧念佛會成立大會 推舉選正副會長〉，《人生》，
38 期，1986 年 10 月 15 日，版 1）
案：廖雲蓮居士即為廖今榕居士。

十月九日，應臺北市敦化扶輪社邀請，於其六十三次例會
中，假來來飯店金龍廳演講「禪與人生」。活動由該
社社長鄭正光居士主持並介紹，到有該社社員、眷屬
及貴賓共一百名。（〈敦化暨士林扶輪社 邀請聖嚴法師
演講〉，《人生》，39 期，1986 年 11 月 15 日，版 1）

即起，《密教史》各章於《獅子吼》雜誌連載。該書譯自
日本學者拇尾祥雲原作《密教史》，法師於一九八二
年七月將全書翻譯完成。

十月十日，為鄧克銘仁者新著《大慧宗杲之禪法》撰序。
鄧居士為中華學術院佛研所第三屆研究生，此為其畢
業論文。（〈序鄧克銘仁者《大慧宗杲之禪法》〉，《書序》，
法鼓全集 3 輯 5 冊，法鼓文化，頁 43-44）

十月十五日，撰〈佛門星殞〉於《人生》月刊，追悼今年
往生之教界大德。

今年對中國佛教而言，是有著極大衝擊和損失的一年。
從年初的廣欽老和尚圓寂，接著李炳南居士往生，又有
慧三、賢頓、煮雲三位長老西歸，最近的九月十五日楊
白衣居士亦捨壽，使佛法門庭，樑柱連折，元氣大傷；
以上六位僧俗大德，……在在都是住持佛教的大功臣。
如今老成凋謝，後繼者少見其人，但願以上六位大德的
示寂，能為全體佛教的後起者所慟悼，同時應該見賢思
齊，循著他們的芳範和遺志，加倍努力，並祝禱六位大
德乘願再來，濟度此界有緣之眾生。（〈佛門星殞〉，《人
生》，38 期，1986 年 10 月 15 日，版 1）

十月十六日，應士林扶輪社邀請，於其五四〇次例會中，
假國賓飯店樓外樓演講，題目是「禪與人生」，由社

長魏鴻裕主持，國賓飯店副總經理張大經居士介紹。
（〈敦化暨士林扶輪社 邀請聖嚴法師演講〉，《人生》，
39 期，1986 年 11 月 15 日，版 1）

十月十七日，為果煜仁者新著《一葦過江》撰序。

十月十九日，赴美。於東初禪寺每週日講解《楞嚴經》，
每週三禪修師資培訓課講洞山良价禪師〈寶鏡三昧
歌〉。（〈聖嚴法師赴美弘法〉，《人生》，39 期，1986
年 11 月 15 日，版 1）

十月二十七日，致函中華佛研所祕書果祥法師及所有同仁
同學，自述生命中最重要事唯在培養人才，並勉勵體
念教運、全力以赴。

我生命中最要緊的事，乃在於培育優秀的人才。教育
工作是任何工作所不及的急務，沒有人才就沒有前途的
希望；今天若不培養人才，明天就沒有立足的餘地。

宋明以下的中國佛教，早已落於民間信仰的層次，僅
存其名目而已失去其內涵，以致被社會大眾視為迷信。
僧尼地位低落，經論淪於塵封；而鄰國日本，人才輩出，
來為我國整理保存經藏，並被彼邦識者浩嘆：謂我國佛
教，除葬儀、超度外，最多是有幾位講經法師，能有學
問及學術基礎者，如鳳毛麟角，佛教的隋唐盛世固不復
現，雖宋明的小康局面亦成歷史陳蹟。

我佛教徒固不應以學問為唯一要務，更宜重於佛陀悲智的踐履，然而定學與慧學無實，戒學亦僅存名目的形式，其謂重於實踐，豈非空虛之詞？故盼本所同學體念今日的教運，奮起昔世善根宿願，全力以赴。（〈家書抵萬金〉，《人生》，41 期，1987 年 1 月 15 日，版 3）

十月二十八日，為果祥仁者《紫柏大師研究》撰序。（〈序果祥仁者《紫柏大師研究》〉，《書序》，法鼓全集 3 輯 5 冊，法鼓文化，頁 45-48）

十一月十五日，發表〈明辨宗教書籍〉，辨正時下流行之方術、星相學並非宗教本類，至多只可視為原始宗教。以術數、靈驗、星相等方式追求奇蹟改變命運所形成之僥倖心理、投機觀念，對讀者心理健康傷害甚大。呼籲文化界重視並導正。（〈明辨宗教書籍〉，《人生》，39 期，1986 年 11 月 15 日，版 2：今收《明日的佛教》，法鼓全集 5 輯 6 冊，法鼓文化，頁 104-107）

十一月二十七日至十二月四日，主持東初禪寺第三十四次禪七，禪眾十八人。每晚開示牛頭法融〈心銘〉。（〈東初禪寺舉辦禪七〉，《人生》，40 期，1986 年 12 月 15 日，版 1）

十二月十五日，發表〈佛教書刊改良芻議〉於《人生》月刊，

提倡從翻印而新撰，從只求流通而講究精緻。（〈佛教
書刊改良芻議〉，《人生》，40 期，1986 年 12 月 15 日，版
1；今收《明日的佛教》，法鼓全集 5 輯 6 冊，法鼓文化，頁
108-110）

十二月十六日，致函農禪寺諸弟子，指導修學根本在培福、惜福。

農禪寺常住諸仁者：據我平素與諸仁者相處所見，大
多涉世未深，固屬純樸可愛，亦有失之以天真幼稚者。
自幼養成率性任性之習氣，往往不能自察，殊堪警惕。

菲以自供，是惜福，厚以施人，是培福。若能惜福培
福，雖非大富，亦常有餘力，周濟他人；若不知惜福培福，
縱有財力乃至富可敵國，仍有自給不足之虞。

諸位仁者，多由禪修因緣而隨佛出家，所以較重禪慧，
當然是對的；福業殊勝，亦僅得人天小果，定慧二業，
方是解脫正因。然而，大菩提心，始於六度，六度之首
是布施行，布施之要，則始於惜福與培福。（〈師父叮嚀
語〉，《人生》，48 期，1987 年 8 月 15 日，版 3；今收《教育·
文化·文學》，法鼓全集 3 輯 3 冊，法鼓文化，頁 209-213）

十二月二十五日至明年一月一日，於東初禪寺主持第三十五次禪七。（〈東初禪寺舉辦禪七〉，《人生》，40 期，1986 年 12 月 15 日，版 1）

十二月，《拈花微笑》由東初出版社出版，為《禪的生活》系列作品。兩年來未有新作，實因體力未恢復。唯因緣使然、願力使然，不斷出書。〈自序〉云：

一九八二年八月，應新加坡佛教總會之邀，去南洋訪問一個月，以氣候及水土不服，抱病回到臺灣，住院療養一個多月之後，體力始終未能恢復。在此之前，是主動地要講要寫，以期能使更多的人，獲得佛法的利益；在那之後，竟爾變為被動，由於農禪寺每週日禪坐會，以及少數無法推辭的演講會必須要講，加上《人生》月刊的鐵定要稿，就在這樣的因緣之下，又完成了關於禪修的這一本書。

日本禪宗史上的偉人道元及白隱，是兩位以多病知名的禪師，但絕大多數的禪者，確能予人以銅筋鐵骨、體魄健壯、山亭嶽峙的印象。而我個人，只因得到一些修持佛法的受用，往往能夠處於身心勞累而不厭煩，事雖多而心自寧，氣雖虛仍不浮躁，體雖弱並不苦惱的狀態；常懷淨願而少惹私欲，成事不為己，失敗無所損。偶爾仍有煩惱習性在心中現起，幸而我時以慚愧心自勵，故能瞬息消逝。每以聖賢的心行自期，恆以悠悠的凡夫自居。

禪宗固為頓悟法門，我的立場則講求層次分明，用以自警，勿以凡濫聖，勿以染亂淨，不得倒因為果而稱無上究竟，這也是我繼續出書的原因之一。（〈自序〉，《拈花微笑》，法鼓全集 4 輯 5 冊，法鼓文化，頁 3-5）

應輔大校長羅光教授邀請,參與《哲學大辭書》編撰,
擔任佛學條目撰寫。該書由羅光教授主持編集,共計
十大冊,包含中西印哲學,係結海內外哲學學者,共
同編撰。(〈哲學大辭書邀聖嚴法師編佛學條目〉,《人生》,
40 期,1986 年 12 月 15 日,版 1)

民國七十六年／西元一九八七年

聖嚴法師五十八歲

春，辭中華學術院佛研所所長。蓋文化大學自張其昀先生
過世後，校政方針改變，「中華學術院」終止各項活
動，所屬佛學研究所亦與前昔有異。（〈牧牛與尋劍──
新英格蘭禪七記行〉，《悼念、遊化》，法鼓全集 3 輯 7 冊，
法鼓文化，頁 266）

一月六日，返臺。

同日，旅美學者札奇斯欽教授、成中英教授，由楊惠
南、閻振瀛教授等陪同蒞中華佛研所參觀訪問。（〈美
教授訪問佛研所〉，《人生》，41 期，1987 年 1 月 15 日，版 1）

一月十日至十二日，連續三日，於農禪寺宣講《無量義
經》，每晚到有聽眾三百多人。（〈無量義經宣講圓滿〉，
《人生》，41 期，1987 年 1 月 15 日，版 1）

一月十三日，夏威夷大學教授大衛・查普爾（David. W.
Chappell）及鄭學禮由恆清法師等陪同蒞中華佛研所
參觀訪問。（〈中華佛學研究所十年大事記〉，《法鼓》，
創刊號，1989 年 12 月，頁 19）

案：夏威夷大學教授該次來訪，並促成該校與中華佛研
所締約交流，由中華佛研所支持夏威夷大學開設研究佛
教之博士課程，同時鼓勵中華佛研所優秀畢業同學前往
深造。合約當自明年起生效。（參見：〈三、獎學金與合
作契約〉，《東西南北》，法鼓全集 6 輯 6 冊，法鼓文化，
頁 20）

一月十五日，發表〈推展佛教福利事業〉於《人生》月刊，嘉許教界從戮力寺廟建築進而從事社會工作，更呼籲重視教育文化事業。

目前臺灣佛教界，已在自動地走出了響應慈濟事業的
路來，相信這項慈濟工作的業績，將會逐年增加其從事
的人數及所推動的件數。但是社會福利，尚宜包括教育
及文化事業。

慈濟工作雖不容易，尚比較容易。教育與文化，則首
應從培育人才做起。培育一般人才已不容易，培育佛教
的行解相應而又是高度文化修養的僧尼人才，更不容易。
佛教所辦的教育及文化事業，也尚在起步階段，故亦尚
未有立竿見影的宏效，比起慈濟事業之已受到廣大社會
所重視者，尚有一段距離，願我全體佛教徒，都能有此
共識，而急起直追。（〈推展佛教福利事業〉，《人生》，
41 期，1987 年 1 月 15 日，版 1；今收《明日的佛教》，法鼓
全集 5 輯 6 冊，法鼓文化，頁 111-113）

一月二十日至二十七日，於農禪寺主持第三十期禪七。法師因在臺灣法務日繁，本期結束後，宣告禪七暫停對外開放。（〈禪七心旅〉，《人生》，56 期，1988 年 4 月 15 日，版 3）

二月一日起，每週日於農禪寺宣講《金剛經》。（〈農禪寺活動預告〉，《人生》，41 期，1987 年 1 月 15 日，版 1）

二月六日，藏傳佛教龍培喇嘛由教育部專門委員曾一士先生陪同至中華佛研所參觀訪問。龍培喇嘛曾任西藏色拉寺分院住持，一九六二年到印度。（〈中華佛學研究所十年大事記〉，《法鼓》，創刊號，1989 年 12 月，頁 17）

二月八日，於農禪寺廣場舉行信眾、讀者新春聯誼會。此為首度舉辦。（〈農禪寺新春聯誼會〉，《人生》，42 期，1987 年 2 月 15 日，版 1）

二月十五日，發表〈一貫道化暗為明〉。一貫道自本年元月起，由內政部吳伯雄部長親自宣布解除禁令。法師特從宗教學研究立場，說明其特質並及佛教徒應有之認識。

對於一貫道的化暗為明，我們應持如此的態度——佛說眾生有種種性、種種根、種種業、種種因緣而起種種

心行。佛法是為一切眾生提供正確知見來抉擇正確的道路，有些人因善法而進入佛門，有些人以鬼神信仰而進入正信的佛教；由一貫道的天道信仰轉而為佛、法、僧三寶的弟子者也不少，雖然他們會付出痛苦的代價，但也很有可能因此而成為進入佛門的階梯。（〈一貫道化暗為明〉，《人生》，42 期，1987 年 2 月 15 日，版 3；今收《明日的佛教》，法鼓全集 5 輯 6 冊，法鼓文化，頁 114-118）

二月二十四日，應邀參加由淨覺佛學研究所主辦，於臺北市中國佛教會召開之第四屆國際佛教學術研究會。計有十三位國內外佛教學者與會，就佛教教團組織制度與門徒教育之主題發表論文。法師發表〈佛教的教團與教育制度〉，對僧侶教育及僧團組織提出建議。

　　一、教育方面，由各級佛教會聯合設立僧侶生活養成訓練道場，並應參考西藏、日本、泰國、錫蘭等各佛教團體的僧侶教育制度。

　　二、教團方面，佛教會在不違背佛法原則及社會背景的基礎上，參考西方教會、日本宗派以及民間社團等公會組織及運作方式，以完成健全教會制度，發揮其正常功能。（〈佛教的教團與教育制度〉，《人生》，43 期，1987 年 3 月 15 日，版 1；《明日的佛教》，法鼓全集 5 輯 6 冊，法鼓文化，頁 119-124）

二月二十六日，日本佛教大學校長水谷幸正及高木英二教

授由故楊白衣教授夫人林寶璧居士陪同來訪。（〈京都佛教大學校長水谷幸正訪佛研所〉，《人生》，43 期，1987年 3 月 15 日，版 1）

二月，法師於中華佛研所講授之天台學課程指派由陳英善擔任。陳甫自中國文化大學哲學研究所畢業，取得博士學位。

三月，即起《學佛群疑》於《人生》月刊連載。

三月十四日，即起邀請日本東京大學名譽教授玉城康四郎博士擔任中華佛研所課座講席一個月，講題為：「由禪定看印度佛教」。講座期間法師常帶領師生至玉城教授住所座談。

聖嚴師父替他安排的住處，是在文化館後面山坡一間民房，也可以說是佛研所的教師宿舍。住進去很有家庭般的舒適感，來所裡上課也很方便，幾步路就到。開講座的這段期間，每天晚上我們幾乎都是由所長帶領到玉城教授的「家」，坐下來跟他聊天。所長問起東京的學術界，一些師長們的近況，或是什麼人有了新的著作發表等學術界動態，同學們則在一旁聆聽新聞或教內知識，也是別有一番趣味。（〈聖嚴師父與我的因緣〉，會靖法師，《傳燈續慧——中華佛學研究所卅週年特刊》，2010 年 4 月，頁 185）

三月二十九日，《中華佛學學報》創刊出版。此為離開文
　化大學，成立中華佛研所後第一份成果。

四月，中華佛研所第二屆畢業生厚觀法師，繼惠敏法師之
　後，於今年考取日本政府交流協會獎學金，前往東京
　大學人文科學研究科深造。（〈厚觀法師公費留學日本東
　大〉，《人生》，44 期，1987 年 4 月 15 日，版 1）

四月五日，赴美。抵美後，每週三晚上，於東初禪寺主持
　禪修師資培訓班課程，講虛雲和尚〈參禪法要〉；週
　四晚開講「淨土學」；週日下午續講《楞嚴經》。（〈聖
　嚴法師指導禪修　摩根灣禪堂獲益多〉，《人生》，45 期，
　1987 年 5 月 15 日，版 1）

四月十二日至十八日，應「摩根灣禪堂」（Morgen Bay
　Zendo）邱克倫（Hugh Carron）居士之邀請，由三位
　弟子陪同，赴美國東北部最遠之緬因州。邱克倫曾
　參學於日籍安谷白雲禪師、菲力浦·凱普樓，已學禪
　十五年，曾三度參加法師主持之禪七。十二日當晚，
　演講「禪的歷史和禪的修行」。當地居民不足一千，
　前來聽講有七十多人。（同上）

四月十三日至十八日，在摩根灣禪堂主持為期五天之精進
　禪修活動，計得十餘人參加。開示以〈十牛圖〉為主。

經整理成書，即以 *Ox Herding at Morgan's Bay*（《摩根灣牧牛》）命名出版。（同上）

四月十五日，基隆十方大覺寺開山，即虛雲老和尚徒孫靈源長老，嘉許中華佛研所辦學成果，特別將積聚多年之弟子供養金新臺幣二十萬元，悉數捐贈該所，作為特別獎學金。（〈靈源長老捐贈獎學金〉，《人生》，44 期，1987 年 4 月 15 日，版 1）

同日，發表〈邁向明日的佛教〉於《人生》月刊，認為應向西藏、南傳佛教系乃至西方傳教士效法，服務社會、服務信徒，方符佛法本懷，也方為佛教前途。

佛法既然是苦海的慈航，應該是從現實人間的苦難作為救濟的重點。如果不從人間疾苦的救濟著手，而僅把目標放在死後的超度，這不是佛法的本意。

西方宗教的傳教士，初到中國以及未開發的國家傳教之時，都是從科學知識的傳播、醫療衛生的服務、現代化生活方式的傳授，作為他們傳教的工具和媒介，以服務為先導，再以傳教為目標。西藏的喇嘛……教育既重視修持，也重視對於信徒的服務；東北亞以及東南亞國家的佛教界，也有計畫地培養青年比丘、比丘尼，接受大專以上的教育，並且送至各國深造，他們在受完基礎的佛教教育之後，也依據各人的興趣和意願專攻經營管理、社會福利、歷史、文學、宗教哲學、教育行政，乃

至於兒童教育、特殊教育等專門科目，他們的目的就是為了把佛法經過種種的管道，輸送到社會各階層、各領域中去。

我們邁向明日的第一步，應該是培養人才、教育人才、儲蓄人才，鼓勵更多的青年從事於更多的佛教弘法事業，開發更多的佛教的相關事業，以消化、接納、培養佛教的明日之星，創造佛教繼起的前途。（〈邁向明日的佛教〉，《人生》，44 期，1987 年 4 月 15 日，版 1；今收《明日的佛教》，法鼓全集 5 輯 6 冊，法鼓文化，頁 125-128）

五月十日，於東初禪寺主持慶祝第二六一一年釋迦世尊降誕紀念浴佛法會，並以「佛教徒的命運」為題開示。

（〈東初禪寺浴佛節談改造命運〉，《人生》，46 期，1987 年 6 月 15 日，版 1）

當釋迦世尊出生不久，相師看了也斷定他若不出家成佛，便成世界仁王——轉輪聖王。所以命相之學，並非無稽之談。此一生的命運，是由先世所積的善惡業力，所得的果報，出生之後，一邊受報，一邊再造業，若不造大善大惡的業因，此生的命運，便循著出生時的既定路線走下去了。不過，佛法說：「境由心造」及「境隨心轉」，若能信佛學佛，轉貪瞋等煩惱為智慧與慈悲，他的命運，便會立即改觀。（ "The Fate of Buddhists", *Chan Newsletter, No.61*, August 1987；中譯見〈佛教徒的命運〉，《法鼓》，265-268 期，2012 年 1-4 月，版 7）

五月十五日，發表〈新生代的佛教〉，期待這一代佛教徒，
推動明日佛教之法輪。（〈新生代的佛教〉，《人生》，
45 期，1987 年 5 月 15 日，版 2；今收《明日的佛教》，法鼓
全集 5 輯 6 冊，法鼓文化，頁 129-134）

五月十七日，於東初禪寺主持佛化婚禮，為魏煜展及李友
琴居士祝福。此為東初禪寺第四次佛化婚禮。（〈聖嚴
法師紐約主持佛化婚禮〉，《人生》，46 期，1987 年 6 月 15
日，版 1）

五月二十二日至二十九日，於東初禪寺主持在美第三十六
期禪七，禪眾二十八人。（〈禪七修行四方際會〉，《人
生》，46 期，1987 年 6 月 15 日，版 1）

六月五日、六日，應麻州普賢佛學社袁靜英、吳玉如居士
邀請，赴波士頓作兩場演講及一次座談會。五日晚間，
在羅爾大學（University of Lowell）講「禪與現代人的
生活」。前文化大學校長兼中華學術院祕書長潘維和
博士正在哈佛大學任研究教授，特前來與會。（〈普賢
學社介紹禪法〉，《人生》，46 期，1987 年 6 月 15 日，版
1；講詞今收〈禪與現代人的生活〉，《禪與悟》，法鼓全集
4 輯 6 冊，法鼓文化，頁 272-284）

六月六日中午，由潘維和博士及吳玉如小姐引導，參觀哈

佛大學施設，特別是燕京圖書館藏書。善本書書庫主任戴廉博士，特別打開重門深鎖，介紹五種版本之西藏大藏經；包括最古版本奈唐版，為西元十三世紀初文物。

晚間，於哈佛大學燕京圖書館講「禪的傳承與創新」。活動由普賢社主辦，哈佛大學佛學研究會協辦。由佛學研究會召集人約翰・馬克瑞（John McRae）教授致詞介紹。漢學家杜維明教授夫人、人類學教授張光直博士夫婦、香港新亞書院出身之陸惠鳳博士、臺灣政治大學出身陳光政博士等皆蒞會參加。（〈牧牛與尋劍──新英格蘭禪七記行〉，《悼念・遊化》，法鼓全集 3 輯 7 冊，法鼓文化，頁 268）

六月十六日，撰成〈牧牛與尋劍〉，敘述今春緬因州之行以及日前波士頓之遊。（〈牧牛與尋劍──新英格蘭禪七記行〉，《悼念・遊化》，法鼓全集 3 輯 7 冊，法鼓文化，頁 237-271）

六月二十四日，於東初禪寺禪修師資培訓班課程開示「話夢人生」。（《禪門》，法鼓全集 4 輯 11 冊，法鼓文化，頁 103-107）

六月二十六日至七月三日，主持東初禪寺第三十七期禪七。

（〈禪七修行四方際會〉，《人生》，46 期，1987 年 6 月 15
日，版 1）

六月，接受賓州大學教授肯尼士・克萊夫邀請，擔任其所
編纂《禪的傳統與變遷》一書十位撰稿人之一。（〈牧
牛與尋劍──新英格蘭禪七記行〉，《悼念・遊化》，法鼓全
集 3 輯 7 冊，法鼓文化，頁 240）

七月一日，中華佛研所獲教育部核准立案，借中華文化館
館址設法人，成為國內第一所正式獲准立案之佛教高
等教育暨研究機構。為乙種研究所，無國家授與之學
位。（〈佛研所核准立案　學分為國外承認〉，《人生》，
47 期，1987 年 7 月 15 日，版 1）

後於一九八九年成立董事會。董事會成員有：聖嚴法
師（董事長）、悟明長老、成一長老、今能長老、惠
敏法師、果醒法師、慧嚴法師、悟因法師、方甯書、
楊正、陳嘉男等十一人。

文化館由於歷年來熱心慈善救濟事業推動，臺北市政
府特於七月份動員月會中，假中山堂頒發七十五年度
舉辦公益慈善事業績優紀念獎牌一幅，由臺北市市長
許水德先生親自頒獎，由農禪寺果暉法師代表受獎。
（〈文化館熱心公益　許市長親頒獎牌〉，《人生》，48 期，

1987 年 8 月 15 日，版 1）

七月十日，返臺。

七月十一日至十三日，於農禪寺講解《無量義經》。

七月十五日，於《人生》發表〈癌與愛滋病的防範之道〉，
　　提出佛法中不肉食、心理平衡、不邪淫等為根本防治
　　之道。（〈癌與愛滋的防範之道〉，《人生》，47 期，1987
　　年 7 月 15 日，版 3；今收《明日的佛教》，法鼓全集 5 輯 6 冊，
　　法鼓文化，頁 135-140）

七月十七日至二十四日，於農禪寺主持第三十一期禪七，
　　講解僧璨之〈信心銘〉。

七月二十四日至二十六日三天，應北投居士林、北投婦女
　　會及北投區民眾服務分社之邀請，以「佛法與人生」、
　　「為什麼要念佛」及「禪」為題，在北投行政大樓六
　　樓作專題演講。此為第一次在北投地區之公開場合，
　　向民眾演講。（〈聖嚴法師佛學講座　北投基隆共沐法喜〉，
　　《人生》，48 期，1987 年 8 月 15 日，版 1）

七月二十六日起，每週日於農禪寺講解《金剛經》。（〈星
　　期法會〉，《人生》，48 期，1987 年 8 月 15 日，版 1）

七月三十日、三十一日兩晚，應邀赴基隆市文化中心專題
　演講，題目為「為什麼要念佛？」、「如何念佛？」。
　此次佛學講座活動由基隆十方大覺寺主辦，基隆市政
　府協辦。（〈聖嚴法師佛學講座　北投基隆共沐法喜〉，《人
　生》，48 期，1987 年 8 月 15 日，版 1）

八月十五日，撰〈當代佛教的衝擊〉，呼應藍吉富〈臺灣
　佛教發展的回顧與前景〉（《當代》，11 期，1987 年 3 月，
　頁 47-54）。藍文指出：佛教須面對難題有三，第一、
　組織鬆散，缺乏強有力的中央級教會；第二、佛教教
　育未步入正軌，缺乏夠水準的弘化人員；第三、缺乏
　因應現代社會之自覺。法師提出「培養佛教教育師資
　人才」以為應對。

　　急速推展的方向和步驟，是要造就各種層面的人才，
　從國際的學術人才、宗教人才，到各級教會的行政人才
　及寺院的住持人才。

　　造就人才必須賴以教育的環境和教育的體制，因此除
　了國際佛教人才，各級佛教教育的教師人才之培養，是
　當務之急。以前的中國僧尼，是靠師徒傳授，逐日成長，
　今天因為知識範圍廣闊，作為一個弘法人才，必須具備
　普通知識和佛教的專門知識，故也必須給予現代學校教
　育的培養。

　　否則佛教對物質貧乏、心理空虛的社會大眾無法提供
　他們所需要的安慰和服務；對尋求精神領域之開發的人

們，佛教無法提供正確、有效、簡易而實用的修行方法，
對思想層面的需求，佛教也無法為新文明的開發和新社
會的建設，提供啟發性的幫助。（〈當代佛教的衝擊〉，《人
生》，48 期，1987 年 8 月 15 日，版 3；今收《明日的佛教》，
法鼓全集 5 輯 6 冊，法鼓文化，頁 141-145）

八月十七日，假臺北市金元春素食餐廳歡送游祥洲博
　士赴美遊學考察，同時歡迎美國天普大學（Temple
　University）宗教系主任教授傅偉勳博士及夏威夷大
　學鄭學禮教授回國參加紀念方東美教授東西方哲學會
　議。同時有李霜青、蕭金松、李志夫、萬金川等多位
　學者參加晚宴。傅偉勳教授於二十六日專程赴中華佛
　研所回訪法師，並討論佛學在歐美研究之現況及其發
　展方向。（〈中外學者訪佛研所　稱讚備至期勉有加〉，《人
　生》，49 期，1987 年 9 月 15 日，版 1）

八月二十二日，中華佛研所於北投文化館舉行成立大會，
　邀請總統府資政余俊賢、悟明長老、成一長老共同剪
　綵。教界、學界、政界等共三百多人參加。

　法師以「佛教高等教育的開展」為題，對於自教主釋
　迦世尊以降，整個佛法流傳史、佛教教育發展因緣及
　其興衰關係，作簡明演說，並提出數年來實際從事佛
　教高等教育經驗，說明其必要及急迫性。

　　我的願望和我出國留學的動機，不是為了求得一份謀取生活的教職，是為我中國維繫已經危若懸絲的佛教慧命，期竭盡棉力，從國外引進新的學術成果、研究風氣、教育制度，及其教學方法等，以資我國佛教，也能趕上國際佛教的時代潮流。這也就是我對於中華學術院佛學研究所之職位和責任，感到興趣和滿意的原因。在那裡，我得到成一法師的大力支持，在張其昀先生的鼓勵下，我們也招收三屆相當於碩士班的研究生，已經培養了幾位人才，為佛教的高等教育開了風氣之先。

　　一九八四年，由於張其昀先生的年事日高，長期住院療養，該所即奉命停止招生，卻使我們因此在離開該所之後，尚有勇氣以北投的現址另創中華佛學研究所。到今年為止，也已招收了三屆研究生。同時，在今年七月，已獲得教育部立案，成為今日全國唯一造就國內及國際高等佛教學術人才及師資人才的研究機構，這是值得我們慶幸的事。

　　最近數年來，走向出家學佛之道的大專青年愈來愈多。今日佛教界的有識之士，有力的緇素大德，應該為了教育、消化已有高等教育基礎的青年，必須興辦具有國際水準，及制度化的佛教教育。使他們對於未來的中國佛教及我們的社會，能夠提供更多的貢獻和更大的成就。（〈佛教高等教育的開展〉，《教育‧文化‧文學》，法鼓全集 3 輯 3 冊，法鼓文化，頁 129-132）

八月三十日，接受中華電視台《華視新聞雜誌》製作人劉
　　奇偉先生採訪錄製〈禪的世界〉單元。就禪的定義、
　　中國禪和日本禪的流傳及演變、日本禪注重形式的意
　　義、中國禪在臺灣現況，以及習禪對現代人生活之意
　　義等解答。（〈華視新聞雜誌播出禪的世界〉，《人生》，
　　49 期，1987 年 9 月 15 日，版 1）

九月一日，日本國士館大學教授光島督博士由許明銀教授
　　陪同，至中華佛研所訪問法師。光島氏曾經留學尼泊
　　爾隨迦舉派修習藏密七年，成為該派寺院住持，對印
　　度、西藏佛教學有獨到見地。（〈中外學者訪佛研所　稱
　　讚備至期勉有加〉，《人生》，49 期，1987 年 9 月 15 日，版 1）

九月十五日，發表〈佛道與神道〉於《人生》月刊，對近
　　來有某民間信仰組織提出貫通各宗教並統括一切社
　　會、慈善、文化等事業之主張作評析。並舉五十年前
　　由太虛大師與于斌主教共同倡議結成之「中國宗教徒
　　聯誼會」為例說明宗教合作之原則，不應失去各自本
　　質與特色。（〈佛道與神道〉，《人生》，49 期，1987 年
　　9 月 15 日，版 1；今收《明日的佛教》，法鼓全集 5 輯 6 冊，
　　法鼓文化，頁 146-148）

九月二十二日，於農禪寺主持剃度典禮。七位青年求度出
　　家，為取法名：果醒、果燦、果順、果懋、果權、果

中等。（〈七青年發願出家〉，《人生》，50 期，1987 年 10 月 15 日，版 1）

九月二十六日，於文化館召開中華佛研所本年度理事會。法師於會中致詞特再指出：「今日佛教必須辦教育，唯有教育才能復興佛教。」本次會議並推選楊正居士為護法理事會第二任理事長。楊正居士提出下年度佛研所預算為五百一十五萬元，並提議討論籌募基金，預定目標為五千萬元。（〈中華佛研所年會　選出新任理事長〉，《人生》，50 期，1987 年 10 月 15 日，版 1）

案：楊正居士為泰豐染織關係企業創辦人兼董事長，曾任臺灣紡織工業同業公會常務理事。因長媳楊黃玉淑而親近農禪寺。經法師勸促接任理事長工作後，對佛研所經費之籌募護持甚有力，為法師推展教育事業之重要助手。

九月，《明末佛教研究》由東初出版社出版。此書為法師自博士論文後，同一範疇之持續研究成果。計收論文四篇，係對明末居士佛教、禪、淨、唯識，作全面調查研究。〈自序〉云：

在我的學位論文問世之前，學界對於明末的佛教，尚是一塊等待開發的處女地。學術界對於明末佛教的研究，短短十二年來，已成了國內外及東西方學者間的熱門課題。明末佛教，在中國近代的佛教思想史上，有其重要

的地位，上承宋元，下啟清民，由宗派分張，而匯為全
面的統一，不僅對教內主張「性相融會」、「禪教合一」
以及禪淨律密的不可分割，也對教外的儒道二教，採取
融通的疏導態度。諸家所傳的佛教本出同源，漸漸流布
而開出大小、性相、顯密、禪淨、宗教的局面。到了明
末的諸大師，都有敞開胸襟，容受一切佛法，等視各宗
各派的偉大心量。

　　本書所收四篇稿件，是對明末的居士佛教、禪、淨、
唯識，作了全面性的調查研究，所用的心力和時間，相
當可觀，對於資料的蒐集、分類、研判，多半是在精讀
多讀的方式下產生。我的目的，僅在為後賢提供可用的
資料及其線索，至於進一步的研究，不論是消融或創發，
仍有待諸後賢的努力。（〈自序〉，《明末佛教研究》，
法鼓全集 1 輯 1 冊，法鼓文化，頁 3-5）

The Poetry of Enlightenment（《開悟的詩偈》）在美國由法
　　鼓出版社出版。此書彙輯法師在美弘法所開示之十首
　　證道詩偈，包括：釋亡名、傅大士、三祖僧璨、牛頭
　　法融、永嘉玄覺、石頭希遷、洞山良价、宏智正覺、
　　憨山德清等九位中國歷代禪宗大德悟道心語。

Faith in Mind（《心的詩偈》）在美國由法鼓出版社出版。
　　一九八四年感恩節禪七起，至一九八五年七月二十八
　　日舉行之禪七，共四次禪七，法師皆根據禪宗三祖僧

璨〈信心銘〉為教材,逐句講解、指導禪修。此書即其開示紀錄。

《基督教之研究》由久大文化公司再版,法師有〈再版自序〉,自述二、三十年前研究基督教之動機乃出於護教,故而措詞亦較鋒銳。

從歐美文化史的觀點,既可發現基督教的偏狹,也可肯定基督教的貢獻。

可是中國基督徒中的若干人士,依舊喜歡針對著佛教,做多樣性的論斷與抨擊,甚至到佛寺中散發傳單,也有基督徒發出中國全面基督化的論調,其實這些人,既無誠意理解佛教,也未真正理解基督教,僅憑狂熱的信心,形成一般排他揚己的氣焰而已。由於此種現象的推動,使我對於基督教產生了研究的興趣,結果寫成了本書,也寫成了另一本交給臺灣中華書局出版的《比較宗教學》,希望對於《新約》、《舊約》的品味,以及對於基督教教會史和教理思想史的探索,來認識基督教。

本書的主題部分,寫成於一九六六年,初版於一九六七年;附錄部分初版於一九五六年,可見是我二十多年前乃至三十多年前的早期作品,當時我的年事尚輕,行文的詞鋒比較銳利,今天如果要我再寫一本類似的書,已是不可能了。(〈《基督教之研究》再版自序〉,《書序》,法鼓全集 3 輯 5 冊,法鼓文化,頁 147-148)

十月一日，美國加州智日法師至農禪寺訪問法師，請教日
　　後修學方向。智日法師於十年前在洛杉磯依止越南天
　　恩法師剃度，曾住泰國寺院修學上座部佛教，今正擬
　　研究中國及日本佛教。（〈美智日法師訪農禪寺〉，《人
　　生》，50 期，1987 年 10 月 15 日，版 1）

十月七日，為宏印法師新著《怎樣讀妙雲集》撰序。贊同
　　作者所說：印順法師《妙雲集》之精神為人本、入世、
　　利他、今生、自力，正是現實人間之所需要。（〈序宏
　　印法師《怎樣讀妙雲集》〉，《書序》，法鼓全集 3 輯 5 冊，
　　法鼓文化，頁 49-50）

十月十日，赴美。出國前召集佛研所學生開示勉勵。抵美
　　後，於東初禪寺每週日講解《楞嚴經》，每週三講虛
　　雲和尚〈參禪法要〉，每週四講「天台學」。（〈聖嚴
　　法師赴美弘法忙〉，《人生》，51 期，1987 年 11 月 15 日，
　　版 1）

十月十五日，發表〈七月齋僧的目的何在〉於《人生》月
　　刊。（《人生》，50 期，1987 年 10 月 15 日，版 1；今收《明
　　日的佛教》，法鼓全集 5 輯 6 冊，法鼓文化，頁 149-151）

十月二十三日，於紐約撰〈給中華佛學研究所的同學與理
　　事〉，指導研究生修學取向：應以道心為首，如此則

所從事之學術研究方為真學問。

　　我在出國前的當日早晨，為諸同學勸勉的話，第一段是兩句話：「多聽多看少說話，快手快腳慢用錢。」第二段是三句話：「道心第一、健康第二、學問第三。」

　　民初乃至目下，凡是保守傳統的教界大德，無不以持戒、習定、頭陀行求急了生死為佛法的正軌，對於研習經教並從事著述，則持懷疑，甚至輕視的態度。這是有原因的，因為文學之士，多在紙上談兵而少實修，以致生活散漫、不顧道心、不重行儀，故雖善說能寫，卻無感化能力。此無他，乃由於佛教教育的偏失。所以本所同學雖為研究而來，仍盼以道心為首，鼓勵每日的行持，並要求於假期中參加農禪寺的禪七，規定分擔所內的清潔等各項工作，勿得養成嬌嫩袖手的惡習；菩薩以其身體為眾生床座，役使於眾生而非役使眾生，否則便落於經中所指責的「說食數寶」之流，絕不能成為佛法門中傑出人才。

　　學問有兩種作用：一為歷史文化的回顧與創新，一是有利於人類人格心向的淨化與提昇；若僅屬於第一種，於一般學者即可，於佛教學者則不足也。（〈給中華佛學研究所的同學與理事〉，《教育‧文化‧文學》，法鼓全集 3 輯 3 冊，法鼓文化，頁 133-137）

十月二十九日，東初禪寺遷入新址，使用面積比原址擴增約一倍。

　　在紐約創立的東初禪寺，經過將近十年的弘化活動，由於信眾日漸增加，法務也日益開展，空間已不夠應用，故於今年夏初售出了舊址而購入了原地區對面臨街的三層樓房一棟，增加幾乎一倍，佛殿可同時容納一百五十至二百人聽經。（〈紐約東初禪寺換新址〉，《人生》，51期，1987年11月15日，版1）

案：新址在原地對面，地址為：紐約市皇后區艾姆赫斯特可樂那大道九十之五十六號。

十一月四日，樂觀長老圓寂；法師於二十六日撰文追悼云：

　　樂觀長老享年八十有六，僧臘六十有七，戒臘六十六夏。他的一生，親見滿清覆亡，民國肇始，又歷八年抗日，四十載大陸動盪，他見到了許多滄桑，人物浮沉。生逢亂世，邪說橫行，法運蹇塞，教勢式微，道消魔長，佛日隱晦；既有可歌可泣之事，也有孤掌難鳴之感。

　　樂老滿腔熱血，一身豪氣，專找大人名人的毛病，只是他論人論事，往往出諸豪情，欠缺理性的考察，難免沒有偏失。不過，有人敢說話，雖未必都能代表公是公非，如果無人敢說，那就更加顯不出公是公非了。（〈悼念樂觀長老〉，《悼念・遊化》，法鼓全集3輯7冊，法鼓文化，頁84-85）

十一月十日，撰函致中華佛研所護法會諸理事，勉勵其為中國佛教教育事業提供積極力量。

我之出國留學，目的即在引介國際佛教教育，為國內佛教教育導入新鮮的活水，並將中國佛教向今日的國際推廣。今日國際間，殊少有人提及中國的現代佛教，佛教之為國際接受及傳播者，不論是學術的或實踐的，不是仰諸日本的禪，即是歸向西藏的密，甚至是拜錫蘭上座部佛教之所賜。原因不在於中國無佛法，乃在於現代中國佛教缺少具有現代意識，及現代適應能力的弘化人才。我們的教育目的，既為造就第一流的弘法人才，也寄望他們是住持佛法、以德化眾的法門龍象。

本所諸位護法理事會的緇素大德，能在此一佛教教育環境及教育方針的更新成長之初，參與大業，實在都是有智慧、有遠見、有悲願、有熱心的大善知識。中國新生代的佛教前途與佛法慧命，端賴諸位的努力。（〈給中華佛學研究所的同學與理事〉，《教育‧文化‧文學》，法鼓全集 3 輯 3 冊，法鼓文化，頁 138-139）

十一月十一日，應邀赴紐約華語世界電視台作錄影訪問。今年九月起，臺北中華電視台《華視新聞雜誌》節目，以五個單元播出〈禪的世界〉；而後，紐約華語世界電視台，亦連續播出五次。華語世界電視台製作人阮淑祥、張紹華因邀請法師於每週特別來賓節目中作訪問。（〈聖嚴法師接受訪問〉，《人生》，52 期，1987 年 12 月 15 日，版 1）

十一月十三日至十五日，世界僧伽會第四屆第二次執行會
　　議，假東初禪寺召開，出席者有會長白聖長老、副會
　　長悟明長老及各國副會長、中文祕書長了中法師、英
　　文祕書偉波拉薩拉法師（Mapalagama Wipulasara）以
　　及執行委員等，分別來自中華民國、美國、法國、英
　　國、錫蘭、香港、星馬、韓國、澳洲等地，共三十多
　　位比丘。會前會後，有多位上座比丘蒞東初禪寺訪問，
　　接受法師款待。（〈東初禪寺貴賓雲集〉，《人生》，52 期，
　　1987 年 12 月 15 日，版 1）

十一月十五日，發表〈關於受戒燙戒疤的規定〉，探討其
　　來由並說明燃香雖有經典依據，然與比丘戒相違，故
　　有檢討改革之必要。（《人生》，51 期，1987 年 11 月 15 日，
　　版 3；今收《明日的佛教》，法鼓全集 5 輯 6 冊，法鼓文化，
　　頁 152-154）

十一月十七日，赴印第安那州，於印第安那泊力士市巴特
　　魯大學（Butler University）宗教系講演「禪師與禪院
　　的修行生活」。（〈聖嚴法師美中行　聽眾反應熱烈〉，《人
　　生》，52 期，1987 年 12 月 15 日，版 1）

十一月十八日上午，續昨日，為該系主任教授馬爾科姆‧
　　克拉克（Malcolm Clark）「西方宗教」及丹‧史蒂文
　　生教授「世界宗教」兩班合堂，演講「禪的理論、歷史、

方法」。（同上）

下午，於另一班「世界宗教」課程，演講相同題目。（同上）

晚，趕赴鄰州伊利諾大學香檳分校（University of Illinois Urbana-Champaign），為該校師生組成之坐禪小組，開示禪修疑難。（同上）

十一月十九日上午，於伊利諾大學亞洲及亞洲宗教系，由該系主任教授彼德・格雷戈里（Peter Gregory）主持，講演「禪師與禪修」。（同上）

下午，搭機飛越密蘇里州，至愛荷華州愛荷華市。此係接受當地佛學社邀請。佛學社由愛荷華大學（University of Iowa）中國留學生莊立平居士等組成。活動於莊府舉行，出席有二十四位青年。法師開示佛教在現代中國之地位和現狀。開示後有九位正攻讀博士及碩士學位之青年科學家，發心皈依三寶。（同上）

十一月二十日下午，應愛荷華大學宗教系及亞洲太平洋研究中心共同邀請，由巴宙教授及代理主任魯特奈（Robert W. Leutner）博士主持，講演「禪修及其理論」。（同上）

晚上，接受愛荷華大學中國同學會及佛學社聯合邀請，假該校總圖書館演講廳，演講「禪與生活」，由會長趙士瑀主持，巴宙博士致詞介紹。（同上）

三日來，所至之三所大學，以前皆未有比丘、法師蒞訪，今為首次邀請。

十一月二十六日至十二月三日，於東初禪寺主持感恩節假期禪七，禪眾二十三人。此為在美第三十八期禪七。（〈東初禪寺教禪法　各方禪眾同嘗法味〉，《人生》，53 期，1988 年 1 月 15 日，版 1）

十一月二十八日，文化館果照比丘尼，因疾捨報，世壽五十有一。果照尼師於一九六一年進住文化館，服侍文化館開山東初老人甚力，並盡心各種館務之推動。為早期依止法師之弟子。（〈文化館果照尼師捨報往生〉，《人生》，52 期，1987 年 12 月 15 日，版 1）

十二月，東初老和尚圓寂十週年紀念日，《東初老人全集》編纂完成，並全套刊行。十年前東老人圓寂，法師自美趕回國內時，即以此事為首要工作，庶其智慧得以流傳。完成此大業，則以朱碧真、方甯書二君出力最多。〈序《東初老人全集》〉云：

　　我於東老人圓寂後的第二天，自美東的紐約趕回臺北，

　　第一項覺得要做的工作，是保全並收藏他老人家生前的遺著遺稿。雖然東老人於其一九七七年二月初二日所留的遺囑中自稱：「余出身農村，未受過國家正軌教育，雖於佛學，稍有研究，仍覺未入堂奧。」可是他是太虛大師的學生，在擔任焦山定慧寺的監院及方丈期間，辦了佛學院及佛學期刊，到了臺灣，創辦《人生》月刊、《佛教文化》季刊。創建的道場，不以寺名，也不稱精舍，而稱中華佛教文化館，倡導影印《大正新脩大藏經》，他有極其崇高的愛國情操及護教熱忱，對於佛教的文化教育，抱有不能自已的使命感，特別在他晚期的十多年間，深感護教弘法，必須以歷史為基礎，所以全力以赴地完成了《中日佛教交通史》、《中印佛教交通史》、《中國佛教近代史》三部偉構。以他一位不懂外文而僅能利用中文及部分日文資料的老人，有此氣魄與成就，實在難得。他的研究功力可能不算深厚，對於資料的蒐集編寫，確已足供後人的研究參考。

　　朱碧真小姐，參加了文化館的禪七之後，願為東老人的全集做校訂工作，……發現原作初版時的校對工作疏漏之處甚多，乃至初版前為老人抄稿者的疏漏也不少，朱小姐便不厭其煩地逐一查對原稿所引的原始資料。是以花的心力和時間，相當可觀，但也是非常值得。……她由於編校工作住進文化館，到一九八六年也在我們的下院農禪寺，發心披剃，現了出家相，法名果徹，也可以說，她是由於東老人的遺作得度的。

全集工作的另一功臣，是方甯書教授，是文化館法人的董事兼主任祕書，十年來對於館務的協助，對我個人的支持，不遺餘力，對此次全集的出版，他也給予最大的關懷，在此一併申謝。（〈序《東初老人全集》〉，《書序》，法鼓全集 3 輯 5 冊，法鼓文化，頁 51-53）

十二月十日，應傳聞、傳敦二位法師邀請，於廣欽長老圓寂二週年，撰文追念。

廣欽長老乃近代閩僧之中極為突出的一位，他未受過多少文字教育，僅以苦行禪修終其一生，確係承自唐以前初期中國禪師的風範。

從廣老一生的事蹟而言，既是一位頭陀行的禪師，也是一位傳奇性的神異僧。但他最不為人重視確是最重要的部分，乃在以正法化世，以慈悲接眾，復以廣大的心量包容一切。（〈追念廣欽長老圓寂二週年〉，《悼念·遊化》，法鼓全集 3 輯 7 冊，法鼓文化，頁 86-87）

十二月十五日，發表〈維護佛教出家僧眾的形象〉於《人生》月刊，建議應嚴格審查出家資格，重質不重量，以維護佛教之清淨。

正如唐太宗說：「出家乃大丈夫事，非將相所能為」，而且佛制規定：身心有殘障、發心不正確、意志不堅定，以及欠了債、犯了法，都不能出家；唯有身心健康、勇毅堅貞之士，才適合出家過修行生活，以及從事弘法利

生的工作。否則，以破碎的心態、殘缺的身體、惡名昭
彰的身分來出家，佛教的僧團豈不成了垃圾箱、廢物堆、
社會揚棄物的收容所？這不是續佛慧命，而是斲傷佛教
慧命的作法。所以，出家人都應有共同的認識：剃度徒
眾必須寧缺勿濫，重質而不重量。不然，等於自毀門楣、
自拆城牆，不但不能維護佛教，相反地是在破壞佛教。

中國佛教會，為了正本清源，還是從認真傳戒，審查
資格，通過考試及體格檢查，和家庭背景、社會關係的
審核著手，凡此應該是可以做到的。

為了維護佛教僧尼形象的神聖和莊嚴，全國僧俗、緇
素大德應該共同勉勵、互相規勸，全體努力推動，對各
個寺院及對各級教會，對已經出家和打算出家的個人，
對正在接受徒眾剃度的每一個僧團，都以此自勉和互勉。
（〈維護佛教出家僧眾的形象〉，《人生》，52 期，1987 年
12 月 15 日，版 3）

**十二月二十四日至明年一月一日，於東初禪寺主持第
三十九期禪七，禪眾三十三人。**（〈東初禪寺教禪法　各
方禪眾同嘗法味〉，《人生》，53 期，1988 年 1 月 15 日，版 1）

是年起，與美國夏威夷大學佛學研究所締約交流。

民國七十七年／西元一九八八年

聖嚴法師五十九歲

一月二日，為聖印法師新著《無量壽經講話》撰序。（〈序
　　聖印法師《無量壽經講話》〉，《書序》，法鼓全集 3 輯 5 冊，
　　法鼓文化，頁 55-59）

中旬，返臺。

一月十三日下午三時五十分，蔣故總統經國先生，以
　　七十九歲之高齡崩逝。法師時正於農禪寺為四百多位
　　聽眾宣講《無量義經》，即時宣布並率同出家弟子
　　及全體聽眾，在佛前誦經、念佛、迴向。而後於元月
　　十六、二十三、三十日、二月六日，連續四週，於農
　　禪寺福慧念佛會時間，由法師率領會員五百餘人，念
　　佛迴向。（〈悼念經國先生　農禪寺聖嚴法師率眾誦經迴
　　向〉，《人生》，54 期，1988 年 2 月 15 日，版 1）

一月十五日，發表〈現代學者的學佛風氣〉，述近來學者
　　專家學佛者日多，於是出家人素質亦受刺激而提昇。
　　然更須進求宗教情操與修持經驗之提昇。
　　　學者學佛的現象普及，刺激僧尼素質的提昇；僧尼的
　　學養提昇，方能接引高級知識分子。僧尼除了學養，更

重要的尚得有卓越的宗教情操及深厚的修持經驗，……
因此，由於現代學者學佛的風氣漸漸盛行，佛教界的有
心之士，對於今後僧尼素質的提昇，必須全力以赴，否
則，學者學佛，僅止於學佛崇法而不敬僧，三寶不具足，
豈算是佛教！（〈現代學者的學佛風氣〉，《人生》，53 期，
1988 年 1 月 15 日，版 2；今收《明日的佛教》，法鼓全集 5
輯 6 冊，法鼓文化，頁 155-158）

一月十五日起，紐約新成立之華語電台「中國新聞音樂廣
播網」，每日播出法師宣講節目。由該電台負責人程
蕙居士策畫，節目主持人葉澐小姐訪問、錄音，並向
美東及美西的華人社會，同時播送。主題為：禪語今
解、生活解疑、人生指導。（〈聖嚴法師華語電台播法音〉，
《人生》，53 期，1988 年 1 月 15 日，版 1）

一月十七日起至三月二十七日，每週日於農禪寺講解《六
祖壇經》。（〈活動預告〉，《人生》，53 期，1988 年 1
月 15 日，版 1）

一月三十日，於文化館舉行中華佛研所七十六學年度常務
理事會議，由理事長楊正主持。法師於會議中報告，
由於理事會諸位理事之護持，故可傾全力專注學術方
面之擴展，將延請國內有心從事佛學研究之學者，予
固定薪資，使能安心研究，以促進提昇國內佛學研究

風氣與水準。(〈中華佛學研究所專頁〉,《人生》,55 期,
1988 年 3 月 15 日,版 7)

一月三十一日,於農禪寺禪坐會開示「有分別與無分別」。
(〈有分別與無分別〉,《禪與悟》,法鼓全集 4 輯 6 冊,
法鼓文化,頁 224-227)

二月六日至十三日,於農禪寺主持第三十三期禪七,開示
僧璨之〈信心銘〉。

二月十五日,發表〈善書與佛書〉,分辨民間信仰善書與
正信佛書之異同,根本差異在於神、佛定位不同。寄
望教界提昇印贈書籍品質,以符明日社會之需要。
(《人生》,54 期,1988 年 2 月 15 日,版 2;今收《明日的
佛教》,法鼓全集 5 輯 6 冊,法鼓文化,頁 159-164)

二月二十二日,率領文化館及農禪寺僧俗代表,前往內政
部捐出新臺幣一百萬元,由部長吳伯雄代表接受。部
長當場贈予獎狀一幀,用表感謝與鼓勵。另已於上月
四日,舉辦本年度冬令救濟,發放食米、現金、衣等,
總值新臺幣一百一十五萬餘元。(〈聖嚴法師代表致贈
社會福利救濟金〉,《人生》,55 期,1988 年 3 月 15 日,
版 1)

二月二十八日，文化館及農禪寺為慶祝該館成立三十週
　　年、創立中華佛研所，以及紀念開山祖師東初老人
　　八十歲冥壽，特別舉行新春信徒聯誼大會。此為首次
　　舉辦展示活動，除有各項活動成果展覽，並首次舉行
　　義賣活動，為中華佛研所籌募教育基金。義賣所得達
　　三百七十餘萬元。

　　文化館方面，提供了東初老人遺物展、佛學研究所歷
　年成果資料展、聖嚴法師的弘法活動展，以及放生會的
　放生活動。農禪寺方面的靜態展出計有：果梵法師的觀
　世音菩薩畫像展、蔡志忠居士的漫畫展、賴氏兄弟敦煌
　佛像雕塑展，紀顯曄、陳慶隆居士提供的彩色、黑白攝
　影展，佛化生活藝術研究中心提供的中國古典插花展。
　李純恩及施思居士主持的上、下午各一場的現場喊價義
　賣、「海會雲集」電視牆錄影帶播映，為中華佛學研究
　所籌募基金的義賣活動，為該館歷年來首次舉行。（〈文
　化館・農禪寺　聯誼大會喜氣洋洋〉，《人生》，55 期，
　1988 年 3 月 15 日，版 1）

三月，中華學術院佛研所第二屆研究生惠敏、厚觀二位法
　　師，目前均留學於日本東京大學，今春返國期間，特
　　別相偕返校拜見所長聖嚴法師。法師關心其修學情形，
　　並請其提供心得供後學參考。會談中法師開示，學術
　　是必要，然應以道心為第一優先。略云：
　　　學術的研究要和生活的、修證的佛教配合，以齊頭並

進。如果是單獨往學術這一條路發展，就會像日本人今
天這樣的現狀；如果不走學術的話，佛教的層次又不能
提高。所以我們佛學研究所的方針將慢慢確定，最初我
們在摸索中，強調要國際化，希望造就國際化的學術人
才，目前漸漸回過頭來，肯定或強調學問不是第一，而
是以道心為第一。在你們出國的時候我就說過，道心第
一，健康第二，學問第三。如果佛法離開內涵、修證上
的體驗，卻僅有文字上的接觸，那麼，釋迦牟尼佛出世
是不必要的。（〈踐履與回應〉，《人生》，58 期，1988
年 6 月 15 日，版 6、7）

三月五日、六日，接受高雄市立文化中心、高雄市佛教會
　　以及南區十四所大專院校學生聯合會共同邀請，赴高
　　雄演講。活動借高雄女中大禮堂舉行，題目分別是「禪
　　──你、我、他」、「禪──多、一、無」，每場均到
　　有聽眾三千餘人。（〈聖嚴法師高雄臺南弘法　聽眾坐無
　　虛席〉，《人生》，55 期，1988 年 3 月 15 日，版 1）
　　案：《禪與悟》（法鼓全集 4 輯 6 冊，法鼓文化，頁 207-
　　214、215-223）中收錄前二文，唯時間註記有誤。

三月七日下午，應邀赴臺南，於成功大學文學院演講廳講
　　演「佛家的人生觀」。由文學院院長黃永武博士主持，
　　夏漢民校長夫人王壽美女士，以及多位教授和職員到
　　場聽講。（同上）

晚上，應臺南市佛教弘法會會長王灼堯邀請，假北區
正覺寺講演「禪與淨土」。（同上）

三月十七日，中華佛研所舉行師生教育座談會，由所長聖
嚴法師主持，師生、理事計一百五十餘人參加。會中
由春假期間自日本連袂返國之第二、三屆研究生惠敏
法師、厚觀法師以及陳宗元等，作留學心得報告。師
生並同時歡送另二位已獲公費獎學金即將赴日之研究
生鄧克銘、郭瓊瑤。（〈中華佛學研究所師生理事同聚一
堂　迎舊送新策勵未來〉，《人生》，56 期，1988 年 4 月 15
日，版 1）

三月二十四日，晚，接受臺北陽明醫學院晨鐘社邀請赴該
校演講，題目為「禪的生活體驗」。由於該院一向不
許宗教活動，故以邀請校外教授演講名義辦理。
　　子題為：（一）禪定的禪；（二）中國禪的演變；（三）
禪宗的禪；（四）禪在日常生活中；（五）即俗即真；（六）
因悟而有迷；（七）如何修道。（〈聖嚴法師再入校園
醫學院師生嘗法味〉，《人生》，56 期，1988 年 4 月 15 日，
版 1）

三月二十七日下午，農禪寺般若禪坐會，舉行成立大會及
第一屆會員大會。與會會員及觀禮來賓約三百餘人，
臺北市民政局局長王月鏡亦蒞臨盛典。農禪寺般若禪

坐會舉辦共修已有十年，今正式成立。（〈禪坐會十年
有成　成立大會開新局〉，《人生》，56 期，1988 年 4 月 15
日，版 1）

三月二十八日，應邀至李登輝總統官邸教授禪修。

　　本年三月二十八日晚上，第七任總統李登輝先生，派
他的座車，由朱素心女士隨同，到臺北北投的農禪寺，
接我至他的官邸，作了兩小時多的盤桓。

　　把我們初級禪訓班全部八小時的課程，濃縮成八十分
鐘，為總統夫婦說明，其少夫人張小姐在一旁筆記。李
總統領悟力高，反應快，雖然身材魁偉，動作卻很穩重
敏捷，很快便進入情況。晚上九時五十分，我向總統全
家告辭，他們也一直從客廳送到玄關的門口，李總統最
後還說：「我希望保持每天打坐的習慣，過些時再請教。」
（〈補述三：與李總統及俞院長談禪修〉，《歸程》，法鼓
全集 6 輯 1 冊，法鼓文化，頁 258-261）

四月四日，應邀至行政院俞國華院長官邸教授禪修。（〈補
　　述三：與李總統及俞院長談禪修〉，《歸程》，法鼓全集 6
　　輯 1 冊，法鼓文化，頁 262）

**四月六日，中華佛研所舉行常務理事會，法師致詞感謝長
　　久來護持之大德如成一法師、翁嘉瑞居士等，並以「興
　　辦教育復興佛教」為題，報告個人弘法事業在於興辦**

教育、弘傳佛法,使智慧慈悲流傳人間。

　　我的生命與佛教的生命相結合,並沒有我個人的事業與生命,也沒有我個人想做的事或不想做的事。我想到的不僅只是臺灣的佛教,甚至也不僅限於包括大陸在內的中國佛教,而是更遠大的方向,即將智慧和慈悲的佛法,傳到西方,廣傳世界。

　　其實,最使我欽慕的是,能像兩年多前圓寂的廣欽老和尚那樣,或者學現在已經八十二高齡的印順法師,住到隱蔽的山村裡去,專心看經讀論,撰寫佛書。但是,佛法的慧命,不在於個人的成就;生命的價值,也不僅在於歷史的記錄。我聖嚴是否修行有成就?聖嚴這個名字是否能傳之千古?都不重要。只願能培養更多的佛教人才,來著述佛書、弘揚佛教、修行佛法,燈燈相傳、代代相繼。而菩薩道,就是以成就他人來代替成就自己的呀!

　　我是隨從因緣而盡一分棉力,不勉強自己,也不勉強他人,只要有弘揚佛教的因緣,我就量力而為、盡心而做,不論在東方或西方。然而,專心致力於修行方法的指導和佛教教育工作的推動,則為我不變的信念。

　　我到美國,是為弘法事業拓荒,是為要把佛法的利益普施給西方的廣大社會。若要臺灣的佛教復興,必須興辦佛教的教育。可見本所同仁,正在負起扭轉歷史命運的重大責任。(〈興辦教育復興佛教〉,《教育・文化・文學》,法鼓全集 3 輯 3 冊,法鼓文化,頁 144-146)

撰〈僧伽未必是僧寶〉於《人生》月刊，依據根本佛教及
　印度大乘佛教經論，將「僧伽」、「僧寶」二詞原義
　作考察和疏導，以辨正近年來有某些居士仿傚日本佛
　教創立在家僧團之擬議。梵文「僧伽」原義，為多人
　組合之意，無出家、在家之別，任何教團，均可名為
　僧伽；然佛法中心「佛法僧」三寶之「僧伽」，則
　有相當限制。（〈僧伽未必是僧寶〉，《人生》，56 期，
　1988 年 4 月 15 日，版 2；今收《明日的佛教》，法鼓全集 5
　輯 6 冊，法鼓文化，頁 165-171）
　案：本文刊於一九八八年四月《人生》五十六期第二
　版，後收於《明日的佛教》。唯該書文後附記日期為
　一九八七年一月，疑誤。

《明日的佛教》由東初出版社出版。係五年來發表於《人
　生》月刊之社論或專論所結集而成。各篇立論係針對
　時弊，旨意則展望未來，是故書名如是。〈自序〉云：
　　這些文章，雖係對於教內外的時弊而寫，然我時時展
　望佛教的未來，縱有歷史的探討，目的仍在前瞻。今日
　我們正統、正信的佛教，正被各式各樣的民間信仰及土
　生外來的新興宗教所腐蝕混淆，而我們的佛教界，不論
　是教團的外形、教徒的觀念，或是對於教義的研討及教
　法的修持，又都未能及時因應當前時潮的衝擊。何況，
　今日的我們，僅喊著跟上時代步伐，實嫌不足，必須要
　有「若不能指引時代方向，便會受到時代淘汰」的自覺，

佛教才有遠大的明日。本書旨在拋磚引玉,願有更多的大心菩薩,來為正統的明日佛教,開拓正知正見與正信的坦途。(〈《明日的佛教》自序〉,《書序》,法鼓全集3輯5冊,法鼓文化,頁217-218)

四月上旬,原擬赴英國倫敦主持禪七,因簽證問題,改變計畫,移作赴大陸巡禮探親。由于君方教授及李藍居士協助安排行程。

去大陸,固然是探親,最主要的目的也是想完成另外的三個心願:(一)探訪中國佛教的源頭古蹟,(二)重溫我少年出家時代的舊夢,(三)巡禮先師東初老人的得法道場鎮江焦山定慧寺。(〈四、三則回大陸的故事〉,《法源血源》,法鼓全集6輯2冊,法鼓文化,頁17)

四月八日,由美國弟子保羅・甘迺迪、其夫人吳果道以及趙果曦等三位居士陪同,經香港返回大陸探親。(〈五、從香港到北京〉,《法源血源》,法鼓全集6輯2冊,法鼓文化,頁20)

過境香港時,將全套著作及《中華佛學學報》,託香港佛教志蓮圖書館宏勳法師帶交「中國佛教協會」趙樸初居士。(〈香港四日遊〉,《悼念・遊化》,法鼓全集3輯7冊,法鼓文化,頁285)

四月九日，下午四時，飛機降落北京機場，「中國佛教協
會」明暘、明哲、淨慧、能成等法師，以及周紹良等
居士接機。（〈五、從香港到北京〉，《法源血源》，法鼓
全集 6 輯 2 冊，法鼓文化，頁 20）

四月十一日上午，參觀法源寺，及其寺內設立之「中國佛
學院」，有學僧五十多名。（〈七、法源寺〉，《法源血
源》，法鼓全集 6 輯 2 冊，法鼓文化，頁 25-26）

四月十二日，上午十時，由淨慧法師帶同參觀廣濟寺。該
寺住持由上海龍華寺方丈明暘法師兼任。寺內設「中
國佛教文化研究所」，所長為趙樸初居士。「中國佛
教協會」會址亦在此寺，亦由趙樸初任會長。寺內有
清康熙年間白玉砌築之戒壇，法師特為禮拜戒壇而來。
下午，參觀佛牙舍利塔。（〈八、戒壇與佛牙塔〉，《法
源血源》，法鼓全集 6 輯 2 冊，法鼓文化，頁 27-31）

四月十三日，由淨慧法師伴遊雍和宮。（〈九、雍和宮〉，《法
源血源》，法鼓全集 6 輯 2 冊，法鼓文化，頁 32）

四月十四日，抵洛陽。（〈一一、洛陽的古墓博物館〉，《法
源血源》，法鼓全集 6 輯 2 冊，法鼓文化，頁 34-35）

四月十五日，參觀龍門石窟千佛洞，參禮洛陽城外白馬寺。

白馬寺為佛教自印度傳來中國之最早寺院，法師於迦葉摩騰及竺法蘭兩位大師像前，各頂禮三拜，感戴其譯經弘法恩德。（〈一三、白馬寺〉，《法源血源》，法鼓全集 6 輯 2 冊，法鼓文化，頁 39-44）

四月十六日，至鄭州登封縣少林寺，禮拜禪宗法源及中國佛教祖庭。（〈一四、少林寺〉，《法源血源》，法鼓全集 6 輯 2 冊，法鼓文化，頁 45-52）

當日，前中國佛教會理事長，基隆八堵淨土宗道場之開山長老道源老和尚，在徒眾念佛聲中安詳示寂。

道源長老為法師早年在上海靜安佛學院就讀時之教導主任，亦為受大戒之得戒和尚（案：詳見〈譜前〉）。法師此時未及得知，返美聞訊後即撰輓聯，並於六月七日撰文敬悼。聯曰：

道老得戒和尚德分戒分當思道業千秋

源師教導主任教之導之恆念源遠流長

（〈基隆海會寺開山道源老和尚圓寂〉，《人生》，57 期，1988 年 5 月 15 日，版 1）

四月十七日，抵達西安。參訪興教寺，禮拜玄奘三藏塔。「唐三藏塔」塔額為太虛大師手書。回程，於山徑遙禮華嚴初祖杜順禪師舍利塔。（〈一六、興教寺〉，《法

源血源》，法鼓全集 6 輯 2 冊，法鼓文化，頁 55-60）

下午，訪問西安市區大興善寺及大慈恩寺。（〈一七、大興善寺〉，《法源血源》，法鼓全集 6 輯 2 冊，法鼓文化，頁 61-63；〈一八、大慈恩寺大雁塔〉，《法源血源》，法鼓全集 6 輯 2 冊，法鼓文化，頁 64-66）

四月十八日，參禮樂遊原之青龍寺，參觀臨潼縣秦陵及秦兵馬俑博物館。然後參觀臨潼縣博物館，禮拜該館收存三年前由慶山寺遺址出土之釋迦世尊舍利。向館長說明舍利來源及其崇高，並建議將舍利另以精緻容器單獨供奉以供瞻仰。

　　金棺、銀槨、舍利寶帳，是迄今世界所見最完整、最豪華，而又唯一刊名為釋迦如來佛的舍利棺具。刻著「釋迦如來舍利寶帳」的石塔，高一‧○九公尺，用六塊青石線雕構件組成，可以層層打開，底部是須彌蓮華座，上置方形楞柱中空帳體，貯藏佛舍利的是金棺銀槨，金棺銀槨即藏於寶帳之內。

　　可是他們只知道祖先遺留的文物精美，卻忽略了促使這些文物產生的力量是佛教的信仰；他們重視安置佛陀舍利的容器，竟將數百顆晶瑩閃亮透明如細珠的佛陀舍利，從金棺銀槨中倒出，隨便置於一個塑膠質的餅干盒中，擺在專為放置金棺銀槨而製的玻璃架下，厚其薄而薄其厚，本末倒置，莫此為甚！使我見了心疼猶如被刀

刺！不管地下有多髒的塵土，五體投地，淚如泉湧。隨
後他們的館長出現了，便向他建議：「重視文物，更要
尊敬舍利，宜將舍利另以精緻的容器單獨供奉，供人瞻
仰，並當說明舍利的來源及其在佛教信仰中的崇高位
置。」（〈二二、慶山寺的佛舍利〉，《法源血源》，法鼓
全集 6 輯 2 冊，法鼓文化，頁 75-78）

四月十九日，參觀「陝西省博物館」之「西安碑林」。

　　我對書法藝術純屬門外，但是對於佛教有關的碑刻，
關注有加。我在碑林中，見到了久已慕名的許多石碑，
例如歐陽詢的兒子歐陽通書〈道因法師碑〉，褚遂良書
〈大唐三藏聖教序〉，僧懷仁集王羲之書的〈興福寺殘
碑〉，史維則書〈大智禪師碑〉，顏真卿書〈多寶塔碑〉，
徐浩書〈不空和尚碑〉，柳公權書〈玄祕塔碑〉，王羲
之七代孫隋代智永禪師書〈千字文〉，懷素大師書〈千
字文〉等。（〈二四、「碑林」的佛教文化〉，《法源血源》，
法鼓全集 6 輯 2 冊，法鼓文化，頁 81-83）

**晚上九時三十分，飛抵上海虹橋機場。玉佛寺、靜安
寺、龍華寺等各寺監院十數位出家人，以及大哥張志
遠夫婦、二哥張志明、三哥張志道夫婦、大姊夫黃瑞
琛等三十多人到機場迎接。夜宿上海玉佛寺，由住持
真禪法師接待。**（〈二六、見到了親人〉，《法源血源》，
法鼓全集 6 輯 2 冊，法鼓文化，頁 87-89）

四月二十日上午，參觀玉佛寺各殿堂，及設於玉佛寺之「上海佛學院」。（〈二七、上海玉佛寺〉，《法源血源》，法鼓全集 6 輯 2 冊，法鼓文化，頁 90-91）

下午二時，訪問靜安寺。為四十多年前法師學僧時代之母院。

靜安寺的大殿失火燒毀，正在重建中，暫以天王殿作大殿之用，其他廳堂房舍，除了學僧寮已被拆掉之外，未有改變。方丈室樓上，設了持松法師的密壇兼紀念堂。住眾十數人，均係五、六十歲的老僧，仍以經懺維持門庭。唯當年的課堂已改為做佛事的往生堂。（〈二八、上海靜安寺〉，《法源血源》，法鼓全集 6 輯 2 冊，法鼓文化，頁 92）

訪靜安寺後，至浦東探訪大哥。（〈二九、浦東的大哥家裡〉，《法源血源》，法鼓全集 6 輯 2 冊，法鼓文化，頁 95-97）

四月二十一日，上午，訪問上海唯一尼眾道場慈修庵，住持為觀性比丘尼。

午後，參觀龍華寺及圓瑛法師創立之圓明講堂，均由明暘法師擔任住持。途經狼山下院大聖寺所在地，因已改設為工廠，故未進訪。（〈三〇、龍華寺〉，《法源

血源》，法鼓全集6輯2冊，法鼓文化，頁98-102；〈三一、
狼山下院今何在〉，《法源血源》，法鼓全集6輯2冊，法
鼓文化，頁103-104）

四月二十二日，於玉佛寺休憩時俗家眷屬齊集。感謝兄、
嫂及姊姊、姊夫，照顧父母，並略說佛法。（〈三三、
我的禮物是佛法〉，《法源血源》，法鼓全集6輯2冊，法
鼓文化，頁108-111）

晚十時，從上海外灘碼頭，乘長江渡輪溯江而上，向
南通出發。（〈三四、長江輪上〉，《法源血源》，法鼓全
集6輯2冊，法鼓文化，頁112-113）

四月二十三日，凌晨五點，船抵南通港碼頭。狼山廣教
寺監院月朗法師、知客師錦榮法師來迎。返抵闊別
四十二年之狼山後，於觀音殿偏殿祖堂牌位前禮拜法
聚庵老和尚：師祖貫通、師公朗慧、師父蓮塘等法師。
於狼山之巨大變化，深體無常。

自從離開大陸四十年後，狼山七個房頭，僅存其二，
而已合為一寺，狼山的老僧，尚健在人世者，只得育枚、
自覺、宗律、俊德、演誠等五人，全山現住五十來位僧
眾，其中多半是來自南通地區的原有各寺，如今集中於
狼山一寺，狼山實質上業已不見子孫寺院的型態。四十
多年來，雖然經常魂繫夢縈地懷念著曾在狼山出家的殊

勝因緣,這趟回到狼山,竟無回到老家的感受。我住過的法聚庵,已非道場,法聚庵的五代老僧,均已作古,較我略晚出家的徒弟清華,已現俗相。如果我還是狼山僧,則已無祖庵可棲,向上無師可依,向下無徒為繼,真是一介孤僧!

到了山頂,我被引至供著觀音像的偏殿,發現觀音像後供著上中下三排黃紙牌位,我不等他們說明,已知道這是什麼地方,立即老淚縱橫地頂禮三拜,抬頭看見中排四個牌位,竟有三個是我法聚庵的老和尚,他們是我師祖貫通、師公朗慧、師父蓮塘。

現已改名為「紫琅園」素菜館的法聚庵,房舍全部都在,只是缺少了五位老僧,也撤除了所有的佛像。曾是我習誦的老佛堂,改成了販賣部;曾是我朝暮課誦的新佛堂,已改成第二食堂;原來的大客廳及住持寮,現在是大餐廳;曾是我臥室的小廂房,門窗關閉,闃無人影。佛陀不是早就說過的嗎?「諸行無常,諸法無我。」狼山的道場,從無而有,從有而無,已歷劫數次。只要我們自身時時腳踏實地,全力以赴就好。(〈三六、我是狼山的孤僧〉,《法源血源》,法鼓全集 6 輯 2 冊,法鼓文化,頁 125-129)

下午二時,離開狼山,至南通市小海鎮探訪大姊夫一家人,並至大姊墓地誦經。(〈三七、小海鎮的大姊家〉,《法源血源》,法鼓全集 6 輯 2 冊,法鼓文化,頁 130-133)

四月二十四日，早餐前，與兄弟聚集，用佛法向其開導，
期能信佛學佛念佛。

而後搭乘長江渡輪，自北岸南通港，開往南岸張家港，
返家祭拜祖父母、父母。

　　鎮口的城牆及城門，已被拆除，記憶中的地形地物，
幾乎一樣也找不到了。度過童年生活的三間草屋，已在
一九五四年遭到回祿，那個老宅的屋基，則有新來的人
家，起了一棟小屋。我祖父母及父母的祖塋，便在這棟
小屋的左背後。

　　墓碑上面刻畫著五個名字：張希凡及張蔣氏，是我祖
父母，張選才及張陳氏是父母，蔡女囡是我第一個二嫂。
掃墓用品是我交代大侄裕生準備的，墓上及墓前，擺著
四隻大花圈，一對大花瓶。花雖都是紙製，看來也很富
麗，一對兩斤重的紅燭及一把定香，地上架兩塊木板，
加鋪一方床單，供起四品水果，和十四盤素點，未用一
項葷腥，也未燒一片紙箔。我領著族人，並教他們一同
行三問訊禮，再合掌聽我誦經。（〈四〇、回到老家掃
祖墓〉，《法源血源》，法鼓全集 6 輯 2 冊，法鼓文化，頁
142-145）

四月二十五日，抵鎮江市金山賓館。江天寺方丈慈舟法師、
焦山定慧寺方丈茗山法師到館迎接。下午四時，赴金
山寺參禮。（〈四四、金山江天寺〉，《法源血源》，法鼓

全集 6 輯 2 冊，法鼓文化，頁 155-161）

四月二十六日，茗山與慈舟兩法師來接，同至焦山定慧寺。
　定慧寺為東初老和尚祖庭，法師此次返鄉除探親外，
　主要目的在把東初老人舍利，分供於焦山，作為永久
　紀念。住持茗山法師為迎接東老人舍利，特設靈堂、
　盛供，由二十多位僧眾，以隆禮恭迎，虔誠上供。法
　師並委請定慧寺方丈茗山法師，起建舍利塔供奉。

　　到達焦山之時，定慧寺方丈茗山法師，已委請工程人
　員，繪就舍利塔的藍圖，以上等花崗岩石材建造，塔高
　二‧五六公尺，塔基一‧四一公尺見方，並以大理石鐫
　刻塔額及碑文傳略，鑲於塔身前後，預定於明年四月竣
　工。本來，東老人在其遺言中，有過明確的交代，囑我
　們將其骨灰，和麵成團，拋入大海，結水族緣，建塔不
　是他老人家的遺願，乃是我們追念感恩的一種表示。
　（〈四五、焦山定慧寺〉，《法源血源》，法鼓全集 6 輯 2 冊，
　法鼓文化，頁 170-171）

　下午四時，辭別金山，於晚間十時返抵上海玉佛寺賓
　館。

四月二十七日，告別兄長等俗家眷屬，由上海飛往美國。

五月七日，接受加拿大佛學會（Buddhist Association of

Canada）、多倫多佛學會（Toronto Buddhist Soci-
ety）、安大略省佛學研究社（The Ontario Buddhist
Studies Group）三團體聯合邀請，赴加拿大多倫多市
作兩場弘法演講。上午，假多市布魯西街，講演「如
何以佛法解決現代人的煩惱？」，下午，假多倫多大
學醫學院大禮堂，講演「中國禪與今日北美生活的關
聯」。（〈聖嚴法師多倫多市　開誠布公談心〉，《人生》，
58 期，1988 年 6 月 15 日，版 1；講詞見 "Chinese Chan and
Its Relevance in North America Today", *Chan Newsletter, No.66-
67,* June-August 1988；中譯見〈北美的禪佛教〉，《法鼓》，
269-275 期，2012 年 5-11 月，版 6）

五月十五日，發表〈護法與衛教〉，呼應昭慧法師組織護
法委員會之呼籲。昭慧法師於《獅子吼》雜誌（27 卷
2 期）刊出〈護法衛教，不容緘默！〉一文，對社會
某些醜化與誣陷佛教之言行將展開溫和抵制與主動澄
清，法師讚許並鼓勵如此運動。

　　弘法與護法是一體的兩面。保護佛教的形象，維護佛
法的純正，是佛教求取生存的基本條件；進而才能談到
弘揚佛法，擴展佛教的事業。如果佛教的形象任由外人
扭曲、誤解；佛法的純度被各種類型的人物加以混淆、
滲透，就會使未信者裹足不前，已信者邪正不分，哪裡
還談得到弘法的效果？所以弘法必須先要護法。

　　可是，社會一般人士對佛教徒的護法衛教，往往指責

為修養不夠、沒有修行、不懂慈悲。好像是說,佛教徒就必須忍氣吞聲、任人侮辱、受人破壞,甚至到佛法和佛教被人消滅,也應該逆來順受。這是非常不合理、不公平、不仁道、不民主的野蠻作風。

如果不能夠保持佛教的純度,便會變質,成為投機取巧者的工具;如果不能維護它的正確形象,便會失去對於廣大人群的教化作用。所以,我們不僅因為自己是佛教徒,而來維護佛教、弘揚佛法,更是為了使我們的社會大眾福壽康寧,才提出「護法與衛教」事業的重要性。(〈護法與衛教〉,《人生》,57 期,1988 年 5 月 15 日,版 1;今收《明日的佛教》,法鼓全集 5 輯 6 冊,法鼓文化,頁 172-174)

五月二十二日,東初禪寺為紀念第二六一二年釋迦世尊降生誕辰、禪中心(即東初禪寺)成立十週年、該寺三層樓大廈完成裝修開幕,舉行隆重慶典。慶典由法師親自主持,並邀請到四位特別來賓:美國佛教會前任會長仁俊法師,菲律賓遠道來訪之瑞今長老、廣範法師、傳印法師。參加人數有五百位。

案:此禪中心成立十週年,係指於一九七九年六月,法師在紐約林邊租屋成立「禪中心」開始,迄一九八八年為十週年。禪中心於一九八一年,為感念師恩,又名「東初禪寺」。

東初禪寺已成立十週年，然仍維持創立時無床鋪、無個人房間之傳統，以體念道場創立之艱辛。（〈紐約東初禪寺十年有成〉，《人生》，58期，1988年6月15日，版1）

五月二十七日至六月三日，於東初禪寺主持第四十次禪七。每晚開示牛頭法融大師〈心銘〉。（〈紐約東初禪寺新址新獻　學員共修勤〉，《人生》，59期，1988年7月15日，版1）

六月七日，撰〈敬悼道源和尚〉追念道源長老對中國近代臺灣佛教貢獻，以及個人親炙之恩情。

目前的臺灣佛教，漸漸已由本土出身的中青年輩，推動著法輪前進，確已承襲了大陸佛教的優良傳統，一掃日治時代殖民地佛教的色彩。這就不能不感謝那些長老們，努力於傳戒、講經、辦佛學院、發行佛教書刊，以及領導著中國佛教會的運作之功。道源長老便是其中的功臣之一。

我與長老的關係，始於一九四八年秋，當時我在上海靜安寺佛學院做學僧，他來學院擔任教師並代理教務主任職，為我們講授《梵網經菩薩戒本》。

二度出家，一九六一年秋，便到基隆海會寺求受大戒，這才使我再度親近長老，且被遴選為沙彌首，兼任戒壇日記的記錄。

戒期中，道源長老自任得戒和尚，親自講授《比丘戒

本》，我邊聽邊記，獲益良多，疑點亦不少，由於長老數度提示：「欲求進一步的了解，請於戒期之後，檢閱六十卷的《四分律》」。這也使我在往後住山的數年之中，專心於律藏的因素之一。（〈敬悼道源和尚〉，《人生》，59 期，1988 年 7 月 15 日，版 1；今收《悼念・遊化》，法鼓全集 3 輯 7 冊，法鼓文化，頁 88-90）

六月七日，《牧牛與尋劍》由東初出版社出版。本書形式與《從東洋到西洋》一書相同，從內容看，亦可視作法師自傳又一續篇。而收有各書序文亦特色之一。

六月十五日，發表〈今日佛教與政治關係〉於《人生》月刊，檢討歷來佛教對政治所抱持之態度。蓋自世尊時代以至傳來中國，佛教均無政治欲望、不介入任何政治勢力，然今日政治體制與前不同；如果佛教徒不熱心參與競選和選舉活動，即等於放棄對國家、社會所應負之責任。法師明確表達今日之佛教徒與專制政體下之佛教徒應有截然不同之政治態度。

　　根據國父中山先生對政治的解釋是：「眾人之事謂之政，管理眾人之事謂之政治。」所以，佛教即使是想要脫離政治的範圍，也根本是不可能的事。因為現代的政府是由民選的，政府就代表人民的權益。它為全體人民做整體的策畫、管理、經營和發展的事業，以保障每一個人的利益，並改善全體人民的生活品質及生活環境。

如果今日的佛教徒不參與政黨政治的選舉活動，我們就會被政府忽略，也會沒有適當的管道向政府建言，進而失去了為國民大眾提供我們佛教徒的智慧，和佛法對國家建設貢獻的機會。佛教的法師和專業於弘法事業的居士們，也有他們的基本群眾，並且代表這些擁護他們的群眾的想法和利益。所以，他們有責任去參與政黨政治的競選活動，不論是自己出面，或是支持信徒出馬。

今日的政治理念是群體的、多元的、全民的權利與義務，而不是少數人的特權。如果佛教徒忽視政治的權益，等於放棄了自己對社會的責任。因為佛教徒受佛法的薰陶，多少具有善良、慈悲、智慧的理念，若不想貢獻於議會的殿堂，相對地，就等於任頑劣、暴力及愚蠢的邪惡思想滋長。因此，佛教徒多一分呼籲，就是為社會增一分平安和幸福。

如果佛教徒們不熱心參與競選和選舉活動，在積極一面看，就等於放棄對國家、社會所應負的責任；在消極面說，則是放棄了生存和生活的權利。因為，若是我們自己不參與政治，政治就會忽視我們，甚至否定我們。基於以上的理由，我們主張：佛教徒們應該集中選票，投給信仰佛教、護持三寶的候選人，或至少是理解佛教立場、愛國愛民的勤政人士。（〈今日佛教與政治關係〉，《人生》，58 期，1988 年 6 月 15 日，版 3；今題〈佛教與政治〉，收入《明日的佛教》，法鼓全集 5 輯 6 冊，法鼓文化，頁 175-178）

六月二十七日，中國佛教會青年委員會正式成立護教組，
　　並召開第一次全體組員會議。由護教組組長昭慧法師
　　主持，中佛會祕書長了中法師列席指導。將改變一向
　　緘默忍受之態度，針對謗教事件，展開必要之闢邪顯
　　正活動。（〈改變緘默態度展開護教工作　中佛會青年委員
　　會成立護教組〉，《人生》，59 期，1988 年 7 月 15 日，版 1）

七月一日至八日，於東初禪寺主持在美第四十一期禪七，
　　禪眾三十三人。每晚開示牛頭法融大師〈心銘〉。（〈紐
　　約東初禪寺新址新獻　學員共修勤〉，《人生》，59 期，
　　1988 年 7 月 15 日，版 1）

七月十二日，由美國返回臺灣途中，至香港作數日停留，
　　由香港中華佛教圖書館暢懷法師領導，佛青協會會長
　　袁文忠及其夫人黃麗蓉策畫邀請，假香港北角渣華道
　　大會堂講演三天。（〈香港四日遊〉，《悼念・遊化》，
　　法鼓全集 3 輯 7 冊，法鼓文化，頁 272-291）

七月十三日，因身體健康狀況不佳，請醫生診治。主辦單
　　位即憑診斷證明，去移民局辦理加簽留醫手續，請法
　　師留港演講。（〈香港四日遊〉，《悼念・遊化》，法鼓全
　　集 3 輯 7 冊，法鼓文化，頁 278-279）

　　晚，於渣華道大會堂演講「實踐的佛教」，聽眾約

四百多人。

　內容包括：一、什麼是佛教？二、什麼是生活實踐？三、什麼是佛教徒的生活實踐？四、層次分明的生活實踐。五、生活實踐的輕重先後。六、結論：佛陀以實踐其道德生活而悟道，悟道後則以教化眾生照著他所開示的生活理念和生活方式來實踐。佛教徒便是信佛學佛而以修行佛法為生活軌範的人。（〈香港四日遊〉，《悼念‧遊化》，法鼓全集 3 輯 7 冊，法鼓文化，頁 287）

七月十四日，午餐後，至九龍「法住文化學院」訪問法住學會會長霍韜晦。（〈香港四日遊〉，《悼念‧遊化》，法鼓全集 3 輯 7 冊，法鼓文化，頁 282）

下午一時，香港佛教一青年居士團體「法輪學社」七位會員來訪，就「現代化的佛教弘化」與「職業化的佛教弘化」請教。

　我個人一向是贊成專業化的，唯有專業化才有持久性和穩定性。民國以來，以居士身而專職弘法的已漸漸增多，如果不是出於富裕的家庭，則必須取得生活所需的待遇，但如果以專業為口號，卻以斂財為目的而沒有弘化的實質，那是不值得鼓勵的。（〈香港四日遊〉，《悼念‧遊化》，法鼓全集 3 輯 7 冊，法鼓文化，頁 283）

下午五時，拜訪法雨精舍及佛學書局主持人松泉法師。

（〈香港四日遊〉，《悼念・遊化》，法鼓全集 3 輯 7 冊，
法鼓文化，頁 284）

晚上，續昨日，於同地舉行第二場演講，講題為：「信
仰的佛教」。出席人數有七百人左右。

　　「信仰的佛教」子題分為六點：一、何謂信仰？ 二、
何謂佛教的信仰？（一）信三寶、（二）信因果、（三）
信因緣、（四）信心、佛、眾生三無差別。三、佛教的
信仰層次。 四、佛教信仰的特色。五、佛教信仰的根本
精神。六、結論：依據佛法的指引而產生的信仰，稱為
正信。正信的佛教以修持人天善法為信仰的基礎，學佛
成佛為信仰的終極。（〈香港四日遊〉，《悼念・遊化》，
法鼓全集 7 冊，法鼓文化，頁 288）

七月十五日，中午，由九龍參觀佛教志蓮圖書館，並為今
　　春託交佛教文物轉送中國大陸，向該館主持人宏勳比
　　丘尼致謝。之後，轉往智開法師主持之香港佛經流通
　　處訪問。（〈香港四日遊〉，《悼念・遊化》，法鼓全集 3
　　輯 7 冊，法鼓文化，頁 285-286）

晚，繼續第三場演講，題目為：「理論的佛教」，聽
眾人數約有一千多人。

　　「理論的佛教」子題分為五點：一、何謂理論？ 二、
佛教的理論基礎重於人的問題之分析，即五蘊、十二入、

十八界。三、佛法的目的在於解決人生問題，那就是從
生、老、病、死的流轉之苦而得到解脫自在。四、由基
礎的根本佛教至大乘佛教的三個系統。五、結論：佛教
之理論的目的，不在於滿足哲學的思辨，乃在於釐清人
生宇宙問題的所在，然後提出解決問題的辦法。（〈香
港四日遊〉，《悼念‧遊化》，法鼓全集 3 輯 7 冊，法鼓文化，
頁 288）

七月十六日中午，由啟德機場搭機返臺。

數日訪遊，對香港佛教有進一步認識，因於九月撰成
〈香港四日遊〉，對僧中未見培養青年人才，故於宣
講佛經、演說佛法、撰寫佛教文章等人才欠缺深致憂
心。對其於海外佛教與大陸佛教間，扮演橋樑角色，
負起轉口傳播工作深為讚許。（〈香港四日遊〉，《悼念‧
遊化》，法鼓全集 3 輯 7 冊，法鼓文化，頁 272-291）

七月十七日上午四時，基隆十方大覺寺開山靈源長老，在
四眾弟子念佛聲中安詳示寂，世壽八十七歲。長老為
法師受具足戒之尊證法師，亦為法師臨濟宗之傳法和
尚。翌日，敬撰〈靈源老和尚行狀〉，敘長老德學云：
和尚字宏妙，法號靈源，一九〇二年四月初八日生於
浙江省臨海縣，父傅公映庚，母謝氏美雲，均篤信佛教。
和尚自幼多病，三歲時右頰生大肉瘤，其母禱於觀音大

士而痊。和尚十二歲因患天花而致麻面，成醜陋相，後念觀音聖號，並讀《楞嚴經》徵心無處而大發疑情，遂手抄《楞嚴》，麻皮盡脫，諸病不藥而癒，是年十五歲也。

年二十五，潛至天台山出家，然為其父得知追回。至一九三二年，和尚三十一歲，厭離之心大熾，乃赴閩省福州之石鼓山湧泉寺，依止虛雲長老披剃出家，敘為徒孫。翌年三十二歲，受具足戒於該寺，應慈長老為羯磨阿闍梨，講《梵網經》，戒期圓滿，追隨應老至寧波天童寺，結夏三個月後，再回鼓山，入法界學院，親近慈舟長老，聽八十卷《華嚴》，研四分大律等，歷三年畢業。

一九三六年，和尚三十五歲，再度親近應慈長老，隨行至上海、常熟、南京、寧波各地，於寶岩、興福等諸寺，聽講四十卷《華嚴》、《楞嚴》、《楞伽》、《法華》等諸大乘經，兼習《華嚴五教儀》等論典。

一九四七年，和尚四十六歲，奉虛雲長老之召至廣州南華寺，翌年即任該寺住持，復住江西雲門寺。一九四九年，至香港，卓錫大嶼山之寶蓮寺。一九五三年秋，應南懷瑾及魯寬緣居士之邀，藉周至柔將軍之助，杯度臺灣。先住基隆佛教講堂。次年於基隆市郊擇得山坡地一塊，興建十方大覺禪寺。

和尚儉樸持身，行履謹嚴，毘尼清淨，謙以自牧，和以待人，外現頭陀相，內密菩薩行，恆將念佛為參禪工夫，畢生專志，精勤不倦。和尚夙具智慧，佛學文學兼優，亦善書畫藝術。其著作之行於世者，有《山居雜語》、

《梵網經集義句解》、《淨業綱要》、《心經集註》、《靈
源夢話集》，以及《佛菩薩聖像畫集》等。一九八八年
七月十七日（農曆六月初四日）上午四時，在四眾弟子
念佛聲中，安詳示寂於十方大覺寺之丈室。世壽八十有
七，僧齡五十有六，戒臘五十五夏。（〈靈源老和尚行狀〉，
《悼念·遊化》，法鼓全集 3 輯 7 冊，法鼓文化，頁 37-39）

七月二十日至二十二日，於農禪寺宣講《無量義經》。自
去年春天開講，共講四會十二次，於此次圓滿。此經
為法華三部之第一部，法師於講經中，特別強調菩薩
行之重要云：「即使自己尚在煩惱中，也要積極度眾生；
能夠積極度眾生，自己煩惱漸漸輕。」（〈講經法會圓
滿　聖嚴法師勉眾發心廣傳佛法〉，《人生》，60 期，1988
年 8 月 15 日，版 1）

七月二十四日至三十日，於文化館大樓舉辦首屆大專青年
佛學夏令營。期將佛學研究內涵與精神介紹給大專知
識青年。國內、外六十位大專以上知識青年參加。（〈夏
令營嘉惠青年學子　中華佛研所師生欣然〉，《人生》，60 期，
1988 年 8 月 15 日，版 1）

八月十七、十八日，應邀至臺中中興堂演講。活動由中國
佛教會臺中支會主辦，慈濟功德會臺中分會、普門慈
幼社、紫蓮精舍、香雲精舍等佛教單位協辦；臺中市

佛教支會理事長聖印法師、臺中市前任市長林柏榕、現任市長張子源等分別蒞會聽講致歡迎詞。兩場演講每晚均吸引三、四千人到會聽講,十分熱烈,而出家眾蒞會者有二、三百人。

當天晚上,演講會場出乎意料的擁擠。一個設有一千八百個座位的會場,竟然到了三千多人。不僅場內的四周及中間的走道站滿了人,講台上法師的前後左右也都坐滿了人,還有一些進不了場的人,只好在場外看閉路電視。除了臺中市的聽眾之外,還有來自嘉義、員林、臺北、南投、彰化、北斗、大肚、豐原……等各地的人。場外停了十八部遊覽車。這次會場的最大特色是出家眾的人數多達二、三百人,其中有若干寺院正值結夏安居期間,有的正在禮誦《地藏經》,為了聽講都破例將佛事擱下。(〈不可思議的臺中弘法〉,果祥,《人生》,61 期,1988 年 9 月 15 日,版 2)

講題分別為「正道與邪道」、「悟與誤」。(二篇講稿皆收入《禪與悟》,法鼓全集 4 輯 6 冊,法鼓文化,頁 228-239、52-63)

八月二十四日至三十一日,於農禪寺主持第三十四期禪七,開示僧璨之〈信心銘〉。

九月十日,於農禪寺主持剃度典禮,六位青年求度出家,

為取法名：果稠、果理、果晨、果燈等。典禮開示「擔起如來家業」勉新度沙彌。

　　諸位發清淨心來出家，出家之後，願諸位常常提醒自己：出家並非為了自己求安逸、求享受，乃是要擔起更大的責任，承受更大的磨鍊。有煩惱時不應向他人傾訴，因為落髮出家之後，就是人天師範，應當擔負眾生的煩惱，不要讓他人來分擔自己的煩惱。心裡有什麼困難委屈，要向內自己消解，並且要盡己所能，幫助他人解決困難。（〈擔起如來家業〉，《人生》，65 期，1989 年 1 月 15 日，版 2）

九月十五日，發表〈我們不辦教育，佛教就沒有明天〉於《人生》月刊，懇切呼籲：護持和推動佛教教育事業，為護法、弘法、皈敬三寶之第一要務。

　　近代以來的中國佛教就是因為缺少辦教育的人才，也缺少有遠見的人來辦佛教教育。所以雖然有幾十萬乃至上百萬的僧尼和全國數十萬座寺院，佛教的形象卻是普遍地落於民間信仰的層次。佛教界對內無法普遍地提昇人員的素質，對外無能抗禦各種的打擊和侮辱。

　　今後的時代是以人才的多寡來占取生存的空間，如果我們沒有足夠數量和足夠水準的人才，佛教將會僅僅留下三藏的教典，默默地躺在圖書館內；如果沒有把佛法當作自己的第一生命來看，就不會有護法及弘法的信心和願心；如果沒有佛教的教育來普遍培養足夠的人才，

中國的佛教也會走上印度佛教同樣命運。如果我們不能
及時培養更多通達內、外宗教與佛學及哲學的人才，立
於不同的層面寫出文章和書籍來說明什麼是正信的佛教
和正統的佛教，則明天的社會將見不到佛教。

我們諸位護法、理事，以及本所的師生是今日佛教的
中堅，相信也與我有同感。而今日所謂護法、弘法、皈
敬三寶的第一要務，就是護持和推動佛教的教育事業。

我聖嚴本人已是年近六十的老僧，成功不必在我，本
所只是一個起點，如果另有他人把佛學研究所辦得更多、
更好的話，我可以馬上站在護持的立場而把教育的工作
交接給能者和仁者。所以不僅僅是期待本所能正常地運
作、繼續地發展，也期待著能有更多的後進和有志一同
的賢者走上相同的道路，攜手前進。

希望有更多的人來護持佛教的教育事業，來從事佛教
的教育事業，為了明天的佛教還有生存的空間，為了明
天的人間，還能有佛法可信可學。（〈我們不辦教育，佛
教就沒有明天〉，《人生》，61 期，1988 年 9 月 15 日，版 5；
今收《教育‧文化‧文學》，法鼓全集 3 輯 3 冊，法鼓文化，
頁 148-151）

同期，有〈寧靜和清淨的寺廟〉發表，對佛教在舉行
法會和佛教儀式時，音響等器材使用應有現代環保觀
念，切勿形成噪音擾及他人。

唱誦佛經的感應力量是在於修行者的虔誠心，不在使

用或不使用音響設備。如果因為使用音響而惱怒他人，不但修行無功，反而因此招罪。（〈寧靜和清淨的寺廟〉，《人生》，61 期，1988 年 9 月 15 日，版 3；今題〈寧靜的佛教〉，收入《明日的佛教》，法鼓全集 5 輯 6 冊，法鼓文化，頁 181）

同日，美國天普大學宗教系主任傅偉勳返國，特來中華佛研所，拜訪所長聖嚴法師。陪同來訪者有游祥洲博士、臺大考古人類學系美籍教授卜道、臺大哲學系教授楊惠南、彌勒出版社負責人藍吉富、中醫師胡秀卿。就今後佛教發展方向和方式提出討論。

九月十七日下午，中華佛研所護法理事會於農禪寺舉行七十七學年度年會。該所師生、理事、護法委員、來賓等共二百餘人參加。會議由理事長楊正居士主持。法師以「佛教需要優秀的人才，優秀人才需要好的教育」為題，開示佛教高等教育之重要，呼籲諸大德鼓勵、勸導、贊助優秀佛教青年來投考接受教育。

　　特別優秀的大師級人才是天生的，而中上等的人才還是有賴優良教育之培養。

　　臺灣佛教界雖有人辦教育，但可能是限於本身的條件不足或由於出發點不純，而最大原因該是沒有層次、沒有等級、沒有統一的步驟、各做各的，所以無法提高素質，不能造就較為傑出的弘化人才。唯其教育事業譬如

植樹一樣，開花、結果、收成需要假以時日。但未來的
環境與社會，將比當前更具挑戰性及競爭性，今日若不
重視佛教的的高等教育，積極培養傑出的高等人才，為
佛教架妥上層建築的樑柱，來宣揚正確正統的佛法，則
釋迦世尊以及歷代祖師們經過長期努力修持而體悟出來
的道理及方法，將無法傳承下來，我們亦將成為佛門的
末代子孫。

　佛教需要人才，人才需要教育的養成。希望以我們的
研究所來培養佛教高層次的人才，再以這批高層次的人
才培養佛教界的高級人才，復以高級人才去普遍地弘揚
佛法於全國各地乃至世界各國。

　我一向強調：「我們的佛學研究所，不僅是因為老師
陣容的優秀堅強而顯出特色，尤因我們擁有資質優秀的
研究生而感到光榮」。懇請諸位關心佛教教育的僧俗大
德們，鼓勵、勸導、贊助優秀的佛教青年來投考本所，
因為我們有好老師、好學生、好護法。（〈佛教需要優秀
的人才，優秀人才需要好的教育〉，《教育・文化・文學》，
法鼓全集 3 輯 3 冊，法鼓文化，頁 152-155）

九月二十一日，撰〈香港四日遊〉報導香港之行。（〈香港
　　四日遊〉，《悼念・遊化》，法鼓全集 3 輯 7 冊，法鼓文化，
　　頁 272-291）

九月三十日晚上，應邀至臺北縣淡江大學演講。演講會於

該校驚聲館舉行，由該校佛學團體「正智社」主辦。演講題目為：「禪與纏」。（〈禪與纏 聖嚴法師淡大弘法〉，《人生》，62期，1988年10月15日，版1；講詞今收《禪與悟》，法鼓全輯，4輯6冊，法鼓文化，頁35-51）

十月，中華佛研所召開常務理事會，針對未來發展需要購買土地問題組成土地小組，由楊正、林顯政、熊清良三位居士組成。（〈護法會七十八年度——從一張桌子一個人說起〉，《法鼓》，24期，1991年12月，頁7）

十月十三日下午，西藏黃教「上密院」前任院長達拉仁波切（Tara Rinpoche）偕弟子數名蒞臨中華佛研所訪問，並作演講，講題為：「西藏僧團教育」，介紹佛法在西藏流布簡史、西藏寺院僧團中課程與修學次第。法師親自接待主持，高明道老師任翻譯。（〈西藏黃教仁波切 蒞訪中華佛研所〉，《人生》，63期，1988年11月15日，版1）

十月十五日，發表〈送佛經佛書到大陸〉呼籲響應，以促進大陸佛教之復甦。此緣自於今年四月初返大陸，所到之處無論僧俗皆有贈送佛經佛書之要求，故陸續寄送。

　　中國大陸現在又有佛教了！可惜沒有佛法，尤其缺少佛經佛書。

今天，大陸佛教界的萬千同胞，正在向我們長長地伸出了求贈佛經佛書的手，希望我們把多餘的、看過的佛經、佛書，或花錢購買或集資印送，大量地提供給他們。現在大陸已有一百四十個重點寺院開放，並且有十三家的佛學院，有五萬的僧尼；而每天至各道場進香及旅遊的人，總計達百萬上下，然他們卻很難得到一本印刷和裝訂完美的佛經與佛書。

若希望大陸佛教的復甦，需要我們臺灣同胞及國外僑胞大力支援。香港佛教界的中華佛教圖書館，以及志蓮佛教圖書館，已將送佛經佛書到大陸的運動，默默地做了一年多。臺灣的華藏圖書館、佛陀教育基金會也在發動勸募，本刊和東初出版社也願提供一分棉力，已在九月份送出《禪學大成》一百套（精裝六百冊）、《佛教藝術》八百本、《禪學講話》一百本、《佛教入門》一千冊、《禪的體驗》五百冊，以及〈東初佛學小叢刊〉的八類小冊子各一萬本。總值共計新臺幣五十多萬元。

我們願意在此大聲疾呼，希望本刊的讀者普遍地熱烈響應，自己捐書捐款，也代為勸募，對大陸同胞提供佛經佛書，以復興大陸佛教。（〈送佛經佛書到大陸〉，《人生》，62期，1988年10月15日，版3）

案：今年四月初返大陸後，所到之處無論僧俗皆有贈送佛經佛書之要求，故陸續寄送。迄今年（一九八八）底，已捐贈價值約一百萬元佛書，通過香港佛教界轉送大陸。

十月十六日晚，抵美國。

十月十七日上午，率同弟子果元等一行數人，至紐約州莊
　　嚴寺弔問沈家楨居士，並到該寺佛化墓園「千蓮台」
　　為沈夫人居和如居士誦念追薦。法師一九七五年冬自
　　日本來美，即出於沈氏邀請，多年來亦蒙其護持甚多。
　　夫人出身浙省望族，一生相夫教子，精勤學佛；本年
　　七月四日安詳捨報往生，享壽七十一歲。（〈聖嚴法師
　　赴美　專訪莊嚴寺〉，《人生》，63 期，1988 年 11 月 15 日，
　　版 1）

十月二十三日，於東初禪寺演講「禪與現代人的生活」。

十月，《中華佛學學報》第二期出版，法師有〈坐禪〉發
　　表。（《中華佛學學報》，2 期，1988 年 10 月 1 日，頁 359-
　　387）

　　《法源血源》由東初出版社出版。此為今年四月赴大
　　陸探親十九日之感想與紀錄。〈自序〉云：
　　　　我這次回大陸訪問，是臨時決定的，故未準備寫書。
　　進入大陸的十九天中，沒有作手記和日記，更沒有計畫
　　蒐集寫作資料。可是，當我結束探親訪問的日程，回到
　　僑居地紐約之後，不論白天或夢寐中，十九天的訪問過
　　程，久久縈繞，揮之不去。所以不得已而執筆為文，本

來只想寫幾千字，略抒胸中塊壘，想不到開始寫作之後，竟然欲罷不能；數日之間，成稿盈篋，而完成了這本日記式的小書。（〈自序〉，《法源血源》，法鼓全集6輯2冊，法鼓文化，頁3）

十一月十日至十二日，應邀至波士頓等地三所大學演講。

十一月十日下午，從紐約飛往波士頓。主辦人吳玉如小姐、歐陽正先生、以及文化大學歷史系教授蔣義斌博士至機場迎接，送至李嚴博士府上接待。

李先生為退休之大氣物理學博士，夫人白璧女士正為老人福利服務，法師鼓勵其即以現有好友組成佛學社團，並於返回紐約後，立即寄贈一批佛書支持。（〈沿海撒網──新英格蘭遊化記行〉，《悼念・遊化》，法鼓全集3輯7冊，法鼓文化，頁295-299）

十一月十一日下午，應哈佛大學東亞系主任教授杜維明博士邀請，以「明末的中國佛教」為題演講。杜教授作介紹，並自任英文翻譯。

演講會出席者中，有三十多位各大學教授及正攻讀博士學位研究生，關心佛教學術在近代中國發展，以及學術與修行間之困難。

　　中國佛教至近代為止，一向不採用為學術而學術的態度，佛教的學者不論僧俗，都是以如何運用和肯定全部的經教來有利於實際的修持、生活的實踐為目的，所以很少用比較語言學、歷史文獻學角度來作考證，直到目前為止，像為中國佛教學者所共推公認的最具代表性的佛教學者印順法師，雖然也用近代學者們的治學方法和歷史觀點，但他的宗旨也不是為學問而作研究的，是為使得佛法如何用之於人間而作縱橫面探討。

　　包弼德（Peter Bol）博士好奇地問我：「作為一個傳播佛教實踐佛法的出家人，又是一位從事研究忠於學術的學者，其間沒有衝突和困難嗎？」

　　我說：「在信仰和思想方面是沒有衝突的，在時間的分配方面，的確相當吃力。」他又問：「像這樣的出家人，中國很多嗎？」我只好回說：「假如今日中國的佛教界，已有足夠的人才，我是寧願不扮演這種角色的，努力終身，未必討好。不過從印度到中國，佛教史上的諸大師，無不是縱貫三藏、學通內外的飽學博覽之士，如以這樣的標準來看，我還不夠稱為實踐與學問兼修的佛教學者哩！」（〈沿海撒網──新英格蘭遊化記行〉，《悼念‧遊化》，法鼓全集 3 輯 7 冊，法鼓文化，頁 302-305）

晚上，於麻塞諸塞州立大學羅爾分校（University of Massachusetts, Lowell）講演「時空與生命的超越」。由該校中國同學會以及遍吉社、普賢社兩佛學社共同

舉辦,袁靜英主持,陳松楨博士致詞介紹。內容分設
四個子題:

一、時間與空間是什麼?它是宇宙、世間、活動、存
在、幻有等的異名。

二、佛教的時空觀是什麼?它是因果和因緣法,即是
無常也是無我,以生、住、異、滅四相明諸法現象在時
間與空間中的運作。

三、佛教的生命觀是什麼?有情眾生的「生老病死」
是正報,無情眾生的「成住壞空」是依報。從凡夫的立
場看,生命的現象是由於業感緣起及阿賴耶緣起。從聖
人的立場看,生命的活動是由於淨心緣起、真如緣起,
如來藏緣起。

四、如何超越時空?《阿含經》說的「苦集滅道」四
聖諦法,以《般若經》的「五蘊皆空」觀,以禪宗頓悟
自性、明心見性,就能夠處於時空而不為時空束縛,那
就是生命的超越。(〈沿海撒網──新英格蘭遊化記行〉,
《悼念・遊化》,法鼓全集 3 輯 7 冊,法鼓文化,頁 306-
307)

十一月十二日下午,再抵哈佛大學,以中國留學生及當地
僑胞為對象,於燕京圖書館演講廳講「禪與悟」。到
有聽眾一百六十多人。子題為:

一、禪的定義。
二、悟的定義。

三、禪的演變。

四、中國的禪宗。在六祖惠能之前是有漸、有頓的，而且要依經教的。

五、悟是什麼？它是解脫和智慧的異名。許多人把依修行禪定而得的輕安境、聰明境、神通境，當作悟境，那是錯的。（〈沿海撒網──新英格蘭遊化記行〉，《悼念‧遊化》，法鼓全集 3 輯 7 冊，法鼓文化，頁 310-311；講詞今收《禪與悟》，法鼓全集 4 輯 6 冊，法鼓文化，頁 17-34）

十一月十二日至十六日，於緬因州摩根灣禪堂主持一連三天之禪修活動，計有十六位禪眾參加。此為去年春天後，法師再度蒞臨指導。（〈沿海撒網──新英格蘭遊化記行〉，《悼念‧遊化》，法鼓全集 3 輯 7 冊，法鼓文化，頁 312）

十一月十六日下午，應緬因州州立大學（University of Maine）邀請，於其奧魯諾（Orono）校本部，為該校哲學及宗教系師生六十多人，以「什麼是禪？」為題演講。（〈沿海撒網──新英格蘭遊化記行〉，《悼念‧遊化》，法鼓全集 3 輯 7 冊，法鼓文化，頁 314-316）

十一月十五日，於《人生》發表〈哪些是外道的佛教〉，提出判別佛教之標準：以佛法解釋佛法、以經解經。

如果只知道愛讀佛書而不知應該讀哪一類佛書，那就

可能讀的佛書愈多，對於佛法的體驗愈加矛盾。我們不得不指出，凡是站在以佛法解釋佛法，所謂「以經解經」的立場而寫的佛學著作才是佛教的佛教。如果以哲學的立場、神祕經驗的立場來介紹佛教，那一定不是佛教的原貌。

　　我們不該反對用任何角度來看佛教的問題，比如一貫道、日蓮宗、唯物論者、唯心論者，以及各種各樣的宗教、哲學等，都有權利站在他們各自的角度來看佛教的內涵。……可是我們站在佛教的立場，必須要指出我們佛教並不即是他們通過有色眼鏡所見到的那個樣子。否則就會失去佛教和外道的界線。（〈哪些是外道的佛教〉，《人生》，63 期，1988 年 11 月 15 日，版 3；今收《明日的佛教》，法鼓全集 5 輯 6 冊，法鼓文化，頁 188）

十一月十八日，應恆清法師、李志夫、藍吉富、楊惠南等邀請，為其編集之《慶祝印順長老壽慶論文集》撰序。法師熟習印老研學方法與宗教取向，早年於留日期間以及赴美之初，曾分別以日文、英文撰寫論文推介印順法師思想。

　　印順長老的弟子、門生以及受他影響的佛教內外學者之間，都稱他為印順導師，又有人稱他為論師，實則他是一位偉大的三藏法師；他對佛學的深入和廣博是超宗派、超地域、超時代的。以他的著作而言，古往今來的中國佛教史上，還沒有第二個人能有這樣的涵蓋量。他

除了不似古代的三藏法師們立下譯經的偉業之外，對於佛法的探討和認知極少有人能出其右。（〈印順長老的佛學思想〉，《評介・勵行》，法鼓全集 3 輯 6 冊，法鼓文化，頁 68）

案：本文應邀於印順長老八十三歲大壽時撰成，該書後於一九九一年印順長老八十六歲大壽時由法光出版社出版，題名《佛教的思想與文化——印順導師八秩晉六壽慶論文集》。

十一月二十四日，撰〈沿海撒網——新英格蘭遊化記行〉，記述日前遊歷波士頓、緬因州之行。

由於波士頓和緬因州的地理位置，都是靠近大西洋的沿海一帶，特別是此一區域內尚無正式的佛教道場，也無出家的法師，故將此行，稱為「沿海撒網」。（《悼念・遊化》，法鼓全集 3 輯 7 冊，法鼓文化，頁 317）

十一月二十四日至十二月一日，於東初禪寺主持第四十二期禪七。

十一月二十八日下午，來自亞洲各國之東亞天主教耶穌會宗教交談會十八位代表，由該會司鐸馬天賜神父引介，蒞臨農禪寺與中華佛研所訪問。（〈天主教耶穌會代表訪問農禪寺　中華佛學研究所〉，《人生》，64 期，1988 年 12 月 15 日，版 1）

十一月，《學佛群疑》由東初出版社出版。此書與二、三十年前所寫《正信的佛教》性質類似而探討層面更廣，依據基本經論觀點，以淺易通俗文字，解答佛法問題。

博士論文《明末中國佛教の研究》於出版十三年後，於本月份出版中文翻譯本《明末中國佛教之研究》。係由佛教界名翻譯關世謙先生翻譯，臺灣學生書局出版發行。

Ox Herding at Morgan's Bay（《摩根灣牧牛》）在美出版。此為去年（一九八七）四月，在緬因州摩根灣禪堂，主持精進禪修活動之開示紀錄。開示內容以〈十牛圖〉為主，因以命名出版。

十二月二日，為中華佛研所研究生惠敏法師等所合著之《中華佛學研究所論叢》撰序。佛研所招生至今已七屆，為鼓勵其發表、兼供學界參考，選錄其部分研究報告發行。（〈序惠敏仁者等著《中華佛學研究所論叢（一）》〉《書序》，法鼓全集 3 輯 5 冊，法鼓文化，頁 60-62）

是日晚，應邀赴美華協會長島分會，以「佛教」為題，作九十分鐘演講及三十分鐘問題解答。由其總會現任副會長龔天傑居士擔任介紹，分會會長吳鳳滿女士致

歡迎詞。（〈以佛教會友・以禪法化眾　聖嚴法師紐約德州
結法緣〉，《人生》，65 期，1989 年 1 月 15 日，版 1）

上午，五位韓國比丘法師蒞中華佛研所訪問。來賓為：
藥水庵住持玄門法師、松廣寺玄音法師、普光寺住持
清帝法師、海印寺弘濟庵宗本法師、道詵寺道正法師；
因欽仰所長聖嚴法師之名而專程來訪。（〈活動報導〉，
《人生》，64 期，1988 年 12 月 15 日，版 5）

十二月八日，雪煩、圓湛、介如、覺先、夢參等九位中國
大陸法師，蒞臨紐約東初禪寺訪問。其中，雪煩老法
師為東初老人法兄，圓湛、介如、覺先三位法師為東
初老人法子，見以東初老人法名作為紐約道場名，深
受感動。（〈大陸法師蒞訪東初禪寺〉，《人生》，65 期，
1989 年 1 月 15 日，版 1）

十二月十二日，接受紐約大學布魯克林學院（Brooklyn
College）邀請，赴該校演講「禪坐對於心理的利益」，
從心理學及科學觀點介紹禪坐功能。該校心理系及心
理研究所主任教授李清澤博士及其夫人林榮峰女士，
特別邀請法師參觀心理實驗室各項儀器設備及操作。
（〈以佛教會友・以禪法化眾　聖嚴法師紐約德州結法緣〉，
《人生》，65 期，1989 年 1 月 15 日，版 1）

十二月十五日，發表〈臺灣的宗教問題〉，針對時下流行
之「大家樂」、「六合彩」，探究民間信仰之局限與
應有之認識。

　　民間信仰有一個共同性，就是功利的、功用的。下焉
者為私利而求不合理的利益，上焉者也為私利而求合理
的利益，以超自然的神力來輔佐人間無能為力的事，或
者以少量的努力和短時間的修行，祈求達到無限的、永
恆的、不朽的功德或成就。

　　從佛法的立場上說，養鬼役鬼固然應該加以糾正化導，
合理的求神幫助也是需要超越的。不論是功利或功用，
都叫作有為，都是自私，都是製造煩惱增長生死的因緣。
我們應該求取智慧來指導生活中身、口、意三種行為，
以達到淨化自我及淨化社會的目的，而這需要佛教的輔
導和教育界與文化界的協助。

　　在一個多元化的社會裡，不可能也無必要希望宗教一
元化，佛教也從來不反對任何宗教的存在；相反地，它
包容接納一切宗教的價值而予以層次化。宗教之所以成
為宗教，至少應合乎人間倫理和現代人講求合理的標準。
凡是合理的信仰，即使信者不懂，並不算迷信。不合理
的信仰，會為人心帶來反常的影響，也為複雜的社會帶
來更多的困擾。（〈臺灣的宗教問題〉，《人生》，64 期，
1988 年 12 月 15 日，版 3；今收《明日的佛教》，法鼓全集 5
輯 6 冊，法鼓文化，頁 190-192）

十二月二十五日至明年一月一日，於東初禪寺主持第
四十三期禪七，禪眾三十五人；此為歷次在美舉行之
最大容量。（〈以佛教會友‧以禪法化眾　聖嚴法師紐約德
州結法緣〉，《人生》，65 期，1989 年 1 月 15 日，版 1）

聖嚴法師年譜（第一冊）

Master Sheng Yen's Chronicle in Four Volumes, Vol. I

編著	林其賢
出版	法鼓文化
總監	釋果賢
總編輯	陳重光
編輯小組	郭惠芯・胡琡珮・李金瑛・劉芳杏・胡麗桂
	釋常真・釋演化
封面設計	化外設計
地址	臺北市北投區公館路186號5樓
電話	(02)2893-4646
傳真	(02)2896-0731
網址	http://www.ddc.com.tw
E-mail	market@ddc.com.tw
讀者服務專線	(02)2896-1600
初版一刷	2016年2月
初版三刷	2018年1月
建議售價	新臺幣3000元（全套四冊）
郵撥帳號	50013371
戶名	財團法人法鼓山文教基金會—法鼓文化
北美經銷處	紐約東初禪寺
	Chan Meditation Center (New York, USA)
	Tel: (718)592-6593　Fax: (718)592-0717

法鼓文化

國家圖書館出版品預行編目資料

聖嚴法師年譜 / 林其賢編著 . -- 初版. -- 臺北
市 : 法鼓文化, 2016. 02
　　冊；　公分
　　ISBN 978-957-598-692-6（全套：精裝）

　1. 釋聖嚴　2.年譜　3.佛教傳記

229.63　　　　　　　　　　104027091